国家社科基金
GUOJIA SHEKE JIJIN HOUQI ZIZHU XIANGMU
后期资助项目

歌谣风议与
汉唐社会

李传军 著

中华书局

图书在版编目（CIP）数据

歌谣风议与汉唐社会/李传军著. —北京：中华书局，2024.8. —
ISBN 978-7-101-16729-0

Ⅰ. D691.21

中国国家版本馆 CIP 数据核字第 2024XN2665 号

书　　名	歌谣风议与汉唐社会
著　　者	李传军
丛 书 名	国家社科基金后期资助项目
责任编辑	林玉萍
封面设计	毛　淳
责任印制	管　斌
出版发行	中华书局
	（北京市丰台区太平桥西里 38 号　100073）
	http://www.zhbc.com.cn
	E-mail:zhbc@zhbc.com.cn
印　　刷	三河市宏盛印务有限公司
版　　次	2024 年 8 月第 1 版
	2024 年 8 月第 1 次印刷
规　　格	开本/710×1000 毫米　1/16
	印张 20¾　插页 2　字数 360 千字
国际书号	ISBN 978-7-101-16729-0
定　　价	98.00 元

国家社科基金后期资助项目出版说明

后期资助项目是国家社科基金设立的一类重要项目，旨在鼓励广大社科研究者潜心治学，支持基础研究多出优秀成果。它是经过严格评审，从接近完成的科研成果中遴选立项的。为扩大后期资助项目的影响，更好地推动学术发展，促进成果转化，全国哲学社会科学工作办公室按照"统一设计、统一标识、统一版式、形成系列"的总体要求，组织出版国家社科基金后期资助项目成果。

全国哲学社会科学工作办公室

目　录

绪　论

第一节　歌谣风议的概念界定

一　歌谣

歌谣照字面的意思来说只是口唱及合乐的歌[①]，深入辨析的话则不妨说歌是一种可以咏唱而有韵律的口诀[②]，谣是指流传于社会和民间的没有韵律的口诀[③]。田兆元《民间文学概论》认为，"歌谣"的概念和意义是比较含混的，无论是古代一些类书、总集，如《艺文类聚》《乐府诗集》等引用或收录歌、谣时，都是不加区别，歌、谣并录，连类收集[④]。如《乐府诗集·杂歌谣辞》序里讲："凡歌有因地而作者，《京兆》《邯郸歌》之类是也；有因人而作者，《孺子》《才人歌》之类是也；有伤时而作者，微子《麦秀歌》之类是也；有寓意而作者，张衡《同声歌》之类是也。宁戚以困而歌，项籍以穷而歌，屈原以愁而歌，卞和以怨而歌，虽所遇不同，至于发乎其情则一也。历世已来，歌讴杂出。今并采录，且以谣谶系其末云。"[⑤]

[①] 周作人《歌谣》，见钟敬文编《歌谣论集》，上海文艺出版社 1989 年影印上海北新书局 1928 年版，第 31 页。

[②] 《尚书·虞书·尧典》曰："诗言志，歌永言。"（《十三经注疏》，中华书局 1980 年版，第 131 页）《诗经·魏风·园有桃》郑笺云："曲合乐曰歌，徒歌曰谣。"（《十三经注疏》，第 357 页）《礼记·乐记》说："诗，言其志也；歌，咏其声也。"（郑玄注、王锷点校《礼记注·乐记》，中华书局 2021 年版，第 498 页）《汉书·艺文志》云："《书》曰：'诗言志，歌咏言。'故哀乐之心感，而歌咏之声发。诵其言谓之诗，咏其声谓之歌。"（中华书局 1962 年版，第 1708 页）综上可见，在我国古代歌是指一种可以咏唱而有韵律的口诀。

[③] 《尔雅·释乐》解释"谣"说："徒吹谓之和，徒歌谓之谣。"（《十三经注疏》，第 2602 页）《汉书·五行志》颜师古注曰："徒歌曰谣。"（中华书局 1962 年版，第 1393 页）《韩诗章句》则云："有章曲曰歌，无章曲曰谣。"（杜文澜辑、周绍良校点《古谣谚·集说》，中华书局 1958 年版，第 1053 页）《魏书·礼志》也说："是以徒歌谓之谣，徒吹谓之和。"（中华书局 1974 年版，第 2796 页）综上可见，在我国古代，谣通常是指在民间流传的没有韵律的口诀。

[④] 田兆元、敖其主编《民间文学概论》，华东师范大学出版社 2009 年版，第 116 页。

[⑤] 郭茂倩编《乐府诗集·杂歌谣辞一》，中华书局 1979 年版，第 1165 页。

该书《歌辞》部分既有《击壤歌》《渔父歌》《采葛妇歌》《裴公歌》等这样百姓传唱的歌谣，也有张籍、和凝等文人创作的歌，也有《苻坚时长安歌》《历阳歌》这样类似谶谣的歌谣。《谣辞》部分，既有《后汉桓灵时谣》《晋泰始中谣》此类谶谣式歌谣，也载有李白的《笙篌谣》，陆瑜、沈炯的《独酌谣》等文人创作的歌谣。

歌谣出现很早，按照《宋书》的说法："歌咏所兴，宜自生民始。"[①]可见，自从有了人类，也就有了人类咏叹的歌谣。《礼记·郊特牲》所记的一首《蜡辞》："土反其宅，水归其壑，昆虫毋作，草木归其泽。"[②]就被认为是上古的一首腊祭仪式的歌谣。明沈德潜《古诗源》记载了一首《击壤歌》："日出而作，日入而息，凿井而饮，耕田而食，帝力于我何有哉？"歌辞质朴清新，被认为是尧世之作，或不为无据[③]。商代甲骨文中也有一些卜辞，如："癸卯卜，今日雨：其自西来雨？其自东来雨？其自北来雨？其自南来雨？"[④]就很像当时的农事歌谣。《古谣谚》和《古今风谣》中记载的类似号称三代时期的歌谣还不少，但若不经深入考证，很难确知其产生的时代，兹不深论。

古代歌谣是我国历史文化的重要组成部分，尤其是古代的民间歌谣，更具有形式活泼、内涵丰富和感染力深厚的特点，从独特的视角较为全面地反映出我国古代民众的生存状况和情感意愿。清代歌谣学家、《古谣谚》序言的作者刘毓崧曾这样指出歌谣的特性："诚以言为心声，而谣谚皆天籁自鸣，直抒己志，如风行水上，自然成文，言有尽而意无穷，可以达下情而宣上德。"[⑤]歌谣的韵律性，歌谣的简洁性，歌谣的传唱性，歌谣的风趣性，使得中国古代的歌谣别有一番韵味和不胫而走的魅力，如："城中好高髻，四方高一尺；城中好广眉，四方且半额；城中好大袖，四方全匹帛。"[⑥]这首歌谣出自《后汉书·马廖传》，《乐府诗集》《玉台新咏》《古谣谚》都有收录，是一首脍炙人口的古代歌谣，文字简约、趣味隽永，

---

① 《宋书·谢灵运传》，中华书局 1974 年版，第 1778 页。
② 郑玄注、王锷点校《礼记注·郊特牲》，中华书局 2021 年版，第 342 页。
③ 张紫晨《歌谣小史》，福建人民出版社 1981 年版，第 21 页。
④ 郭沫若《卜辞通纂》，科学出版社 1983 年版，第 369 页。
⑤ 杜文澜辑、周绍良校点《古谣谚·序》，中华书局 1958 年版，第 1 页。
⑥ 《后汉书·马廖传》，中华书局 1965 年版，第 853 页。

其反映的汉代社会时尚传播的道理很深刻:东汉肃宗时,皇太后"躬履节俭,事从简约",其兄马廖担心这样与社会风气不洽,劝她"改政移风,必有其本",就是要以民众的爱好和风尚来引导。高髻、广眉、大袖,都是西汉时京城的时髦妆饰,史载西汉赵王如意好大眉,赵婕妤好石花广袖,东汉明德马皇后喜欢"四起大髻"。这种习尚大多先兴起于宫廷,然后流行于京师,最后全国各地纷纷仿效。这首《城中谣》便是对这种上有所好、下有所效的风尚的说明。可以说,我国古今的风谣大多如是,总是最生动地反映民心、民风、政情、舆情,一首首,一阕阕,纵横交织,千古流传,宛如一幅幅反映我国古代政情民心的历史画卷。如果从历史学、社会学、民俗学等多学科角度发掘汉唐时期歌谣与社会、政治的关系,阐释其中蕴含的多元社会文化内涵,应是非常值得深入研究的一个课题。

二　文人创作的歌谣

歌在中国古代除指民歌之外,还包括文人创作的一种文学体裁,如文人创作的乐府诗歌和宗庙祭祀歌等等,属于现代文化分类中的雅文化或上层文化的范畴。本文所研究的"歌"主要是指民众口头流传的民歌,就其形式和传播途径而言可以看作是属于俗文化或民间文化的范畴。由于历史的原因,中国古代的历史歌谣不尽是民众口头创造的作品,有相当部分是基于特定政治目的而由个别官僚统治者等社会上层编撰,有的在传播和载入史籍的过程中还经过了润色和修饰。如《史记·孟尝君列传》所记载的,冯谖为孟尝君门客,对自己的待遇不满意,于是就"弹其剑而歌曰'长铗归来乎,食无鱼'。孟尝君迁之幸舍,食有鱼矣。五日,又问传舍长。答曰:客复弹剑而歌曰'长铗归来乎,出无舆'。孟尝君迁之代舍,出入乘舆车矣。五日,孟尝君复问传舍长。舍长答曰:先生又尝弹剑而歌曰'长铗归来乎,无以为家'。孟尝君不悦"[①]。这里冯谖的歌唱,简洁而有韵律,颇能动人耳目,所以能迅速上达孟尝君。这类歌谣,可以看作是汉代士人个体创作的抒发感情、造作舆论的歌谣。但总体来说其风格贴近民众性的特点,仍然基本保持了作为民间文学的特色,与载之于诗集、文集里的文人雅士的吟咏、唱和之作和应用于郊庙祭祀的

---

① 《史记·孟尝君传》,中华书局 1982 年版,第 2359 页。

庙堂雅乐无论在形式上还是在性质上的差别都十分明显。

民间歌谣是劳动人民的口头诗歌，是能歌唱或能吟诵的韵文。习惯上一般把能歌唱的民间歌谣叫民歌，把能吟诵的叫民谣。田涛从童谣和民谣的文化属性出发认为："我们熟知的童谣，其实只是民谣的一部分。在一般的文学意义上，通常把流行于民间、由民众口耳相传的短篇韵文称作歌谣，其中能唱的是歌——诸如民歌、儿歌；另一类不能唱只能说的是谣——诸如民谣、童谣，童谣往往又被包含在民谣里。不过，需要说明的是，尽管我们可以给民谣下一个文学上的定义，但事实上，谣与歌之间经常很难划定一个具体的界限。"①

朱自清先生曾经辨析过所谓"自然民谣"和"假作民谣"的区别，事情缘起于《歌谣》第七号上沈兼士给顾颉刚的信，信里说："民谣可以分为两种：一种为自然民谣；一种为假作民谣。二者的同点，都是流行乡里间的徒歌；二者的异点，假作民谣的命意属辞，没有自然民谣那么单纯质朴，其调子也渐变而流入弹词小曲的范围去了，例如广东的'粤讴'，和你所采的苏州的《戏婢》《十劝郎》诸首皆是。"朱自清先生认为这样的区分"不大妥当"，它会将歌谣的意义变得太狭隘②。本书赞同朱先生的意见。

三　具有歌谣性质的俗语、谚语

俗语是一种包含和反映特定社会知识及社会现象的"约定俗成、广泛流行的定型的语句"③。它是民众长期积累形成的生活知识，以特别简

---

① 田涛《百年记忆：民谣里的中国》，山西人民出版社、人民出版社 2011 年版，第 2 页。
② 朱自清《中国歌谣》，吉林人民出版社 2013 年版，第 6 页。
③《辞源》，商务印书馆 1988 年版，第 120 页。按《史记·刘敬传》载太史公曰："语曰'千金之裘，非一狐之腋也；台榭之榱，非一木之枝也；三代之际，非一士之智也'。信哉！夫高祖起微细，定海内，谋计用兵，可谓尽之矣。然而刘敬脱挽辂一说，建万世之安，智岂可专邪！"（第2726页）又如《汉书·路温舒传》载："狱吏专为深刻，残贼而亡极，媮为一切，不顾国患，此世之大贼也。故俗语曰：'画地为狱，议不入；刻木为吏，期不对。'此皆疾吏之风，悲痛之辞也。"（第2370页）再如《北史·邢峦传》载："及梁城贼走，中山王英乘胜攻钟离，又诏峦率众会之。峦以为钟离天险，朝贵所具，若有内应，则所不知，如其无也，必无克状。且俗语云'耕则问田奴，绢则问织婢'，臣既谓难，何容强违。峦既累表求还，帝许之。英果败退，时人伏其识略。"（第1583页）由以上例证可以看出，俗语作为在社会上久为流传的定型语句，其内容大多是具有借鉴意义的，是人们对社会经验和社会知识的总结，也包含一部分人物评议性语句，其性质同于现代的谚语。

短、扼要的语言,表达民众的社会经验、生活感悟、文化认知和科学知识,具有鲜明的生活化和智慧化特征。俗语作为一种语言形式在我国先秦时期的文献里就已出现,那时多叫作"野语""民语""鄙语"和"里语"。"谚语"① 则是对中国古代俗语最常见的概括,也是中国古代俗语中最重要的内容和表现形式。因此古代学者常常以"谣谚"一词来总称歌谣和俗语两类内容。杜文澜在其《古谣谚》中即采用这种分类和概括方法。杜氏并从语用学的角度解释"谚"的训诂意义说:"谚训传言,言者直言之谓。直言即径言,径言即捷言也。长言(案即歌谣)主于咏叹,故曲折而纡徐。捷言欲其显明,故平易而疾速。此谣谚所由判也。然二者皆系韵语,体格不甚悬殊,故对文则异,散文则通,可以彼此互训。"② 这种观点就认为谚语即俗语,是针对某些社会现象、社会经验和社会人物而发出的简短的和直抒胸臆的评论和总结。这种概括可以说较为鲜明地把握住了俗语在形式和性质上的特点:俗语是口头的评议性语言,追求的是对社会现象和人事评议的简洁性,故而通常是由一两个简短的话语甚至是一两个字的词组构成,字数长短不一,形式较为自由,押韵与否皆可。

在我国古代,除去一部分对社会知识和经验的总结性谚语具有历时性的特点以外,还有一部分对社会现象和社会人物的评议性俗语则具有鲜明的时代性,其使用也具有相当的针对性。如唐代俚语中的"城南韦杜,去天尺五"③,短短八字俗语,就形象地传递出汉唐时期,特别是唐朝世居长安城南之韦、杜两族诗书传家、世代簪缨的显赫地位,这要比《旧唐书》中一一列举韦氏家族的高官仕宦经历和学者所治群经简洁明了,

---

① 《太平御览·人事部·谚》引《说文》曰:"谚,传言也。俗言曰谚。"(第 2262 页)又《文心雕龙·书记》篇云:"谚者,直语也……廛路浅言,有实无华。邹穆公云:'囊满储中。'皆其类也。《太誓》云:'古人有言:牝鸡无晨。'《大雅》云:'人亦有言,惟忧用老。'并上古遗谚,《诗》《书》可引者也。至于陈琳谏辞,称'掩目捕雀',潘岳哀辞,称'掌珠''伉俪',并引俗说而为文辞者也。夫文辞鄙俚,莫过于谚,而圣贤诗书,采以为谈,况逾于此,岂可忽哉!"可见古人视"谚"为传言,为俗说,也是俗语的一类。
② 杜文澜辑、周绍良校点《古谣谚·凡例》,第 3 页。
③ 杜甫《赠韦七赞善》:"乡里衣冠不乏贤,杜陵韦曲未央前。尔家最近魁三象,时论同归尺五天。"原注:俚语曰:"城南韦杜,去天尺五。"见浦起龙撰《读杜心解》卷四,中华书局 1961 年版,第 679 页。

有力得多①。

　　俗语和歌谣既有区别也有联系。童谣流传日久可以成为俗语，如《三国志·吴书·陆凯传》所引童谣："宁饮建业水，不食武昌鱼；宁还建业死，不止武昌居"②，在《南齐书·文学传·丘巨源传》中即被丘巨源当作俗语引用："（丘巨源）除武昌太守，拜竟，不乐江外行，世祖问之，巨源曰：'古人云："宁饮建业水，不食武昌鱼。"臣年已老，宁死于建业。'以为余杭令。"③俗语中的某些里语、鄙语史籍中常见"某某语曰""为某语曰"等字眼，这种情境下所说的话，也多属于歌谣的范畴。如《后汉书·党锢列传》："后汝南太守宗资任功曹范滂，南阳太守成瑨亦委功曹岑晊，二郡又为谣曰：'汝南太守范孟博，南阳宗资主画诺。南阳太守岑公孝，弘农成瑨但坐啸。'因此流言转入太学，诸生三万余人，郭林宗、贾伟节为其冠，并与李膺、陈蕃、王畅更相褒重。学中语曰：'天下模楷李元礼，不畏强御陈仲举，天下俊秀王叔茂。'又渤海公族进阶、扶风魏齐卿，并危言深论，不隐豪强。自公卿以下，莫不畏其贬议，屣履到门。"④这个例子中"学中之语"和"二郡之谣"形式相似，内容相类，其发挥月旦公卿、臧否人物的作用也是一样的，实质上也是歌谣。

四　谣言、讹谣

　　中国古代史籍中记载的一些预测性、突发性的谣言，具有形式简短、音节成诵的特点，可以看作是歌谣的一部分。如：

　　周宣王之时童女谣："檿弧箕服，实亡周国。"⑤

---

① 《旧唐书·韦述传》载："议者云自唐已来，氏族之盛，无逾于韦氏。其孝友词学，承庆、嗣立为最；明于音律，则万石为最；达于礼义，则叔夏为最；史才博识，以述为最。所撰《唐职仪》三十卷、《高宗实录》三十卷、《御史台记》十卷、《两京新记》五卷，凡著书二百余卷；皆行于代。"（第3185页）
② 《三国志·吴书·陆凯传》，中华书局1982年版，第1401页。
③ 《南齐书·丘巨源传》，中华书局1972年版，第896页。
④ 《后汉书·党锢列传》，第2186页。
⑤ 《史记·周本纪》："昔自夏后氏之衰也，有二神龙止于夏帝庭而言曰：'余，褒之二君。'夏帝卜杀之与去之与止之，莫吉。卜请其漦而藏之，乃吉。于是布币而策告之，龙亡而漦在，椟而去之。夏亡，传此器殷。殷亡，又传此器周。比三代，莫敢发之。至厉王之末，发而观之。漦流于庭，不可除。厉王使妇人裸而噪之。漦化为玄鼋，以入王后宫。后宫之童妾既龀而遭之，既笄而孕，无夫而生子，惧而弃之。宣王之时童女谣曰：'……'于是宣王闻之，有夫妇卖是器者，宣王使执而戮之。"（第147页）

秦始皇三十一年改历谣:"神仙得者茅初成,驾龙上升入泰清,时下玄洲戏赤城,继世而往在我盈,帝若学之腊嘉平。"①

南朝陈后主时谣言:"独足上高台,盛草变为灰,欲知我家处,朱门当水开。"②

晋隆安初讹谣:"《懊憹》,晋隆安初民间讹谣之曲。歌云:'春草可揽结,女儿可揽撷。'齐太祖常谓之《中朝歌》。"③

唐代黄巢起义时讹言:"黄巢未入京师时,都人以黄米及黑豆屑蒸食之,谓之'黄贼打黑贼'。僖宗时,里巷斗者激怒,言:'任见右厢天子。'"④

以上谣言、讹言、讹谣都是在具体的历史情境中产生的,虽然都有一定的抽象性和神秘性,但都是用韵文、韵语等歌谣式的文体,或来解释政权覆亡的原因,或为朝廷的改元解释理由,或来解释当时国家面临的激烈矛盾,因此它们和歌谣具有同样的公众舆论性质和社会影响。

我国古汉语中"谣"有三层意思,一是唱歌时候不用乐器伴奏的叫谣,也就是清唱的意思,《诗经》有"心之忧矣,我歌且谣";二是民间流行的歌谣,如《南史·梁武帝纪》:"周省四方,观政听谣"⑤,这种歌谣一般是对当时社会现实或人物的臧否品评,是民间舆论的一种表现形式,往往成为统治阶层观风采谣以了解自身及当地政治状况的依据;三是没有根据或者凭空捏造的传言,就是现代我们所说的"谣言"。

从社会学的角度看,歌谣中的谣言还有特别的含义。美国学者奥尔波特与波斯特曼认为谣言是一种通常以口头形式在私人和小范围中传

①《史记·秦始皇本纪》《集解》:"《太原真人茅盈内纪》曰:'始皇三十一年九月庚子,盈曾祖父濛,乃于华山之中,乘云驾龙,白日升天。先是其邑谣歌曰'……'。始皇闻谣歌而问其故,父老můj对此仙人之谣歌,劝帝求长生之术。于是始皇欣然,乃有寻仙之志,因改腊曰'嘉平'。"(第 251 页)
②《南史·陈本纪下》:"初,武帝始即位,其夜奉朝请史普直宿省,梦有人自天而下,导从数十,至太极殿前,北面执玉策金字曰:'陈氏五帝三十二年。'及后主在东宫时,有妇人突入,唱曰'毕国主'。有鸟一足,集其殿庭,以嘴画地成文,曰:'……'解者以为独足盖指后主独行无众,盛草言荒秽,隋承火运,草得火而灰。及至京师,与其家属馆于都水台,所谓上高台当水也。其言皆验。或言后主名叔宝,反语为'少福',亦败亡之征云。"(中华书局 1975 年版,第 310 页)
③《旧唐书·音乐志》,中华书局 1975 年版,第 1064 页。
④《新唐书·五行志》,中华书局 1975 年版,第 922 页。
⑤《南史·梁武帝纪上》,中华书局 1975 年版,第 185 页。

播的，未经证实的、偶然的但有深切目的的特殊陈述，一般是特殊的和有关时事的①。彼得森和吉斯特将谣言定义为："未经证实的阐述或解释，在私人间传递，涉及人们关切的对象、事件或问题。"②法国著名谣言研究学者卡普费雷认为谣言是在社会中出现并流传的未经官方证实或已被官方所辟谣的信息，他认为谣言作为一种反权力，它揭露秘密，提出假设，迫使当局开口说话。同时它还对当局作为唯一权威消息来源的地位提出异议③。我国学者周安平认为，谣言是人们用来贬称虚假的或者是没有事实根据的某种传言，或者也可以表述为谣言是人们对虚假的或者是没有事实根据的某种传言的贬称④。

　　谣言是最古老的大众传播方式之一。有人说，谣言是一只凭着推测、猜疑和臆度吹响的笛子。这句话点明了谣言的实质：给人以较大想象空间却又未经证实，听起来动人心魄，使人们容易受到蒙蔽和欺骗。谣言更是一种现代仍然普遍存在的社会现象，美国学者凯瑟琳·弗恩认为："谣言是一种由口头或电子通讯手段进行传播的信息，其内容没有经过事实验证，也没有可靠的信息源头。"⑤根据谣言的生成机制和虚假程度，他认为谣言可分为六种类型：蓄意策划的谣言、过早定论的谣言、恶意中伤的谣言、肆无忌惮的谣言、接近真相的谣言、周期复发的谣言⑥。也有人说，谣言是一种遥远的预言，因符合某种特定群体的预期而得到广泛传播。不论如何，谣言都具有相当部分的虚伪性、欺骗性和传播性，会产生很强的杀伤力和社会影响，通常与蛊惑人心、破坏稳定、攻击中伤等词汇相联系。所以，从谣言的社会负面影响来看，谣言通常基于一种话语事实真假性的判断标准而定义，比如："谣言是没有事实根据的传闻；

---

① 参见（美）奥尔波特等著、刘永平等译《谣言心理学·原著序》，辽宁教育出版社 2003 年版，第1页。
② 转引自赵军锋、金太军《论公共危机中谣言的生存逻辑——一个关于谣言的分析框架》，《江苏社会科学》2013 年第 2 期。
③ （法）诺埃尔·卡普费雷（Jean-Noël Kapferer）著、郑若麟译《谣言：世界最古老的媒介》，上海人民出版社 2008 年版，第 16 页。
④ 周安平《谣言可规范概念的探讨》，《政法论坛》2015 年第 6 期。
⑤ （美）凯瑟琳·弗恩·班克斯（Kathleen Fearn Banks）著、陈虹译《危机传播：基于经典案例的观点》，复旦大学出版社 2013 年版，第 63 页。
⑥ 同上，第 71—72 页。

捏造的消息。"①"谣言是彻头彻尾的假言,凭空捏造,毫无依据,即谣言的构成因素中没有一点真实性的条件。"②因而谣言也成为社会道德批判的对象——谣言是一把杀人不见血的软刀子③,并接受国家意识形态的严格审查,为法律所禁止。

　　但事实上,这种视谣言为虚假事实的定义方式被认为过于武断和有偏见而为严肃的谣言研究者们所拒斥。如美国学者奥尔波特就认为:"任何谣言总暗含着传播一些真相的意思。"④前引凯瑟琳·弗恩·班克斯的观点也认为:"谣言的内容可能是正面的,也可能是负面的。它们可能完全错误或者部分错误,也可能是无可置疑的事实或者是过早定论的事实。'每一则谣言里都有一部分真相。'——因为人们相信并接受谣言这种表达方式,他们愿意相信在那些明显错误甚至荒谬的谎言中也有真相。"⑤法国学者卡普费雷也认为,以"未经证实"或是"虚假的"讯息为标准而确立的定义,反映了反对谣言的一般意见,但这在"逻辑上总是说不通的"⑥。此外,从谣言在人类历史的不同阶段普遍存在这一事实来说,谣言显然隐藏着丰富而独特的社会文化含义。例如世界上各民族数量众多的神话故事,从其内容特点来说,本身也是一类古老的谣言。这些民族神话(或谣言)故事构成了各民族悠久的历史叙事的重要片段,是民族记忆的符号。这显然是不能简单地从事实真假性标准来进行评判的⑦。

　　围绕谣言生成和传播机制,近年来一些新的研究立场或理论视角已逐渐形成:(1)谣言的形成过程是一个基于历史背景和文化网络的存在。因此需要重视谣言发生的历史脉络的梳理与重构,而不是把谣言当作一个孤立的偶然事件来看待。如孔飞力对1768年中国妖术大恐慌的研究⑧。(2)认为谣言是一种集体记忆。集体记忆是谣言产生的社会心

---

① 夏征农《辞海》,上海辞书出版社1999年版,第1158页。
② 苏萍《谣言与近代教案》,上海远东出版社2001年版,第5页。
③ 夏明钊《谣言这东西》,海天出版社1999年版,第4页。
④ (美)奥尔波特等著、刘永平等译《谣言心理学·序言》,辽宁教育出版社2003年版。
⑤ (美)凯瑟琳·弗恩·班克斯著、陈虹译《危机传播:基于经典案例的观点》,第63页。
⑥ (法)诺埃尔·卡普费雷著、郑若麟译《谣言:世界最古老的媒介》,第5页。
⑦ 何子文《集体记忆、道德与乡村谣言的治理隐喻——E村谣言的生成过程分析》,《岭南师范
　学院学报》2017年第4期。
⑧ (美)孔飞力著,陈兼、刘昶译《叫魂》,上海三联书店2012年版。

理基础,也是谣言所隐含的社会意义的根源。(3)谣言与某一具体事件相关联,或受该具体事件的激发而产生。通过谣言这一特殊方式,引发集体的情感交流,在公众常识中占有一席之地,从而可能进一步引发集体行动①。(4)认为谣言是一种社会权力,是社会的一种自卫和自我拯救的权力,反映了不同社会主体之间争夺社会控制力的权力斗争②。谣言一般属于"官方发言之外的发言",隐含着与官方之间的冲突性,在民间社会可能"起到斗争武器的作用"③。谣言是一种处境化的解释方式,是一种"深藏集体意识中的解释系统"④。谣言是人们对情境和事件的阐释,谣言跟想象紧紧联系在一起,激发人们对特定事件的记忆,起到社会动员的效果。所以,谣言和事实往往相互补充⑤。以上这些阐述,都揭示了谣言也是一种社会舆论的本质特点。

虽然西方社会学学者定义的谣言与汉唐时期的谣言、讹言和讹谣在形式上具有不同的特点,如西方的社会谣言通常是非韵文式的,也就是通常是一段陈述式话语,如《谣言心理学》所举例证:"在 1945 年 4 月 12 日,罗斯福总统突然死亡的消息公开后的几小时内,便到处流传着许多著名人物死亡的谣言。其中包括马歇尔将军、比尼·克罗斯比和拉瓜迪来亚市长。"⑥ 而中国古代的谣言通常是凝练的韵语式短句,具备歌谣的特点。但这只是形式上的差异,在谣言产生的社会机理和社会背景方面,西方的谣言和中国汉唐时期的歌谣并无二致。因此研究汉唐时期的谣言,亦可以借助现代社会学分析谣言的理论和方法。

作为歌谣风议的汉唐歌谣,多数不是经过精心撰构、文美语丰的文学作品,它们的音律、韵节、内容、辞藻,均无法与文人雅士精心纂制的诗词歌赋相比拟,因而在精英文人的文学视野里往往受到轻视。正如田涛

---

① (法)诺埃尔·卡普费雷著、郑若麟译《谣言:世界最古老的媒介》,第 70 页。
② 吕廷君《谣言:一种社会权力》,《民间法》2010 年第 1 期。
③ (美)安德鲁·斯特拉森、帕梅拉·斯图瓦德著,梁永佳、阿嘎佐译《人类学的四个讲座》,中国人民大学出版社 2005 年版,第 11 页。
④ 李若建《社会变迁的折射:20 世纪 50 年代的"毛人水怪"谣言初探》,《社会学研究》2005 第 5 期。
⑤ (美)安德鲁·斯特拉森、帕梅拉·斯图瓦德著,梁永佳、阿嘎佐译《人类学的四个讲座》,第 105 页。
⑥ (美)奥尔波特等著、刘永平等译《谣言心理学》,第 1—2 页。

所言,民歌和民谣"可以被看成一种文学,但却不能用传统的文学经验来衡量它的长短……一般读书人对于民谣,大多视之为鄙俚芜杂。曾经倡导了新乐府运动的大诗人白居易,把自己的诗歌定位为抒发民众与社会的疾苦,以贩夫走卒能够吟诵而欣慰,但即使在他耳中,乡野与市井之音也不是清雅可听的:'岂无山歌与村笛,呕哑嘲哳难为听。'这里所表露的,不仅是知识阶层对民众文化的鄙薄态度,也反映出文人趣味与民众精神世界的隔阂。"① 还是钟敬文先生概括得好:"谣谚来自于群众的口头传述。人同此心,心同此理,才能传述得开。在传述过程中,又有群众性的不断加工,在形式上,字句精练,节奏明快,很富有艺术意味;在内容上,指称事物,切中要害,深刻锋利。这是群众的创作,是群众的心声。在当时有很高的社会价值,在后世有很高的历史价值。"②

据吕宗力的研究,谣言与西方的历史也大有关系。在古希腊时期的雅典,谣言曾被当作宙斯神的谕旨,在古罗马帝国,法玛被作为谣言女神的名字,而法玛在拉丁语中原意即为公众看法,同时含有流言蜚语的语义,这也是现代谣言定义的源流。欧洲中世纪至近现代历史中,谣言的影响也时有所见,欧美历史学家对此已作出一些重要的研究,如文艺复兴时期欧洲的新闻与谣言,16世纪大发现时代的旅行、谣言与东方基督教徒的关系,法国大革命前夕的谣言与政治等等③。

综上所述,在我国古代,歌谣不仅包括民歌(folk song)、民谣(ballad),还包括儿歌(children's song)和童谣(children's folk rhymes)和一部分俗语,内容十分丰富。更值得注意的是,历史上几乎所有的歌谣都是因人而起、缘事而发,不仅和许多重要的史事相关,而且也包含着相当重要的政治和社会知识。因此,其表面的辞藻和意象之下往往反映着具体的人物内容或政治事件。如果结合历史记载,深入歌谣所发生的时代背景,深刻探究歌谣、史实与时政的关联,可发掘出不同于传统政治史所呈现的历史面貌。

歌谣风议在汉唐时期的政治生活和生产活动中被广泛使用,包含着

---

① 田涛《百年记忆:民谣里的中国》,山西人民出版社、人民出版社2011年版,第2页。
② 钟敬文《〈中国近世谣谚〉序》,《光明日报》1998年12月25日。
③ 吕宗力《汉代的谣言》,浙江大学出版社2011年版,第4页。

特别丰富的内容,在特定历史条件下也能够反映出人们的知识、心态和人生经验,所以都可以看作是反映世情民心的重要历史材料。但是,由于俗语通常是对长期历史经验或社会知识的总结,具有历时性的特点,在不能确知具体历史情境的情况下,与歌谣相比在时代性和针对性等方面存在着一定差异,所以本文主要以歌谣为研究对象。

因为歌谣是民众的心声,是民众对政治局势、历史人物、社会政策等的观点和评价,可以看作是一种"风议"——就是以歌、谣等形式传播的社会舆论。关于"风议"一词,最早见于《诗经·小雅·北山之什》:"或湛乐饮酒,或惨惨畏咎。或出入风议,或靡事不为",笺云:"风犹放也。(风)音讽。"① 这里的风议就是风评议论的意思。《盐铁论·刺议》讲:"丞相史曰:'山林不让椒桂,以成其崇;君子不辞负薪之言,以广其名。故多见者博,多闻者知,距谏者塞,专己者孤。故谋及下者无失策,举及众者无顿功。《诗》云:'询于刍荛。'故布衣皆得风议,何况公卿之史乎?"② 这里就明确讲风议和布衣有关,也就是指普通民众,同时其发生也和舆论闭塞、在上者治理国家失策有关,本质上是一种社会舆论。所以我们把歌谣、民谣、谣言及一部分在特定历史情景下有特别目标指向的谚语、俗语,都归结为歌谣风议,也就是社会公众舆论。

歌谣风议一旦在社会上广泛传播,发挥公众舆论作用的时候,必然会引起统治者的关注和重视,无论这种重视是被动的接受还是主动的采纳。

中国古代统治者特别重视歌谣风议的社会作用。这与他们对歌谣产生的社会原因的理解分不开。中国古代统治者对民间歌谣社会属性和社会作用的认识,既和民间歌谣的内容和性质有关,也和中国古代的"天人感应"学说和民本思想等政治文化传统有关系。可以说,源自民间的歌谣,在古代统治者看来既是上天警示的产物,又是民众心声的呼告,被赋予神秘和现实的双重色彩,包含着丰富的文化内涵,具有特殊的社会作用。因为在中国古代以"天视自我民视,天听自我民听"③、"民惟邦

---

① 毛亨传、郑玄笺、陆德明音义、孔祥军点校《毛诗传笺》卷一三,中华书局 2018 年版,第 303 页。
② 桓宽撰、陈桐生译注《盐铁论·刺议》,中华书局 2015 年版,第 264 页。
③《尚书·泰誓》:"天视自我民视,天听自我民听。"孔安国注云:"言天因民以视听,民所恶者天诛之。"见《十三经注疏》,第 181 页。

本,本固邦宁"① 和"民为贵,社稷次之,君为轻"、"得乎丘民而为天子"②
等民本思想为代表的儒家政治文化传统中,民众、民心和民情具有特殊
的重要位置,是任何时代的统治者都须臾不可忽视的社会动态指标。

我国古代的君主以"天子"自居,将"君权神授"作为其统治权威的
基础,同时又不能不把"天人感应"作为其实现神权与王权合一的政治
基础。所以无论是从树立统治权威的需要还是从维护政权良性运作的
目的出发,他们十分重视所谓的祥瑞和灾异在社会和民间的反映,于是
从神兽、祥云、灵芝的出现到地震、雷电、水旱之灾的发生,无不被视为
上天对他们统治的赞许或警示,这其中自然也包含了一向被视为五行失
度、荧惑勃乱产物的歌谣和童谣。这也是我国古代史书往往把歌谣载入
《五行志》③中的主要原因。

《史记正义》引《天官占》说:"荧惑为执法之星,其行无常,以其舍命
国:为残贼,为疾,为丧,为饥,为兵。环绕句己,芒角动摇,乍前乍后,其
殃逾甚。荧惑主死丧,大鸿胪之象;主甲兵,大司马之义;伺骄奢乱孽,
执法官也。其精为风伯,惑童儿歌谣嬉戏也。"④ 我们还可以举出一个人
们认为荧惑星和歌谣有关系的例证:《搜神记》载,孙休永安二年三月,
"有一异儿,长四尺余,年可六七岁,衣青衣,忽来从群儿戏。诸儿莫之识
也,皆问曰:'尔谁家小儿,今日忽来?'答曰:'见尔群戏乐,故来耳。'详
而视之,眼有光芒,爓爓外射。诸儿畏之,重问其故。儿乃答曰:'尔恐我
乎? 我非人也,乃荧惑星也,将有以告尔:三公归于司马。'诸儿大惊,或
走告大人。大人驰往观之。儿曰:'舍尔去乎!'耸身而跃,即以化矣。
仰而视之,若曳一匹练以登天。大人来者,犹及见焉。飘飘渐高,有顷而
没。时吴政峻急,莫敢宣也。后四年而蜀亡,六年而魏废,二十一年而吴
平,是归于司马也。"⑤ 这种神秘玄妙的看法就是在中国古代占主导地位

---

① 《尚书·夏书·五子之歌》。见《十三经注疏》,第 156 页。
② 《孟子·尽心下》曰:"民为贵,社稷次之,君为轻。是故得乎丘民而为天子,得乎天子为诸侯,
　 得乎诸侯为大夫。"见《十三经注疏》,第 2774 页。
③ 《汉书》与《后汉书》都有《五行志》,而在与魏晋南北朝史相关的"一志九书二史"中,除《魏
　 书》有志而无《五行志》外,有志的诸史如《晋书》《宋书》《南齐书》和《隋书》等都把歌谣
　 等内容载在《五行志》中。新、旧《唐书》亦有《五行志》。
④ 《史记·天官书》,第 1318 页。
⑤ 马银琴译注《搜神记·荧惑星预言》,中华书局 2012 年版,第 211 页。

却被现代民俗和文化学学者痛加批判的对歌谣认识的所谓"五行志派"的基本观点①。这种观点,把世间的政理混乱归结为上天的五星②失度,把人间的现实灾难解释成气候的阴阳失调,虽然是秦汉时期盛行的社会思潮,但究其实质是为统治者辩护和开脱,自然不能解释历代歌谣特别是民间歌谣产生的根本原因。其实,我国古代早就有人对这种看法提出质疑,《汉书》中就曾经说过:"古人有言曰:'天下太平,五星循度,亡有逆行。日不食朔,月不食望。'"③认为如果天下太平、政治修明,五星就不会发生运行逆乱的情况。因此,探讨歌谣产生的根源就不应该单纯从天象上找原因,而应该多考虑一些人事即统治者施政方面的原因。这种认识和看法,虽然还未摆脱"天人感应"的色彩,但却更强调人事方面即现实社会和政治对歌谣产生的影响,无疑已经具有较为积极和进步的意义。那么,上面所谈到的人事方面的原因又是什么呢? 对此,《汉书》解释说:"上号令不顺民心,虚哗愦乱,则不能治海内……刑罚妄加,群阴不附,则阳气胜,故其罚常阳也。旱伤百谷,则有寇难,上下俱忧,故其极忧也。君炕阳而暴虐,臣畏刑而柑口,则怨谤之气发于歌谣,故有诗妖。"④《南齐书·五行志》所引《言传》对此解释得更清楚:"下既悲苦君上之行,又畏严刑而不敢正言,则必先发于歌谣。歌谣,口事也。口气逆则恶言,或有怪谣焉。"⑤认为歌谣是民众疾苦的反映,它们产生的根本原因是君主的暴政和官僚们的壅闭民情。

---

① 代表性的文章有周作人的《读〈童谣大观〉》(《歌谣周刊》第 10 号,1923 年 3 月 18 日)等。

② 关于五星和五行的关系,《史记正义》引张衡的看法说:"文曜丽乎天,其动者有七,日月五星是也。日者,阳精之宗;月者,阴精之宗;五星,五行之精。众星列布,体生于地,精成于天,列居错峙,各有所属,在野象物,在朝象官,在人象事。"可资参证。见《史记·天官书》,第1289 页。

③《汉书·天文志》,第 1291 页。

④《汉书·五行志》,第 1376—1377 页。按"诗妖"是很多史籍以阴阳五行的观点对政治和社会性歌谣和童谣的称呼。比如《汉书·五行志》说:"晋惠公时童谣曰:'恭太子更葬兮,后十四年,晋亦不昌,昌乃在其兄。'是时,惠公赖秦力得立,立而背秦,内杀二大夫,国人不说。及更葬其兄恭太子申生而不敬,故诗妖作也。"(第 1394 页)这种看法其实也是把这类歌谣看作是祥瑞、灾异的一种。比如《隋书·五行志》上说:"《洪范五行传》曰:'言之不从,是谓不乂。厥咎僭,厥罚常旸,厥极忧。时则有诗妖,时则有毛虫之孽,时则有犬祸。故有口舌之痾,有白眚白祥。惟木沴金。'"(第 633 页)这里所说的"言之不从",其义即为《汉书·五行志》所解释的"上号令不顺民心"。

⑤《南齐书·五行志》,第 381 页。

　　无论是把歌谣产生的原因归结为天理还是人事，这两种看法至少有一点是相同的，那就是都把社会上流传的歌谣和现实的政治动荡、社会灾难和人民的疾苦联系在一起。所以历代君主和有识之士无一不对民间歌谣给以特别的关注。《国语·晋语》里就记载赵文子对范文子说："古之王者，政德既成，又听于民，于是乎使工诵谏于朝，在列者献诗，使勿兜，风听胪言于市，辨祅祥于谣，考百事于朝，问谤誉于路，有邪而正之，尽戒之术也。"① 甚至有人把歌谣看作是与天文地理、社会变动同等重要的社会因素，并以之作为判断世情民心的重要依据。比如汉代学者李寻就认为："仰视天文，俯察地理，观日月消息，候星辰行伍，揆山川变动，参人民繇俗，以制法度，考祸福。举错悖逆，咎败将至，征兆为之先见。明君恐惧修正，侧身博问，转祸为福；不可救者，即蓄备以待之，故社稷亡忧。"② 正因如此，我国古代的统治者，尤其是汉唐时期的帝王，常常派人到民间收辑和采察歌谣。《汉书》中即说："古有采诗之官，王者所以观风俗，知得失，自考正也。"③ 西汉武帝刘彻认识到歌谣"皆感于哀乐，缘事而发，亦可以观风俗，知薄厚"④，于是专门设立乐府，采察民歌和民谣。东汉的许多大臣也认为"听民庶之谣吟，问路叟之所忧"，可以使"天下之心，国家大事，粲然皆见，无有遗惑"⑤，达到"以自鉴照，考知政理"⑥的重要作用。这种做法在魏晋南北朝时期更得到了进一步的强化。如梁武帝曾下诏说："昔哲王之宰世也，每岁卜征，躬事巡省，民俗政刑，罔不必逮。末代风凋，久旷兹典，虽欲肆远忘劳，究临幽仄，而居今行古，事未易从，所以日晏踟蹰，情同再抚。总总九州，远近民庶，或川路幽遐，或贫羸老疾，怀冤抱理，莫由自申……念此于怀，中夜太息。可分将命巡行州部，其有深冤巨害，抑郁无归，听诣使者，依源自列。庶以矜隐之念，昭被四方，逖听远闻，事均亲览。"⑦ 北魏孝文帝拓跋宏不仅"虑独见之不明，

① 徐元诰著，王树民、沈长云点校《国语集解》，中华书局2002年版，第387—388页。
② 《汉书·李寻传》，第3180页。
③ 《汉书·艺文志》，第1708页。
④ 《汉书·艺文志》，第1756。
⑤ 《后汉书·刘陶传》，第1846。
⑥ 《后汉书·郅寿传》引何敞疏。第1033页。
⑦ 《梁书·武帝纪》，第40页。

欲广访于得失，乃命四使，观察风谣”[①]，而且还规定以“风谣黩贿，案为考第”[②]。事实上，从先秦两汉到魏晋隋唐的漫长历史时期中，很多统治者经常派官员到民间采察歌谣，借以“观风俗，知得失，自考正”[③]。

五 歌谣、风俗与公众舆论

古代歌谣何以能够成为汉唐时期的统治者观察社会风俗、了解政情民心的对象呢？这是因为，以现代的眼光来看，民歌和民谣（包括童谣）作为民间口承文学，无论其形式有多少区别，其涉及社会阶层的情况有多么复杂，它们都是民众思想意愿的体现，直接反映民众对社会、政治、文化等的看法和态度，且这种意愿和态度经传播开来即具有广泛的代表性和不可忽视性，因此可以把它们视为一种“公众舆论”（public opinion）[④]——在特定社会和历史条件下的社会心理和感受的产物，其表现既有对清官廉吏的赞美，也有对骄臣虐政的愤恨和困苦生活的呼号。

陶元珍在《歌谣与民意》一文中指出：“语言和文字同是表达意思的工具，所谓‘言，心声也；文，心画也。’不过文字表达意思的效力，总要差些……最能传达民意的，还是流行民间的歌谣。歌谣可分两大类：一类是描述民间生活的，一类是美刺时政得失的。前一类的歌谣，当然不仅有描述民生的功用，因为民生的乐苦就是政治好坏的表征，民生的乐苦一经描述出来，政治的好坏也就差不多可以论定了。”[⑤]

的确，在中国古代，除去少数赞美的颂歌以外，民间歌谣反映的往往主要是“骄臣虐政之事”，所发出的往往是“远近呼嗟之音”，牵涉的是人民的疾苦，政治的美恶，影响的是民心的向背，政情的变动[⑥]。这些歌谣通

① 《魏书·张彝传》，第 1431 页。

② 《魏书·献文六王传·北海王详传》，第 561 页。

③ 《汉书·艺文志》，第 1708 页。

④ 赵世瑜《谣谚与新史学——张守常〈中国近世谣谚〉读后》，《历史研究》2002 年第 5 期。关于舆论，徐向红认为舆论是指：“相当数量的个人、群体或组织对公共事务所发表的倾向一致的议论。”（《现代舆论学》，中国国际广播出版社 1991 年版，第 23 页）

⑤ 陶元珍《歌谣与民意》，《歌谣》1927 年 6 月 16 日，第 30 期。

⑥ 《后汉书·刘瑜传》载，延熹八年，太尉杨秉举刘瑜为贤良方正，及到京师，刘瑜上书陈事曰：“臣在下土，听闻歌谣，骄臣虐政之事，远近呼嗟之音，窃为辛楚，泣血涟如。幸得引录，备答圣问，泄写至情，不敢庸回。诚愿陛下且以须臾之虑，览今往之事，人何为咨嗟，天曷为动变。”（第 1855 页）

过口耳相传、题壁、歌诵传唱和呼告等多种方式在社会上广泛传播开来，不仅能够成为有重要影响的公众舆论，其本身也成为中国古代社会风俗和文化的重要组成部分。

我国古人在谈到"风俗"[①] 这个词时，其含义远比现代宽泛和深刻：它不仅包括"特定区域、特定人群沿革下来的风气、礼节、习惯等的总和"（social custom）[②] 这种着眼于过去历史影响所塑造的社会风气和习惯的含义，而且还包含着现实社会和政治影响形成的"社会心理和感受"，所以其确切的含义应该是"社会风气和心理"（social custom and human feelings）。假如我们要从我国传统的词汇中找个名词来恰当地表达这种含义的话，那么古人所说的"风俗"其实就相当于我们所熟悉的"风俗民情"。这里，民情是指民众的生存状况和思想意愿（condition of the people and the public feeling），两者相比虽然只增加两个字，含义却更为丰富。前面我们已经指出，歌谣作为一种社会舆论，所反映的是民众和一部分官僚士人的心声和愿望，现在我们则更可以说歌谣又是风俗民情的最直接和形象的反映，因此可以看作是民心和政情的动态标尺。而民心和民众的生存状态也恰恰正是社会风俗的最重要的内容和指标。事实上，在我国古代的语境中，"风俗"还有直接指歌谣的时候，比如《史记·乐书》就曾经说："州异国殊，情习不同，故博采风俗，协比声律，以补短移化，助流政教。"[③] 此处的"风俗"一词，就只能理解为歌谣。

歌谣因为是民心政情的真实反映，所以更是一种鲜活直接的社会舆论。歌谣作为一种公众舆论，与当时的政治和社会有着密切的关系，它们是大多数民众和一部分官僚、士人对现实政治和生活的意见和愿望的反映，表达了对时政和统治阶层的批评和意见。从这个意义上讲，民间

---

① 应劭《风俗通义序》里不仅注意到风俗包含着自然环境和文化生活的双重因素，还明确地指出歌谣是风俗的重要内容："风者，天气有寒暖，地形有险易，水泉有美恶，草木有刚柔也。俗者，含血之类，像之而生，故言语歌讴异声，鼓舞动作殊形，或直或邪，或善或淫也。"元代学者李果还注意到风俗所包含的人们的行为和心理的因素，他在《风俗通义前序》中说："上行下效谓之风，众心安定谓之俗。"见程荣纂辑《汉魏丛书》，吉林大学出版社 1992 年影印明万历新安程氏刊本，第 637、638 页。
②《辞海》对风俗的解释是："历代相沿积久而成的风尚习俗。"（上海辞书出版社 1999 年版，第 461 页）《辞源》的解释为："一地方长期形成的风尚、习惯。"（商务印书馆 1988 年版，第 1854 页）都不如引文中解释得准确。
③《史记·乐书》，第 1175 页。

歌谣也可以看作社会下层民众提出政治要求、参与社会政治[①]的一种重要的手段。汉唐时期历代统治者都非常重视歌谣风议的社会舆论作用，经常派风俗使者去民间收辑歌谣，以此作为考课和监察地方官员的重要方式。有的统治者也注意从民间歌谣的舆论导向中吸取经验，及时调整统治政策和措施，来因应民众的呼声和要求。这样，作为公众舆论的歌谣就使普通民众与统治集团（皇帝和官僚阶层）之间产生了一种互动关系：皇帝的昏庸和官僚的贪虐使得人民生活困苦，民众愤而呼号，以民谣和童谣的形式对他们进行指责和詈骂；或者皇帝的英明和地方官吏的宽惠给百姓带来安宁和利益，民众喜而作歌颂扬他们。这些歌谣通过一定途径上达各级官吏以至皇帝耳中，使其不断调整和加强统治措施，并对地方官僚加以相应的奖惩和调换。这样就可以不致壅闭政情民心，使上层统治者和下层民众之间得以良性的互动，这种互动对于我国古代政府和官僚政治的良性运转，具有积极的意义。

当然，作为一种重要的社会文化，歌谣本身包含着十分丰富的内容，并不仅限于发挥公众舆论的作用。汉唐时期的歌谣不仅仅是历史上某些人物政治际遇与个人情怀的抒发，也不仅仅是民众的情感和愿望的表达，它们还包含着重要的政治知识和历史经验，许多歌谣谚语还表现了丰富的社会风俗和学术文化。这种歌谣风议，不仅在记载汉唐时期历史的正史中多有记载，在《华阳国志》《乐府诗集》《齐民要术》《水经注》《洛阳伽蓝记》和《荆楚岁时记》等个人著述和唐宋笔记小说中也有较多的记载和反映。

总之，从歌谣风议的角度来考察汉唐时期的社会、政治、风俗和文化状况是一个相当有意义的课题。加之，我国学界对汉唐史的研究多集中在政治、经济、制度、民族等方面，而从社会史的角度对汉唐时期歌谣风议的研究较少，本书的研究或许可以弥补一下这方面的缺漏。

[①] 政治学认为政治参与主要是指一个国家的公民通过一定的方式和程序，直接或间接地对政府政策的制定和执行表达集体或个人的政治意愿的活动。虽然美国学者亨廷顿和纳尔逊在《难以抉择——发展中国家的政治参与》（华夏出版社1989年版，第77、第3页）一书中认为政治参与是"不同地位群体成员之间平等的政治功效感的产物，也是某一地位群体相对于其他地位群体的集体功效感的产物"。参与既然是表达角色意愿的活动，参与者的精神状态就成为影响参与行为不可或缺的因素，这些因素往往会成为分析政治参与行为的重要基础。社会因素之外的文化心理因素对政治参与也会产生重要的影响。

第二节　歌谣研究的学术史回顾

　　我国学者历来十分注意歌谣风议的收辑。正史中比较集中地记录汉唐时期歌谣风议的有自《史记》至新旧《唐书》等汉唐正史的《五行志》,另外,南宋初郭茂倩所编的《乐府诗集》里的《杂歌谣辞》里也搜集了一些魏晋南北朝时期的歌谣。唐宋时期的几部重要类书如《艺文类聚》《初学记》《太平御览》里,也辑录了汉唐时期一些歌谣风议资料,它们所辑录的一些原始材料多为正史和他书所未见,更是弥足珍贵。中国古代学者对谚语的专门收辑则是从宋代学者周守忠的《古今谚》[①]开始的,至明代随着通俗文学的新发展,民歌出现了繁荣景象,也受到了文人们的广泛关注,他们把民歌作为明代文学艺术的"一绝"来肯定。当时著名的民歌有《锁南枝》《山坡羊》《耍孩儿》《驻云飞》《闹五更》《桂枝儿》《打枣竿》等,这些民歌广为流传,"不问南北,不问男女,不问老幼良贱,人人习之,亦人人喜听之,以至刊布成帙,举世传诵。沁入心腑,其谱不知从何来,真可骇叹!"[②]当时不少文人开始搜集民间歌曲,最著名的当属冯梦龙选辑的《桂枝儿》《山歌》等。上述民歌内容和题材多是城市中传唱的俗曲和情歌。明人郭子章编的《六语》[③]也是采录诸书中谣谚的著作。清末学者史梦兰继续对杨慎的《古今风谣》《古今谚》作了一些补遗。

　　从文献中辑录民谣、谚语的集大成之作是清代学者杜文澜纂辑的《古谣谚》,该书共一百卷,从八百六十余种古代典籍中,辑录传说自上古三代到明朝的歌谣谚语、俗语达三千三百多首,全书分类和编排有内在的逻辑,大体按照经、史、子、集的类别并按照时代先后排序,引证歌谣谚语,注意说明歌谣所载文献中的前后内容,并对歌谣的时代有所交代,可

---

① 永瑢等著《四库全书总目提要·子部·小说家类存目·古今谚》说:"《古今谚》一卷,宋周守忠撰……是编前有自序,称略以所披之编,采摘古今俗语,又得近时常语。虽鄙俚之词,亦有激谕之理。漫录成集,名《古今谚》。古谚多本史传,今谚则鄙俚者多矣。"(中华书局 1965 年版,第 1233 页)

② 沈德符撰《万历野获编·词曲·时尚小令》,中华书局 1959 年版,第 647 页。

③ 《四库全书总目提要》说:"《六语》三十卷,明郭子章编。是编凡谣语七卷、谚语七卷、隐语二卷、谶语六卷、讥语一卷、谐语七卷,皆杂采诸书为之。"(第 1235 页)

谓体系完备。该书有中华书局 1958 年出版的周绍良校点本,特别方便使用,是本书重要的参考著作。继续杜文澜工作的则有北京师范大学近代史专家张守常教授,他所编的《中国近世谣谚》(北京出版社 1998 年版),深受现代歌谣运动的启发,以新史学的观念搜集《古谣谚》以后的歌谣,得到清代至民国歌谣一千三百余首。该书中采录的几首魏晋南北朝时期的童谣,与《古谣谚》所辑出处不同。高殿石的《中国历代童谣辑注》(山东大学出版社 1990 年版),也收集了上古至民国历代童谣一千余首。在今人著作中,逯钦立辑校的《先秦汉魏晋南北朝诗》(中华书局 1983 年版),按时代先后辑录了自先秦迄于隋代的诗歌,这部书虽然是以辑录诗歌为重点,但其于每个时代诗歌篇什之末,又以专卷的形式辑录当时的杂歌谣辞于后,并以歌辞、谣辞和谚语的分类将此时期的歌谣风议一并收入,体例精审,搜罗广泛,资料翔实。另外温端政主编的《古今俗语集成》第一至七卷(山西人民出版社 1989 年版),也是收辑历代谚语和俗语的重要著作。历代学者在歌谣搜辑方面所作的不懈努力及其所取得的工作成就,嘉惠学林,为本书的研究提供了丰富而重要的资料基础。

　　自五四新文化运动以来,民俗学研究迅速繁荣,被视为民俗重要事项和民间文化重要内容的歌谣也越来越引起学者们的关注。传统上难登大雅之堂的古代民间歌谣研究逐渐走入学术界,成为越来越多研究者关注的对象。1917 年,北京大学刘半农、钱玄同、沈尹默等人,为了发起新诗革命,想要从中国古代风诗和活泼生动的民间歌谣里寻找新诗的"传统",共同发起了"歌谣研究会",于 1918 年 2 月 1 日在《北京大学日刊》上发布了《北京大学征集全国近世歌谣简章》,一时应者云集,短短三个月就征集到两三千首各地民间歌谣。1920 年,北大歌谣研究会归并到北大文科研究所,和考古学会、风俗调查会、方言方音调查会、明清档案整理会等同为北大文科研究所的组成部分,并于 1922 年开始出版《歌谣》周刊,这标志着歌谣研究已经登堂入室,成为现代学术研究的一部分。

　　1920 年顾颉刚身居苏州养病期间,开始搜集歌谣,并将搜集到的吴歌方言加上注释 ①。顾颉刚认为,吴歌"里边实在有许多解不开的句子,

---

① 顾潮编著《顾颉刚年谱(增订本)》,中华书局 2011 年版,第 56 页。

写不出的文字,考不定的事实。我想,要彻底的弄清楚它,必得切切实实做一番文字学的功夫,把古今的音变,邻地的方言,都了然于心,然后再来比较考订,饶可无憾"①。顾氏将搜集的歌谣编为《吴歌甲集》,连载于《歌谣》周刊。顾颉刚的歌谣研究有深刻的文化意识:"我想借此窥见民歌和儿歌的真相,知道历史上所谓童谣的性质究竟是怎样的,《诗经》上所载的诗篇是否有一部分确为民间流行的徒歌。"②他所编辑的《吴歌甲集》,"有比较详细的注释、解说,和对篇中所涉及的某些问题作了理论探索。……这些特点,使它不只是个一般性的歌谣资料集,而是具有较高的科学价值的歌谣学著述了"③。周作人曾在《歌谣》周刊《发刊词》中说道:"蒐集歌谣的目的共有两种,一是学术的,一是文艺的……歌谣是民俗学上的一种重要的资料。我们把它辑录起来,以备专门的研究。"④甚至将民间歌谣视为"国民的心声"和"现在隐藏着的光辉"⑤,见解十分深刻。

在《歌谣》周刊时代,学者们通过不同的学术探索,对歌谣的搜集、整理和研究做出了学科建构意义的贡献,特别是在方法论上,有三种方法明显得到比较广泛和突出的应用。

一是比较的歌谣研究法。"比较的研究法"是胡适首先提出来的。胡适1922年在《努力》周刊第30期发表《歌谣的比较的研究法的一个例》中提出"歌谣母题的研究方法",借用西方民间故事"母题(motif)"的概念,注重不同歌谣的流传区域,核心内核,及其在传唱中产生的不同异文和版本,并注意追溯产生异文的区域文化、语言、地理、风俗等因素⑥。对这一方法进行深入阐释的,还有许竹贞的《我今后研究歌谣的方法》。许文倡导的方法包括六个步骤:(一)寻找歌谣材料当文学研究;

---

① 顾颉刚《顾颉刚民俗论文集》卷一,中华书局2014年版,第26页。
② 顾颉刚《古史辨自序》上册,商务印书馆2011年版,第87页。
③ 顾颉刚,钟敬文等著《孟姜女故事论文集・序》,中国民间文艺出版社1983年版,第2页。
④ 转引自陈帅《吴歌整理研究——从顾颉刚的吴歌研究看吴歌的收集和整理》,南京艺术学院硕士学位论文,2014年。原载于周作人《歌谣・发刊词》,《北大日报》,1992年12月17日,第1卷1号。另施爱东认为《发刊词》系常惠所撰,参见施爱东《中国现代民俗学检讨》,社会科学文献出版社2010年版,第124—30页。
⑤ 《歌谣》周刊1922年第1号《发刊词》。
⑥ 胡适《胡适文存》二集卷四《歌谣的比较的研究法的一个例》,黄山书社1996年版,第581页。

（二）用科学方法研究（是何处的歌谣？为什么有这首？这歌谣的起源？）；
（三）狭意的调查比较（先以一县为标准），包括方音方言的调查比较（具
体到乡、村），人情风俗的调查比较（包括渔人的、农人的、山居的，也比较
到职业和乡村）；（四）广意的调查比较，包括方音方言的调查比较和人
情风俗的调查比较，包括不同省份、不同职业的、人群的比较；（五）将各
处彼此比较后的结果，分做同点和异点，把它归纳起来；（六）深究比较后
各处同点和异点的究竟①。

　　二是传说故事的历史演进研究法。这主要体现在顾颉刚的《孟姜
女故事的转变》等系列文章中。顾颉刚的孟姜女故事研究与他的古史研
究基于同样的学术理念，即"用历史演进的见解来观察历史上的传说"，
试图从故事的变迁中寻找古史传说演变的一般规律。胡适从"禹的演进
史"中归纳出一个"颠扑不破的""愈用愈见功效的"演进公式：（1）把
每一件史事的种种传说，依先后出现的次序，排列起来。（2）研究这件
史事在每一个时代有什么样子的传说。（3）研究这件史事的渐渐演进，
由简单变为复杂，由陋野变为雅驯，由地方的（局部的）变为全国的，由
神变为人，由神话变为史事，由寓言变为事实。（4）遇可能时，解释每一
次演变的原因②。利用历史演进法研究歌谣的典型代表，是董作宾的《看
见她》③。

　　虽然顾颉刚的故事研究方法深受杜威——胡适实用主义理论的影
响④。但顾氏以其深厚的传统史学造诣和考据的功力，做到了将西方理论
与中国学术传统和历史文献的深入结合，换言之，也就是实现了实证主
义研究的本土化。施爱东认为，尽管顾颉刚不断强调自己只想做个史学

---

① 许竹贞《我今后研究歌谣的方法》，《歌谣》周刊1924年第42号。
② 施爱东《顾颉刚故事学范式回顾与检讨——以"孟姜女故事研究"为中心》，《清华大学学报
　（哲学社会科学版）》2008年第2期。原文见胡适《古史讨论的读后感》，顾颉刚《古史辨》第
　一册，上海古籍出版社1981年版，第193页。
③《看见她》为北京大学歌谣研究会1924年出版的专书，该书选择了以"未婚夫在丈母娘家偶
　遇未婚妻"这一主题，系统研究了45首类似歌谣的韵母、内容、风俗等的异同，对此主题的
　歌谣的特征和流传路径做了深入的研究，是《歌谣》周刊时代的经典之作。
④ 胡适实用主义哲学中治学思想方法的直接来源是杜威在《思维术》中讲述的思想系统化五步
　法：1.感觉到的困难；2.困难的所在和定义；3.对不同的解决办法的设想；4.运用推理对设想
　的意义所做的发挥；5.进一步的观察和实验，它引导到肯定和否定，即得出可信还是不可信
　的结论。参见王玉平《从杜威到胡适——实用主义之变异》，《河北师范大学学报（哲学社会
　科学版）》2003年第3期。

家,民间文学的研究只是其副产品,但正是这些天才的副产品,开始了中国故事学乃至民俗学的历史纪元,这"标志着中国现代民间文学研究新范式的建立"。

三是歌谣资料搜集中的田野调查方法。在《本会征集全国近世歌谣简章》中,确定了歌谣征集的几条原则和方法,其中就有"本校教职员学生,各就闻见所及自行搜集"。之所以这样规定,是因为考虑到要保持歌谣的原生态:"依民俗学的条件,非得亲自到民间去搜集不可,书本上的一点儿也靠不住,又是在民俗学中最忌讳的。每逢写在纸上,或著成书的,无论如何——至少作者也要读过一点书的,所以多少总有一点润色的地方,那便失了本来面目。而且无论怎样,文字决不能达到声调和情趣,一经写在纸上就不是他了。"为此还特别举了个例子让歌谣采集者借鉴:"德国的曼哈特他到民间去采集民俗的材料,因为他长得又矮又小,乡间的人就认为他是个地里鬼儿,往往有许多神秘的话对他讲。"①

五四运动前后的歌谣征集和研究活动,开拓了新的研究领域,一新学界的耳目,取得了令人瞩目的成就。它为中国现代民俗学聚集了专业研究队伍,探索出特色鲜明的研究方法,产生出标志性的研究成果。虽然歌谣研究"未能包括民俗学的全部",歌谣研究的一些方法,也未尽自洽和完善,但歌谣运动的民俗学理论建构已经初步完成,歌谣表达人民的"好憎诸情","一可为历史的资料,二可知人民风俗习惯之沿革及变迁"的观念深入人心,歌谣这种"最古老的大众传播方式"在中国新文化运动中得以新生,标志着中国现代民俗学的建立②。

现代民俗学关于歌谣学理论和方法的探索,不仅促进了歌谣的搜集和出版,也深入促进了歌谣理论研究发展,《歌谣》周刊在创刊的两年半的时间内,就刊发了不少民俗学性质的论文。比如:《歌谣中的家庭问题》《歌谣与妇女》《歌谣中的姑娘》《歌谣中的舅母和继母》《医事用的歌谣》《言语的禁忌》《广州的禁忌语》《性欲"母题"在原始诗歌中的位置》《母歌实验谈》《关于鸦片烟的民间作品》《歌谣与名物》《歌谣和民

---

① 常惠《我们为什么要研究歌谣》,《歌谣》周刊 1922 年第 2 号。
② 李传军、罗含《表彰隐藏的光辉——歌谣运动与中国现代民俗学的建立》,《民俗研究》2019
　年第 4 期。

意》《表达民意的歌谣》。董作宾的经典个案研究《看见她》也发表于这一时期①。较早的系统研究我国古代歌谣的著作是朱自清先生的《中国歌谣》。这是朱自清在 1929 年至 1931 年间在清华大学开设的"歌谣"课程的讲稿,本书对歌谣的释名、歌谣产生和发展的历史、歌谣的分类、歌谣的结构和修辞方式等,做了深入的研究。1982 年出版的张紫晨的《歌谣小史》,论述了从上古时期的原始歌谣,一直到当代的新民歌。作者抓住了每一时代歌谣产生的不同历史背景,选择典型案例,深入分析不同时代歌谣所反映的时代特征、历史发展。这两部书可以看作是研究中国歌谣文学的奠基之作。

20 世纪 80 年代以来,我国学者对汉唐歌谣的研究陆续有所拓展,其最重要的特点是不再局限于一首或一类歌谣的个案研究,而是深入歌谣发生时代的历史和社会背景进行研究,借以揭示中国古代歌谣与当时社会和资治的关系。谢贵安的《谣谚与古代社会》(华中理工大学出版社 1994 年版),以民间潜流文化的定位作为研究中国古代谣谚的出发点,对中国古代谣谚的种类、内容和社会功能做了较为全面和深入的探讨。对古代谣谚所包含的哲理内容、历史经验及其和生产、生活知识等,做了较为深入的研究。不过,该书所举例证多以两汉和宋、元、明时期的谣谚为主,汉唐时期的谣谚相对不多。他的《中国谶谣文化研究》(海南出版社 1998 年版),在辑录了大量谶谣的基础上,详考了谶谣的历史流变,探讨了谶谣传播的方式,如儿童扩散、铭文流播、题壁展示、僧道传谣、典籍传播等,分析预言制造者的心术和方法,别具特色。

学术界讨论歌谣与政治关系的著作,还有宋祇的《社会反三和弦——民族、民俗与中国政治》(吉林教育出版社 1993 年版),该书探讨了中国古代社会政治民俗的诸多问题,并以一章的篇幅从政治文化的角度论述了童谣与政治的关系,如五行说与童谣的关系,民谣与贪官、清官的关系,认为民谣反映了群众精神力量的历史主动性。许多分析都颇具启发性。但该书研究的内容主要是《后汉书·五行志》中的童谣与东汉政治关系,对西汉和东汉以后的歌谣则没有涉及。

杨民康的《中国民歌与乡土社会》(吉林教育出版社 1992 年版)也

---

① 《歌谣》周刊 1924 年 10 月 12 日、19 日,第 63 号、64 号。

是一部以研究现代民歌和少数民族民歌的著作,该书探讨了民歌与人生
礼仪、民歌与婚恋习俗、民歌与社会民俗的关系。该书的研究虽然没有
涉及汉唐的民歌,但该书探讨了民歌文化的符号特征、民歌符号系统的
结构和文化功能等一般理论问题,这些问题对本书的研究无疑都具有一
定的启发意义。

雷群明等著的《中国古代童谣赏析》(湖南文艺出版社 1988 年版)
和《中国古代童谣》(上海文艺出版社 2003 年版)都是有关古代童谣研
析的专著。书中对八十多首有意义且较有代表性的童谣作了思想、艺术
方面的赏析,其中不少是汉唐时期的童谣,是两个不错的了解我国古代
歌谣文化的选本。叶桂刚、王贵元主编的《中国古代歌谣精品赏析》(北
京广播学院出版社 1993 年版)也是同类著作。

民谣研究方面,专著有吕肖奂的《中国古代民谣研究》(巴蜀书社
2006 年版),认为中国古代的民谣中,只有占风谣不到三分之一的风土谣
是反映风土民俗的,此外,风谣中的颂谣和怨谣,连同大多数谶谣都可以
说是政治性民谣,因此民谣是政治的文学和政治的问题。谢贵安的《中
国谶谣文化研究》,栾保群的《历史上的谣与谶》(中国档案出版社 2006
年),都把谶谣作为研究者关注的焦点。栾书讲述了自周至清上下三千
年的政治斗争故事,选择了一百六十余则谶谣作为案例,用现代的思维
和语言阐释、演绎谶谣涉及的历史事件,纵观多方材料,给出合理的解
释,让谶谣呈现出它的本质①。

王娟的《中国民间文学史·歌谣卷》(河北教育出版社 2019 年版)
实际上是一部“中国歌谣史”,不仅对中国古代民间歌谣的概念和分类有
新的见解,更对民间歌谣的表演情境、民俗文化与口头特征等民俗研究
的关键命题有所把握。她的《中国古代歌谣整理与研究》(高等教育出
版社 2014 年版)一书则对中国古代典籍中的歌谣资料进行了整理,并附
录了近年研究歌谣的具有创新见解的学术论文。

专门探讨魏晋南北朝时期童谣的著作还有台湾学者龚显宗的《魏晋
南北朝童谣研析》[(台湾)国语日报出版社 1995 年版]一书。该书主

---

① 侯白《在史学中学习权力政治无法回避〈历史上的谣与谶〉》,《中国青年报》2006 年 5 月
　29 日。

要是从文法、修辞等角度对魏晋南北朝的童谣做了一些分析和梳理,着眼甚细,用力甚深,对了解我国古代歌谣的修辞方法和创作特点,有很大的裨益。虽然从内容上看该书仍然是一部歌谣赏析的作品,但是该书前言中对魏晋南北朝时期的童谣所涉及的地理环境和民族特点做了一些说明,其思路具有一定启发意义。

学术论文方面,王子今先生的《略论两汉童谣》,认为汉代童谣承担了社会批评的职能,作为政治预言形式,也影响着当时的社会政治生活。童谣是一种特殊的舆论方式,其形成和影响,都透露出重要的历史文化信息,文章还对王充的童谣发生说进行了深入的解读[1]。赵世瑜先生的《谣谚与新史学》一文,围绕着张守常先生《中国近世谣谚》的学术价值做了进一步的理论解读,认为谣谚是民众生活与思想实践的直接反映,是一宗历史悠久、影响广泛的文化存在,特别对于历史上的普通民众来说,歌谣更代表了他们对时代、事件、人物、社会的看法,是他们政治和社会意愿的最显性的表达。因此谣谚可以视为一种为新史学所关注的了解古代民众心态的公众舆论[2]。这个观点,也为本书的写作奠定了主要的思想基础。

百余年来,我国研究歌谣的学术积淀深厚,而前辈学者所开创的歌谣研究的风气至今方兴未艾。但综观我国学者自20世纪20年代以来的歌谣研究,主要呈现出下列几个特点:其一,学者们对历代歌谣和民间歌谣做了大量的搜集工作,从而对歌谣的研究工作的展开打下了十分坚实的基础。其二,学者们对许多现代歌谣和民间歌谣做了丰富的研究工作,对少数民族歌谣和史诗的研究尤其多所开拓;其三,学者们对歌谣的研究既有从文学研究的角度展开的,也有以民俗学和民俗志的方法考察歌谣的,在视野、方法和观点等多方面都对本书的研究给予了很大的启发。不过,尽管如此,古代歌谣的研究,特别是以古代历史和社会的眼光来研究古代歌谣,仍然是我国歌谣研究中值得开拓的领域,而汉唐时期歌谣风议的研究尤其如此。

另一方面,海外学者也有一些相关研究。香港科技大学吕宗力的

---

① 王子今《略论两汉童谣》,《重庆师范大学学报》2007年第3期。
② 赵世瑜《谣谚与新史学——张守常〈中国近世谣谚〉读后》,《历史研究》2002年第5期。

《汉代的谣言》（河北人民出版社 2011 年版）及他发表的《汉代的社会危机与谣言管理》（《学术月刊》2015 年第 3 期）等系列文章，以历史学的角度，整理思考有史可查的汉代谣言，对谣言、谶语、流言、妖言等产生的社会背景及政府的管控与疏导做了深刻的历史性阐释。吕宗力指出："谣言"是一种广泛存在的社会文化现象，在任何历史时期、任何社会文化形态中，我们都可以发现各种类型的谣言。现代心理学家和社会学家的观察发现，人类历史的大部分时间是在对种种谣言或类谣言做出反应，与之互动。在现代语言学、社会学、心理学、人类学、传播学、市场学中，谣言是一个重要的研究范畴。许多脍炙人口、千古传诵的传奇、神话故事，其原型都是来自"谣言"；在军事、政治斗争中兵不厌诈地使用的大量"诈伪"之言，亦可说是"谣言"；朝廷种种言不由衷的宣言，御史的风闻言事，庙堂、民间的种种传闻，即使被载入正史，仍然可以被视为"谣言"。汉代社会危机深重的哀、平、桓、灵之际，也是前、后《汉书·五行志》所记载的流言、讹言、妖言、谣言、谶言的多发期。如能予以历史文献所记载的流言、讹言或谣言及其相关语境进行认真考察和研究，揭示出常见文本、主流思维之外的深刻真相或史观，解读特定历史时空中的群体心态和社会心理氛围，就能描绘出更多维、多层、多彩的历史图像。

国外对我国汉唐时期歌谣的研究较为薄弱。就笔者所了解的情况，法国汉学家葛兰言（Marcel Granet）《古代中国的节庆与歌谣》（也译为《中国古代的祭礼与歌谣》）（Fétes et Chansons anciennes de la Chine, 1919），主要研究了中国先秦时期的祭礼和诗歌的关系。此书 1938 年由内田智雄翻译为日文（弘文堂书房 / 昭 13），是中国古代祭祀歌较早的研究专著。松本幸男的《魏晋诗坛の研究》（中国艺文研究会发行），是作者积四十余年功力研究中国魏晋时期文学的专著，书中的"前汉乐府の宗教的背景"和"五言诗成立の诸问题"，探讨了古代歌谣对乐府诗和五言诗形成的影响，部分地涉及了汉魏时期歌谣的研究。此外，松村武雄的《童谣及童话の研究》（大阪每日新闻社 / 大 12）、高野辰之的《民谣と童谣论》（春秋社 / 昭 4），则是日本学者研究童谣和民谣理论的著作。这些著作有助于我们对歌谣的认识，但它们都没有涉及我国汉唐时期的民谣和童谣。在美国弗吉尼亚大学（the University of Virginia）图书馆所推出的"中国文学集锦"系列电子图书中，包含有杜文澜的《古谣谚》

一书简本(即只录入谣谚而未录入前后的引文和背景、出处等相关资料文字),而且还把其中第一至三十四卷翻译成英文,是谣谚英译难得的参考资料。

从历史学、社会学、民俗学的角度入手研究歌谣的起源、流变和社会影响,从而揭示历史上的歌谣对社会政治的影响,是学术界常用和常见的研究方法。近年来,随着信息技术的发展,网络传媒的兴起,导致网络谣言成为影响社会稳定的一项重要内容,如何应对谣言也是中外各国需要面对的社会课题。随着信息科学、控制科学、系统科学的学者参与,谣言的技术性研究方法取得了颇具影响力的成果,这里也简要介绍一下。

谣言研究的模型化方法。以数学模型来研究谣言的传播始于 20 世纪 60 年代,Daley 和 Kendall 提出了谣言传播的数学模型(简称 DK 模型),在谣言传播的定量研究中被广泛地运用;Maki 和 Thomson 以及 Murray 的谣言数学模型研究主要集中于理论分析[1]。我国学者王凌晖根据谣言属性与个体特征的不同,利用 Agent 建构的仿真模型,将传统意义上的谣言分为流言与谣言两种传播形式,并构建了二者的传播与衰减模型;认为谣言是客观存在的信息扩散现象,决定谣言影响力的是谣言本身所包含的信息以及信息受众的理性程度,某些社会热点事件由于较高的关注度而极易生成谣言[2]。当然,以上谣言技术性研究方法,主要是针对当前社会上经常出现的网络谣言的信息化研究手段,并不特别适合我国古代社会歌谣的研究。但其中一些有益的思想,如用统计的方法、大数据分析的方法、比较的方法来探究歌谣的起因、特征、传播方式,对我们的研究是有所裨益的。

我国在一定的历史时期内,由于社会管理机制的弱化和失控、社会心理压力增加以及突发自然灾害的影响等,就会导致谣言的产生和迅速传播。谣言产生后,如果任其发展和传播,必然会对社会的稳定与和谐产生重大的负面影响。因此,研究社会谣言的发生、演变及传播机制,寻求有效的疏导和控制机制,就成为社会建设和管理的重要问题。我国历

---

① 参见赵洪涌、朱霖河《社交网络中谣言传播动力学研究》,《南京航空航天大学学报》2015 年第 3 期。
② 王凌晖《基于 Agent 社会仿真的群体情绪偏好条件下谣言传播机制研究》,《商丘师范学院学报》2017 年第 12 期。

史上的汉唐时期,既经历了文景之治、元嘉之治和贞观之治等盛世局面,也经历了政治动荡、国家分裂和民族混战的乱世局面,其间,社会的经济基础,政治的生态和结构,制度的演进和创新,民众生活的内容和方式,文化信仰的更新和发展,都发生了巨大的变革。汉唐间朝代兴衰的原因,固然有多种因素,但面对重大历史变局和复杂社会问题时社会管理能力的强弱,也是最为重要的关键因素之一。汉唐时期通过歌谣风议实现社会管理的丰富的历史经验,非常值得研究和借鉴。

综上所述,国内和海外学者对中国古代歌谣的研究取得了一些成就,这既为本书的研究奠定了一定的基础,也为我们研究汉唐时期的歌谣风议给予了一些启发。但总的说来,到目前为止还没有一部研究汉唐时期歌谣风议与社会政治的专门性著作。因此,本书从"公众舆论"与社会管理的角度,研究中国古代歌谣风议的社会性质、文化属性,汉唐盛世与其间社会危机时歌谣的产生与传播、社会政治影响,汉唐时期的歌谣风议与社会治理的历史经验,进而探讨朝廷与民众通过歌谣这一舆论媒介产生的官民互动关系,及这种良性互动关系对于汉唐历史发展的重要影响,是具有一定的学术意义的。

第三节　本书的研究思路和方法

本书在前贤和当代学者研究的基础上,在广泛搜集汉唐史籍相关史料的基础上,甄选典型例证,以歌谣风议是一种公众舆论为基本观点,深入探讨歌谣风议与汉唐时期社会、政治和文化的关系,总结歌谣风议与汉唐时期社会治理的历史经验和借鉴意义。为系统论述这一重要论题,本书以专题章节的形式来展开论述。

绪论部分主要在于辨析歌谣风议的概念和类别,重点在于阐释歌谣、民谣、谣言以及特定历史情境下使用的俗语、俗谚,在文字形式、声韵特点、文化内涵和舆论影响的内在一致性,并综述歌谣研究的学术史。

第一至三章,"歌谣风议与汉唐时期的政治、社会与文化",主要从歌谣风议所反映的政治生活、社会生活和文化风貌三个方面,论列汉唐歌谣风议的种类、主要内容及其与汉唐社会的密切关系。意在从整体上对汉唐时期的歌谣风议做概括性介绍,因文繁例多,故以类相从,分为三章。

第四章"汉唐歌谣风议作者和传播的社会空间",主要是通过对汉唐时期歌谣作者和传播者的身份考察,来探讨作为公众舆论的歌谣所产生和传播的社会空间和政治空间问题,指出以普通闾里为代表的社会基层空间和以台寺府署为代表的政府官僚机构是汉唐时期歌谣发生和传播的最主要的社会舞台,这是中国古代官民并立的社会二元结构的反映。

第五章"歌谣风议传播的社会背景与氛围",主要以与歌谣性质相类、形式相似的社会流言和讹谣的产生和传播为例,来探讨汉唐时期歌谣产生和传播的社会和文化背景。认为社会政治危机对特定区域和民众的影响和刺激,及由此产生的恐惧的社会心理氛围,是流言、讹言以及歌谣产生的最重要原因。同时,政治人物的刻意操作和特定历史背景下的民间信仰,对流言、讹谣的产生和传播也会产生一定的影响。

第六章"汉唐时期歌谣风议的传播",则是探讨汉唐歌谣风议传播的具体传播方式,认为歌谣的社会舆论功能必须通过传播才能够实现。汉唐歌谣的传播主要是通过个体传播和群体传播来实现的,其具体的形式则有口耳相传、题壁、歌诵传唱和呼告传播等多种。同时,本书也认为汉唐时期歌谣在社会上传播的过程,也是歌谣风议的社会化[①]过程。

第七章"汉唐时期的歌谣风议与官民互动",主要探讨作为公众舆论的歌谣在普通民众和统治阶层之间形成的互动关系。指出歌谣作为一种社会舆论和民心民情的反映,早在先秦时期就受到统治者的重视。周代的采诗之官就是专为采察民间歌谣风议而设置的。而两汉时期的三公谣言奏事和御史风闻奏事制度,也在一定程度上可以看作是上述制度的继续,表明了两汉统治者对社会公众舆论尤其是对官员的批评性舆论的重视。到了魏晋南北朝时期,统治者更加注重民间歌谣的舆论作用,他们不仅经常派遣自己身边的近侍作为风俗使者分路巡行天下,收辑歌谣;同时还赋予他们一定的权力,可以根据民间歌谣风议对地方官进行

[①] 社会化本来是一个社会学概念,是指"使新的个人适应有组织的生活方式并教给他们社会文化传统的过程"(L·布鲁姆、P·塞尔茨内克、D·B·达拉赫著,张杰等译《社会学》,四川人民出版社 1991 年版,第 120 页)。本文所讲的"社会化"则是由此引申出的一个概念,是指各种特殊的"地方性知识"或"地方性文化"逐渐被社会理解和接受的过程。

监督和黜置。隋唐时期,特别是唐代,御史台专有风闻奏事的权力,可以根据民间歌谣,向皇帝进行台谏,对各级官吏进行弹劾。这样,汉唐时期的统治者就可以经常通过政策的调整和官员的黜置来回应民间歌谣和民众的呼声与要求。这样,就在普通民众和上层统治者之间通过歌谣这种介质形成了一种互动关系。这种互动关系不仅对于我国汉唐时期的社会机制及其良性运转具有积极的意义,还能够为理解中国古代民众的政治参与和政府的相应举措等社会治理问题提供具体个案。

第八章"歌谣风议与汉唐时期官僚政治",主要是探讨汉唐歌谣风议与官僚政治的关系,即歌谣风议产生的制度和政治层面的原因。这部分主要是从汉唐时期循吏和酷吏的差别及造成这种差别的原因,围绕汉唐时期官吏的选举、官德的不可凭借和贪官污吏对民众利益的侵害等多个方面探讨歌谣产生的深层政治原因。指出汉唐时期循吏和酷吏两种典型官僚,是中国古代特定的选官途径和选举标准的产物。但是,汉唐时期的循吏并不多见,而由上述选官途径和标准造就的酷吏,特别是由选举猥滥造就的大量的贪官污吏对民众利益的侵害,是汉唐时期民生艰难和官民对立的社会矛盾产生的现实根源。这是汉唐时期针对官僚统治者的大量的批评性歌谣风议产生的最直接的原因。

第九章"汉唐时期的歌谣风议与社会治理",主要从社会治理效能的角度,指出歌谣风议作为一种社会公共舆论,是社会治理的风向标,是社会安危的体现,乱世时是民间疾苦的体现,盛世时是社会和谐的共鸣,社会兴衰治乱蕴含其中,汉唐统治者围绕歌谣风议采取的专制性和法律性手段,产生不同的社会治理效果,值得从中汲取历史经验和教训,达到社会善治的目标。

本课题所采用的基本研究方法是文献分析法和历史考证法,坚持以历史唯物主义为指导,注重历代歌谣风议产生的社会生产和生活基础,力求对中国先秦以来的歌谣发展考镜源流,在前人已涉猎的问题上再深入一步,在前人未开垦的领域有所拓展。当然,完成这样的一个研究课题,在研究方法上既要充分发挥中国传统史学实证研究的功用,也要以开阔的视野借鉴当今人文和社会科学研究的多学科理论和方法。

具体研究方法为:

第一,历史考证与文献分析法:充分利用目录学、文献学的方法,搜集相关文献,在历史典籍中爬梳史料,寻求典型案例,并加以分析;运用考证的方法,注重从典章制度的沿革和统治阶层的政治权力关系中抉隐发微,揭示历史变化的关键点和重要环节;

第二,制度分析法:运用制度生成和演进的方法,深刻分析中国古代采诗观风、遣使巡行和御史风闻奏事制度产生的历史成因、社会机理,辨析民众、官吏和皇帝等不同社会阶层在政治监察和社会管理与司法实践中的思想、措施和政治意图;

第三,交叉学科的理论方法:应用历史民俗学的相关理论界定歌谣风议的民间属性及其与社会风俗的关系,借鉴心理学的集群心理理论,阐释汉唐歌谣风议生产的社会背景和民众心态,应用传播学的理论,对歌谣风议产生的状态、传播的途径、社会的影响进行微观分析,借鉴社会学中社会管理的相关理论,阐明歌谣风议与中国古代实现社会善治的互动机制。

当然,对其他任何学科和理论的借鉴都必须立足理论的适切性,既要善于吸收有益的理论以创新思维,又必须有所选择去取,既不胶柱鼓瑟、削足适履地拘泥于某些理论定势,又能够达到多元融合,有所创新的境界。

第一章　歌谣风议所反映的汉唐政治生活

汉唐时期的歌谣风议虽然内容十分丰富,但从总体上看,基本上可以分为政治性歌谣风议、社会性歌谣风议和文化性歌谣风议三个类别,而从具体的歌谣风议所反映的不同内容和事项来看,这三大类歌谣又可以划分为更多的小类和细目。不同种类和内容的歌谣风议,反映着不同层面的政治、社会和文化生活。每一首歌谣风议有不同的内容特点,点线交织,共同构成一幅相当细密的反映汉唐时期政治和社会生活的多彩画卷。同时,汉唐时期的歌谣,有的性质比较复杂,既是政治性歌谣,也反映当时的社会生活;有的人物评议性歌谣,也反映当时的文化风貌;有些反映改朝换代的谶谣,也反映禅代之际政治集团之间的权力分化和政治斗争情况。因此,汉唐时期歌谣风议的分类很难做到整齐划一。笔者就按照本书的分类标准和方法,对汉唐歌谣风议的主要类别及其所反映的政治、社会和文化生活做一些简要的举例、阐释和探讨。至于产生这些歌谣风议的深层次政治和社会原因,在其他章节会再做论述。

在汉唐时期的政治性歌谣风议中,有相当多的歌谣是对官僚统治者的评议性歌谣,而这类歌谣,又可以分为赞美型和谴责型两类。这类歌谣是汉唐时期歌谣风议的主要类别,载诸史籍的数量也最多,它们产生的根源在于汉唐时期的政治斗争和制度变革,及在这种历史进程中一些关键历史人物的个人选择。因此,一般的政治性歌谣风议,就是对上述历史人物政治品德、政治才能、政治命运的臧否。当然,还有一些官员,本身只是百里之吏,并没有重要的历史影响,但因他们惠政或贪虐,造福一方百姓或祸乱一方百姓,也会引发民间的歌谣风议,这与汉唐时期基层社会治理能力密切相关。

第一节　为政以德：对循吏和良吏的赞颂歌谣

　　赞美型的歌谣是汉唐时期民众对当政官僚统治者施行仁政和礼仪教化或在乱世中能够保全民众的赞美。这类歌谣，在史籍中占有很大的比重。两汉时期，这类歌谣尤其众多。比如《史记·曹相国世家》记载，汉惠帝时，曹参代萧何为相国。初，刘邦与萧何定天下，法令已经明具。及曹参为汉相国，出入三年，举事无所变更，一遵萧何之法。政治清净，社会安定。百姓歌之曰："萧何为法，顜若画一；曹参代之，守而勿失。载其清净，民以宁一。"①《后汉书·张堪传》记载，光武帝时期，张堪为渔阳太守，他"捕击奸猾，赏罚必信，吏民皆乐为用。匈奴尝以万骑入渔阳，堪率数千骑奔击，大破之，郡界以静。乃于狐奴开稻田八千余顷，劝民耕种，以致殷富。百姓歌曰：'桑无附枝，麦穗两岐。张君为政，乐不可支。'"②《后汉书·朱晖传》载，朱晖字文季，建武年间任临淮太守。他"好节概，有所拔用，皆厉行士。其诸报怨，以义犯率，皆为求其理，多得生济。其不义之囚，即时僵仆。吏人畏爱，为之歌曰：'强直自遂，南阳朱季。吏畏其威，人怀其惠。'"③《后汉书·张霸传》记载，张霸永元中为会稽太守，"霸始到越，贼未解，郡界不宁，乃移书开购，明用信赏，贼遂束手归附，不烦士卒之力。童谣曰：'弃我戟，捐我矛，盗贼尽，吏皆休。'"④《后汉书·杜师传》记载：南阳太守杜师，政治清平，百姓便之。又修治陂池，广拓土田，郡内比室殷足，时人方于召信臣。南阳为之语曰："前有召父，后有杜母。"⑤《列异记》记载：司隶校尉上党鲍子都（即鲍宣），及其子永、其孙昱，在汉代都曾经任司隶。鲍氏子孙三代在京师任司隶校尉时，都经常乘一匹骢马。故京师歌之曰："鲍氏骢，三入司隶再入公，马虽瘦，行步工。"⑥《华阳国志》记载："阎宪，字孟度，成固人也，名知人。为绵竹令，以礼让为化，民莫敢犯。男子杜成夜行，得遗物一囊，中有锦二

①《史记·曹参世家》，第2031页。
②《后汉书·张堪传》，第1100页。
③《后汉书·朱晖传》，第1458—1459页。
④《后汉书·张霸传》，第1242页。
⑤《后汉书·杜诗传》，第1094页。
⑥《太平御览·兽部·马》，第3984页。

十五匹。求其主，还之，曰：'县有明君，何敢负其化。'童谣歌曰：'阎尹赋政，既明且昶。去苛去辟，动以礼让。'"①东汉末年军阀混战，连年战火给百姓造成了极大的灾难，因此，能够在乱世保全民众的官员，便受到了民众的赞扬。

魏晋南北朝时期，政权转换频繁，门阀擅权、吏治腐败和统治者之间的斗争及南北政权的征战也给百姓造成了极大的社会灾难。在这种情况下，造福一方的良吏和廉吏更为难得，因此，当时民众对官僚统治者的赞美就寄寓了更多的政治期许和愿望。如《殷氏世传》记载：殷褒在曹魏时期为荥阳令："广筑学馆，会集朋徒，民知礼让，乃歌之云：'荥阳令，有异政。修立学校人易性，令我子弟耻讼争。'"②《晋书·王祥传》记载："汉末遭乱，（王祥）扶母携弟览避地庐江，隐居三十余年，不应州郡之命……徐州刺史吕虔檄为别驾，祥年垂耳顺，固辞不受。览劝之，为具车牛，祥乃应召，虔委以州事。于时寇盗充斥，祥率励兵士，频讨破之。州界清静，政化大行。时人歌之曰：'海沂之康，实赖王祥。邦国不空，别驾之功。'"③《陶氏家传》记载："陶汪，晋咸康中为宣城内史，君从父猷，先为之，君到郡，乃招隐逸，广开学舍，以此教民，民有向方者，则辟为掾吏，百姓歌之曰：'人当勤学得主簿，谁使为之陶明府。'"④南朝刘宋时期，丘仲孚以功迁山阴令，"居职甚有声称。百姓谣曰：'二傅、沈、刘，不如一丘。'前世傅琰父子、沈宪、刘玄明相继宰山阴，并有政绩，言仲孚皆过之"⑤。《梁书·陆襄传》记载，梁大通七年（533），吴郡人陆襄出为鄱阳内史，"时邻郡豫章、安成等守宰，案治党与，因求贿货，皆不得其实，或有善人尽室离祸，惟襄郡部枉直无滥。民作歌曰：'鲜于平后善恶分，民无枉死，赖有陆君。'又有彭李二家，先因忿争，遂相诬告，襄引入内室，不加责诮，但和言解喻之，二人感恩，深自咎悔，乃为设酒食，令其尽欢，酒罢，同载而还，因相亲厚。民又歌曰：'陆君政，无怨家，斗既罢，仇共车。'在

① 常璩撰、任乃强校注《华阳国志校补图注》，上海古籍出版社1987年版，第601页。
② 郭茂倩编《乐府诗集·杂歌谣辞三·荥阳令歌》，中华书局1979年版，第1197页。
③《晋书·王祥传》，中华书局1974年版，第987—988页。
④《艺文类聚·郡部·宣城郡》，第119页。
⑤《南史·文学传·丘仲孚传》，第1764页。

政六年,郡中大治"①。北朝时期,赵郡人李孝伯,在北魏道武帝时期任赵郡太守时:"令行禁止,劫盗奔窜。太宗嘉之。并州丁零,数为山东之害,知曾能得百姓死力,惮不入境。贼于常山界得一死鹿,谓赵郡地也,贼长责之,还令送鹿故处。邻郡为之谣曰:'诈作赵郡鹿,犹胜常山粟。'"②《北齐书·郑述祖传》记载:"郑述祖,字恭文,荥阳开封人……初,述祖父为光州,于城南小山起斋亭,刻石为记。述祖时年九岁。及为刺史,往寻旧迹,得一破石,有铭云:'中岳先生郑道昭之白云堂。'述祖对之呜咽,悲动群僚。有人入市盗布,其父怒曰:'何忍欺人君!'执之以归首,述祖特原之。自是之后,境内无盗。人歌之曰:'大郑公,小郑公,相去五十载,风教犹尚同。'"③

《隋书·于仲文传》记载,于仲文字次武,任安固太守时,有任、杜两家各失牛。后得一牛,两家俱认,州郡久不能决。益州长史韩伯隽曰:"于安固少聪察,可令决之。"仲文曰:"此易解耳。""于是令二家各驱牛群至,乃放所认者,遂向任氏群中。又阴使人微伤其牛,任氏嗟惋,杜家自若。仲文于是诃诘杜氏,杜氏服罪而去。始州刺史屈突尚,宇文护之党也,先坐事下狱,无敢绳者。仲文至郡穷治,遂竟其狱。蜀中为之语曰:'明断无双有于公。不避强御有次武。'"④《旧唐书·李岘传》载:"(李)岘,乐善下士,少有吏干。以门荫入仕,累迁高陵令,政术知名。特迁万年令、河南少尹、魏郡太守。入为金吾将军,迁将作监,改京兆府尹,所在皆著声绩。天宝十三载,连雨六十余日,宰臣杨国忠恶其不附己,以雨灾归咎京兆尹,乃出为长沙郡太守。时京师米麦踊贵,百姓谣曰:'欲得米粟贱,无过追李岘。'其为政得人心如此。"⑤

《旧唐书·颜师古传》记载了颜师古的叔父颜游秦为官时,抚恤境内,敬让大行,百姓对他的品行和功绩的歌颂曰:"廉州颜有道,性行同庄老。爱人如赤子,不杀非时草。"⑥《旧唐书·薛大鼎传》记载唐高宗永

---

① 《梁书·陆襄传》,第410页。
② 《魏书·李孝伯传》,第1167页。
③ 《北齐书·郑述祖传》,中华书局1972年版,第397—398页。
④ 《隋书·于仲文传》,中华书局1973年版,第1450—1451页。
⑤ 《旧唐书·李岘传》,第3343页。
⑥ 《旧唐书·颜师古传》,第2596页。

徽元年,薛大鼎为沧州刺史,界内有无棣河,隋末填废。大鼎奏开之,引鱼盐于海。百姓歌之曰:"新河得通舟楫利,直达沧海鱼盐至。昔日徒行今骋驷,美哉薛公德滂被!"①薛大鼎重新开通了隋末被填废的无棣河,使一条废弃的河道重新通航行船,以舟楫之利替代了昔日艰苦的徒步跋涉,把沧海里的鱼盐之利带给人民,于是沧州百姓以歌谣赞扬他的惠政。

高宗武则天当政时期,特别是武则天当朝时期,固然以任用酷吏、翦除宗室、酷虐大臣闻名于后世,但如果我们仔细收集梳理那个时期的歌谣风议,就会发现,也有一部分歌谣是赞美武则天时期的官员,赞扬其发现、拔擢的人才的。

《旧唐书·卢从愿传》载:"高宗时裴行俭、马载为吏部,最为称职。及是,从愿与李朝隐同时典选,亦有美誉。时人称曰:吏部前有马、裴,后有卢、李。"②按吏部选举是建立国家官僚体系的基础,史载裴行俭"咸亨初,官名复旧,改为吏部侍郎,与李敬玄为贰,同时典选十余年,甚有能名,时人称为裴、李。行俭始设长名姓历榜,引铨注法,又定州县升降、官资高下,以为故事"③。按《新唐书·选举志》记载:"高宗总章二年,司列少常伯裴行俭始设长名榜,引铨注法,复定州县升降为八等,其三京、五府、都护、都督府,悉有差次,量官资授之。其后李敬玄为少常伯,委事于员外郎张仁祎,仁祎又造姓历,改状样、铨历等程式,而铨总之法密矣……(武后)务收人心,士无贤不肖,多所进奖。长安二年,举人授拾遗、补阙、御史、著作佐郎、大理评事、卫佐凡百余人。明年,引见风俗使,举人悉授试官,高者至凤阁舍人、给事中,次员外郎、御史、补阙、拾遗、校书郎。"④可见,武则天时期,对人才选拔是广揽博收的,大规模地不拘一格地选拔官吏,是对旧官僚系统的一种整体性更新,既为其擅权专政服务,也为盛唐时期的国家治理奠定了人才基础。

武则天善于拔擢人才,还有张嘉贞为例证。据《新唐书·张嘉贞传》载:"长安中,御史张循宪使河东,事有未决,病之,问吏曰:'若颇知有佳客乎?'吏以嘉贞对。循宪召见,咨以事。嘉贞条析理分,莫不洗然。循

---

① 《旧唐书·薛大鼎传》,第4788页。
② 《旧唐书·卢从愿传》,第3124页。
③ 《旧唐书·裴行俭传》,第2802页。
④ 《新唐书·选举志下》,第1175—1176页。

宪大惊，试命草奏，皆意所未及；它日，武后以为能，循宪对皆嘉贞所为，因请以官让。后曰：'朕宁无一官自进贤邪？' 召嘉贞见内殿；以帘自鄣。嘉贞仪止秀伟，奏对侃侃，后异之……诏上帘，引拜监察御史，擢循宪司勋郎中，酬其得人。"① 张嘉贞其人为官为人如何呢？其本传记载："嘉贞性简疏，与人不疑，内旷如也，或时以此失。有嗜进者，汲引之，能以恩终始。所荐中书舍人苗延嗣、吕太一，考功员外郎员嘉静，殿中侍御史崔训，皆位清要，日与议政事。故当时语曰：'令君四俊，苗、吕、崔、员。'……嘉贞虽贵，不立田园。有劝之者，答曰：'吾尝相国矣，未死，岂有饥寒忧？若以遣去，虽富田产，犹不能有也。近世士大夫务广田宅，为不肖子酒色费，我无是也。'"②

《旧唐书·郝处俊传》载："处俊性俭素，土木形骸，自参综朝政，每与上言议，必引经籍以应对，多有匡益，其得大臣之体。侍中、平恩公许圉师，即处俊之舅，早同州里，俱宦达于时。又其乡人田氏、彭氏，以殖货见称。有彭志筠，显庆中，上表请以家绢布二万段助军，诏受其绢万匹，特授奉议郎，仍布告天下。故江、淮间语曰：'贵如许、郝，富若田、彭。'"③ 这一方面记载郝处俊作风朴素，行止得体，另一方面也说明高宗武则天时期社会经济发达，涌现了很多富可敌国的大商人，手工业也很发达。

《大唐新语》记载了一个笑谈："李义府尝赋诗曰：'镂月成歌扇，裁云作舞衣。自怜回雪影，好取洛川归。' 有枣强尉张怀庆，好偷名士文章，乃为诗曰：'生情镂月成歌扇，出意裁云作舞衣。照镜自怜回雪影，时来好取洛川归。' 人谓之谚曰：'活剥王昌龄，生吞郭正一。'"④ 虽是笑谈，也可以从一个侧面说明，李义府当时享有名士的美名，所作诗歌文辞俱佳，所以才被人剽窃改编。

《新唐书·宋之问传》记载："魏建安后迄江左，诗律屡变，至沈约、庾信，以音韵相婉附，属对精密。及之问、沈佺期，又加靡丽，回忌声病，约句准篇，如锦绣成文，学者宗之，号为'沈宋'。语曰'苏李居前，沈宋

---

① 《新唐书·张嘉贞传》，第 4441 页。
② 《新唐书·张嘉贞传》，第 4443 页。
③ 《旧唐书·郝处俊传》，第 2800 页。
④ 刘肃撰、许德楠点校《大唐新语·谐谑》，中华书局 1984 年版，第 189 页。

比肩',谓苏武、李陵也。"① 这是唐代学者对宋之问、沈佺期的称赞,认为他们所作的诗,可以声名并列,与汉代名臣苏武与李陵的齐名相似。"比肩",指声望、地位相等,这里指沈、宋在诗歌创作上的成就,可以比肩齐名。按沈佺期(约656—约715),字云卿,相州内黄人,唐代著名诗人。善属文,尤长七言之作。擢进士第。长安中,累迁通事舍人,预修《三教珠英》,转考功郎给事中。坐交张易之,流驩州。稍迁台州录事参军。神龙中,召见,拜起居郎,修文馆直学士,历中书舍人,太子少詹事。开元初卒。沈佺期、宋之问享誉诗坛的时候,也正值武则天当政的时候。

《太平广记·画二》记载:"阎立本:唐太宗朝,官位至重,与兄立德齐名。尝奉诏写太宗真容,后有佳手,传写于玄都观东殿前间,以镇九五冈之气,犹可以仰神武之英威也。立德创《职贡图》,异方人物,诡怪之状。立本画国王粉本在人间。昔南北两朝名手,不足过也……有《秦府十八学士》《凌烟阁功臣》等图,亦辉映前古……俗传慈恩画功臣,杂手成色,不见其踪。其人物鞍马、冠冕车服,皆神也……太宗尝与侍臣泛春苑,池中有异鸟随波容与。太宗击赏数四,诏座者为咏,召阎立本写之。阁外传呼云:'画师阎立本。'时为主爵郎中,奔走流汗,俯临池侧,手挥丹青,不堪愧赧……至高宗朝,阎立本为右丞相,姜恪以边将立功为左相。又以年饥,放国子学生归,又限令史通一经。时人为之语曰:'左相宣威沙漠,右相驰誉丹青。三馆学生放散,五台令史明经。'"②

第二节 苛政虐民:对贪官酷吏的谴责歌谣

对贪官污吏的谴责性歌谣,则构成了汉唐时期政治评议性歌谣风议的另一种类型。这类歌谣所反映的贪官污吏或酷吏的贪残之状,其实远比赞扬型歌谣更能够反映出社会的现实和民众的心声。因为就汉唐时期整体的政治和社会状况而言,民众的生活几乎很少能够达到国富民安的程度,更多的则是在统治者所发动的政争和战乱中求生存,而且还常

---

① 《新唐书·宋之问传》,第5751页。
② 《太平广记·画二》,中华书局1961年版,第1617—1618页。

常伴随疾疫、天灾等自然灾害的侵袭。因此,汉唐时期的民众因不满或不堪忍受贪官污吏的统治而发出的困苦呼号,在历史的时空中就尤为令人惊心和动容。

《汉书·翟方进传》载:"汝南旧有鸿隙大陂,郡以为饶,成帝时,关东数水,陂溢为害。方进为相,与御史大夫孔光共遣掾行视,以为决去陂水,其地肥美,省堤防费而无水忧,遂奏罢之。及翟氏灭,乡里归恶,言方进请陂下良田不得而奏罢陂云。王莽时常枯旱,郡中追怨方进,童谣曰:'坏陂谁?翟子威。饭我豆食羹芋魁。反乎覆,陂当复。谁云者?两黄鹄。'"① 这是民众因为翟方进破坏了水利设施而抱怨的歌谣,也在一定程度上反映了汉代陂塌水利对农业生产的影响②。《后汉书·樊晔传》载:"隗嚣灭后,陇右不安,乃拜晔为天水太守。政严猛,好申韩法,善恶立断。人有犯其禁者,率不生出狱,吏人及羌胡畏之。道不拾遗。行旅至夜,聚衣装道傍,曰'以付樊公'。凉州为之歌曰:'游子常苦贫,力子天所富。宁见乳虎穴,不入冀府寺。大笑期必死,忿怒或见置。嗟我樊府君,安可再遭值!'"③ 这首歌谣反映了汉代凉州胡汉百姓对酷吏的怨憎之情,也反映了东汉初年统治者以严酷的手段对待少数民族、粗暴地处理民族关系的特点。《述异记》载:"汉中有虎生角。道家云:虎千岁,则牙蜕而角生。汉宣城郡守封邵,一日忽化为虎,食郡民,民呼曰'封使君'。因去不复来。故时人语曰:'无作封使君,生不治民死食民。'"④ 贪官死后犹能够化为猛虎来吃百姓,这固然是民众的虚构和夸张,但是这种夸张却具有生活的真实。把贪官比喻为猛虎,正是对他们在位期间苛政的最为形象的概括。《鲁国先贤志》载:"东门奂,历吴郡济阴太守,所在贪浊,谣曰:'东门奂,取吴半;吴不足,济阴续。'"⑤《襄阳耆旧传》则记载说:"黄穆,字伯开,博学,为山阳守,有德政。弟奂,字仲开,为武陵太守,贪秽无行。武陵人谚曰:'天有冬夏,人有二黄。'"⑥ 黄穆、黄奂为兄

---

① 《汉书·翟方进传》,第 3440 页。
② 曹文柱《魏末晋初的陂塌之害——读〈晋书·食货志〉札记》一文(见《北京师范大学学报》1984 年第 2 期),探讨了魏晋时期陂塌水利的影响,可作为探讨此类问题的参考。
③ 《后汉书·酷吏传·樊晔传》,第 2491 页。
④ 《太平御览·兽部·虎》,第 3960 页。
⑤ 《太平御览·人事部·贪》,第 2250 页。
⑥ 《太平御览·时序部·夏》中,第 107 页。

弟,家庭和教育背景应该大体相似,但却一为良吏,一为贪官,说明廉吏和酷吏的差别并不是道德教化的不同而造成的结果。

　　相对于官僚阶层的腐化,最高统治者的贪贿和昏庸给民众造成的社会灾难更为深重。南北朝时期,这类歌谣也不少见。如"(南齐东昏侯)以阅武堂为芳乐苑,穷奇极丽。当暑种树,朝种夕死,死而复种,率无一生。于是征求人家,望树便取,毁彻墙屋,以移置之。大树合抱,亦皆移掘,插叶系华,取玩俄顷。铲取细草,来植阶庭,烈日之日,至便焦燥。纷纭往还,无复极……又于苑中立店肆,模大市,日游市中,杂所货物,与宫人阉竖共为裨贩。以潘妃为市令,自为市吏录事,将斗者就潘妃罚之……又开渠立埭,躬自引船,埭上设店,坐而屠肉。于时百姓歌云:'阅武堂,种杨柳,至尊屠肉,潘妃酤酒。'"① 这首歌谣把这位穷奢极欲而又贪残无道的皇帝的特点刻画得可谓入木三分,也表达了民众对他的极度失望。

　　《南史·萧正德传》记载,梁代宗室萧正德为梁武帝的侄子,中大通四年(533)被封为临贺郡王,他与其父萧宏都穷奢极欲,荒淫无道,萧正德还引侯景入都,致使梁武帝困死台城,埋下了梁室倾覆的种子,以致"百姓至闻临贺郡名亦不欲道。童谣云:'宁逢五虎入市,不欲见临贺父子。'其恶之如是"②。

　　《魏书》记载:"世祖将北征,发民驴以运粮,使(公孙)轨部诣雍州。轨令驴主皆加绢一匹,乃与受之。百姓为之语曰:'驴无强弱,辅脊自壮。'众共嗤之。"③ 这首歌谣反映了北魏将官挖空心思剥削民众的状况。

　　《新唐书·屈突通传》记载,屈突通仕隋为虎贲郎将。他"莅官劲正,有犯法者,虽亲无所回纵"。其弟盖为长安令,亦以方严显。时为语曰:"宁食三斗艾,不见屈突盖;宁食三斗葱,不逢屈突通。"④ 反映了士兵和民众对屈突通、屈突盖兄弟这对严吏的敬畏之情。另外,《旧唐书·杨得干传》记载:杨德干历泽、齐、汴、相四州刺史,治有威名,郡人为之语

---

① 《南史·齐废帝东昏侯纪》,第154—155页。
② 《南史·萧正德传》,第1282页。
③ 《魏书·公孙轨传》,第784页。
④ 《新唐书·屈突通传》,第3749页。

曰:"宁食三斗蒜,不逢杨德干。"①

　　《朝野佥载》记载了一位因个人嗜好而使百姓受苦的官吏姜师度。玄宗时期,姜师度曾任沧州刺史,其人好奇诡,善沟洫之利。在沧州任职时,开河筑堰,于鲁城界内种植水稻,养殖鱼蟹。后黄河泛滥,鲁城发生水灾,百姓深受其害,歌之:"鲁城一种稻,一概被水沫。年年索蟹夫,百姓不可活。""又为陕州刺史,以永丰仓米运将,别征三钱,计以为费。一夕忽云得计,立注楼,从仓建槽,直至于河,长数千丈。而令放米,其不快处,具大把推之,米皆损耗,多为粉末。兼风激扬,凡一函失米百石,而动即千万数。遣典庾者偿之,家产皆竭。复遣输户自量,至有偿数十斛者。甚害人,方停之。"②姜师度不顾客观条件,让沧州人民种水田,养鱼蟹,在永丰仓开水槽向河里运米,都给百姓造成了巨大的经济损失。看起来他似乎是一个酷吏,然而姜师度在《旧唐书》中却被载入《良吏传》中,原因是"师度既好沟洫,所在必发众穿凿,虽时有不利,而成功亦多"③。《旧唐书·良吏传》中记载的歌谣"傅孝忠两眼看天,姜师度一心穿地",就是为他和另一位善于天文星占的傅孝忠所作,他俩都被看作有奇才奇行的人,这就是历史有趣的两面。

第三节　政争与党争:统治阶层间政治斗争类歌谣

　　汉唐时期统治者之间的政治矛盾和政治斗争对当时的社会政治产生巨大的影响,从而不同程度地影响到社会各个阶层,讽喻这类政治斗争的歌谣就因此而产生。这类政治性歌谣,虽然在史籍中有大量的记载,但在前人的研究中未给予此类歌谣足够的重视,因而尤其值得特别关注。

　　汉代的歌谣所反映的统治者之间的政治斗争,主要集中在西汉初期最高统治者争权夺利的斗争和西汉末年的王莽代汉等历史事件上。比

---

① 《新唐书·杨得干传》,第5623页。
② 张鷟撰、赵守俨点校《朝野佥载》卷二,中华书局1979年版,第47页。
③ 《旧唐书·姜师度传》,第4817页。

如《汉书·外戚传》载:"高祖崩,惠帝立,吕后为皇太后,乃令永巷囚戚夫人,髡钳衣赭衣,令舂。戚夫人舂且歌曰:'子为王,母为虏,终日舂薄暮,常与死为伍! 相离三千里,当谁使告女?'太后闻之大怒,曰:'乃欲倚女子邪?'乃召赵王诛之。使者三反,赵相周昌不遣。太后召赵相,相征至长安。使人复召赵王,王来。惠帝慈仁,知太后怒,自迎赵王霸上,入宫,挟与起居饮食。数月,帝晨出射,赵王不能蚤起,太后伺其独居,使人持鸩饮之。迟帝还,赵王死。太后遂断戚夫人手足,去眼熏耳,饮喑药,使居鞠域中,名曰'人彘'。"① 这首被史籍称为《戚夫人歌》的歌谣,所反映的是吕后为控制政权而采取残酷手段剪除曾经受刘邦宠爱的戚姬及其子赵王如意的事实,折射出了汉初吕后及其家族与刘姓宗室之间的矛盾。

其实,即使没有异姓势力的政治夺权威胁,最高统治者之间的斗争仍然是会存在的,汉文帝和淮南王刘长之间的斗争即属于此类。史载:"淮南厉王长,高帝少子也,其母故赵王张敖美人。高帝八年,从东垣过赵,赵王献美人,厉王母也,幸,有身……王早失母,常附吕后,孝惠、吕后时以故得幸无患,然常心怨辟阳侯,不敢发。及孝文初即位,自以为最亲,骄蹇,数不奉法。上宽赦之。三年,入朝,甚横。从上入苑猎,与上同辇,常谓上'大兄'……当是时,自薄太后及太子诸大臣皆惮厉王,厉王以此归国益恣,不用汉法,出入警跸,称制,自作法令,数上书不逊顺。"② 汉文帝对淮南王非常忌惮,后来以参与谋逆的罪名逮捕刘长,最终导致其不食而死。汉文帝十二年(前168):"民有作歌歌淮南王曰:'一尺布,尚可缝;一斗粟,尚可舂;兄弟二人,不相容!'"③

王莽代汉是两汉之际的重大历史事件,为当时社会舆论所关注,也产生了许多相关的歌谣。王莽为了代汉,广泛利用祥瑞灾异现象和五德终始学说,不断地神化和美化自己,来创造禅汉的政治和社会舆论,并由大司马、安汉公、宰衡、真皇帝到皇帝而一步步地走上权力顶峰,最终建立新朝,取代西汉政权。但是,王莽代汉并不是一帆风顺的,他不仅受到

---

① 《汉书·外戚传·高祖吕皇后传》,第3937—3938页。
② 《汉书·淮南厉王刘长传》,第2135—2136页。
③ 《汉书·淮南厉王刘长传》,第2144页。

刘姓宗室势力的反对和抵制,还受到拥护汉朝的地方大臣的反对①,而反对王莽代汉的社会舆论也很有声势。比如《汉书·五行志》记载:"元帝时童谣曰:'井水溢,灭灶烟,灌玉堂,流金门。'至成帝建始二年三月戊子,北宫中井泉稍上,溢出南流,象春秋时先有鸲鹆之谣,而后有来巢之验。"《汉书》这样解释:"井水,阴也;灶烟,阳也;玉堂、金门,至尊之居,象阴盛而灭阳,窃有宫室之应也。王莽生于元帝初元四年,至成帝封侯,为三公辅政,因以篡位。"②又记载:"成帝时歌谣又曰:'邪径败良田,谗口乱善人。桂树华不实,黄爵巢其颠。故为人所羡,今为人所怜。'"《汉书》解释说:"桂,赤色,汉家象。华不实,无继嗣也。王莽自谓黄,象黄爵巢其颠也。"③《后汉书·公孙述传》记载:"是时,述废铜钱,置铁官钱,百姓货币不行。蜀中童谣言曰:'黄牛白腹,五铢当复。'好事者窃言王莽称'黄',述自号'白'。五铢钱,汉货也,言天下当并还刘氏。"④

另外,王莽为了实现代汉的政治目标大树党羽,许多大臣趋附于王莽门下,为其出谋划策。这些大臣,也受到了人们的讽刺。比如《后汉书·彭宠传》记载彭宠对刘秀讲述:"王莽为宰衡时,甄丰旦夕入谋议,时人语曰:'夜半客,甄长伯。'及莽篡位后,丰意不平,卒以诛死。"⑤当时的著名学者刘歆也投靠王莽,为王莽代汉竭尽全力制造政治舆论,因而受到人们的辛辣讽刺。《汉书》记载:"王莽时,刘歆、甄丰皆为上公,莽既以符命自立,即位之后欲绝其原以神前事,而丰子寻、歆子棻复献之。莽诛丰父子,投棻四裔,辞所连及,便收不请。时雄校书天禄阁上,治狱使者来,欲收雄,雄恐不能自免,乃从阁上自投下,几死。莽闻之曰:'雄素不与事,何故在此?'间请问其故,乃刘棻尝从雄学作奇字,雄不知情。

① 《汉书·王莽传》载,在王莽代汉以后不久,就有"东郡太守翟义都试,勒车骑,因发奔命,立严乡侯刘信为天子,移檄郡国,言莽'毒杀平帝,摄天子位,欲绝汉室,今共行天罚诛莽'。郡国疑惑,众十余万。莽惶惧不能食,昼夜抱孺子告祷郊庙,放《大诰》作策,遣谏大夫桓谭等班于天下,谕以摄位当反政孺子之意。遣王邑、孙建等八将军击义,分屯诸关,守厄塞。槐里男子赵明、霍鸿等起兵,以和翟义,相与谋曰:'诸将精兵悉东,京师空,可攻长安。'众稍多,至且十万人,莽恐,遣将军王奇、王级将兵拒之"(第4087—4088页)。此后,类似的反抗运动不绝如缕,直至王莽新朝政权被推翻。
② 《汉书·五行志》中之上,第1395页。
③ 《汉书·五行志》中之上,第1396页。
④ 《后汉书·公孙述传》,第537—538页。
⑤ 《后汉书·彭宠传》,第503页。

有诏勿问。然京师为之语曰：'惟寂寞，自投阁；爰清静，作符命。'"①上述歌谣，多是对王莽及其心腹大臣的讽刺，虽然受到史家正统思想的影响，但在一定程度上说明王莽代汉的所作所为，不符合当时的历史潮流和民众利益。

　　魏晋南北朝时期，权力之争和政治倾轧更为常见，且更为残酷。这种政治斗争，在当时的歌谣中有很多的反映。魏晋禅代是魏晋时期的重大政治变局，围绕着曹魏和司马氏的权力斗争，大臣们形成了两个政党集团。两个集团斗争的复杂性与残酷性②，从当时的歌谣中可以得到印证。

　　《晋书·宣帝纪》记载："曹爽用何晏、邓扬、丁谧之谋，迁太后于永宁宫，专擅朝政，兄弟并典禁兵，多树亲党，屡改制度。帝（司马懿）不能禁，于是与爽有隙。五月，帝称疾不与政事。时人为之谣曰：'何、邓、丁，乱京城。'"③又《三国志·魏书·曹爽传》注记载："曹爽宿与（丁谧）相亲，时爽为武卫将军，数为帝称其可大用。会帝崩，爽辅政，乃拔谧为散骑常侍，遂转尚书。谧为人外似疏略，而内多忌。其在台阁，数有所弹驳，台中患之，事不得行。又其意轻贵，多所忽略，虽与何晏、邓飏等同位，而皆少之，唯以势屈于爽。爽亦敬之，言无不从。故于时谤书，谓'台中有三狗，二狗崖柴不可当，一狗凭默作疽囊'。三狗，谓何、邓、丁也。默者，爽小字也。其意言三狗皆欲啮人，而谧尤甚也。"④这两则歌谣，反映的即是司马氏与曹氏分化出两个政治集团。又《三国志·魏书·夏侯玄传》注记载："正始中，（李丰）迁侍中尚书仆射……初，丰子韬以选尚公主，丰虽外辞之，内不甚惮也。丰弟翼及伟，仕数岁间，并历郡守。丰尝于人中显诫二弟，言当用荣位为□。及司马宣王久病，伟为二千石，荒于酒，乱新平、扶风二郡而丰不召，众人以为恃宠。曹爽专政，丰依违二公间，无有适莫，故于时有谤书曰：'曹爽之势热如汤，太傅父子冷如浆，李丰兄弟如游光。'其意以为丰虽外示清净，而内图事，有似于游光

---

① 《汉书·扬雄传》下，第3584页。
② 参见周一良《魏晋南北朝史札记》，中华书局1985年版，第26—37页。又见赵翼著、王树民校证《廿二史札记校证·魏晋禅代不同》，中华书局2013年版，第147页。
③ 《晋书·宣帝纪》，第16页。
④ 《三国志·魏书·曹爽传》注引《魏略》，第289页。

也。"① 李丰父子虽然表面上摆出超然的政治态度，但因为丰子韬尚公主的缘故，实际上早已因政治婚姻的关系党附于曹氏集团，成为司马氏集团的敌人，也就成为当政方操纵政治舆论予以攻击的重点对象。

两晋时期，统治者之间的政治斗争还有桓玄篡位事件。《晋书·五行志》记载："庾楷镇历阳，百姓歌曰：'重罗黎，重罗黎，使君南上无还时。'后楷南奔桓玄，为玄所诛。"又记载说："殷仲堪在荆州，童谣曰：'芒笼目，绳缚腹。殷当败，桓当复。'未几而仲堪败，桓玄遂有荆州。"② 又《续安帝纪》记载："司马休之兄尚，为桓玄所败，休之奔淮泗，颇得彼之人心，从者为之歌曰：可怜司马公，作性甚温良，忆昔水边戏，使我不能忘。"③ 这几首歌谣反映的就是桓玄为夺取帝位而剪除拥护东晋政权的实力派大臣的史实。《宋书·五行志》记载的另外几首歌谣，则反映了桓玄篡晋政治斗争的残酷和由此造成的社会灾难。史载："桓玄得志，童谣曰：'长干巷，巷长干。今年杀郎君，明年斩诸桓。'及玄走而诸桓悉诛焉。"又载："晋安帝隆安中，民忽作《懊恼歌》，其曲中有'草生可揽结，女儿可揽抱'之言。桓玄既篡居天位，义旗以三月二日扫定京都，玄之宫女及逆党之家子女伎妾，悉为军赏。东及瓯、越，北流淮、泗，皆人有所获焉。"《宋书·五行志》记载："桓玄既篡，童谣曰：'草生及马腹，乌啄桓玄目。'及玄败走至江陵，五月中诛，如其期焉。桓玄时，民谣语云：'征钟落地桓迸走。'征钟，至秽之服；桓，四体之下称。玄自下居上，犹征钟之厕歌谣，下体之咏民口也。而云'落地'，坠地之祥，迸走之言，其验明矣。"④ 对此，当时的另一首童谣也有类似的预示，《太平广记》记载："东晋桓玄时，朱雀门下，忽有两小儿，通身如墨，相和作《芒笼歌》，路边小儿从而和之数十人。歌云：'芒笼茵，绳缚腹。车无轴，倚孤木。'声甚哀楚，听者忘归。日既夕，二小儿还入建康县，至阁下，遂成一双漆鼓槌。鼓吏列云：'槌积久，比恒失之而复得，不意作人也。'明年春而桓玄败。言'车无轴，倚孤木'，'桓'字也。荆州送玄首，用败笼茵包裹之，又以芒

① 《三国志·魏书·夏侯玄传》注引《魏略》，第299页。
② 《晋书·五行志》中，第848页。
③ 《艺文类聚·人部·讴谣》，第350页。
④ 《宋书·五行志》，第918—919页。

绳束缚其尸,沉诸江中。悉如童谣所言尔。"①桓玄篡位,有别于其父桓温北伐在某种程度上符合东晋人民的政治利益,是乘晋末动乱的局势通过起兵谋求权势,满足改善家族地位的政治行动。桓玄篡位事实上促进了东晋政权的衰弱,因此不得人心。

南朝各个政权存在的时间短,内部的政治矛盾尖锐,政治斗争有时候也十分激烈。比如《南史·檀道济传》记载:"道济立功前朝,威名甚重,左右腹心并经百战,诸子又有才气,朝廷疑畏之。时人或目之曰:'安知非司马仲达也。'文帝寝疾累年,屡经危殆,领军刘湛贪执朝政,虑道济为异说,又彭城王义康亦虑宫车晏驾,道济不复可制。(元嘉)十二年,上疾笃,会魏军南伐,召道济入朝。其妻向氏曰:'夫高世之勋,道家所忌,今无事相召,祸其至矣。'及至,上已间。十三年春,将遣还镇,下渚未发,有似鸲鸟集船悲鸣。会上疾动,义康矫诏召入祖道,收付廷尉,及其子给事黄门侍郎植、司徒从事中郎粲、太子舍人混、征北主簿承伯、秘书郎中尊等八人并诛。时人歌曰:'可怜白浮鸠,枉杀檀江州。'道济死日,建邺地震白毛生。又诛司空参军薛肜、高进之,并道济心腹也。"②史载:"元嘉中,高平檀道济镇浔阳。十二年入朝,与家分别,顾瞻城阙,嘘欷逾深。故时人为其(原注:一作之字。)歌曰:'生人作死别,荼毒当奈何!'济发时,所养孔雀来衔其衣,驱去复来,如此数焉。以十三年三月入,伏诛。"③刘宋时期,统治者不仅对掌握军政权力的大臣无端猜疑,大肆诛杀,最高统治者之间的斗争更是你死我活,残酷无情。史载:"义隆太子劭及始兴王休明令女巫严道育咒诅义隆,事发,义隆愤愧自失,废于政事。乃议黜劭杀休明,屡召尚书仆射徐湛之、吏部尚书江湛、侍中王僧绰等谋议……劭知己当废,遂夜召左右队主陈叔儿、詹叔儿,齐帅张超之、任建之等总二千余人被甲自卫。又召左卫率袁淑、中舍人殷仲素、左积弩将军王正见,又呼左军长史萧斌……明晨……超之等率十余人走入云龙门,拔刃径登含章殿。义隆夜与徐湛之屏人闲语,时犹未讫,门户并无侍卫。义隆迫急,以几自鄣,兵刃交下,五指俱落。超之斩义隆,徐

---

① 《太平广记·精怪·桓玄》,出《续齐谐记》,第2926页。
② 《南史·檀道济传》,第446—447页。
③ 杜文澜辑、周绍良校点《古谣谚·时人为檀道济歌》,中华书局1958年版,第767页。

湛之为乱兵所害。"刘劭弟骏,时为江州刺史,与司徒刘义宣、雍州刺史臧质、司州刺史鲁爽同举兵讨刘劭。"劭众崩溃,奔走还宫。义恭单马奔骏,劝即位。劭大怒,遣休明就西省杀义恭子南丰王朗等十二人。骏乃僭即大位于新亭。于是擒劭、休明,并枭首大桁,暴尸于市,经日坏烂,投之水中,男女妃妾一皆从戮。时人为之语曰:'遥望建康城,小江逆流萦,前见子杀父,后见弟杀兄。'"① 子弑父,弟杀兄,构成历史上惊心动魄、残酷异常的血腥画面,清代史学家赵翼称为"千古之奇变"②。

侯景之乱是南朝萧梁时期的重大历史事件,也是关系南朝盛衰的关键事件,由此触发的激烈的政治斗争,在歌谣中有大量的反映。《梁书·侯景传》记载:"普通中,童谣曰:'青丝白马寿阳来。'后景果乘白马,兵皆青衣。所乘马,每战将胜,辄踯躅嘶鸣,意气骏逸;其奔衄,必低头不前。"③《南史·侯景传》记载:"于时景修饰台城及朱雀、宣阳等门,童谣曰:'的脰乌,拂朱雀,还与吴。'又曰:'脱青袍,着芒屩,荆州天子挺应著。'时都下王侯庶姓五等庙树,咸见残毁,唯文宣太后庙四周柏树独郁茂……识者以为昔僵柳起于上林,乃表汉宣之兴。"④ 又说:"景后又宴集其党,又召僧通。僧通取肉揾盐以进景,问曰:'好不?'景答:'所恨大咸。'僧通曰:'不咸则烂。'及景死,僧辩截其二手送齐文宣,传首江陵,果以盐五斗置腹中,送于建康,暴之于市……首至江陵,元帝命枭于市三日,然后煮而漆之,以付武库。先是江陵谣言:'苦竹町,市南有好井。荆州军,杀侯景。'及景首至,元帝付咨议参军李季长宅,宅东即苦竹町也。既加鼎镬,即用市南井水焉。"⑤

北朝政权内部的矛盾主要是民族矛盾及由此衍生的政治和军事斗争,往往十分残酷。赵翼《廿二史札记》里专列"后魏刑杀太过"条,列举了北魏、北齐、北周在政治斗争中大肆屠戮的史实,并举《周书·文帝

---

① 《魏书·刘骏传》,第 2140—2142 页。
② 赵翼著、王树民校证《廿二史札记校证·宋书书晋宋革易之际》,第 180 页。南朝刘宋一代统治阶层早期政治矛盾的主要发展和变化情况,可参见周一良《魏晋南北朝札记》中《刘义庆传之"世路艰难"与"不复跨马"》及《刘宋统治阶级内部矛盾的变化》两篇札记所述。中华书局 1985 年版,第 159—161 页、200—202 页。
③ 《梁书·侯景传》,第 862 页。
④ 《南史·贼臣传·侯景传》,第 2013 页。
⑤ 《南史·贼臣传·侯景传》,第 2016—2017 页。

纪》"至于渚宫制胜,阖城孥戮;茹茹归命,尽种诛夷;虽事出于权道,而用乖于德教"①作为史评,可以说道出了北朝政治斗争的残酷性②。残酷的斗争有悖人心天理,自然会引起社会舆论的否定,歌谣风议由此自然而生。

《魏书·元禧传》载,北魏高祖崩后,咸阳王元禧受遗诏辅政。元禧"虽为宰辅之首,而从容推委,无所是非,而潜受贿赂,阴为威惠者,禧特甚焉……禧性骄奢,贪淫财色,姬妾数十,意尚不已,衣被绣绮,车乘鲜丽,犹远有简娉,以恣其情。由是昧求货贿,奴婢千数,田业盐铁遍于远近,臣吏僮隶,相继经营。世宗颇恶之……世宗(宣武帝拓跋恪)既览政,禧意不安。而其国斋帅刘小苟,每称左右言欲诛禧。禧闻而叹曰:'我不负心,天家岂应如此!'由是常怀忧惧。加以赵修专宠,王公罕得进见。禧遂与其妃兄兼给事黄门侍郎李伯尚谋反……俄而禧被擒获,送华林都亭。世宗亲问事源,著千斤锁格龙虎,羽林掌卫之……遂赐死私第。其宫人歌曰:'可怜咸阳王,奈何作事误。金床玉几不能眠,夜踏霜与露。洛水湛湛弥岸长,行人那得渡。'其歌遂流至江表,北人在南者,虽富贵,弦管奏之,莫不洒泣。同谋诛斩者数十人,潜瘗禧于北邙。绝其诸子属籍"③。这则史料和歌谣所反映的是北魏宣武帝拓跋恪为了集权而扫除先帝所置辅政大臣的事实。《北史·尔朱彦伯传》记载:尔朱荣的从弟尔朱彦伯,地位显赫。及至高欢起兵反对尔朱氏集团,尔朱彦伯也难逃覆亡的命运。史载:"(尔朱)天光等败于韩陵,彦伯欲领兵屯河桥,世隆不从。及张劢等掩袭世隆……彦伯狼狈出走,为人所执。寻与世隆同斩于阊阖门外,县首于斛斯椿门树,传于神武。先是洛中谣曰:'三月末,四月初,扬灰簸土觅真珠。'又曰:'头去项,脚根齐,驱上树,不须梯。'至是并验。"④《北史·孝武帝纪》记载:"神武之入洛也,尔朱仲远部下都督桥宁、张子期自滑台归命,神武以其助乱,且数反复,皆斩之。斛斯椿由是内不自安,乃与南阳王宝炬及武卫将军元毗、魏光、王思政构神武于魏帝。舍人元士弼又奏神武受敕大不敬,故魏帝心贰于贺拔岳。初,孝明

---

① 《周书·文帝纪》,中华书局1971年版,第38页。
② 赵翼著、王树民校证《廿二史札记校证·后魏刑杀太过》,第303页。
③ 《魏书·献文六王传·咸阳王禧传》,第537—539页。
④ 《北史·尔朱彦伯传》,第1767页。

之时,洛下以两拔相击,谣言:'铜拔打铁拔,元家世将末。'好事者以二拔谓拓拔、贺拔,言俱将衰败之兆。"① 这首谣言反映了北魏政权在高欢的武力威逼之下摇摇欲坠的政治命运。

汉唐时期统治者之间频发的政治斗争,真如同自然界里豺狼虎豹等兽类为争夺食物和地盘而发生的相互追逐和撕咬一般残酷,这种斗争,可以用《隋书·五行志》里所记载的一首歌谣来概括,这就是:"狐截尾,你欲除我我除你。"② 这种斗争,在唐朝当然也存在,特别是在唐高宗和武则天当政时期尤其是武则天代唐立周的过程中最为激烈,与此相关的歌谣也不时出现,体现了这一历史时期政坛斗争的复杂性和残酷性。

《旧唐书·肃宗代宗诸子传》记载:

> 广平王收复两京,遣判官李泌入朝献捷。泌与上有东宫之旧,从容语及建宁事,肃宗改容谓泌曰:"俶于艰难时实得气力,无故为下人之所间,欲图害其兄,朕以社稷大计,割爱而为之所也。"泌对曰:"尔时臣在河西,岂不知其故。广平兄弟,天伦笃睦,至今广平言及建宁,则呜咽不已。陛下之言,出于谗口也。"帝因泣下曰:"事已及此,无如之何!"泌因奏曰:"臣幼稚时念《黄台瓜辞》,陛下尝闻其说乎? 高宗大帝有八子,睿宗最幼。天后所生四子,自为行第,故睿宗第四。长曰孝敬皇帝,为太子监国,而仁明孝悌。天后方图临朝,乃鸩杀孝敬,立雍王贤为太子。贤每日忧惕,知必不保全,与二弟同侍于父母之侧,无由敢言。乃作《黄台瓜辞》,令乐工歌之,冀天后闻之省悟,即生哀愍。辞云:'种瓜黄台下,瓜熟子离离。一摘使瓜好,再摘令瓜稀,三摘犹尚可,四摘抱蔓归。'而太子贤终为天后所逐,死于黔中。陛下有今日运祚,已一摘矣,慎无再摘。"上愕然曰:"公安得有是言!"时广平王立大功,亦为张皇后所忌,潜构流言,泌因事讽动之。"③

---

①《北史·齐本纪·高祖神武帝纪》,第 218 页。

②《隋书·五行志》说:"(北齐)武平元年,童谣曰:'狐截尾,你欲除我我除你。'其年四月,陇东王胡长仁谋遣刺客杀和士开,事露,返为士开所谮死。"(第 638 页)

③《旧唐书·肃宗代宗诸子传·承天皇帝倓传》,第 3385 页。

这是唐肃宗时期,皇子建宁郡王李倓与广平王李豫,一起辅佐肃宗平定安史之乱,后李倓因张良娣和李辅国的构陷,被肃宗赐死,而李豫"亦为张皇后所忌,潜构流言"。李泌因与肃宗有旧,所以借入觐的机会拿唐高宗时期武则天诛杀太子李贤的历史劝说肃宗,吸取前代的历史教训,保全太子李豫的生命和地位。

与李倓、李豫所处的时代不同,武则天擅政时期的唐朝李氏宗室诸子,理论上都是武则天革唐代周的政治障碍,因此成为武则天诛杀的对象。《旧唐书·酷吏传》云:"唐初革前古之敝,务于胜残,垂衣而理,且七十载,而人不敢欺……逮则天以女主临朝,大臣未附;委政狱吏,剪除宗枝。于是……天诛发于唇吻,国柄秉于掌握。"①

唐嗣圣元年(684),武则天废唐中宗李显为庐陵王,立豫王李旦为帝,自己临朝听政,并改元文明。七个月后,又改元光宅,更换了旗帜及八品官以下朝服的颜色,改变了一些官名,易东都为神都。特别引人注目的是,她追尊自己的先祖,不顾顾命大臣的反对,设立了武氏七庙,重用武氏子弟。李唐宗室的王公大臣们见武氏有取代李氏之势,人人自危,无不愤慨。英公李(徐)敬业率先于扬州起兵讨伐武则天,武则天果断地派出李孝逸等领兵予以镇压。从李敬业反乱后,武则天"疑天下人多图己,又自以久专国事,且内行不正,知宗室大臣怨望,心不服,欲大诛杀以威之"②。史载:"光宅初,徐敬业起兵扬州,以匡复为名。则天震怒,又恐人心动摇,欲以威制天下。"③她欲施行威制天下的策略,首先便要削弱李唐宗室,特别是要设法消除现存的太宗诸子和高宗诸子中非自己嫡生的皇子。

垂拱四年,武则天下手翦除李唐宗室的势力。她先削减了李世民之女东阳大长公主的封邑,把这位公主的两个儿子发配往巫州。宗室中最受武则天忌恨的韩王李元嘉、霍王李元轨、鲁王李灵夔、越王李贞、李元嘉的儿子黄国公李譔、李元轨的儿子江都王李绪、虢王李凤的儿子东莞公李融、李灵夔的儿子范阳王李蔼、李贞的儿子琅琊王李冲等均十分紧

---

①《旧唐书·酷吏传上》,第4836页。
②《资治通鉴·唐纪十九·则天顺圣皇后上之上》,中华书局1956年版,第6348页。
③《旧唐书·酷吏传上·索元礼传》,第4843页。

张。当武则天命他们朝拜明堂时,他们惊恐万分,认为武则天要乘此机会诛除宗室。于是,譔遂诈为皇帝玺书与冲云:"朕被幽絷,王等宜各救拔我也。"李冲在博州,又伪为皇帝玺书云:"神皇欲倾李家之社稷,移国祚于武氏。"①因而联合李元嘉、李元轨、李灵夔、李贞、纪王李慎等骑兵进攻洛阳。未及联军形成,李冲率先发难,李贞仓促起兵响应,结果迅速被武则天派军队平定,李冲败死,李贞自杀。李灵夔、李譔、常乐公主等被收监,均迫以自杀。之后,李融被戮于市,李元轨被流放毙命,李绪被处极刑。史载:"时皇室诸王有德望者,必见诛戮,惟千里(唐太宗子李恪之子)褊躁无才,复数进献符瑞事,故则天朝竟免祸。"②

永昌元年(689),武则天又诛杀汝南王李炜、鄱阳公李諲等宗室十二人,李諲的岳父天官侍郎邓玄挺也因知情不举而连坐处死。纪王李慎本未参与阴谋,但也被判流刑,中途死去,其子东平王李续等则被杀。又诛杀嗣郑王李璥等六人。

载初元年(690),酷吏侯思止诬告舒王李元名与恒州刺史裴贞谋反,武则天流放了李元名,杀其子豫章王李直,族杀裴贞全家。在酷吏周兴的密告下,泽王李上金、许王李素节以谋反的罪名被勒令面谒武则天,途中李上金被缢死,李素节自杀。接着又杀南安王李颖等宗室十二人。到此李唐的宗室差不多全被杀光,年幼体弱的也都被流放到岭南,其亲朋故旧、大臣党羽被杀者不可胜数。

章怀太子李贤的经历可以作为武则天翦除宗室的一个典型。在前述武则天诛杀的李唐宗室中,或者为唐太宗李世民的皇子及皇孙,或者为唐高宗李治别的后妃所生的皇子或皇孙,均非武则天所嫡生,而李贤则是武则天所生的四个儿子之一③。四子中的李弘,为高宗第五子,显庆元年,被立为皇太子,上元二年薨,年仅二十四岁。李显、李旦后被立为帝(即唐中宗和唐睿宗),但也先后被废黜,以致歌谣载于民口:"龙朔中,俗中饮酒令,曰:'子母去离,连台拗倒。'俗谓杯盘为子母,又名盘为台,

---

① 《旧唐书·太宗诸子传·琅邪王冲传》,第 2661 页。
② 《旧唐书·太宗诸子传·成王千里传》,第 2650 页。
③ 《旧唐书·高宗中宗诸子传》:"高宗八男;则天顺圣皇后生中宗、睿宗及孝敬皇帝弘、章怀太子贤,后宫刘氏生燕王忠,郑氏生原王孝,杨氏生泽王上金,萧淑妃生许王素节。"(第 2823 页)

即中宗废于房州之应也。"①李贤也曾被立为太子。《旧唐书》记载："章怀太子贤,字明允,高宗第六子也……上元二年,孝敬皇帝薨。其年六月,立为皇太子,大赦天下,寻令监国。贤处事明审,为时论所称……贤又招集当时学者太子左庶子张大安、洗马刘讷言、洛州司户格希元、学士许叔牙、成玄一、史藏诸、周宝宁等,注范晔《后汉书》。"②"时正议大夫明崇俨以符劾之术为则天所任使,密称'英王状类太宗'。又宫人潜议云'贤是后姊韩国夫人所生',贤亦自疑惧。则天又尝为贤撰《少阳政范》及《孝子传》以赐之,仍数作书以责让贤,贤逾不自安。"③李贤做《黄台瓜辞》,提醒母亲武则天不要连续废立太子,当在此时。但李贤最终没有逃脱被诛杀的命运。武则天利用明崇俨被杀一案,株连李贤。"乃废贤为庶人,幽于别所。永淳二年,迁于巴州。文明元年,则天临朝,令左金吾将军丘神勣往巴州检校贤宅,以备外虞。神勣遂闭于别室,逼令自杀,年三十二。"④

　　章怀太子李贤的三个儿子,长子光顺被诛,三子守义在武则天垂拱四年病卒。二子守礼在父亲得罪后因为"才识猥下",没有政治才能和野心,就被幽闭于皇宫,其遭遇也令人唏嘘:"虽积阴累日,守礼白于诸王曰:'欲晴。'果晴。愆阳涉旬,守礼曰:'即雨。'果连澍。岐王等奏之,云:'邠哥有术。'守礼曰:'臣无术也。则天时以章怀迁谪,臣幽闭宫中十余年,每岁被敕杖数顿,见瘢痕甚厚。欲雨,臣脊上即沉闷,欲晴,即轻健,臣以此知之,非有术也。'涕泗沾襟。"⑤

　　据统计,从655年到701年的46年中,武则天诛戮李唐宗室,共诛杀了韩王元嘉、鲁王灵夔、霍王元轨、舒王元名(以上四人皆为高祖子、太宗弟)、纪王慎、越王贞(以上二人为太宗子)、王皇后、萧良娣(以上二

①《旧唐书·五行志·诗妖》,第1376页。按《朝野佥载》卷一载:"龙朔年已来,百姓饮酒作令云:'子母相去离,连台拗倒。'子母者,盏与盘也;连台者,连盘拗倒盏也。及天后永昌中,罗织事起,有宿卫十余人于清化坊饮,为此令。此席人进状告之,十人皆弃市。自后庐陵徙均州,则子母相去离也;连台拗倒者,则天被废,诸武迁放之兆。神武皇帝七月即位,东都白马寺铁像头无故自落于殿门外。"
②《旧唐书·高宗中宗诸子传·章怀太子贤传》,第2831—2832页。
③《旧唐书·高宗中宗诸子传·章怀太子贤传》,第2832页。
④《旧唐书·高宗中宗诸子传·章怀太子贤传》,第2832页。
⑤《旧唐书·高宗中宗诸子传·邠王守礼传》,第2833页。按李守礼的遭遇受到史家的怜悯,林语堂《武则天传》就是以李守礼回忆的形式展开的。

人为高宗妻)、太子弘、太子贤(以上二人为高宗、武则天之子)、燕王忠、泽王上金、许王素节(以上三人皆为高宗子)、高宗女婴、裴妃(太子李弘妻)、周妃(王子李哲妻)、刘妃、窦妃(以上二人为太子李旦妻)、重润(高宗孙)、永泰公主、长乐公主、琅琊王冲、黄公譔、范阳王蔼、东莞公融、常山王乾、江都王绪、零陵郡王俊、黎国公杰、汝南王玮、鄱阳公諲、广汉公谧、汶山公蓁、广都王璹、蜀王璠、郑王元懿、滕王元婴六子、义阳王琮、楚国公叡、襄阳公秀、广化公献、建平公钦、豫章王亶、南安王颖、鄅国公昭等唐高祖、唐太宗、唐高宗子孙、妻女共 65 人①。

天授元年(690 年)九月,武则天在以残酷的手段诛戮李唐宗室之后,扫除了反对力量,改唐为周,即位为"圣神皇帝",完成了武周革唐命的历史过程。

第四节　民心所向:政治预言型歌谣

汉唐时期的政治性歌谣,还有比较特殊的两类,即政治预言型和政治知识型歌谣。这两类歌谣虽然内容不同,但都与当时的政治事件、政治人物、政治斗争等相关,这里放在一起来叙述。

政治预言性歌谣,俗称谶谣,即特定政治任务或利益阶层,基于特大的政治利益和目标,对未来发生的政治事件做出的隐喻性和诱导性的预言短语或歌谣。这类歌谣,通常不同于人们对某种已经发生的政治事件的形为"先见之明"而实为既往追述式的歌谣概括,而应该是人们根据特定的政治和社会氛围产生的预感或做出的预测。大体上,史籍在记载此类歌谣时,还需要给以特别的解释,才能够明了其所包含或要预示的内容。当然,在史籍记载的众多预言性歌谣中,要明确无误地辨认和举证这类歌谣,是很有难度的。

谶谣在史籍中记载很多,如《后汉书·五行志》记载说:"灵帝中平中,京都歌曰:'承乐世董逃,游四郭董逃,蒙天恩董逃,带金紫董逃,行谢恩董逃,整车骑董逃,垂欲发董逃,与中辞董逃,出西门董逃,瞻宫殿董

---

① 林语堂《武则天传》,群言出版社 2010 年版,第 229—230 页。

逃,望京城董逃,日夜绝董逃,心摧伤董逃.'"又载:"献帝践祚之初,京都童谣曰:'千里草,何青青。十日卜,不得生。'案千里草为董,十日卜为卓。凡别字之体,皆从上起,左右离合,无有从下发端者也。今二字如此者,天意若曰:卓自下摩上,以臣陵君也。青青者,暴盛之貌也。不得生者,亦旋破亡。"① 这两首歌谣反映了东汉末年民众对董卓残暴跋扈的种种"天地所不佑,人神所同疾"的倒行逆施的愤恨和渴望其早日覆亡的心态,所以,当董卓死后,才会出现"长安士庶咸相庆贺"② 的局面。

《宋书·五行志》记载:"魏明帝太和中,京师歌《兜铃曹子》,其唱曰:'其奈汝曹何。'此诗妖也。其后曹爽见诛,曹氏遂废。景初初,童谣曰:'阿公阿公驾马车,不意阿公东渡河,阿公来还当奈何!'及宣帝辽东归,至白屋,当还镇长安。会帝疾笃,急召之,乃乘追锋车东渡河,终如童谣之言。"③ 按照史籍的记载,这两首歌谣流传的时间都在魏明帝当政时期,其时司马懿已经成为曹魏政权的重要谋臣,又掌握军权,担任独当一面的军事首领。他通过防吴、拒蜀的战功,由抚军大将军升大将军,又迁太尉,司马氏的权力开始坐大。魏明帝曹睿死前又遗命司马懿与曹爽共同辅政,拉开了其后司马氏集团与曹氏集团斗争的序幕。另外,这两首歌谣在内容上也较为模糊,不像史籍中所记载的大量的为迎合某个新政权而特别附会的谶纬谣言一样,一望而知出于某些特殊政治集团人士的伪托。

《三国志·孙权传》载,黄龙元年(222)夏四月丙申,孙权即帝位。"初,兴平中(汉献帝刘协年号,194—196),吴中童谣曰:'黄金车,班兰耳,闿昌门,出天子。'"④ 按在孙权称帝之前,曹丕和刘备已经分别于220年和221年于洛阳和成都称帝,因此,孙权的称帝也就在人们的意料之中了,这首歌谣即是孙权称帝的征兆。《晋书·五行志》记载:"咸康二年(336)十二月,河北谣云:'麦入土,杀石武。'后如谣言。"又记载:"太和末(约370),童谣曰:'犁牛耕御路,白门种小麦。'及海西公被废,百

①《后汉书·五行志》,第 3284—3285 页。
②《三国志·魏书·董传英雄记》,第 179 页。
③《宋书·五行志》,第 912 页。
④《三国志·吴书·孙权传》,第 1134 页。

姓耕其门以种小麦,遂如谣言。"①这两首童谣,一首反映了民众对石虎暴政的厌恶,一首则反映了桓温专权后对在位皇帝的威胁,都具有很深的现实政治基础。《南史·陈本纪》云:"梁末童谣云:'可怜巴马子,一日行千里。不见马上郎,但见黄尘起。黄尘污人衣,皂荚相料理。'及僧辩灭,群臣以谣言奏闻,曰:僧辩本乘巴马以击侯景,马上郎,王字也,尘谓陈也;而不解皂荚之谓。既而陈灭于隋,说者以为江东谓殽羊角为皂荚,隋氏姓杨,杨,羊也,言终灭于隋。然则兴亡之兆,盖有数云。"②古代史臣不能认识到政权兴衰的深层次原因,只能从表象上感觉到政治斗争和内耗是陈灭于隋的原因,但这首歌谣也能为人们反思此类政治兴亡的问题提供一个思考切入点。

北朝时期也有政治预言型歌谣。如《北齐书·文襄帝纪》载,武定五年(547),高欢崩。七月戊戌,魏帝诏以高澄为渤海王。七月,高澄还晋阳。辛卯,遇盗而殂,时年二十九。前此,"时有童谣曰:'百尺高竿摧折,水底燃灯灯灭。'识者以为王将殂之兆也"③。《乐府诗集》载《邯郸郭公歌》说:"邯郸郭公九十九,技两渐尽入滕口。大儿缘高冈,雄子东南走。不信吾言时,当看岁在酉。"对于这首歌谣,《乐府广题》解释其本事说:"北齐后主高纬,雅好傀儡,谓之郭公。时人戏为《郭公歌》。及将败,果营邯郸。高、郭声相近。九十九,末数也。滕口,邓林也。大儿,谓周帝,太祖子也。高冈,后主姓也。雄鸡类,武成小字也。后败于邓林,尽如歌言,盖语妖也。"④总之,政治的动荡和纷争,是谶谣产生的最佳社会土壤。

安禄山之乱,是唐朝由盛转衰的关键事件,对此,歌谣中也有反映。《新唐书·五行志》记载,玄宗在潞州,有童谣曰:"羊头山北作朝堂。"天宝中,有术士李遐周于玄都观院庑间为诗曰:"燕市人皆去,函关马不归,人逢山下鬼,环上系罗衣。"而人皆不悟,近诗妖也。又禄山未反时,童谣曰:"燕燕飞上天,天上女儿铺白毡,毡上有千钱。"时幽州又有谣曰:

---

① 《晋书·五行志》中,第846、847页。
② 《南史·陈本纪》,第311—312页。
③ 《北齐书·文襄帝纪》,第37页。
④ 郭茂倩编《乐府诗集·杂歌谣辞》,中华书局1979年版,第1220—1221页。

"旧来夸戴竿,今日不堪看,但看五月里,清水河边见契丹。"①这都是时人对安史之乱行将爆发的政治预言。

第五节　为政之鉴:政治知识性歌谣

汉唐时期的歌谣中,有一类是对为政之道的经验总结,可称之为政治知识型歌谣。这类歌谣以提供做官和为政之道为目的,通过一两句短语或俗语,提炼历史的知识和经验,供后人借鉴。这类歌谣字句简练,意味隽永,启人心智,含而不发,颇具特点。

《汉书·刑法志》用古人之言也就是俗语来论述法律治国的重要功用:"古人有言:'天生五材,民并用之,废一不可,谁能去兵?'鞭扑不可弛于家,刑罚不可废于国,征伐不可偃于天下。用之有本末,行之有逆顺耳。孔子曰:'工欲善其事,必先利其器。'文德者,帝王之利器;威武者,文德之辅助也。"②按"古人有言"四字,清人王先谦认为是出于《左传·襄公二十七年》宋国子罕之言③。检索古籍可知,《尚书·牧誓》中即有:"古人有言曰,牝鸡无晨,牝鸡之晨,惟家之索。"④《宋书·礼志》记载,晋成帝咸康三年,国子祭酒袁瓌、太常冯怀上疏兴诗书礼乐,云:"古人有言,《诗》《书》义之府,礼乐德之则。实宜留心经籍,阐明学义,使讽颂之音,盈于京室,味道之贤,是则是咏,岂不盛哉!"⑤这些古人之言,合辙押韵,古朴简洁,内容皆有所本,实为以历史经验和成说为借鉴的知识型歌谣。

《汉书·贾谊传》记载,汉文帝时,贾谊看到当时"天下初定,制度疏阔。诸侯王僭拟,地过古制,淮南、济北王皆为逆诛",于是数上疏陈政事,多所欲匡建。为了阐明借鉴历代统治经验的重要性,贾谊在奏疏中说:"鄙谚曰:'不习为吏,视已成事。'又曰:'前车覆,后车诚。'夫三代

---

① 《新唐书·五行志》二,第920页。

② 《汉书·刑法志》,第1091页。

③ 按"古人有言"四句话,清人王先谦认为是出于《左传·襄公二十七年》宋国子罕之言。见班固撰、王继如主编《汉书今注·刑法志》,凤凰出版社2013年版,第595页。

④ 《十三经注疏·尚书正义·牧誓》,第388页。

⑤ 《宋书·礼志》,第363页。

之所以长久者，其已事可知也；然而不能从者，是不法圣智也。秦世之所以亟绝者，其辙迹可见也；然而不避，是后车又将覆也。夫存亡之变，治乱之机，其要在是矣。"①《汉书·刘辅传》载：汉成帝欲立赵婕好为皇后，先下诏封婕好父临为列侯，刘辅上书言："臣闻天之所与，必先赐以符瑞；天之所违，必先降以灾变：此神明之征应，自然之占验也……况于季世，不蒙继嗣之福，屡受威怒之异者乎！虽夙夜自责，改过易行，畏天命，念祖业，妙选有德之世，考卜窈窕之女，以承宗庙，顺神祇心，塞天下望，子孙之祥犹恐晚暮，今乃触情纵欲，倾于卑贱之女，欲以母天下，不畏于天，不愧于人，惑莫大焉。里语曰：'腐木不可以为柱，卑人不可以为主。'天人之所不予，必有祸而无福，市道皆共知之……唯陛下深察。"②刘辅在奏疏中所讲的道理，就是帝王选拔官员和册封后妃，都要依照严格的贵贱等级来行事，而"腐木不可以为柱，卑人不可以为主"的俗语，正是对这个道理的最形象的概括。

　　在魏晋南北朝时期，还有不少人用歌谣的形式对帝王加以劝导。东汉末年，军阀混战，曹操挟天子以令诸侯，而袁绍在河北也拥兵自重。后袁绍出长子谭镇青州，欲令其诸儿各据一州，以强其威势。袁绍的谋士沮授认为不可。史载："授谏辞曰：'世称一兔走衢，万人逐之，一人获之，贪者悉止，分定故也。且年均以贤，德均则卜，古之制也。愿上惟先代成败之戒，下思逐兔分定之义。'绍曰：'孤欲令四儿各据一州，以观其能。'授出曰：'祸其始此乎！'"③在劝阻袁绍的不明智的举动时，沮授就用"一兔走衢，万人逐之，一人获之，贪者悉止"的俗语来说明君臣名分的重要性，而不可使多人各拥强兵，互不统属。《三国志·陈琳传》记载："琳前为何进主簿。进欲诛诸宦官，太后不听，进乃召四方猛将，并使引兵向京城，欲以劫恐太后。琳谏进曰：'《易》称"即鹿无虞"。谚有"掩目捕雀"。夫微物尚不可欺以得志，况国之大事，其可以诈立乎？'"④按《周易正义·屯卦》六三云："即鹿无虞，惟入于林中。"孔颖达正义云："'即鹿无虞'者，即，就也。虞谓虞官，如人之田猎，欲从就于鹿，当有虞官助

①《汉书·贾谊传》，第2230、2251页。
②《汉书·刘辅传》，第3251—3252页。
③《三国志·魏书·袁绍传》注引《九州春秋》，第195—196页。
④《三国志·魏书·陈琳传》，第600页。

已,商度形势可否,乃始得鹿,若无虞官,即虚入于林木之中,必不得虞,故云'唯入于林中'。此是假物为喻。"① 陈琳用"即鹿无虞"的古经训和"掩目捕雀"这条俗谚,来揭示何进在缺乏得力助手的情况下,又不顾眼前的凶险,径招四方诸侯进京诛杀宦官的盲目性和冒险性,可谓既形象,又深刻。《三国志·杜周传》记载,蜀汉刘禅时期,军旅数出,百姓雕瘁,杜周与尚书令陈祗论其利害,退而著《仇国论》以阐述自己的政见。其中说:"今我与肇建皆传国易世矣,既非秦末鼎沸之时,实有六国并据之势,故可为文王,难为汉祖。夫民疲劳则骚扰之兆生,上慢下暴则瓦解之形起。谚曰:'射幸数跌,不如审发。'是故智者不为小利移目,不为意似改步,时可而后动,数合而后举,故汤、武之师不再战而克,诚重民劳而度时审也。"② 认为诸葛亮主动出击、攻打魏国的举动没有审时度势,不符合当时各国只能分立而难以统一的形势。

北魏世宗时期,萧梁与北魏边境纷争不断,战火连绵不绝。时南朝萧衍在位,政治和军事实力都还算强大,而北魏世宗试图派中山王英率军南下钟离,意欲攻打萧梁,又诏安东将军邢峦率众会之。邢峦在系统分析了敌我形势后,认为这种军事计划不妥,因此上书说:"萧衍侵境,久劳王师,今者奔走,实除边患……今正宜修复边镇,俟之后动。且萧衍尚在,凶身未除,螳螂之志,何能自息。唯应广备以待其来,实不宜劳师远入,自取疲困。今中山进军钟离,实所未解……今若往也,彼牢城自守,不与人战,城堑水深,非可填塞,空坐至春,则士自弊苦。遣臣赴彼,粮何以致?夏来之兵,不赍冬服,脱遇冰雪,取济何方?臣宁荷怯懦不进之责,不受败损空行之罪……若信臣言也,愿赐臣停;若谓臣难行求回,臣所领兵统悉付中山,任其处分,臣求单骑随逐东西。且俗谚云:'耕则问田奴,绢则问织婢。'臣虽不武,忝备征将,前宜可否,颇实知之。臣既谓难,何容强遣?"邢峦在上表中用"耕则问田奴,绢则问织婢"的俗谚来强调自己的专业身份和军事权威,用以说明自己意见的正确性,收到了很好的效果,史载"峦累表求还,世宗许之。英果败退,时人伏其识略"③。

---

① 孔颖达著《周易正义》,《十三经注疏》,中华书局1980年版,第19—20页。
② 《三国志·蜀书·杜周传》,第1029页。
③ 《魏书·邢峦传》,第1445—1446页。

　　《魏书·高谦之传》记载:北魏时期高谦之为正河阴令,他在县二年,损益治体,都很得当。其时,北魏有令两位县令在朝廷面陈得失的旧制,但佞幸大臣担心基层官员暴露自己的恶行,遂共奏罢。谦之乃上疏曰:"有国有家者,不患民不我归,唯患政之不立,不恃敌不我攻,唯恃吾不可侮。此乃千载共遵,百王一致……谚云:'迷而知反,得道不远。'此言虽小,可以喻大。"① 高谦之用"迷而知反,得道不远"的古谚来说明皇帝了解基层信息的重要性,因此有必要保留县令在朝廷面陈得失的制度,不至于造成信息壅塞。

　　谣谚和俗语中也包含着丰富的天文和礼仪知识。如唐代一般以夏至和冬至分祭祀南郊和北郊,这是郊祭的重大礼仪,认为这两个节气是一年中阴阳交合的吉日。《旧唐书·礼仪志》记载:"时十一月十三日乙丑,冬至,阴阳人卢雅、侯艺等奏请促冬至就十二日甲子以为吉会。时右台侍御史唐绍奏曰:'礼所以冬至祀圆丘于南郊,夏至祭方泽于北郊者,以其日行躔次,极于南北之际也。日北极当晷度循半,日南极当晷度环周。是日一阳爻生,为天地交际之始。故《易》曰:'《复》,其见天地之心乎!' 即冬至卦象也。一岁之内,吉莫大焉。甲子但为六旬之首,一年之内,隔月常遇,既非大会,晷运未周,唯总六甲之辰,助四时而成岁。今欲避环周以取甲子,是背大吉而就小吉也。'太史令傅孝忠奏曰:'准《漏刻经》,南陆北陆并日校一分,若用十二日,即欠一分。未南极,即不得为至。'上曰:'俗谚云,"冬至长于岁",亦不可改。'竟依绍议以十三日乙丑祀圆丘。"② 这段话是说,掌管天文的阴阳人认为十一月十三日为乙丑日,虽然是冬至,但不如甲子日听起来像是一个月的起点一样吉利,所以建议提前一天过冬至。当然,这与傅孝忠依据《漏刻经》所测定的冬至时刻还差一分的刻度。唐中宗虽然没有专业的气候节令知识,但他依据俗谚"冬至长于岁"的说法和习俗,裁定冬至祭北郊。夏代之前,古人曾以冬至为岁首,是个重要节日,改行夏历后,冬至才退居次位。所以,民间有"冬至大似年"的说法。这是唐中宗判定冬至郊祭的历史和民俗依据。

　　政治知识性歌谣风议,不仅在正史中有较多的记载,在汉唐时期诸

<hr />

① 《魏书·高谦之传》,第 1708—1710 页。
② 《旧唐书·礼仪志》,第 831 页。

子的著作里,有更多的运用。比如《淮南子·齐俗训》中就说:"乱世之法,高为量而罪不及,重为任而罚不胜,危为禁而诛不敢。民困于三责,则饰智而诈上,犯邪而干免。故虽峭法严刑,不能禁其奸。何者? 力不足也。故谚曰:'鸟穷则啄,兽穷则触,人穷则诈',此之谓也。"[1] 文中引用的谚语,就恰当地表达出在乱世虽用重法而不能阻止人们犯罪的道理。东汉王逸《意林·正部》在论述怎样明审刑法时则说:"明刑审法,怜民惠下,生者不怨,死者不恨。谚曰:'政如冰霜,奸轨消亡,威如雷霆,寇贼不生。'"[2] 用这条谚语来说明严明刑法对于维护社会秩序的重要性。崔寔《政论》也曾经用"一岁再赦,奴儿喑哑"[3] 的谚语来说明统治者不应该毫无原则地滥施恩惠,赦宥犯人,以免骄纵那些不轨之民。王符《潜夫论·救边》篇在论述汉代的边患时说:"乃者,边害震如雷霆,赫如日月,而谈者皆讳之,曰焱幷窃盗。浅浅善靖,俾君子怠,欲令朝廷以寇为小,而不早忧,害乃至此,尚不欲救。谚曰:'痛不着身言忍之,钱不出家言与之。'假使公卿子弟有被羌祸,朝夕切急如边民者,则竞言当诛羌矣。"[4] 王符用一条谚语就把王公大臣们事不关己、高高挂起的官僚主义,掩盖、漠视边患及国家和民众利益的丑陋政治形象刻画出来。

军事活动是政治斗争的延续,汉唐时期许多反映军旅生活的歌谣也可以看作是这一时期政治性歌谣的一部分。这类歌谣在汉唐时期也是比较丰富的。如《汉书·匈奴传》载:帝先至平城,步兵未尽到,冒顿精兵三十余万骑,围帝于白登七日。汉兵不能解围。天下歌之曰:"平城之下亦诚苦! 七日不食,不能彀弩。"[5] 后用陈平秘计得免。《三国志·夏侯渊传》载:"(夏侯渊)为将,赴急疾,常出敌之不意,故军中为之语曰:

---

① 刘安编、何宁撰《淮南子集释·齐俗训》,中华书局 1998 年版,第 814 页。

② 马总编纂、王天海整理、王韧校释《意林校释·正部十卷》,中华书局 2014 年版,第 440 页。

③ 《太平御览·人事部·谚》下,第 2269 页。这种政治经验,很受后世帝王的重视,比如《新唐书·刑法志》记载:"太宗以英武定天下,然其天姿仁恕。初即位,有劝以威刑肃天下者,魏征以为不可,因为上言王政本于仁恩,所以爱民厚俗之意,太宗欣然纳之,遂以宽仁治天下,而于刑法尤慎。四年,天下断死罪二十九人。六年,亲录囚徒,闵死罪者三百九十人,纵之还家,期以明年秋即刑;及期,囚皆诣朝堂,无后者,太宗嘉其诚信,悉原之。然尝谓群臣曰:'吾闻语曰:"一岁再赦,好人暗哑。"吾有天下未尝数赦者,不欲诱民于幸免也。'"(第1412—1413 页)

④ 王符著、汪继培笺、彭铎校正《潜夫论笺校正·救边》,中华书局 1985 年版,第 262 页。

⑤ 《汉书·匈奴传》上,第 3755 页。

'典军校尉夏侯渊,三日五百,六日一千。'"①《晋书·杜预传》载太康元年(280),杜预"以太康元年正月,陈兵于江陵,遣参军樊显、尹林、邓圭、襄阳太守周奇等率众循江西上,授以节度,旬日之间,累克城邑,皆如预策焉。又遣牙门管定、周旨、伍巢等率奇兵八百,泛舟夜渡,以袭乐乡,多张旗帜,起火巴山,出于要害之地,以夺贼心"。在攻打孙吴都督孙歆时,杜预先遣部将周旨等发伏兵,随歆军而入,歆不觉,直至帐下,虏歆而还。故军中为之谣曰:"以计代战一当万。"②南朝时期,军事歌谣则有南豫州军士为王玄谟、宗越语。《宋书·王玄谟传》载:"玄谟性严剽少恩,而将军宗越御下更苛酷,军士谓之语曰:'宁作五年徒,不逢王玄谟。玄谟犹自可,宗越更杀我。'"③《北史·兰陵王长恭传》记载:"兰陵武王长恭,一名孝瓘,文襄第四子也……芒山之败,长恭为中军,率五百骑再入周军,遂至金墉之下,被围甚急。城上人弗识,长恭免胄示之面,乃下弩手救之,于是大捷。武士共歌谣之,为《兰陵王入阵曲》是也。"④唐高宗时期的名将薛仁贵,智勇双全,骁勇善射,在征高丽的战斗中"着白衣自标显,持戟,腰鞬两弓,呼而驰,所向披靡","遇高丽大将温沙多门,战横山,仁贵独驰入,所射皆应弦仆。又战石城,有善射者,杀官军十余人,仁贵怒,单骑突击,贼弓矢俱废,遂生禽之"。在担任铁勒道行军总管一职时,九姓众十余万,令骁骑数十来挑战,仁贵发三矢,辄杀三人,于是虏气慑,皆降……军中歌曰:"将军三箭定天山,壮士长歌入汉关。"⑤另外,敦煌歌谣中,也有一些赞美守边将士的歌谣,写得非常生动,如:"三尺龙泉剑,匣里无人见。一张落雁弓,百只金花箭。为国竭忠贞,苦处曾征战。先望立功勋,后见君王面。"⑥这些歌谣,体现了唐朝全盛时期军人的尚武精神和唐朝军事实力的强大。

---

①《三国志·魏书·夏侯渊传》,第270页。

②《晋书·杜预传》,第1029—1030页。

③《宋书·王玄谟传》,第1976。

④《北史·齐宗室诸王下·兰陵王长恭传》,第1879页。

⑤《新唐书·薛仁贵传》,第4140—4141页。

⑥任半塘《敦煌歌辞总编·生查子·立功勋》,上海古籍出版社1987年版,第395页。

第二章　歌谣风议所反映的汉唐社会生活

社会性歌谣是相对于政治性歌谣而言的。这类歌谣一般不直接涉及政治内容,而是针对特定社会人物、社会阶层和社会知识而发的,反映了汉唐时期社会结构、社会生产和民众生活的变化,具有重要的价值。这类歌谣通常包含以下几个方面的内容:反映社会性人物评论的歌谣风议,反映社会构成及结构的歌谣风议,反映民众生活状况、地方风土和风俗的歌谣风议以及社会知识型歌谣等。需要说明的是,经济生活也是汉唐时期社会生活的重要组成部分,但反映这方面内容的歌谣,如反映官僚地主庄园经济的"耕当问奴,织当问婢"之类的俗语和反映商人地位、货币政策的歌谣,虽然也有一些,但总体数量不多,本书不作专门介绍,而将其分别纳入反映汉唐时期社会结构和民众生活的歌谣中加以研究。

第一节　歌谣风议与人物风貌

汉唐时期是我国历史上重要的历史时期,也是我国古代历史上人杰地灵、俊采星驰的时期,在中华民族历史人物谱系中,留下了浓墨重彩的一笔,除了如汉高祖、唐高宗为代表的政治人物以外,也有一些杰出士人为代表的社会人物,获得当时民众的赞誉或评议。这些歌谣与政治性人物评论歌谣的区别通常在于其所评论人物一般不是显赫的政治人物,而是在文化、品德或生活方面产生较大影响的一般社会公众人物。这类歌谣,就其性质和源流而言,应该是汉代兴起的人物评议传统的产物,在魏晋南北朝时期乡里清议十分盛行的社会背景下更见发达①。

《史记》记载,秦始皇帝游会稽,项梁与项羽俱观。项羽说:"彼可取

---

① 关于魏晋南北朝时期的乡论清议,周一良先生在《两晋南朝的清议》(《魏晋南北朝史论集续编》,北京大学出版社 1991 年版,第 116—124 页)一文中论述甚详,可资参考。

而代也。"①刘邦也曾到过咸阳,纵观秦皇帝,喟然太息曰:"嗟乎,大丈夫当如此也。"②这些评议,个性尽显,生动显现两人对秦始皇功业的赞叹与羡慕,也分别可见项羽因缘成事、蠢蠢欲动的政治冲动和刘邦不甘下位、抱负远大的鸿鹄之志。清代史家王鸣盛认为"项之言悍而戾,刘之言则津津然不胜其歆羡矣"③,可谓十分传神。刘邦、项羽见秦始皇的评论,可以看作是汉代人物评议的滥觞。至东汉末期则形成了著名的乡论清议,如汝南的"月旦评"。《后汉书·许劭传》载:"劭邑人李逵,壮直有高气,劭初善之,而后为隙,又与从兄靖不睦,时议以此少之。初,劭与靖俱有高名,好共覈论乡党人物,每月辄更其品题,故汝南俗有'月旦评'焉。"④而"月旦评"及魏晋时期的其他人物评议,正是此类社会性人物歌谣风议的重要源流。

　　两汉时期的人物评议歌谣虽然也包含一定数量针对达官显宦的品评,但更多针对的是社会名人,也就是所谓的"士"——当时的社会贤达或高人隐士。即使是对官员的臧否,也主要不是评价他们政治上的表现,而是评价他们的品德、风骨和气度。比如,《史记·季布传》记载,楚人季布,为气任侠,有名于楚,当时人称"得黄金百(斤),不如得季布一诺"⑤。《汉书·楼护传》载,楼护字君卿,为人短小精辩,时逢汉成帝母舅王根、王商等王氏五侯当政,楼护与五兄弟及其宾客结交,皆得其欢心。他与当时博通经书、善言灾异的著名士人谷永齐名,人称"谷子云笔札,楼君卿唇舌",足见其受到各界的信用。其母死时,乘车送葬者二三千辆,闾里歌之曰:"五侯治丧楼君卿。"⑥《高士传》则记载说,王莽当政时,杜陵人蒋诩担任兖州刺史,他拒绝与王莽合作,称病还乡,荆棘塞门,终身不出。时人将他与好尚名节、淡泊名利的楚国龚胜和龚舍相媲美,称赞他说"楚国二龚,不如杜陵蒋翁"⑦。又《华阳国志》载,南安人费贻,当

①《史记·项羽本纪》,第 296 页。
②《史记·高祖本纪》,第 344 页。
③ 王鸣盛撰、陈文和等校点《十七史商榷校证·史记二·刘项俱观始皇》,凤凰出版社 2008 年版,第 17 页。
④《后汉书·许劭传》,第 2235 页。
⑤《史记·季布传》,第 2731 页。
⑥《汉书·游侠传·楼护传》,第 3706—3707 页。
⑦《太平御览·逸民部》,第 2321 页。

公孙述霸蜀时,他漆身为厉,佯狂避世。及述败,为合浦守。蜀中歌之曰:"节义至仁费奉君,不仕乱世,不辟恶名。修身于蜀,纪名亦足。"①又《文士传》载:"留侯七世孙张赞,字子卿,初居吴县相人里,时人谚曰:'相里张,多贤良,积善应,子孙昌。'"②反映了张良后人奕世传承的良好家风。

汉末三国时期,群雄征战,吕布也为一时之雄,甚或有人称誉其为"人中有吕布,马中有赤兔"③。《三国志·陈泰传》注引《博物记》曰:"太丘长陈寔、寔子鸿胪纪、纪子司空群、群子泰四世,于汉、魏二朝并有重名,而其德渐渐小减。时人为其语曰:'公惭卿,卿惭长。'"④说明在汉魏、魏晋禅代之际,陈氏家族由忠君卫道、激扬名节,到依附权臣、保全家门的"其德渐小"家风的转变。这也是魏晋南朝世族家风转变的一个缩影。

《世说新语·赏誉》篇云:"谚曰:'扬州独步王文度,后来出人郗嘉宾。'"刘孝标注引《续晋阳秋》曰:"(郗)超少有才气,越世负俗,不循常检,时人为一代盛誉者,语曰:'大才槃槃谢安家,江东独步王文度,盛德日新郗嘉宾。'"⑤《梁书·何思澄传》载:"何思澄字元静,东海郯人。父敬叔,齐征东录事参军、余杭令。思澄少勤学,工文辞。起家为南康王侍郎,累迁安成王左常侍,兼太学博士,平南安成王行参军,兼记室。随府江州,为《游庐山》诗,沈约见之,大相称赏,自以为弗逮……初,思澄与宗人逊及子朗俱擅文名,时人语曰:'东海三何,子朗最多。'"⑥《陈书·张种传》载,吴郡人张种,世为江南大族,但他"少恬静,居处雅正,不妄交游,傍无造请",时人为之语曰:"宋称敷、演,梁则卷、充。清虚学尚,种有其风。"⑦这些人物评价性歌谣风议,体现了社会对以陈郡谢氏、琅琊王氏为代表的魏晋士人学行风度的一种推崇。

北朝时期,人物评论歌谣也时有所见。《魏书·祖莹传》载:"祖莹,字元珍,范阳遒人也……莹年八岁,能诵《诗》《书》,十二,为中书学生。

① 常璩撰、任乃强校注《华阳国志校补图注·广汉仕女·犍为士女赞》,上海古籍出版社1987年版,第583页。
② 《太平御览·人事部·谚》下,第2267页。
③ 《三国志·魏书·吕布传》,第220页。
④ 《三国志·魏书·陈泰传》注引《博物记》,第642页。
⑤ 刘义庆著、余嘉锡笺疏《世说新语笺疏》,上海古籍出版社1993年版,第484页。
⑥ 《梁书·文学传·何思澄传》,第713—714页。
⑦ 《陈书·张种传》,中华书局1972年版,第280页。

好学耽书，以昼继夜，父母恐其成疾，禁之不能止，常密于灰中藏火，驱逐僮仆，父母寝睡之后，燃火读书，以衣被蔽塞窗户，恐漏光明，为家人所觉。由是声誉甚盛……莹与陈郡袁翻齐名秀出，时人为之语曰：'京师楚楚，袁与祖；洛中翩翩，祖与袁。'"①《周书·裴汉传》记载，裴汉少聪敏好学，北魏文帝时担任相府参军，他善尺牍，尤便簿领，理识明赡，决断如流。相府为之语曰："日下粲烂有裴汉。"②《隋书·于仲文传》记载说："仲文少聪敏，髫龀就学，耽阅不倦……其后就博士李祥受《周易》《三礼》，略通大义。及长，倜傥有大志，气调英拔，当时号为名公子……蜀中为之语曰：'明断无双有于公，不避强御有次武。'"③

唐代以科举取士，如两魏时期以经学闻名的世家大族并不多见，但《旧唐书·贺德仁传》记载："贺德仁，越州山阴人也。父朗，陈散骑常侍。德仁少与从兄德基俱事国子祭酒周弘正，咸以词学见称。时人语曰：'学行可师贺德基，文质彬彬贺德仁。' 德仁兄弟八人，时人方之荀氏……德仁弟子纪、敱，亦以博学知名。高宗时，纪官至太子洗马，修《五礼》。敱至率更令，兼太子侍读。兄弟并为崇贤馆学士，学者荣之。"④ 按荀氏"八龙"之说，见于《后汉书·荀淑传》："荀淑字季和，颍川颍阴人，荀卿十一世孙也。少有高行，博学而不好章句，多为俗儒所非，而州里称其知人。安帝时，征拜郎中，后再迁当涂长。去职还乡里。当世名贤李固、李膺等皆师宗之……有子八人：俭、绲、靖、焘、汪、爽、肃、专，并有名称，时人谓之'八龙'。"⑤ 总体上是称誉贺氏兄弟以"五礼"传家，可以媲美在汉魏两晋时期非常著名的荀氏家族。

第二节　歌谣风议与社会阶层

汉唐时期的一些歌谣，还反映出当时一些外戚权臣、世家大族的生

---

① 《魏书·祖莹传》，第 1798—1799 页。
② 《周书·裴汉传》，第 597 页。
③ 《隋书·于仲文传》，第 1450—1451 页。
④ 《旧唐书·文苑传·贺德仁传》，第 4987 页。
⑤ 《后汉书·荀淑传》，第 2049 页。

活状况和普通民众的生活景况,形成了较为强烈的对比。这在一定程度上也可以看作是汉唐歌谣风议对当时社会阶层和社会结构的某种评价和议论,值得加以介绍。

官僚大臣是汉唐时期的统治者阶层的主体,他们官位显赫,权力巨大,拥有庞大的财富,处于社会结构的最上层。对于这类特殊的社会阶层,汉唐时期的民众通过歌谣风议表达了对他们的看法。比如《史记·外戚世家》记载:"卫子夫立为皇后,后弟卫青字仲卿,以大将军封为长平侯。四子,长子伉为侯世子,侯世子常侍中,贵幸。其三弟皆封为侯,各千三百户,一曰阴安侯,二曰发干侯,三曰宜春侯,贵震天下。天下歌之曰:'生男无喜,生女无怒,独不见卫子夫霸天下!'"①又《汉书·元后传》载:成帝河平二年(前27),悉封舅大将军王凤庶弟谭为平阿侯,商为成都侯,立为红阳侯,根为曲阳侯,逢时为高平侯。五人同日封,故世谓之"五侯"。"自是公卿见凤,侧目而视,郡国守相刺史皆出其门。又以侍中太仆音为御史大夫,列于三公。而五侯群弟,争为奢侈,赂遗珍宝,四面而至;后庭姬妾,各数十人,僮奴以千百数,罗钟磬,舞郑女,作倡优,狗马驰逐;大治第室,起土山渐台,洞门高廊阁道,连属弥望。百姓歌之曰:'五侯初起,曲阳最怒,坏决高都,连竟外杜,土山渐台西白虎。'[其]奢僭如此。"②又如《拾遗录》载:"汉郭况,光武皇后之弟也。累金数亿,家童四百人。以金为器皿,铸冶之声,彻于都鄙。时人谓'郭氏之室,不雨而雷',言铸冶之声盛也。于庭中起高阁,厝衡石于其上,以称量。下有藏金窟,列武士卫之。错杂宝以饰台榭,悬明珠于梁栋间。光彩射目,昼视如星,夜望如月。里语曰:'洛阳多钱郭氏室,夜月昼星富难匹。'其内宠者,皆以玉器盛食。故东京谓郭氏家为'琼厨金窟'。"③这几条史料反映的是两汉时期外戚势力以与皇家联姻的关系而大得封爵与富贵的史实,也反映出外戚家族豪奢淫逸的生活状况。

《汉书·佞幸传》记载说:"石显字君房,济南人;弘恭,沛人也。皆少坐法腐刑,为中黄门,以选为中尚书。宣帝时任中书官,恭明习法令故

---

①《史记·外戚世家》,第1983页。

②《汉书·元后传》,第4023—4024页。

③《太平广记·奢侈·郭况》,第1811页。

事,善为请奏,能称其职。恭为令,显为仆射。元帝即位数年,恭死,显代为中书令……遂委以政。事无小大,因显白决,贵幸倾朝,百僚皆敬事显……显与中书仆射牢梁、少府五鹿充宗结为党友,诸附倚者皆得宠位。民歌之曰:'牢邪石邪,五鹿客邪!印何累累,绶若若邪!'言其兼官据势也。"①《后汉书·宦者列传》记载说:单超、左悺、徐璜、具瑷、唐衡,汉桓帝时共诛梁冀,得到封赏,成为桓帝的心腹,"悺、衡迁中常侍。封超新丰侯,二万户,璜武原侯,瑷东武阳侯,各万五千户,赐钱各千五百万;悺上蔡侯,衡汝阳侯,各万三千户,赐钱各千三百万。五人同日封,故世谓之'五侯'……自是权归宦官,朝廷日乱矣"。天下为之语曰:"左回天,具独坐,徐卧虎,唐两墯。"②这两则史料反映了汉代宦官专权时的宦官权势及其交结大臣、兼官据势的显赫地位与如日中天般的政治影响。

　　在汉唐时期,比外戚和权宦势力稍逊的是一些权臣和世家大族,他们一般也拥有巨大的财富和显赫的官势,同属于居统治地位的社会阶层。《汉书·灌夫传》记载说,颍阴人灌夫,勇猛下士,家居长安,为颍川豪族,"诸所与交通,无非豪桀大猾。家累数千万,食客日数十百人。波③池田园,宗族宾客为权利,横颍川。颍川儿歌之曰:'颍水清,灌氏宁;颍水浊,灌氏族。'"④又《西京杂记》载:"韩嫣好弹,常以金为丸,一日所失者十余。长安为之语曰:'若饥寒,逐弹丸。'京师儿童每闻嫣出弹,辄随之,望丸所落而拾之。"⑤以金弹作弹子游戏,反映了韩嫣的豪富,而这种豪富,固然是政治上受宠擅权的不凡身份的反映⑥,但也与"若饥寒"的京师儿童所代表的平民的生活形成了强烈的对比。

　　类似的反映世家大族或豪富之家生活的歌谣在魏晋南北朝时期还

---

① 《汉书·佞幸传》,第 3726—3727 页。

② 《后汉书·宦者列传》,第 2520—2521 页。

③ 颜师古注曰:"波读曰陂。"(见《汉书·灌夫传》,第 2384 页)按陂为一种水利设施,可以灌溉稻田。汉魏时期著名的陂有扬州的芍陂、茹陂、七门、吴塘诸塌,豫州的贾侯渠,沛郡的郑渠等。《晋书·食货志》记载,淮南地区曾依邓艾之计"大治诸陂于颍南、颍北,穿渠三百余里,溉田二万顷,淮南淮北皆相连接……资食有储,而无水害"。(第 785、786 页)

④ 《汉书·灌夫传》,第 2382、2384 页。

⑤ 《太平御览·人事部·谚》下,第 2267。

⑥ 按韩嫣是与汉武帝常"共卧起"的宠臣,其"官至上大夫,赏赐拟邓通",曾因在上林苑中逾制乘天子副车驰骋而被人误会为汉武帝,可见其权势之大。汉武帝在位期间,韩嫣就因受宠而受到大臣王嘉以日食为借口的弹劾。参见《汉书·佞幸传》和《汉书·王嘉传》。

有很多。比如《三辅决录》记载说："五门子孙，凡民之五门。今在河南西四十里涧、榖、洛三水之交。传闻马氏兄弟五人，共居此地，作五门客舍，因以为名。主养猪卖豚。故民为之语曰：'苑中三公，馆下二卿。五门嚯嚯，但闻豚声。'"① 《晋书·麹允传》又记载说："麹允，金城人也。与游氏世为豪族，西州为之语曰：'麹与游，牛羊不数头。南开朱门，北望青楼。'"② 《宋书·徐湛之传》记载说："湛之善于尺牍，音辞流畅。贵戚豪家，产业甚厚。室宇园池，贵游莫及。伎乐之妙，冠绝一时。门生千余人，皆三吴富人之子，姿质端妍，衣服鲜丽。每出入行游，途巷盈满，泥雨日，悉以后车载之……时安成公何勖，无忌之子也，临汝公孟灵休，昶之子也，并各奢豪，与湛之共以肴膳、器服、车马相尚。京邑为之语曰：'安成食，临汝饰。'湛之二事之美，兼于何、孟。"③ 《新唐书·郝处俊传》载，唐高宗时期宰相郝处俊的家乡，有田氏、彭氏，以商业见称。有彭志筠，显庆中上表请以家绢布二万段助军，诏受其绢万匹，特授奉议郎。故江、淮间语曰："贵如许、郝，富若田、彭。"④ 上述歌谣所反映的都是世家大族的锦罗绮艳、纸醉金迷和争豪斗富的豪奢生活，是对汉唐时期社会上层人士生活状况的形象写照。

与世家大族的豪富相对应，汉唐时期的歌谣有的还反映出社会底层民众的生活状况。比如《风俗通》记载说："河南平阴庞俭，本魏郡邺人，遭仓卒之世，失亡其父。时俭三四岁，在襁褓。母抱转流客居。庐中凿井，得钱千余万，遂巨富。行求老苍头。堂上作乐，奴在厨中窃言：'堂上老母，我妇也。'婢以告母，呼问事实，复为夫妇。时人为之语曰：'庐里庞公，凿井得铜，买奴得翁。'"⑤ 子为豪富，父为奴仆，这固然是东汉末年社会动荡所造成的人民流离失所的社会状况的产物，但庞俭因侥幸得钱而由平民一跃而成富豪、其父因贫穷而为奴的乱世悲喜剧十分形象地反映出不同社会阶层生活方式的巨大差异。《洛阳伽蓝记》记载说："洛阳城东北有上商里，殷之顽民所居处也，高祖名闻义里。迁京之始，朝士住

① 《太平御览·人事部·谚》下，第 2267—2268 页。
② 《晋书·忠义传·鞠允传》，第 2307 页。
③ 《宋书·徐湛之传》，第 1844—1845 页。
④ 《旧唐书·郝处俊传》，第 2800 页。
⑤ 《太平御览·资产部·钱》下，第 3733 页。

其中,迭相讥刺,竟皆去之。惟有造瓦者止其内,京师瓦器出焉。世人歌曰:'洛城东北上商里,殷之顽民昔所止。今日百姓造瓮子,人皆弃去住者耻。'"①这首歌谣反映了洛阳人对城内东北上商里造瓦器工匠的歧视,反映了汉唐时期手工业者被视为贱民的事实。虽然这些手工业者由于从事商业活动而生活较为丰足,但在士农工商四民之中,地位相对低下。《洛阳伽蓝记》即说洛阳大市诸里的商人们"多诸工商货殖之民。千金比屋,层楼对出,重门启扇,阁道交通,迭相临望。金银锦绣,奴婢缇衣,五味八珍,仆隶毕口",是所谓的"富人"②。与商人和手工业者相比,普通民众占了中国古代平民阶层的绝大部分,是国家赋税和劳役的主要承担者。在社会安定之际,他们尚可艰难度日,如逢社会动荡和不幸遭遇,其基本生存就难以保证。在哀告无助的情况下,很多人铤而走险,走上了发动起义或暴动的道路。如崔寔《政论》中就说:"小民发如韭,剪复生;头如鸡,割复鸣。吏不必可畏,从来③必可轻,奈何欲望④乎?"⑤杨慎所辑《古今风谣》中记载隋大业年间长白山民谣说:"长白山前知世郎,纯着红罗绵背裆。长稍侵天半,轮刀耀日光。上山吃獐鹿,下山吃牛羊。忽闻官军至,提刀向前荡。譬如辽东死,斩头何所伤?"⑥

第三节　歌谣风议与民生疾苦

汉唐的社会性歌谣风议里,有一部分还反映了当时民众在战乱、自然灾害和统治者乱政之下生活的疾苦,是认识当时社会状况的生动材料。

---

① 《洛阳伽蓝记校注·城北·凝圆寺》,上海古籍出版社 2011 年版,第 249 页。
② 《洛阳伽蓝记校注·城西·法云寺》,第 205 页。
③ 严可均认为,"从来"疑当作"民不"。见崔寔撰、孙启治校注《政论校注·佚文》,中华书局 2012 年版,第 193 页。
④ 按《御览》"欲望"下本有"刑措"二字,宋刻《御览》及《天中记》四十六并作"致州厝"三字。"州"为"刑"之讹。"刑厝"同"刑措",亦作"刑错"。荀子《议兵》"刑错而不用",谓搁置刑法不施用也。《汉书·文帝纪》赞"断狱数百,几致刑措",谓治安而几不用刑也。见《政论校注·佚文》校语,第 194 页。
⑤ 《太平御览·菜茹部·菜部·韭》,第 4327 页。
⑥ 杨慎《古今风谣》,转引自《先秦汉魏晋南北朝诗·隋诗·杂歌谣辞·谣辞》,第 2745 页。

汉唐时期,尤其是汉末魏晋南北朝时期,军阀之间的混战和不同政权之间的军事斗争频繁发生,给民众造成巨大的社会灾难。民众呼告无助,只有用歌谣来抒发心中的愤恨和对统治者的不满。比如,《汉书·王莽传》记载,地皇三年(22)四月,王莽遣太师王匡、更始将军廉丹东击赤眉起义军,而"太师、更始合将锐士十余万人,所过放纵"。东方为之语曰:"宁逢赤眉,不逢太师! 太师尚可,更始杀我!"①类似的歌谣还有《后汉书·西南夷传》所载李固转述的民谣:"前中郎将尹就讨益州叛羌,益州谚曰:'虏来尚可,尹来杀我。'"②这两首歌谣反映了民众在战乱中无所逃避的惨状,不仅受到乱军的侵扰,还受到官军的驱赶。

《后汉书·五行志》则记载说,桓帝元嘉中:"凉州诸羌一时俱反,南入蜀、汉,东抄三辅,延及并、冀,大为民害……麦多委弃,但有妇女获刈之也。"民不堪命,天下童谣曰:"小麦青青大麦枯,谁当获者妇与姑。丈人何在西击胡,吏买马,君具车,请为诸君鼓咙胡。"而史臣解释说:"吏买马,君具车者,言调发重及有秩者也。请为诸君鼓咙胡者,不敢公言,私咽语。"③这首歌谣则反映出汉代民众在繁重的兵役下难以存活的境况。

《晋书·五行志》载:"王恭镇京口,举兵诛王国宝。百姓谣云:'昔年食白饭,今年食麦麸。天公诛谪汝,教汝捻咙喉。咙喉喝复喝,京口败复败。'"④对这首歌谣的意涵,当时的"识者"解释说:"昔年食白饭,言得志也。今年食麦麸,麸粗秽,其精已去,明将败也,天公将加谴谪而诛之也。捻咙喉,气不通,死之祥也。败复败,丁宁之辞也。""恭寻死,京都又大行欬疾,而喉并喝焉。"⑤这首歌谣表现军阀混战给民众造成的生活困苦,加上疾疫灾害,民众对当政者深恶痛绝、盼望其早日灭亡的强烈意愿。

北朝时期,统治者因争权夺利而引发的战争给民众造成了巨大的灾难,而作为社会弱势群体的妇女更难以幸免。如《洛阳伽蓝记》载:"瑶

---

① 《汉书·王莽传》下,第4175页。
② 《后汉书·西南夷传》,第2838页。
③ 《后汉书·五行志》一,第3281页。
④ 《晋书·五行志》中,第848页。
⑤ 《晋书·五行志》中,第848页。

光寺,世宗宣武皇帝所立,在阊阖城门御道北,东去千秋门二里……尼房五百余间……椒房嫔御,学道之所,掖庭美人,并在其中。亦有名族处女,性爱道场,落发辞亲,来仪此寺,屏珍丽之饰,服修道之衣,投心八正,归诚一乘。永安三年(530)中,尔朱兆入洛阳,纵兵大掠,时有秀容胡骑数十入瑶光寺淫秽。自此后颇获讥讪。京师语曰:'洛阳男儿急作髻,瑶光寺尼夺作婿。'"①这些以遁世修行为目的的比丘尼,不仅没有达到避世修行的宗教目的,甚至在战乱中连自身的名节和生命安全都难以保证,不能不令人同情和悲叹。

在缺少必要的社会保障的汉唐时期,自然灾害的发生也常常令民众生活无着,饥寒交迫。汉末魏晋时期饥荒的发生又常常是自然和人为双重因素造成的。任昉《述异记》记载:"光武兴,洛阳斗粟万钱,人死者相枕。汉末大饥,江淮间童谣曰:'大兵如市,人死如林。持金易粟,粟贵于金。'洛中谣云:'虽有千黄金,无如我斗粟。斗粟自可饱,千金何所直!'袁绍在冀州时,满市黄金而无斗粟,饿者相食,人为之语:'虎豹之口,不如饥人。'刘备在荆州,粟与金同价。永嘉之乱,洛中饥荒,怀帝遣人观市,珠玉金银填委市门而无粟麦。袁宏上表云:'田亩由是丘墟,都市化为珠玉。'"②《后汉书·五行志》注引东汉末民谣说:"茅田一顷中有井,四方纤纤不可整。嚼复嚼,今年尚可后年铙。"③史书认为:"茅田一顷者,言群贤众多也。中有井者,言虽厄穷,不失其法度也。四方纤纤不可整者,言奸慝大炽,不可整理。嚼复嚼者,京都饮酒相强之辞也。言食肉者鄙,不恤王政,徒耽宴饮歌呼而已也。今年尚可者,言但禁锢也。后年铙者,陈、窦被诛,天下大坏。"④认为这首歌谣是汉末对党锢之祸的反映,从东汉末年的政治乱局来看,当然有一定的合理性。但究其实质来说,它反映了政治乱局下民众对现实的不满和绝望,特别是对饥寒的恐惧和面对天灾人祸时岌岌可危、朝不保夕的感觉。

相对于战乱和自然灾害而言,统治者专以诛求为务的经济政策和不恤民情的徭役征发也是造成中国古代民众经济破产和生活困苦的重要

---

① 范祥雍《洛阳伽蓝记校注》,上海古籍出版社1978年版,第46—47页。
② 《太平御览·百谷部·粟》,第3756—3757页。
③ 《后汉书·五行志》一,第3283页。
④ 《后汉书·五行志·谣》,第3283页。

原因。如《三国志·吴书·陆凯传》记载说,孙皓徙都武昌,扬州百姓溯流供给,非常艰苦,孙皓又政事多谬,民众穷困。陆凯上疏曰:"武昌土地,实危险而崎岖,非王都安国养民之处,船泊则沉漂,陵居则峻危,且童谣言:'宁饮建业水,不食武昌鱼;宁还建业死,不止武昌居。'"①陆凯认为童谣之言,足明天意,知民所苦,这是深刻的见解。这首童谣所反映的就是孙皓随意迁都武昌,远离富庶的经济中心建康,赋役逆流转输,物资供给困难,民众倍受其苦,所以才有"宁……不"这种类似的控诉和表达。

《隋书·食货志》载:"陈初,承梁丧乱之后,铁钱不行。始梁末又有两柱钱及鹅眼钱,于时人杂用,其价同,但两柱重而鹅眼轻。私家多熔钱,又间以锡铁,兼以粟帛为货。至文帝天嘉五年,改铸五铢。初出,一当鹅眼之十。宣帝太建十一年,又铸大货六铢,以一当五铢之十,与五铢并行。后还当一,人皆不便。乃相与讹言曰:'六铢钱有不利县官之象。'未几而帝崩,遂废六铢而行五铢。竟至陈亡。"②而据《泉志》记载,在陈宣帝死后,民间有谣言说:"大货六铢钱,又腰哭天子。"③因为篆书的"六"字字形酷似人叉腰而立,所以老百姓作这首歌谣。这条富有经济史意义的谣言,说明每当一个政权处于统治危机和经济崩坏之际,统治者却越发行币轻值重的货币盘剥人民,民众更为穷困,所以作歌谣诅咒统治者的无能和贪婪。

《说文解字·六部》④

又如《海山记》记载说:"隋炀帝大业十年东幸维扬,御龙舟。中道夜半闻歌者甚悲,其辞曰:'我兄征辽东,饿死青山下。今我挽龙舟,又

---

① 《三国志·吴书·陆凯传》,第 1401 页。

② 《隋书·食货志》,第 690 页。

③ 转引自逯钦立辑校《先秦汉魏晋南北朝诗·陈诗·杂歌谣辞》,第 2613 页。

④ 许慎《说文解字·六部》,中国书店 1989 年版,第 3 页。

困隋堤道。方今天下饥,路粮无些小。前去三千程,此身安可保。寒骨枕荒沙,幽魂泣烟草。悲损门内妻,望断吾家老。安得义男儿,焚此无主尸? 引其孤魂回,负其白骨归。' 帝闻其歌,遽遣人求其歌者,至晓不得其人。帝颇彷徨,通夕不寐。"① 这个故事或许是虚构的,但它反映的问题却非常契合隋炀帝时期的史实。隋炀帝为了征服朝鲜,大批征发民间丁男应兵役。而炀帝的几次乘舟南巡,更给沿岸民众造成了巨大的经济和劳役负担。上述歌谣真实反映出这一时期百姓的困苦呼号。

第四节　歌谣风议与风土民情

汉唐时期还有相当一部分歌谣反映了当时的风土民情和地理风貌。有学者将此类歌谣称为"风土谣谚",认为:"长期以来,人们把对生息环境的种种认识,对风土人情的一再揣度,用或谣或谚的形式,口口相传,流播开去,这就形成了具有浓郁地方色彩的风土谣谚。"② 这类地理谣谚是汉唐时期歌谣中很有特色的一类,值得介绍。

焉支山是汉代匈奴的重要牧场和生活栖息地,对匈奴的发展具有重要的意义。《西河旧事》载:"焉支山,东西百余里,南北二十里,亦有松柏五木,其水草美茂宜畜牧,与祁连山同。匈奴失祁连、焉支二山,歌曰:'亡我祁连山,使我六畜不蕃息。失我焉支山,使我妇女无颜色。'"③ 按焉支山和祁连山都是河西走廊中扼守甘凉地区的咽喉要地,也是汉唐时期少数民族频繁活动的战略要地。从这首歌谣里我们可以看出这一地区对匈奴民族的生存和发展的战略影响。

《后汉书·西南夷传》载:"永平十二年,哀牢王柳貌遣子率种人内属……西南去洛阳七千里,显宗以其地置哀牢、博南二县,割益州郡西部都尉所领六县,合为永昌郡。始通博南山,度兰仓水。行者苦之。歌曰:

① 杜文澜辑、周绍良校点《古谣谚》卷九〇,第970页。
② 何学威《中国风土谣谚释》,湖南美术出版社1986年版,第1页。
③ 郭茂倩辑《乐府诗集·杂歌谣辞·歌辞》记载了这首歌谣并说:"《十道志》曰:'焉支、祁连二山,皆美水草。匈奴失之,乃作此歌。'《汉书》曰:'元狩二年春,霍去病将万骑出陇西,讨匈奴,过焉支山千有余里。其夏,又攻祁连山,捕首虏甚多。''祁连山即天山,匈奴呼天为祁连,故曰祁连山。焉支山即燕支山也。'"(第1186页)

'汉德广,开不宾。度博南,越兰津。度兰仓,为它人。'"① 这首歌谣反映了东汉时期我国西南地区的行政区划、民族状况和汉政权开拓西南交通的艰难。

《常州图经》曰:"惠山之侧有锡山,其山出锡。古谣云:'有锡兵,无锡宁。'"按杜文澜《古谣谚》引陆羽《游慧山寺记》曰:"慧山,古华山也,山东峰当周秦间,大产铅锡,至汉兴方殚。故创无锡县,属会稽。……自光武至孝顺之世,锡果竭。顺帝更为无锡县,属吴郡。"② 这首歌谣反映了无锡古代的矿产情况和汉代无锡矿业发展对当地社会生活的重要影响。

《元和郡县图志》载:"汉置左右候官,在(徐闻)县南七里,积货物于此,备其所求,与交易有利。故谚曰:'欲拔贫,诣徐闻。'"③ 这首歌谣反映了徐闻县在汉代海上贸易商货云集的枢纽地位,也从一个侧面反映出汉代海外贸易的发达。

《水经注·漾水注》记载说:"汉水又西,径南岈北岈中,上下有二城相对,左右坟垅低昂,亘山被阜。古谚云:南岈北岈,万有余家。诸葛亮《表》言:祁山去沮县五百里,有民万户,瞩其丘墟,信为殷矣。"④ 这首歌谣则反映了蜀汉时期汉水流域民户的殷富。

晋郭仲产《秦州记》曰:"陇山东西百八十里。登山岭,东望秦川四五百里,极目泯然。山东人行役升此而顾瞻者,莫不悲思。故其歌曰:'陇头流水,流离四下。念我行役,飘然旷野。登高望远,涕零双堕。'"⑤ 又按《初学记》记载:"《辛氏三秦记》曰:陇渭西关,其阪九回,上有水四注下。俗歌云:'陇头流水,鸣声幽咽,遥望秦川,肝肠断绝。'"⑥ 类似的还有《陇头歌辞》:"陇头流水,流离山下。念吾一身,飘然旷野。　　　朝

---

① 《后汉书·西南夷传》,第 2849 页。
② 杜文澜辑、周绍良校点《古谣谚》卷二八,第 433 页。按今无锡西郊有锡山,仅为一小丘,或即为歌谣中所歌咏的地点。
③ 李吉甫撰、贺次君点校《元和郡县图志》,中华书局 1983 年版,第 1087 页。关于徐闻县,《水经注·温水注》"东北入于郁"句下郦道元注曰:"郁水又东,径高要县,牢水注之。水南出交州合浦郡,治合浦县。汉武帝元鼎六年平越所置也。"(第 2992 页)又云:"王氏《交广春秋》曰:朱崖、儋耳二郡,与交州俱开,皆汉武帝所置。在大海中,南极之外,对合浦徐闻县,清朗无风之日,径望朱崖州,如囷廪大。从徐闻对渡,北风举帆,一日一夜而至。"(第 3020—3021 页)
④ 《水经注疏·漾水注》"漾水出陇西氐道县嶓冢山,东至武都沮县为汉水"句下注,第 1692 页。
⑤ 《后汉书·郡国志·汉阳郡》注引郭仲产《秦州记》,第 3518 页。
⑥ 徐坚著《初学记》,中华书局 1962 年版,第 378 页。

发欣城,暮宿陇头。寒不能语,舌卷入喉。　　　陇头流水,鸣声幽咽。遥望秦川,心肝断绝。"① 不同版本的《陇头歌》,一咏三叹,悲苦异常,表达的都是汉魏时期陇山和秦川一带险峻难以穿越,是当时人的行路难吟唱,表达的是汉唐时期民众的行役之苦和乡关之情。

三峡水道交通之险,历代闻名。《乐府诗集》记载《滟滪歌》曰:"滟滪大如马,瞿塘不可下。滟滪大如牛,瞿塘不可流。"并解释说:"郦道元《水经注》曰:'白帝山城水门之西,江中有孤石,名滟滪石。冬出(水)二十余丈,夏则没,亦有裁出焉。江水东径广溪(峡),乃三峡之(首)也。峡中有瞿塘、黄龛二滩,夏水回复,沿溯所忌。'《十道志》曰:'滟滪石与城郭门外石潜通,蜀人往烧火伏石则滟预边沸。'《国史补》曰:'蜀之三峡,最号峻急,四月五月尤险,故行者歌之。'滟或作滟,预或作豫。"② 按郦道元《水经注》记载说:"自三峡七百里中,两岸连山,略无阙处,重岩叠嶂,隐天蔽日,自非停午夜分,不见曦月。至于夏水襄陵,沿沂阻绝,或王命急宣,有时朝发白帝,暮到江陵,其间千二百里,虽乘奔御风,不以疾也。春冬之时,则素湍绿潭,回清倒影,绝巘多生怪柏,悬泉瀑布,飞漱其间,清荣峻茂,良多趣味。每至晴初霜旦,林寒涧肃,常有高猿长啸,属引凄异,空谷传响,哀转久绝。故渔者歌曰:巴东三峡巫峡长,猿鸣三声泪沾裳。"③ 与朝发白帝、暮到江陵的快速与轻盈相对应的,则是过三峡黄牛滩的艰险。《水经注》载:"江水又东径黄牛山,下有滩,名曰黄牛滩。南岸重岭迭起,最外高崖间有石色如人负刀牵牛,人黑牛黄,成就分明,既人迹所绝,莫能究焉。此岩既高,加以江湍纡回,虽途径信宿,犹望见此物,故行者谣曰:'朝发黄牛,暮宿黄牛,三朝三暮,黄牛如故。'言水路纡深,回望如一矣。"④ 这两首歌谣反映出古代三峡绚丽的风光、峻急的水道和航行的艰险,而三峡却是中国古代蜀人出川的必经水路。读罢这几首歌谣,足可以激发起人们一览三峡风光的强烈愿望,也会不由得令人对中国古代三峡水路交通的艰险倍生感慨。

风土谣谚在《水经注》里有丰富的记载。如《漯水注》载:"《魏土地

---

① 郭茂倩编《乐府诗集·横吹曲辞》,中华书局 2017 年版,第 541 页。
② 郭茂倩编《乐府诗集·杂歌谣辞·歌辞》,第 1207 页。
③《水经注疏·江水注》"(江水)又东过巫县南,盐水从县东南流注之"句下注,第 2834 页。
④《水经注疏·江水注》"(江水)又东过夷陵县南"句下注,第 2843—2844 页。

记》曰：清泉河上承桑乾河，东流与潞河合。漯水东入渔阳，所在枝分，故俗谚云：'高梁无上源，清泉无下尾。'盖以高梁微涓浅薄，裁足津通，凭藉涓流，方成川圳。清泉至潞，所在枝分，更为微津，散漫难寻故也。"①《沔水注》说："汉水又东，谓之涝滩，冬则水浅，而下多大石。又东为净滩，夏水急盛，川多湍狀，行旅苦之。故谚曰：'冬涝夏净，断官使命。'言二滩阻碍也。"②《沮水注》云："沮水又东南径驴城西，磨城东，又南径麦城西，昔关云长诈降处，自此遂叛。《传》云：子胥造驴、磨二城以攻麦邑，即谚所云'东驴西磨，麦城自破'者也。"③《湘水注》云："衡山东南二面，临映湘川，自长沙至此，沿湘七百里中，有九向九背，故渔者歌曰：'帆随湘转，望衡九面。'山上有飞泉下注，下映青林，直注山下，望之若幅练在山矣。"④

其他文献中也不乏类似的风土谣谚。如《宋永初古今山川记》记载说："鼓山有石鼓形二所，南北相当。俗语云：'南鼓北鼓，相去十五。'"任昉《述异记》引古诗论香泉说："吴故宫亦有香水溪，俗云西施浴处……至今馨香。古诗云：'安得香水泉，濯郎衣上尘。'"⑤

另外，有的社会性歌谣还可以反映出一个地区的人物风貌、风俗民情。比如《汉书·江充传》载："初，充召见犬台宫，自请愿以所常被服冠见上。上许之。充衣纱縠禅衣，曲裾后垂交输，冠禅纚步摇冠，飞翮之缨。充为人魁岸，容貌甚壮。帝望见而异之，谓左右曰：'燕赵固多奇士。'"⑥《后汉书·虞诩传》载，永初四年，羌胡反乱，残破并、凉，大将军邓骘欲弃凉州，虞诩闻之，乃说李修曰："谚曰：'关西出将，关东出相。'观其习兵壮勇，实过余州……若弃其境域，徙其人庶，安土重迁，必生异志。如使豪雄相聚，席卷而东，虽贲、育为卒，太公为将，犹恐不足

---

① 《水经注疏·漯水注》"（漯水）又东至渔阳雍奴县西入笥沟"句下注，第 1197 页。
② 《水经注疏·沔水注》中"（沔水）又东过堵阳县，堵水出自上粉县，北流注之"句注，第 2349 页。
③ 《水经注疏·沔水注》"沮水沮水出汉中房陵县景山，东南过临沮县界"句下注，第 2699—2700 页。
④ 《水经注疏·湘水注》"（湘水）又东北过重安县东。又东北过郡县西，承水从东南来注之"句下注，第 3139 页。
⑤ 《太平寰宇记》卷五六，第 1161 页；《香乘》卷九，第 504 页。
⑥ 《汉书·江息夫传》，第 2176。

当御。'"①

　　类似这种某某地多奇士的看法,在汉唐时期的史籍中十分常见。比如《三国志·郭嘉传》载:"颍川戏志才,筹画士也,太祖甚器之。早卒。太祖与荀彧书曰:'自志才亡后,莫可与计事者。汝、颍固多奇士,谁可以继之?'彧荐嘉。召见,论天下事。太祖曰:'使孤成大业者,必此人也。'"②《晋书·周𫖮传》记载说:"周𫖮,字伯仁,安东将军浚之子也。少有重名,神彩秀彻,虽时辈亲狎,莫能媟也。司徒掾同郡贲嵩有清操,见𫖮,叹曰:'汝颍固多奇士!自顷雅道陵迟,今复见周伯仁,将振起旧风,清我邦族矣。'"③《世说新语·言语》篇记载:"王武子、孙子荆各言其土地人物之美。王云:'其地坦而平,其水淡而清,其人廉且贞。'孙云:'其山崔嵬以嵯峨,其水㳠渫而扬波,其人磊砢而英多。'"关于王济和孙楚的籍贯,刘孝标注云:"《晋诸公赞》曰:'王济字武子,太原晋阳人,司徒浑第二子也……《文士传》曰:'孙楚字子荆,太原中都人也。'"④所以王济和孙楚所作歌谣,赞美的乃是太原一带风土的壮美和人物的鼎盛。而王济所自矜的王氏家族,更是"北朝士族中的一流高门,历隋唐而声名不坠"⑤。

　　汉唐时期的歌谣中对某些地区民风特征的反映也很有特色。比如《十三州志》曰:"冀州之地,盖古京也。人患剽悍,故语曰:'仕宦不偶值冀部。'其人刚狠,浅于恩义,无宾序之礼,怀居恡啬。古语云:'幽冀之人钝如椎。'亦履山之险,为逋逃之薮。"⑥这首歌谣反映了冀州士众剽悍不驯的性格特点。《乐府诗集》载《越谣》曰:"君乘车,我带笠,它日相逢下车揖。君檐簦,我跨马,它日相逢为君下。"⑦晋周处《风土记》解释这首歌谣说:"越俗,性率朴,意亲好合,即脱头上手巾,解要间五尺刀以与之为交。拜亲跪妻,定交有礼,俗皆当于山间大树下,封土为坛,祭以白

---

① 《后汉书·虞诩传》,第 1866。
② 《三国志·魏书·郭嘉传》,第 431 页。
③ 《晋书·周𫖮传》,第 1850 页。
④ 《世说新语笺疏·言语第二》,第 86 页。
⑤ 陈爽《世家大族与北朝政治》第四章《太原王氏在北朝的沉浮》,中国社会科学出版社 1998 年版,第 117 页。
⑥ 《太平寰宇记》,第 63 页。
⑦ 郭茂倩辑《乐府诗集·杂歌谣辞·谣辞》,第 1222 页。

犬一、丹鸡一、鸡子三,名曰'木下鸡犬五'。其坛地,人畏不敢犯也。祝曰:'卿虽乘车我戴笠,后日相逢下车揖。我虽步行卿乘马,后日相逢卿当下。'"①这首歌谣反映了山越族民众朴质风俗和定交尚礼的民风特点。阚骃《十三州志》则记载说:"山桑县人俗贪伪,好持马鞭行邑,故语曰:'沛国龙亢至山桑,诈托旅使若奔丧,道遇寇抄失资粮。'"②这首歌谣说明了山桑县③民风剽悍的状况。这些都是研究汉唐时期区域民俗的宝贵历史资料。

汉唐时期的风土谣谚,还有的反映了当地的物产特点。比如《舆地志》曰:"丹徒界内,土坚紧如蜡。谚云'生东吴,死丹徒',言吴多产出,可以摄生自奉养,丹徒地可以葬。"④《南越志》记载说:"南上谓蛎为蚝,甲为牡蛎。合浦州圆蛎,土人重之,语曰:'得合浦一蛎,虽不足豪,亦可以高也。'"⑤这两则史料及其记载的歌谣反映了南越的物产状况。《洛阳伽蓝记》载:洛阳宣阳门夹御道有四里:"一曰归正,二曰归德,三曰慕化,四曰慕义……自葱岭已西,至于大秦,百国千城,莫不欢附,商胡贩客,日奔塞下……是以附化之民,万有余家。门巷修整,阊阖填列,青槐荫陌,绿柳垂庭,天下难得之货,咸悉在焉。别立市于洛水南,号曰四通市,民间谓永桥市。伊、洛之鱼,多于此卖,士庶须脍,皆诣取之。鱼味甚美,京师语曰:'洛鲤伊鲂,贵于牛羊。'"⑥隋唐时期,随着社会经济的发展,民众生活水平的提高,食肉之风盛行,羊肉也受到人们的青睐。《元和郡县图志》记载,同州境内在县西北三十里许原下,其水咸苦,羊饮之,肥而美。今于泉侧置羊牧,故俗谚云:"苦泉羊,洛水浆。"⑦这三则史料,分别反映了随着汉唐民族融合所带来的社会饮食风俗南北交融的变化。

①《太平御览·人事部》,第1877页。
②《太平御览·兵部·鞭》,第1654页。
③关于山桑县,《水经注·渠水注》"(渠水)又东南过山桑县北"句下郦道元注曰:"山桑故城在涡水北。"(第1922页)《通典·州郡典》载谯郡下辖蒙城,杜佑指出,蒙城即"汉山桑县。后魏置涡州及涡阳县。东魏置蒙郡,后曰山桑。又有汉垂惠聚,在县西北"(第4666页)。按涡阳即为今安徽蒙城县。
④《太平御览·州郡部·江南道·润州》,第827页。
⑤《太平御览·鳞介部·蛎》,第4184页。
⑥杨衒之著、范祥雍校注《洛阳伽蓝记校注·城南·龙华寺》,第160—161页。
⑦杜文澜辑、周绍良校点《古谣谚·朝邑俗谚》,第389页。

第五节　歌谣风议与社会知识

　　汉唐时期社会性歌谣的最后一类是社会知识型歌谣风议。这类歌谣,通常包含以下几类内容,即社会治理歌谣、天文知识歌谣和农业生产歌谣。

　　反映社会现象的歌谣风议,主要是指反映一些社会治理经验的歌谣,它们是汉唐时期人们对长久以来的此类现象和经验的形象化概括,通常可以起到警喻世人的作用。比如《史记·货殖列传》:"'仓廪实而知礼节,衣食足而知荣辱。'礼生于有而废于无。故君子富,好行其德;小人富,以适其力。渊深而鱼生之,山深而兽往之,人富而仁义附焉。富者得势益彰,失势则客无所之,以而不乐。夷狄益甚。谚曰:'千金之子,不死于市。'此非空言也。"① 这则史料中所引用的"仓廪实而知礼节"和"千金之子,不死于市",说明了民众富而讲礼和明教化、避祸乱的道理。在《史记·佞幸列传》里,司马迁还用"力田不如逢年,善仕不如遇合"② 来说明机遇对于人们事业或仕宦成功的重要性③。

　　《汉书·韦贤传》:"韦贤字长孺。鲁国邹人也。其先韦孟,家本彭城,为楚元王傅……自孟至贤五世。贤为人质朴少欲,笃志于学,兼通《礼》《尚书》,以《诗》教授,号称邹鲁大儒……贤四子:长子方山为高寝令,早终;次子弘,至东海太守;次子舜,留鲁守坟墓;少子玄成,复以明经历位至丞相。故邹鲁谚曰:'遗子黄金满籝,不如一经。'"④ 在这首歌谣里,人们把韦氏家族历代富贵的道理归结为其家族以经学相尚的家风,这无疑是汉代崇尚经学的文化传统的表现。东汉著名女学者班昭在《女诫·敬慎》篇中说:"阴阳殊性,男女异行。阳以刚为德,阴以柔为用,男以强为贵,女以弱为美。故鄙谚有云:'生男如狼,犹恐其尩;生女如鼠,犹恐其虎。'然则修身莫若敬,避强莫若顺。故曰敬顺之道,妇人

---

① 《史记·货殖列传》,第 3255—3256。
② 《史记·佞幸列传》,第 3191 页。
③ 徐陵《答诸求官人书》所引世谚"图官在乱世,觅富在荒年"(许逸民校笺《徐陵集校笺》卷八,中华书局 2008 年版,第 914 页),也是这类性质的歌谣俗语。
④ 《汉书·韦贤传》,第 3101、3107 页。

之大礼也。"①班昭用这首谚语来说明妇女应该以柔顺为立身之道,反映了汉代女教的变化。《颜氏家训·教子篇》说:"古者,圣王有胎教之法:怀子三月,出居别宫,目不邪视,耳不妄听,音声滋味,以礼节之……凡庶纵不能尔,当及婴稚,识人颜色,知人喜怒,便加教诲,使为则为,使止则止。比及数岁,可省笞罚……孔子云:'少成若天性,习惯如自然'是也。俗谚曰:'教妇初来,教儿婴孩。'诚哉斯语!"②颜之推在这里指出的教育子女应该从小时候抓起的道理,很符合现代教育心理学的原理,确为真知灼见。上面引用的歌谣风议,都是此类社会经验的总结。

汉唐时期反映天文和农业生产知识的谣谚,大多见于当时的农书等文献中。比如《风俗通》说:"俗说临日月薄食而饮,令人蚀口。谨案,日,太阳之精,君之像也。日有蚀之,天子不举乐。里语:'不救蚀者,出行遇雨。'恐有安坐饮食,重惧也。"③这则谚语虽然具有浓厚的迷信色彩,但也是汉代人们天文知识的体现。梁元帝《金楼子·自序》云:"余初至荆州,卜雨,时孟秋之月,阳亢日久,月旦虽雨,俄尔便晴。有人云:'谚曰:"雨月额,千里赤。"盖旱之征也。'"④《周地图记》曰:"太白山甚高,上恒积雪,无草木。半山有横云如瀑布,则澍雨。人常以为候,验之如离毕焉。故语曰:'南山瀑布,非朝即暮。'"⑤这两首谣谚分别是对荆州地区与太白山区地理气候的总结。

当然,汉唐时期此类歌谣主要还是农谚。农谚虽然只有片言只语,但短小精炼,是农民生产知识的总结,可歌可吟,朗朗上口,是对农业生产有实际指导意义的鲜活教材。如《礼记·月令》注引《农书》说:"土长冒橛,陈根可拔,耕者急发。"⑥又如《临海异物志》说:"杨桃,似橄榄,其味甜。五月、十月熟。谚言:'杨桃无蹙,一岁三熟。'其色青黄,核如枣核。"⑦这类农谚更多见于《氾胜之书》和《齐民要术》等古代农书中。这里仅举数例,以明其义。如《氾胜之书》曰:"麦生黄色,伤于太

①《后汉书·列女传·班昭传》,第 2788 页。
②颜之推撰、王利器集解《颜氏家训集解·教子篇》,第 8 页。
③《太平御览·饮食部·食》下,第 3796 页。
④萧绎撰、许逸民校笺《金楼子校笺》,中华书局 2011 年版,第 1361 页。
⑤《太平御览·地部·太白山》,第 192 页。
⑥郑玄注、王锷点校《礼记注·月令》,中华书局 2021 年版,第 193 页。
⑦贾思勰著、石声汉校释《齐民要术今释》卷十,中华书局 2009 年版,第 1022 页。

稠,稠者锄而稀之,秋锄以棘柴楼之,以壅麦根。故谚曰:'子欲富,黄金覆。''黄金覆'者,谓秋锄麦、曳柴壅麦根也。至春冻解,棘柴曳之,突绝其干叶。须麦生,复锄之。到榆荚时,注雨止,候土白背复锄。如此,则收必倍。"① 《齐民要术·杂说》在讲到锄地对保持田地水分的作用时说:"又锄耨以时,谚曰'锄头三寸泽',此之谓也。尧汤旱涝之年,则不敢保,虽然,此乃常式。古人云'耕锄不以水旱息功,必获丰年之收。'"② 又《齐民要术》载《氾胜之书》曰:"黍者,暑也,种者必待暑。先夏至二十日,此时有雨,强土可种黍。(谚曰:'前十鸥张,后十羌襄,欲得黍,近我傍。''我傍',谓近夏至也,盖可以种晚黍也。)"③ 在讲到种豆之法时,《齐民要术》说:"崔寔曰:'五月可种豍豆,二月可种大豆。'又曰:'三月,昏参夕,杏花盛,桑椹赤,可种大豆,谓之上时。四月,时雨降,可种大、小豆。美田欲稀,薄田欲稠。'"④ 在讲到小麦的种植特点时,《齐民要术》又载:"小麦宜下田。(歌曰:'高田种小麦,稴穇不成穗。男儿在他乡,那得不憔悴?')"⑤ 《齐民要术·养牛马驴骡》篇云:"服牛乘马,量其力能;寒温饮饲,适其天性,如不肥充繁息者,未之有也。谚曰:'羸牛劣马寒食下。'务在充饱调适而已。"⑥ 总之,类似这样的歌谣在《齐民要术》还很多见,它们都是我国古代宝贵的农业生产知识。

---

① 贾思勰著、缪启愉校释《齐民要术校释·大小麦》,中国农业出版社 1998 年版,第 133 页。
② 贾思勰著、缪启愉校释《齐民要术校释·杂说》,第 25—26 页。
③ 贾思勰著、缪启愉校释《齐民要术校释·黍》,第 105 页。
④ 贾思勰著、缪启愉校释《齐民要术校释·大豆》,第 113 页。
⑤ 贾思勰著、缪启愉校释《齐民要术校释·大小麦》,第 127 页。
⑥ 贾思勰著、缪启愉校释《齐民要术校释·养牛马驴骡篇》,第 383 页。

第三章　歌谣风议所反映的汉唐文化风貌

汉唐时期的歌谣风议,有相当一部分反映了当时的社会文化风貌,其中既包含了对当时一些宿儒和经师的赞美性评价,也包含着对一部分佛教或道教人物和学者的称赞。这既反映了汉唐以经学和儒学为主的主流文化发展脉络,也反映出汉唐时期中国文化的结构更新与融合过程,对于认识汉唐文化不无裨益。

第一节　歌谣风议与汉唐儒学

两汉时期的文化性歌谣风议中,绝大部分是对当时儒者和经师的赞颂。这类歌谣,能够反映出两汉时期统治者对儒学和经学的好尚特点,并在某种程度上能够展示出两汉时期今、古文经学的发展和演变的一些特点。另外,如果注意到此类歌谣所涉及的儒家学者所在的籍贯及其活动所影响地域的话,也会对这些歌谣风议所反映出的两汉时期儒学和经学的区域特征有所认识。在介绍这类歌谣风议的学术背景时,不能不涉及汉代的今、古文经学之争,因为这是研讨两汉经学时不可忽略的政治和学术背景。为了下文叙述的方便,根据两汉经学发展的基本情况,简单地表列两汉时期今、古文经学的各自特点和主要区别如下,以便于对这一时期相关歌谣风议所涉及的学者的学术特点有较为清晰的认识。

表 1:两汉今古文经学对照表

比较项目	今文经学	古文经学
经书字体	今文(隶书)	古文(篆书)
兴起时间	起源于西汉初年	起源于西汉末叶
盛行时间	盛行于西汉	盛行于东汉
立于学官	两汉时立于学官	新莽时曾立于学官

比较项目	今文经学	古文经学
崇尚经典	严、颜二家《春秋公羊传》,施、孟、梁丘、京氏《易》,欧阳、大小夏侯《尚书》,齐、鲁、韩《诗》,大小戴《礼》。	《左氏春秋传》《穀梁春秋》《古文尚书》《毛诗》《周礼》《逸礼》、费氏《易》。
尊崇对象	尊崇孔子,以其为哲学家、政治家、教育家	尊崇周公,认为孔子是史学家
对六经的看法	认为六经是孔子政治思想的体现和依托	认为六经是古代史料,孔子不过加以整理传授而已
学术特点	重微言大义和通经致用	重章句训诂
对谶纬态度	喜谈阴阳,深信谶纬	少谈阴阳,不信谶纬

西汉时期,是今文经学一统天下的时代,今文经学的经典在儒学和经学界占有绝对的统治地位。《汉书·朱云传》载:"朱云字游,鲁人也,徙平陵……(汉元帝时)少府五鹿充宗贵幸,为《梁丘易》。自宣帝时善梁丘氏说,元帝好之,欲考其异同,令充宗与诸《易》家论。充宗乘贵辩口,诸儒莫能与抗,皆称疾不敢会。有荐云者,召入,摄齎登堂,抗首而请,音动左右。既论难,连拄①五鹿君,故诸儒为之语曰:'五鹿岳岳,朱云折其角。'由是为博士。"②这首歌谣反映了西汉元帝和宣帝时期《梁丘易》地位的上升和儒者竞相学习这部经典的情况。《汉书·匡衡传》载:"匡衡字稚圭,东海承人也。父世农夫,至衡好学,家贫,庸作以供资用,尤精力过绝人。诸儒为之语曰:'无说《诗》,匡鼎来;匡说《诗》,解人颐。'……学者多上书荐衡经明,当世少双,令为文学就官京师……事下太子太傅萧望之、少府梁丘贺问,衡对《诗》诸大义,其对深美。望之奏衡经学精习,说有师道,可观览。"③这则史料和歌谣反映了汉代《诗》学的发展。《汉书·张禹传》载:"张禹字子文,河内轵人也……及禹壮,至长安学,从沛郡施雠受《易》,琅邪王阳、胶东庸生问《论语》,既皆明习……甘露中,诸儒荐禹,有诏太子太傅萧望之问。禹对《易》及《论语》大义,望之善焉,奏禹经学精习,有师法,可试事……久之,试为博士。初

---

① 颜师古注曰:"拄,刺也,距也。"《汉书·朱云传》,第2914页。
② 《汉书·朱云传》,第2912、2913页。
③ 《汉书·匡衡传》,第3331—3332页。

元中,立皇太子,而博士郑宽中以《尚书》授太子,荐言禹善《论语》。诏令禹授太子《论语》,由是迁光禄大夫……初,禹为师,以上难数对己问经,为《论语章句》献之。始鲁扶卿及夏侯胜、王阳、萧望之、韦玄成皆说《论语》,篇第或异。禹先事王阳,后从庸生,采获所安,最后出而尊贵。诸儒为之语曰:'欲为《论》,念张文。'由是学者多从张氏,余家浸微。"① 这则资料反映出西汉时期《论语》之学的发展概况。

东汉时期,古文经学开始兴起,学者开始从学古文经师和经典②。但是,由于今文经学的传统影响和师法流传,今文经学在东汉时期不仅没有消亡,还拥有很大的政治势力③ 和学术影响。因此当时的学者在修习古文经学的同时,很多还仍然学习今文经学。因此,今古文经学的兼收并蓄也成了东汉儒者的学术选择。这在歌谣中也有所反映。如《后汉书·郭宪传》载:"郭宪字子横,汝南宋人也。少师事东海王仲子……及后(王莽)篡位,拜宪郎中,赐以衣服。宪受衣焚之,逃于东海之滨……建武七年,代张堪为光禄勋。从驾南郊。宪在位,忽回向东北,含酒三潠。执法奏为不敬。诏问其故。宪对曰:'齐国失火,故以此厌之。'后齐果上火灾,与郊同日……时匈奴数犯塞,帝患之,乃召百僚廷议。宪以为天下疲敝,不宜动众。谏争不合,乃伏地称眩瞀,不复言。帝令两郎扶下殿,宪亦不拜。帝曰:'常闻"关东觥觥郭子横",竟不虚也。'"④ 据这

---

① 《汉书·张禹传》,第 3347—3348、3352 页。
② 《后汉书·儒林传》载:"(光武)中兴,北海牟融习《大夏侯尚书》,东海王良习《小夏侯尚书》,沛国桓荣习《欧阳尚书》。荣世习相传授,东京最盛。扶风杜林传《古文尚书》,林同郡贾逵为之作训,马融作传,郑玄注解,由是《古文尚书》遂显于世。"又载:"初,九江谢曼卿善《毛诗》,乃为其训。宏从曼卿受学,因作《毛诗序》,善得《风雅》之旨,于今传于世。后从大司空杜林更受《古文尚书》,为作《训旨》。时济南徐巡师事宏,后从林受学,亦以儒显,由是古学大兴。光武以为议郎……中兴后,郑众、贾逵作《毛诗》,后马融作《毛诗传》,郑玄作《毛诗笺》……郑众传《周官经》,后马融作《周官传》,授郑玄,玄作《周官注》。玄本习《小戴礼》,后以古经校之,取其义长者,故为郑氏学。"(第 2566、2575—2576、2577 页)这些记载反映了古文经学在东汉时期的发展。
③ 东汉时期今文经学依然被立为博士,《后汉书·儒林传》载:"光武中兴,爱好经术,未及下车,而先访儒雅,采求阙文,补缀漏逸。先是,四方学士多怀协图书,遁逃林薮。自是莫不抱负坟策,云会京师……于是立《五经》博士,各以家法教授,《易》有施、孟、梁丘、京氏,《尚书》欧阳、大小夏侯,《诗》齐、鲁、韩,《礼》大小戴,《春秋》严、颜,凡十四博士,太常差次总领焉。"(第 2545 页)这十四家博士全部是今文经学,古文经学虽然对东汉时期的思想、政治和文化产生过很大的影响,但一直未得立为博士。
④ 《后汉书·方术传·郭宪传》,第 2708—2709 页。

则史料中所记郭宪好言灾异和不仕王莽的情况来看,郭宪所学当为今文经学。《后汉书·儒林传》载:"任安字定祖,广汉绵竹人也。少游太学,受《孟氏易》,兼通数经。又从同郡杨厚学图谶,究极其术。时人称曰:'欲知仲桓问任安。'又曰:'居今行古任定祖。'学终,还家教授,诸生自远而至。"又载:"杨政字子行,京兆人也。少好学,从代郡范升受《梁丘易》,善说经书。京师为之语曰:'说经铿铿杨子行。'教授数百人。"① 任安和杨政所学的《孟氏易》和《梁丘易》也是典型的今文经,而时人对任安"居今行古任定祖"的称赞,尤其值得玩味。《后汉书·召驯传》载:"召驯字伯春,九江寿春人也。曾祖信臣,元帝时为少府。父建武中为卷令,倜傥不拘小节。驯少习《韩诗》,博通书传,以志义闻,乡里号之曰:'德行恂恂召伯春。'"② 召驯所习的《韩诗》也是今文经学的三家诗学之一。《东观汉记》载:"陈嚣字君期,明《韩诗》。时语曰:'关东说诗陈君期。'"③《陈留风俗传》载:"许晏字伟君,授《鲁诗》于琅琊。王改学曰:'许氏章句,列在儒林。'故谚曰:'殿上成群许伟君。'"④ 这些例证都说明今文经学在东汉时期也是很流行的。

　　当然,由于古文经学的发展及其在东汉政治和意识形态中的重要地位,东汉时期大多数学者还是今古文经学兼修并习的,而到东汉后期,博通五经更成为学者们相互标尚的学风。所以,会通今古、五经并重也就成为东汉时期学者之间的学术风尚。比如《后汉书·井丹传》载:"井丹字大春,扶风郿人也。少受业太学,通《五经》,善谈论,故京师为之语曰:'《五经》纷纶井大春。'"⑤《后汉书·贾逵传》载:"贾逵字景伯,扶风平陵人也……父徽,从刘歆受《左氏春秋》,兼习《国语》《周官》,又受《古文尚书》于涂恽,学《毛诗》于谢曼卿……逵悉传父业,弱冠能诵《左氏传》及《五经》本文,以《大夏侯尚书》教授,虽为古学,兼通五家《穀梁》之说。自为儿童,常在太学,不通人间事。身长八尺二寸,诸儒为之语曰:

---

① 《后汉书·儒林传》,第 2551—2552 页。
② 《后汉书·儒林传·召驯传》,第 2573 页。
③ 《太平御览·学部·讲说》,第 2764 页。
④ 《太平御览·人事部·谚》下,第 2267 页。
⑤ 《后汉书·逸民传·井丹传》,第 2764 页。

'问事不休贾长头。'"①《后汉书·鲁丕传》载："丕字叔陵,性沉深好学,
挚挚不倦,遂杜绝交游,不答候问之礼。士友常以此短之,而丕欣然自
得。遂兼通《五经》,以《鲁诗》《尚书》教授,为当世名儒……门生就学
者常百余人,关东号之曰:'《五经》复兴鲁叔陵。'"②《后汉书·杨震传》
载："杨震字伯起,弘农华阴人也……父宝,习《欧阳尚书》。哀、平之世,
隐居教授……震少好学,受《欧阳尚书》于太常桓郁,明经博览,无不穷
究。诸儒为之语曰:'关西孔子杨伯起。'"③《后汉书·儒林传》载："许慎
字叔重,汝南召陵人也。性淳笃,少博学经籍,马融常推敬之,时人为之
语曰:'《五经》无双许叔重。'"④从前面的今古文经学对照表即可看出,
东汉时期尤其是东汉后期的学者,大多数已经不再单纯地拘守今古文经
学的师法,而是五经兼通、今古并重了,这点,在贾逵的求学经历及其经
学特点中表现得尤为突出。当然,在东汉后期,会通今古文经学的最著
名的学者还要数郑玄和王肃。因与歌谣无涉,兹不深论⑤。另外,汉末魏
晋以后,随着政治环境的改变和学术思想的发展与变化,经今古文之争
逐渐退出历史舞台,南北朝时期的儒者和经师大多五经并重,今古文的
差别不再成为治学者的关注点。比如《北史·陆乂传》载："乂,字旦,袭
爵始平侯。乂聪敏博学,有文才,年十九举司州秀才。历秘书郎、南阳王
文学、通直散骑侍郎,待诏文林馆,兼散骑侍郎……乂于《五经》最精熟,
馆中谓之石经。人为之语曰:'《五经》无对,有陆乂。'"⑥

第二节　歌谣风议与儒林风采

在汉唐关于儒学的歌谣风议中,有一部分反映了一些儒者好学不
倦的风采和当时儒林的治学风貌。比如《广舆记》载："汉桓谭字君山,

①《后汉书·贾逵传》,第1234—1235页。
②《后汉书·鲁丕传》,第883页。
③《后汉书·杨震传》,第1759页。
④《后汉书·儒林传·许慎传》,第2588页。
⑤李传军《魏晋禅代与"郑王之争"——政权更迭与儒学因应关系的一个历史考察》,《孔子研究》2005年第2期。
⑥《北史·陆乂传》,第1018—1019页。

宿州人,博学有文章名。光武欲以谶决疑,桓谭谏,出为六安丞。著《新论》,藏书甚多。时人语曰:'玩杨子云之篇,乐于居千乘之官;挟桓君山之书,富于积猗顿之财。'"① 这首歌谣反映了汉代学者好学重书、崇尚学术的风气。这种风气,是与汉唐时期统治者对儒学的提倡分不开的。如《后汉书·荀爽传》载:"(荀)爽字慈明,一名谞。幼而好学,年十二,能通《春秋》《论语》。太尉杜乔见而称之,曰:'可为人师。'爽遂耽思经书,庆吊不行,征命不应。颍川为之语曰:'荀氏八龙,慈明无双。'"② 如《孔丛子》载:东汉章帝元和年间,孔子后裔子和为临晋令,不久因病去世,有二子,"长曰长彦,年十有二;次曰季彦,年十岁。父之友西洛人姚进先有道,征不就,养志于家。长彦、季彦常受教焉。既除丧,则苦身劳力,以自衣食。家有先人遗书,兄弟相勉,讽诵不倦……于是甘贫味道,研精坟典,十余年间,会徒数百。故时人为之语曰:'鲁国孔氏好读经,兄弟讲诵皆可听。学士来者有声名,不过孔氏那得成。'"③《后汉书·冯豹传》载:"(冯)豹字仲文……长好儒学,以《诗》《春秋》教丽山下。乡里为之语曰:'道德彬彬冯仲文。'"④《通语》记载:"殷礼字往嗣,幼而乡里异之。七岁在官,学书在师,未尝戏弄。讽诵恒不为声,潜识而已……行在舟车,手不释卷。从曲阿往返,遂不知堤渎广狭,及行旅喧闹,未尝视之。时人语曰:'奇才强记殷往嗣。'"⑤《魏书·李谧传》载:"李谧,字永和,赵郡人,相州刺史安世之子。少好学,博通诸经,周览百氏。初师事小学博士孔璠。数年后,璠还就谧请业。同门生为之语曰:'青成蓝,蓝谢青,师何常,在明经。'"⑥《周书·吕思礼传》载:"吕思礼,东平寿张人也。性温润,不杂交游。年十四,受学于徐遵明。长于论难。诸生为之语曰:'讲《书》论《易》,其锋难敌。'十九,举秀才,对策高第。"⑦《旧唐书·李知本传》载,李知本父孝端与族弟太冲,俱有世阀,而太冲官宦

---

① 杜文澜辑、周绍良校点《古谣谚》卷二七,第 406 页。

② 《后汉书·荀爽传》,第 2050—2051 页。

③ 孔鲋撰《孔丛子》卷下附《连丛子》下第二十三,中华书局 1985 年版《丛书集成初编》本,第 168—169 页。又见《太平御览·人事部·幼知》,第 1778—1779 页。

④ 《后汉书·冯豹传》,第 1004 页。

⑤ 《太平御览·学部八·幼学》,第 2760—2761 页。

⑥ 《魏书·李谧传》,第 1932 页。

⑦ 《周书·吕思礼传》,第 682 页。

最高,孝端方之为劣。乡族为之语曰:"太冲无兄,孝端无弟。"知本"颇涉经史,事亲至孝,与弟知隐甚称雍睦。子孙百余口,财物僮仆,纤毫无间"①,是学行合一的典范。

　　与汉代士人的恪遵礼法相反,魏晋南北朝时期的很多士人以放达相尚,追求个人的精神自由,形成富有时代特征的魏晋风度。如《晋书·山简传》载:"永嘉三年(309),(山简)出为征南将军、都督荆湘交广四州诸军事、假节,镇襄阳。于时四方寇乱,天下分崩,王威不振,朝野危惧。简优游卒岁,唯酒是耽。诸习氏,荆土豪族,有佳园池,简每出嬉游,多之池上,置酒辄醉,名之曰高阳池。时有童儿歌曰:"山公出何许,往至高阳池。日夕倒载归,茗艼无所知。时时能骑马,倒著白接䍦。举鞭向葛疆:'何如并州儿?'"②又《宋书·五行志》记载:"陈郡谢灵运有逸才,每出入,自扶接者常数人。民间谣曰'四人挈衣裙,三人捉坐席'是也。"③又《南齐书·刘绘传》载:"永明末,京邑人士盛为文章谈义,皆凑竟陵王西邸。绘为后进领袖,机悟多能。时张融、周颙并有言工,融音旨缓韵,颙辞致绮捷,绘之言吐,又顿挫有风气。时人为之语曰:'刘绘贴宅,别开一门。'言在二家之中也。"④《新唐书·宋之问传》记载:"魏建安后迄江左,诗律屡变,至沈约、庾信,以音韵相婉附,属对精密。及之问、沈佺期,又加靡丽,回忌声病,约句准篇,如锦绣成文,学者宗之,号为'沈宋'。语曰'苏李居前,沈宋比肩',谓苏武、李陵也。"⑤这些歌谣风议,都是对当时士人不拘细节、注重个性、文采风流的赞誉之词。

① 《旧唐书·李知本传》,第 4918 页。
② 《晋书·山简传》,第 1229—1230 页。
③ 《宋书·五行志一》,第 884 页。
④ 《南齐书·刘绘传》,第 841 页。《太平御览·学部》引《齐书》记载此事更详:"永明末,都下人士盛为文章谈义,皆凑竟陵西邸。绘为后进领袖。时张融以言辞辩健,周颙称为'清绮',而绘音采赡丽,雅有风则。时人为之语曰:'三人共宅夹清漳,张南周北刘中央。'言其处二人间也。"(第 2722 页)
⑤ 《新唐书·宋之问传》,第 5751 页。

第三节　歌谣风议与唐代科举

　　唐朝实现了天下一统，继承和发扬了隋朝的科举取士制度，科举考试所依据的经典，仍然是儒家的五经，这促进了唐代经学的繁荣。唐朝有一些学者以正义和注疏的形式对汉代经书做了一些综合性研究，如《十三经注疏》中的《周易正义》，就是唐代学者孔颖达在王弼"注"的基础上进行"疏"的。疏的作用就是对经文与注文，引述更多的资料，对经义进行更为深刻的阐发。唐太宗以儒学多端，注释繁杂，命国子祭酒孔颖达与诸儒撰定五经义疏，凡百七十卷，名曰《五经正义》，内容包括《周易正义》《尚书正义》《毛诗正义》《礼记正义》《春秋左传正义》①。高宗永徽四年（653）以《五经正义》颁天下，以此作为天下文士学习经典应对科举考试的标准教科书。从唐至宋，明经考试皆依此书。这在某种意义上可以说实现了儒学的一统天下，具有重要的文化意义②。此外，《周礼注疏》《仪礼注疏》是唐代贾公彦作疏，《春秋公羊传注疏》是唐代徐彦作疏，《春秋穀梁传注疏》是唐代杨一勚作疏，《孝经注疏》是唐玄宗李隆基所注，宋人邢昺疏。"十三经"中有十部经是唐人做的注疏，可见唐朝在经学上的独特贡献。

　　不过，唐代的科举考试在内容上更侧重策论和诗赋③。帖经只是三场考试中的入门性程序，相对帖经考试的琐碎，诗赋和策论更能显示一个人的文采和经世韬略。因此经书特别是不重要的经书，专门研读的士人越来越少了。开元八年（720）国子司业李元璀上奏云：《三礼》《三传》及《毛诗》《尚书》《周易》等，并圣贤微旨，生人教业……今明经所习，务在出身，咸以《礼记》文少，人皆竞读。《周礼》经邦之轨则，《仪礼》庄敬之楷模，《公羊》《穀梁》，历代崇习，今两监及州县，以独学无友，四经殆绝，事资训诱，不可因循。"④又开元十六年（728）杨瑒为国子祭酒，上

---

① 周桂钿《中国儒学讲稿》，中华书局 2008 年版，第 52 页。
② （日）本田成之著、李俍工译《中国经学史》，上海书店出版社 2001 年版，第 210 页。
③ 杜成宪《唐代进士考试三场制度的形成与演变》（《华东师范大学学报》2001 年第 3 期）认为唐初进士科只试对策，唐高宗晚年形成帖经、杂文、对策三场。唐中期三场考试偏重杂文，尤重诗赋，唐后期则强调经史，五代时又出现以经义代帖经的趋势。
④ 《通典·选举·历代制下》，中华书局 1988 年版，第 355 页。

奏云："今之明经，习《左传》者十无二三，……又《周礼》《仪礼》及《公羊》《穀梁》，殆将绝废。"① 由此可见唐中叶《周礼》《仪礼》《公羊》《穀梁》几无顾之者。习《左传》者也十无二三，这样太宗所定的《五经正义》到唐中期，只《周易》《尚书》《礼记》为当时所读，其余多束之高阁了②。这大概体现了有唐一代学风的关键转变。尽管如此，不沾染"苟尚浮华，莫修经艺"③ 流俗之弊的好学之士，还是会受到人们的高度赞扬。如《刘宾客集·国学新修五经壁本记》记载："初大历中，名儒张参为国子司业，始详定五经，书于论堂东西厢之壁……由京师而风天下，覃及九译，咸知宗师……于是学官陈师正等，暨生徒凡四百二十有八人，请金石刻。且歌之曰……故书之以移史官。"④ 其歌曰："我有学宇，既倾而成之。我有壁经，既昧而明之。孰规矩之，孰发挥之？祭酒惟齐，博士惟韦。俾我学徒，弦歌以时。切切祁祁，不敖不嬉。庶乎遒人，来采我诗。"把前朝必读的经书喻为"鲁壁藏经"，有待于齐公来除昧发明，这首歌谣可谓既虐又谑，当然也意在赞美齐公的不随流俗、研治和传授经学的专精学风和良苦用心。

科举制度是唐代重要的文化制度，也是唐代士人最崇尚的晋身之道，唐代科举制度的繁荣，是与唐代儒学和文化的繁荣密切相关的。"槐花黄，举子忙"这首歌谣，在唐朝和后世都非常流行，它与唐代科举考试的关系十分密切，对于了解唐代进士科考试的时间、举子的心态和唐代进士在唐朝人才选拔制度中的重要地位，有着重要的意义。

---

① 徐松撰、孟二冬补正《登科记考补正·唐玄宗至道大圣大明孝皇帝·开元八年庚申》，中华书局 2019 年版，258 页。

② （日）本田成之著、李俍工译《中国经学史》，第 213—214 页。

③ 徐松撰、孟二冬补正《登科记考补正》卷二一载唐文宗大和七年癸丑（833）八月册皇太子诏里说："汉代用人，皆由儒术，故能风俗深厚，教化兴行。近日苟尚浮华，莫修经艺。先圣之道，堙郁不传。况进士之科，尤要厘革。虽乡举里选，不可复行，然务实抑华，必有良术。既当甚弊，思亦改张……宜令国子监于诸道搜访名儒，置五经博士各一人。其公卿士族子弟，明年已后，不先入国学业，不在应明经、进士之限。其进士学，宜先试帖经，并略问大义，取经义精通者；次试议论各一首，文理高者，便与及第。其所试诗赋并停。其试，占经官便以国子监学官充，礼部不得别更奏请。"（中华书局 2019 年版，第 753—754 页）

④ 徐松撰、孟二冬补正《登科记考补正》卷二一，第 754—755 页。

一 "槐花黄,举子忙"的诗意与史实

《秦中岁时记》记载了一首歌谣:

> 槐花黄,举子忙。①

按《秦中岁时记》为唐李淖所撰,今已散佚。《说郛》卷六九载其佚文一卷,其中记载:"进士下第,当年七月复献新文求拔解。故曰:槐花黄,举子忙。"②

又宋人钱易《南部新书·乙》记载:"长安举子,自六月已后,落第者不出京,谓之'过夏'。多借静坊庙院及闲宅居住,作新文章,谓之'夏课'。亦有十人五人醵率酒馔,请题目于知己朝达,谓之'私试'。七月后,投献新课,并于诸州府拔解。人为语曰:'槐花黄,举子忙。'"③

这两条史料,意思相近,是说唐代的进士考试完放榜后,下第的举人还可以制作新的文章,献于有关部门和官员,以求二次拔解。时间在当年的六到七月,物候是长安槐花盛开之际。

当然,"槐花黄,举子忙"这一歌谣,并非独见于《秦中岁时记》,《唐才子传·翁承赞》载:"承赞,字文尧,乾宁三年礼部侍郎独孤损下第四人进士,又中宏词敕头。承赞工诗,体貌甚伟,且诙谐,名动公侯。唐人应试,每在八月,谚曰:'槐花黄,举士忙。'承赞《咏槐花》云:'雨中妆点望中黄,勾引蝉声送夕阳。忆得当年随计吏,马蹄终日为君忙。'甚为当时传诵。"④

这段史料,是说唐昭宗乾宁三年(896)翁承赞中进士,又中博学宏词科敕头,所以做了一首《咏槐花》诗。诗中抒发了作者的欣喜之情。诗里点到了作者跟随计吏赴京应贡举考中进士的过程,当时蝉声在夕阳中鸣叫,槐花在雨季里盛开。这段记载,人物、故事更为切实,似更为可信。

比较上述记载,虽然都是对"槐花黄,举子忙"这首歌谣的论说,但

---

① 杜文澜辑、周绍良校点《古谣谚·秦中谚·秦中岁时记》,第 380 页。
② 《文渊阁四库全书·子部·说郛》卷六九。
③ 钱易撰、黄寿成点校《南部新书》,第 21—22 页。
④ 辛文房撰、傅璇琮等校笺《唐才子传校笺·翁承赞》,中华书局 1990 年标点本,第 352 页。傅璇琮先生在校笺中认为此处的"八月"是对《南部新书》"七月"的误记。

一条说是进士下第七月献文再求拔解，一条说唐人应试每在八月。《唐诗纪事》本文没有说进士应试的时间，只留下槐花黄的物候让人猜测不已。王仲镛在《唐诗纪事校笺》里注意到了《南部新书》和《唐诗纪事》里的"槐花黄，举子忙"的记载，并引宋范正敏《遁斋闲览》"槐花之方生，乃（唐朝）进士赴举之时"作为补充①。但也没有说清楚槐花方生与进士应举的确切时间。

槐树是我国重要的、栽培普遍的、适应性广的乡土树种。它树大荫浓，在我国具有悠久的历史。如山东济宁市古槐路上的古槐，相传就是唐代的古树。河北省涉县固新的古槐，相传"植于秦汉，盛于唐宋"，经鉴定已有 2000 年以上树龄，目前仍枝繁叶茂②。槐树也是唐代长安的习见树木，列于宫墙，夹于驰道，荫于里坊。

《旧唐书·五行志》载："贞观初，白鹊巢于殿庭之槐树，其巢合欢如腰鼓，左右称贺。太宗曰：'吾常笑隋文帝好言祥端。瑞在得贤，白鹊子何益于事？'命掇之，送于野。"③《旧唐书·五行志》："隋文时，自长安故城东南移于唐兴村置新都，今西内承天门正当唐兴村门。今有大槐树，柯枝森郁，即村门树也。"④

唐诗中描写槐树的诗句很多。如裴迪《宫槐陌》云："门前宫槐陌，是向欹湖道。秋来山雨多，落叶无人扫。"⑤王昌龄诗《少年行》云："西陵侠年少，送客过长亭。青槐夹两路，白马如流星。"⑥沈佺期《长安道》云："秦地平如掌，层城入云汉。楼阁九衢春，车马千门旦。绿槐开复合，红尘聚还散。日晚斗鸡还，经过狭斜看。"⑦有的诗歌，还把槐树直接和教育及科举考试挂上了关系。沈佺期《和户部岑尚书参迹枢揆》诗亦有"御柳垂仙掖，公槐覆礼闱"⑧之句。按礼闱指唐代科举考试的会试之

---

① 计有功撰、王仲镛校笺《唐诗纪事校笺·翁承赞》，第 2141 页。
② 孙荣喜、张川红、宗亦臣、于雪丹、郑勇奇《槐树应用价值与品种选育现状》，《中国林学会树木引种驯化委员会第 14 次学术交流会议》，2012 年。
③ 《旧唐书·五行志》，第 1368 页。
④ 《旧唐书·五行志》，第 1375 页。
⑤ 《全唐诗》卷一二九，中华书局 1999 年版，第 1313 页。
⑥ 《全唐诗》卷二四，第 324 页。
⑦ 《全唐诗》卷九五，第 1016 页。
⑧ 《全唐诗》卷九七，第 1041 页。

所,因唐代进士科考试主要由礼部主持,故称礼闱①。杜甫《哭长孙侍御》诗:"礼闱曾擢桂,宪府旧乘骢。"②刘禹锡《宣上人远寄贺礼部王侍郎放榜后诗因而续和》:"礼闱新榜动长安,九陌人人走马看。"③储光羲《贻崔太祝》也有"天都分礼阁,肃肃临清渠。春山照前屏,高槐荫内除"④的诗句。礼闱宫槐,成了唐代科举考试的一个重要典故。

唐代不少诗歌将槐花与进士考试联系在一起。如齐己⑤《答长沙丁秀才书》:"月月便车奔帝阙,年年贡士过荆台。如何三度槐花落,未见故人携卷来。"⑥许浑⑦《送同年崔先辈》:"西风帆势轻,南浦遍离情。菊艳含秋水,荷花递雨声。扣舷滩鸟没,移棹草虫鸣。更忆前年别,槐花满凤城。"⑧郑谷《贺进士骆用锡登第》一诗用意更为显豁:"苦辛垂二纪,擢第却沾裳。春榜到春晚,一家荣一乡。题名登塔喜,醵宴为花忙。好是东归日,高槐蕊半黄。"⑨这三首诗一首是叹息丁秀才作为贡士三次赴京参加科举考,但三次槐花落时都没有获取功名;一首是在回忆与崔同年⑩在科举中试槐花满城时节分别时的踌躇满志;一首是祝贺新科进士骆用锡在春天槐花黄时放榜东归的情景。这些诗歌都印证了槐树特别是槐花与唐代科举的时节象征关系。

《唐诗纪事》卷四七汇集了唐代诗人吟咏长安一年十二个月的风物诗,题为《忆长安十二咏》。本书选择与进士和槐花有关的几首列举如下:

杜奕《忆长安十二咏》云:"忆长安,三月时,上苑遍是花枝。青门几场送客,曲水竟日题诗。骏马金鞭无数,良辰美景追随。"

---

① 按《新唐书·选举制》载:唐玄宗开元二十四年,"考功员外郎李昂为举人诋诃,帝以员外郎望轻,遂移贡举于礼部,以侍郎主之。礼部选士自此始。"(第1164页)

② 《全唐诗》卷二三四,第2577页。

③ 《全唐诗》卷三五九,第4058页。

④ 《全唐诗》卷一三八,第1405页。

⑤ 计有功撰、王仲镛校笺《唐诗纪事校笺》卷二○:"齐己,本姓胡,名得生。诗名多在湖湘间,与郑谷为诗友。"按郑谷为唐懿宗时诗人,与许棠等人号称"咸通十哲"。

⑥ 《全唐诗》卷八四七,第9661页。

⑦ 计有功撰、王仲镛校笺《唐诗纪事校笺》卷五六:"(许)浑,睦州人,字用晦,圉师之后。大中三年,任监察御史,以疾乞东归,终郢、睦二州刺史。"许浑与韦庄、杜牧同时。

⑧ 《全唐诗》卷五二八,第6089页。

⑨ 《全唐诗》卷六七四,第7778页。

⑩ 李肇撰、聂清风校注《唐国史补校注》卷下:"(进士)俱捷谓之'同年'。"中华书局2021年版,第261页。

严维《忆长安十二咏》云："忆长安,五月时,君王避暑华池。进膳甘瓜朱李,续命芳兰彩丝。竞处高明台榭,槐阴柳色通逵。"

陈允初《忆长安十二咏》云："忆长安,七月时,槐花点散罘罳。七夕针楼竞出,中元香供初移。绣毂金鞍无限,游人处处归随。"[①]

这是唐代长安的春夏时节,时间跨度自清明节至七夕节,其中讲到长安三月曲水题诗,五月槐柳荫覆大路通衢,七月槐花开始"点散"纷落,在空中形成一道道花屏,凸显出槐树和槐花是点染唐代长安春夏美景的重要风物。

据《西安市志·自然地理志》记载,以平均气温< 10℃为冬,气温> 22℃为夏,气温 10—22℃为春、秋来划分四季。与槐树和槐花相关的季节、温度和物候如下,仲春:3 月 10 日—4 月 9 日。山桃始花,垂柳、牡丹、紫丁香、槐树依次展叶。季春:4 月 10 日—5 月 2 日。日平均气温 12—17℃。刺槐始花,绿树成荫。初夏:5 月 3 日—6 月 14 日。入夏的物候标志为刺槐盛花。仲夏:6 月 15 日—8 月 16 日。蝉和蟋蟀开始鸣叫,梧桐、木槿次第始花[②]。可见,现代西安的槐树 4 月 10 日—5 月 2 日开始开花,5 月 3 日—6 月 14 日为槐花的盛花期,槐花的花期为 4 月—7 月。

唐代的气候要较今天温暖,竺可桢先生认为,公元 7 世纪是一个温暖湿润的时代[③]。蓝勇研究也发现,唐代是中国历史上一个温暖时期。位于川西北黑水县的悉州唐代年均温比现在高 4℃左右,1 月平均气温高 3—4℃左右[④]。还有学者认为唐代年均气温高于现代 1℃左右,气候带纬度较现代北移 1 度左右[⑤]。温暖的气候会显著影响槐树的花期。日均气温每升高或降低 1℃,刺槐开花始期、盛期和末期分别提前或推迟 4.68 天、4.74 天和 4.73 天[⑥]。

按照上述研究的结论,以唐代长安的气候比现在高 1—2℃计算,唐

---

① 计有功撰、王仲镛校笺《唐诗纪事校笺·忆长安十二咏》,第 1588、1592、1598 页。

② 西安市地方志编纂委员会《西安市志》第一卷《自然地理志·气候·季节物候》,西安出版社 1996 年版,第 278—279 页。

③ 竺可桢《中国近五千年来气候变迁初步研究》,《中国科学》1973 年 2 期。

④ 蓝勇《唐代气候变化与唐代历史兴衰》,《中国历史地理论丛》2001 年第 1 辑。

⑤ 吴宏岐等《隋唐时期气候冷暖特征与气候波动》,《第四纪研究》1998 年 1 期。

⑥ 徐琳、陈效逑、杜星《中国东部暖温带刺槐花期空间格局的模拟与预测》,《生态学报》2013 年第 12 期。

代长安槐树的花期要比今天提前 5—10 日,落期延后 5—10 日。也就是唐代长安槐树的始花时间在 4 月 1 日到 5 日,盛花期为 5 月 8 日到 6 月 24 日左右,落花期没有精确估值,但大约能够持续到 7 月。按照夏历计算,唐代长安的花期约相当于三月到六月中下旬乃至七月初。以此比较《秦中岁时记》与《唐才子传·翁承赞》两书所载在七月和八月长安"槐花黄"的时间,相较唐代长安的物候分别晚了一到一个半个月左右。

二 诗史互证下的"槐花黄,举子忙"

唐代科举分为常举和制举。制举由皇帝临时下制诏举行。常举即"常贡之科",是常年按制度举行的科目,进士即属于常科[①]。唐代的进士科大概分为朝廷下敕、选举贡士、朝廷引见、国子监附学、考试、放榜等几个环节。其中,朝廷一般在考试前一年的九月之前下敕,规定各州贡举名额,预留出州县考试选拔的时间,选拔出的举人一般十月份随着州郡计吏上贡入京,朝廷约在十一月份引见,也有十二月份和元旦引见的。主持进士科考试的部门,唐初是吏部,开元中改为礼部,后为常式。

贡士的名额非常有限,《会昌五年举格节文》载:其国子监进士,依旧格送三十人,宗正寺进士二十人;东监同华、河中所送进士不得过三十人。另外,各道、镇根据大小所送进士不得过十五人或十人乃至七人[②]。全国统计,"岁贡常不减八九百人"[③]。康骈《剧谈录》载:"自大中、咸通之后,每岁试春官者千余人。"[④]而每年进士及第的人数,在三十到四十人之间,平均计算约三十人[⑤]。《通典·选举典》说:"其进士,大抵千人得第者

---

① 吴宗国《唐代科举制度研究》,辽宁大学出版社 1992 年版,第 25 页。

② 王定保撰、陶绍清校证《唐摭言校证》卷一,中华书局 2021 年版,第 6 页。

③ 王定保撰、陶绍清校证《唐摭言校证》卷一,第 15 页。

④ 刘世珩辑校、郑玲校点《贵池唐人集》第一《康骈·剧谈录》卷下《元相国谒李贺》,黄山书社 2013 年版,第 60 页。

⑤ 《旧唐书·穆宗纪》记载长庆元年"敕今年钱徽下进士及第郑朗等一十四人",《旧唐书·文宗纪》载:"贡院进士、举人,岁限放三十人及第。"《旧唐书·宣宗纪》载大中元年"所放进士三十三人"。《旧唐书·懿宗纪》懿宗咸通十一年敕:"去年属以用军之际,权停贡举一年,今既去戈,却宜仍旧。来年宜别许三十人及第,进士十人。"《旧唐书·高锴传》载:"以锴为礼部侍郎。凡掌贡部三年,每岁登第者四十人。三年,榜出后,敕曰:'进士每岁四十人,其数过多,则乖精选。官途填委,要窒其源,宜改每年限放三十人。'"又《唐诗纪事校笺》卷三〇高拯《及第后赠试官》云:"'公子求贤未识真,欲将毛遂比常伦。当时不及三千客,今日何如十九人。'拯,大历三年进士。"

百一二。"①

至于进士考试的时间,就现有的史料来看,从考试到放榜,时间多在正月到三、四月间,大体上在春季的范围之内②。

正月放榜;

《类编长安志》引《谭宾录》:"唐人尤贵进士第,开元、天宝为盛……大中元年正月,放进士榜,依旧宴杏园。"③

钱易《南部新书》辛卷载:"杜荀鹤第十五,字彦之,池州人。大顺二年正月十日,裴贽下第八人。其年放榜日,即荀鹤生日。"④

二月放榜:

《唐摭言·主司失意》:"长庆元年二月十七日,侍郎钱徽下三十三人。三月二十三日重试,落第十人,徽贬江州刺史。""咸通四年,萧仿杂文榜中数人有故,放榜后发觉,责受蕲州刺史。"⑤

三月放榜:

《唐摭言·别头及第》:"杨严等,会昌四年王起奏五人:杨知至、源重、郑朴、杨严、窦缄,恩旨令送所试杂文,付翰林重考覆。续奉进止,杨严一人,宜与及第,源重四人落下。时杨知至因以长句呈同年曰:'由来梁燕与冥鸿,不合翩翾向碧空。寒谷谩劳邹氏律,长天独遇宋都风。此时泣玉情虽异,他日衔环事亦同。三月春光正摇荡,无因得醉杏园中。'"⑥

六月放榜:

《唐诗纪事·陆扆》:"扆诗有'今秋已约天台月'之句。或云:扆昭宗末举进士及第,六月榜出,盛暑,同舍戏之曰:'造榜天也。'"⑦

由此可见,有唐一代,进士科举考试和放榜的时间,是不完全一致的,大体上考试的时间以二月、三月为主,因阅卷、覆试、皇帝敕准的时间

①《通典·选举三·历代制》,第357页。

②傅璇琮《唐代科举与文学》认为:"唐代进士发榜,通常是在二月,二月的上旬、中旬、下旬都有可能,日子并不固定。其次是正月,较少见。至于三月,则恐怕要算特殊的情况。"(陕西人民出版社1986年版,第290—291页)

③骆天骧《类编长安志》,中华书局1990年标点本,第279页。

④钱易撰、黄寿成点校《南部新书》,第130页。

⑤王定保撰、陶绍清校证《唐摭言校证·主司失意》,第604、605页。

⑥王定保撰、陶绍清校证《唐摭言校证》卷八,第344页。

⑦计有功撰、王仲镛校笺《唐诗纪事校笺》卷六九,第2314页。

不同,放榜的时间一般在二月、三月,也有持续到五月、六月的情况,总之是在春天和夏天内完成。这一时间,与唐代长安槐树开花的时间基本上是一致的。因此,总体而言"槐花黄,举子忙"的歌谣,符合历史真实的情境。

在唐人的诗歌里,进士及第的喜悦总是渲染着浓厚的春天色彩。刘言史《乐府二首》:"花额红鬟一何偏,绿槐香陌欲朝天。仍嫌众里娇行疾,傍镫深藏白玉鞭。　　喷沫团香小桂条,玉鞭兼赐霍嫖姚。弄影便从天禁出,碧蹄声碎五门桥。"[①] 陈标《赠元和十三年登第进士》曰:"春官南院粉墙东[②],地色初分月色红。文字一千重马拥,喜欢三十二人同。眼看鱼变辞凡水,心逐莺飞出瑞风。莫怪云泥从此别,总曾惆怅去年中。"[③] 春光旖旎、春风得意、马踏香尘,与槐花吐蕊、绿槐香陌、一路芳华,在意象上十分搭配,在节候上也完全吻合。

《唐国史补》卷下记载:

> 进士为时所尚久矣。是故俊乂实集其中,由此出者,终身为闻人。故争名常切,而为俗亦弊。其都会谓之"举场",通称谓之"秀才"。投刺谓之"乡贡",得第谓之"前进士"。互相推敬谓之"先辈",俱捷谓之"同年"。有司谓之"座主"。京兆府考而升者,谓之"等第"。外府不试而贡者,谓之"拔解"。将试各相保任,谓之"合保"。群居而赋,谓之"私试"。造请权要,谓之"关节"。激扬声价,谓之"还往"。既捷,列书其姓名于慈恩寺塔,谓之"题名"。会大宴于曲江亭子,谓之"曲江会"。籍而入选,谓之"春闱"。不捷而醉饱,谓之"打毷氉"。匿名造谤,谓之"无名子"。退而肄业,谓之"过夏"。执业而出,谓之"夏课"。挟藏入试,谓之"书策"。此是大略也。其风俗系于先达,其制置存于有司。

这段史料,将唐代进士考试前后的各项风俗、习惯和俗称,记载得面

---

① 《全唐诗》卷四六八,第5355页。
② 王定保撰、陶绍清校证《唐摭言校证》卷一五《杂记》:"进士旧例于都省考试,南院发榜,张榜墙乃南院东墙也。别筑起一堵,高丈余,外有墙垣,未辨色,即自北院将榜就南院张挂之。"(第617页)
③ 计有功撰、王仲镛校笺《唐诗纪事校笺》卷六六,第2220页。

面俱到,这一项项内容,也就是"槐花黄,举子忙"所指的唐代科举考试时所忙碌的事项。综上,再结合其他史料可以看出,唐代进士在应考前后所忙碌的大概有以下几个方面:

一、攻读经史,准备举业。

十年寒窗,时光紧迫,为了博取功名,必须熟读经书,娴熟文章,定要付出比常人更多的寒窗苦读、搔笔砚冰的工夫。

《旧唐书·马怀素传》:"马怀素,润州丹徒人也。寓居江都,少师事李善。家贫无灯烛,昼采薪苏,夜燃读书,遂博览经史,善属文。举进士,又应制举,登文学优赡科,拜郿尉,四迁左台监察御史。"①

《唐诗纪事·徐商》:"商,宣宗时为山南东道节度使,咸通四年为宰相,封东莞县子。商与曹确、杨收、路岩同秉政……初贫窭,于中条山万固寺入院读书。家庙碑云:随僧洗钵。"②

《唐诗纪事·殷文圭》:"文圭,池州人,居九华,小字桂郎。苦学,所用墨池,底为之穴。举进士……唐末,词场请托公行,文圭与游恭独步场屋。"③

二、温卷关通,邀请时誉。

赵彦卫《云麓漫钞》:"唐之举人,先藉当世显人,以姓名达之主司,然后以所业投献,逾数日又投,谓之温卷。"④李白、杜甫、白居易与贺知章、韦济、顾况的故事世人已耳熟能详,不必赘述。兹再举数例,以明其义。

《旧唐书·张九龄传》:"九龄幼聪敏,善属文。年十三,以书干广州刺史王方庆,大嗟赏之,曰:'此子必能致远。'登进士第,应举登乙第,拜校书郎。"⑤

《独异记》载:"(陈)子昂初入京,不为人知。有卖胡琴者,价百万,豪贵传视,无辩者。子昂突出,谓左右曰:辇千缗市之。众惊问,答曰:余善此乐。皆曰:可得闻乎?曰:明日可集宣扬里。如期偕往,则酒肴毕具,置胡琴于前。食毕,捧琴语曰:蜀人陈子昂,有文百轴,驰走京毂,

---

① 《旧唐书·马怀素传》,第 3163 页。
② 计有功撰、王仲镛校笺《唐诗纪事校笺》卷四八,第 1630 页。
③ 计有功撰、王仲镛校笺《唐诗纪事校笺》卷六八,第 2273 页。
④ 赵彦卫《云麓漫钞》卷八,中华书局 1996 年标点本,第 135 页。
⑤ 《旧唐书·张九龄传》,第 3097 页。

碌碌尘土,不为人知。此乐贱工之役,岂宜留心。举而碎之,以其文轴遍赠会者。一日之内,声华溢郡。"①

《唐才子传·吉中孚》:"中孚,楚州人。居鄱阳最久。初为道士,山阿寂寥。后还俗……来长安,谒宰相,有荐于天子,日与王侯高会,名动京师。无几何,第进士,授万年尉,除校书郎。又登宏辞科,为翰林学士,历谏议大夫、户部侍郎、判度支事。"②

《旧唐书·高郢传》说:"时应进士举者,多务朋游,驰逐声名;每岁冬,州府荐送后,唯追奉宴集,罕肄其业。"③这堪称"槐花黄,举子忙"之"忙"的要务与核心。

三、国子附学,谒见先师。

《新唐书·选举志》载:"玄宗开元五年,始令乡贡明经、进士见讫,国子监谒先师,学官开讲问义,有司为具食,清资五品以上官及朝集使皆往阅礼焉。七年,又令弘文、崇文、国子生季一朝参。"④唐代国子监和太学的学生,都是勋贵和官僚子弟。贡士进京师,先入国学附学,虽然时间短暂,只具有仪式的性质,但其中也包含着特别的含义,象征由朝廷赋予他们以国子学和太学学生的身份,凸显其国家级人才的层次和地位。

四、覆试春闱,射策登第。

唐代前期的进士考试重在考试帖经,盛唐以后重视诗赋,除此以外,还要考策论。

《唐摭言》载:"进士科与俊、秀同源异派,所试皆答策而已。两汉之制,有射策、对策二义者。何射者?谓列策于几案,贡人以矢投之,随所中而对之也。对则明以策问授其人,而观其臧否也。如公孙弘、董仲舒,皆由此而进者也。有唐自高祖至高宗,靡不率由旧章。调露二年,考功员外刘思立奏请加试帖经与杂文,文之高者放入策。寻以则天革命,事复因循……至神龙元年,方行三场试,故常列诗赋题目于榜中矣。"⑤完成内容如此繁复的考试和射策,时间非常紧张,大概需要一整天的夜以继

① 计有功撰、王仲镛校笺《唐诗纪事校笺》卷八,第 234 页。
② 辛文房撰、傅璇琮等校笺《唐才子传校笺》卷四,中华书局 1990 年标点本,第二册,第 14 页
③ 《旧唐书·高郢传》,第 3976 页。
④ 《新唐书·选举志》,第 1164 页。
⑤ 王定保撰、陶绍清校证《唐摭言校证》卷一《试杂文》,第 32—33 页。

日,秉烛达旦。白居易《论重考试进士事宜状》云:"伏惟礼部试进士,例许用书策,兼得通宵。得通宵则思虑必周,用书策则文字不错。昨重试之日,书策不容一字,给烛只许两条,迫促惊忙,幸皆成就。"①

相较于诗赋的浮华、帖经的古板,射策因涉及世事和实务,是治国方略和才能的体现。如能有理有据兼有辞采的回答,对于进士等第的高下,会起到决定作用。如《旧唐书·张荐传》载:"张荐字孝举,深州陆泽人。祖鷟字文成……初登进士第,对策尤工,考功员外郎骞味道赏之曰:'如此生,天下无双矣!'调授岐王府参军。又应下笔成章及才高位下、词标文苑等科。鷟凡应八举,皆登甲科……凡四参选,判策为铨府之最。员外郎员半千谓人曰:'张子之文如青钱,万简万中,未闻退时。'时流重之,目为'青钱学士'。"②

五、拜师谢坐,争列门墙。

进士及第后,新科进士要到主试官家里谢恩。《唐摭言·谢恩》:"状元已下,到主司宅门下马,缀行而立,敛名纸通呈。入门,并叙立于阶下,北上东向。主司列席褥,东面西向。主事揖状元已下,与主司对拜。拜讫,状元出行致词,又退著行,各拜,主司答拜。拜讫,主事云:'请诸郎君叙中外。'状元已下各各齿叙,便谢恩。余人如状元礼。礼讫,主事云:'请状元曲谢名第,第几人,谢衣钵。'谢讫,即登阶,状元与主司对坐。于时,公卿来看,皆南行叙坐。饮酒数巡,便起,赴期集院。三日后,又曲谢。其日,主司方一一言及荐导之处,俾其各谢挈维之力。苟特达而取,亦要言之。"③

同科及第的进士谓之"同年",主司谓之"座主",往复来去之间结成了同学和师生关系,这在唐朝是一种特殊的政治关系④。

六、曲江宴会,雁塔题名。

---

① 《全唐文》卷六六八,第 6795 页下。

② 《旧唐书·张荐传》,第 4023 页。

③ 王定保撰、陶绍清校证《唐摭言校证》卷三,第 85 页。

④ 杜慧卿《中唐官场伦理再造——以元和时期为例》认为:唐朝风行文人聚集,文人们特别容易透过科举考试的空间、文坛交流的空间、社交往来的空间,相知凝聚为好友。而进士取才的方式,也是制度上制造政治关系复杂的原因之一。从礼部发榜之后,状元、新及第进士等便展开一连串的官僚社交,开启官场的派系化文化。见《王吉林教授八十嵩寿纪念论文集》,(台湾)中国文化大学华冈出版部 2018 年版,第 186 页。

　　唐代进士在登第后最为荣耀的活动,无过乎曲江宴会和雁塔题名了。

　　《唐摭言·慈恩寺题名游赏赋咏杂纪》载:"曲江亭子,安、史未乱前,诸司皆列于岸浒;幸蜀之后,皆烬于兵火矣,所存者惟尚书省亭子而已。进士关宴,常寄其间。既彻馔,则移乐泛舟,率为常例。宴前数日,行市骈阗于江头。其日,公卿家倾城纵观于此,有若中东榻之选者十八九,钿车珠鞍,栉比而至。"① 曲江宴似又名杏园宴。《类编长安志》引《谭宾录》云:"'杏园,与慈恩寺南北直焉。唐新进士放榜,锡宴于此……大中元年正月,放进士榜,依旧宴杏园。'"②

　　关于雁塔题名,《唐摭言》记载:"进士题名,自神龙之后,过关宴后,率皆期集于慈恩塔下题名。"

　　非常微妙的是,唐人诗歌中,还有将曲江宴、雁塔题名等元素与槐花结合在一起的。如郑谷《贺进士骆用锡登第》一诗:

> 苦辛垂二纪,擢第却沾裳。
> 春榜到春晚,一家荣一乡。
> 题名登塔喜,醵宴为花忙。
> 好是东归日,高槐蕊半黄。③

　　秦韬玉《曲江》云:

> 曲沼深塘跃锦鳞,槐烟径里碧波新。
> 此中境既无佳境,他处春应不是春。
> 金榜真仙开乐席,银鞍公子醉花尘。
> 明年二月重来看,好共东风作主人。④

　　这两首诗,一首提到了春榜题名、高槐黄蕊,一首提到了曲江乐席、

---

① 王定保撰、陶绍清校证《唐摭言校证》卷三,第 105 页。
② 骆天襄著、黄永年点校《类编长安志》,第 279 页。又康骈《剧谈录·曲江》:"曲江池,本秦世隑洲,开元中疏凿,遂为胜境。其南有紫云楼、芙蓉苑,其南有杏园、慈恩寺。花卉环周,烟水明媚。都人游玩,盛于中和、上巳之节。"见刘世珩辑校、郑玲校点《贵池唐人集》第一《康骈·剧谈录》卷下《曲江》,黄山书社 2013 年版,第 57 页。
③ 《全唐诗》卷六七四,第 7778 页。
④ 《全唐诗》卷六七〇,第 7721 页。

槐烟径里,为"槐花黄,举子忙"这条谣谚增添了史实①和诗意的注脚。

三　槐花歌谣与唐代进士的心灵世界

在唐代,进士一科向来号称"清选",是朝廷重视、天下瞩望的人选,所以向来有"白衣公卿"和"一品白衫"之雅号。《唐摭言》云:"进士科始于隋大业中,盛于贞观、永徽之际……岁贡常不减八九百人。其推重谓之'白衣公卿',又曰'一品白衫';其艰难谓之'三十老明经,五十少进士'……故有诗云:'太宗皇帝真长策,赚得英雄尽白头!'"唐朝"缙绅虽位极人臣,不由进士者,终不为美"②。进士一登高第,犹如鱼跃龙门,登台省,历牧守,入将拜相者不乏其人,所以天下无不重之。

进士如此清显,也引得唐朝某些皇帝青睐有加、心驰神往,唐文宗"每试进士,多自出题目;及所司进所试,披览吟咏,终日忘倦。常延学士于内庭,讨论经义,较量古今,令宫女以下侍茶汤饮馔"③。唐宣宗"好进士及第,每对朝臣问及第,苟有科名对者,必大喜,便问所试诗赋题目并主司姓名;或佳人物偶不中第,必叹惜移时,尝于内自题'乡贡进士李道龙'"④。

中进士的荣耀、喜悦和落第的失意、沮丧,生动地反映在了唐代诗人的诗歌里。

元微之《酬歌舒大少府寄同年科第》云:"前年科第偏年少,未解知羞最爱狂。九陌争驰好鞍马,八人同着彩衣裳。'"⑤《唐诗纪事》:"王起于会昌中放第二榜……刘梦得和云:'礼闱新榜揭长安,九陌人人走马看。一日声名遍天下,满城桃李属春官。'"⑥

与及第的喜悦相映衬的是落第的落寞。《唐诗纪事·祖咏》:"开元

① 钱易撰、黄寿成点校《南部新书·乙》载:"进士春关,宴曲江亭,在五六月间。一春宴会,有何士参者,都主其事,多有欠其宴罚钱者,须待纳足,始肯置宴。盖未过此宴,不得出京,人戏谓'何士参索债宴'。"(第19页)这里记载的曲江宴在五六月间举办与多数史料所记载的时间不同,可备一说。
② 王定保撰、陶绍清校证《唐摭言校证》卷一《散序进士》,第14—15页。
③ 计有功撰、王仲镛校笺《唐诗纪事校笺》卷二《文宗》,第45页。
④ 计有功撰、王仲镛校笺《唐诗纪事校笺》卷二《宣宗》,第50页。
⑤ 元稹撰、冀勤点校《元稹集》卷一六,中华书局2010年版,第207页。
⑥ 计有功撰、王仲镛校笺《唐诗纪事校笺》卷七二,第2392页。

中,进士唱第尚书省,落第者至省门散去。咏吟曰:'落去他两两,三三戴帽子,日暮祖侯吟一声,长安竹柏皆枯死。'"① 《唐诗纪事·孟郊》:"郊《下第诗》曰:'弃置复弃置,情如刀剑伤。'"②

及第时是槐花照礼闱,落第时却是槐花香销魂。李中《夕阳》云:

> 影未沈山水面红,遥天雨过促征鸿。
> 魂销举子不回首,闲照槐花驿路中。③

韦庄《关河道中》云:

> 槐陌蝉声柳市风,驿楼高倚夕阳东。
> 往来千里路长在,聚散十年人不同。
> 但见时光流似箭,岂知天道曲如弓。
> 平生志业匡尧舜,又拟沧浪学钓翁。④

能否进士及第,不仅关乎声名,更关乎命运。寒窗苦读,踌躇满志,喜悦和悲伤转换的节奏太快,难免会触目伤神,意气难平。《唐摭言》和《唐诗纪事》分别记载了几个故事,很能说明科举制对唐代士人心灵和精神世界的影响。

《唐摭言·梦》载:

> 钟辐,虔州南康人也。始建山斋为习业之所,因手植一松于庭际。俄梦朱衣吏白云:"松围三尺,子当及第。"辐恶之。尔来三十余年,辐方策名;使人验之,松围果三尺矣。⑤

又《唐摭言·听响卜》:

> 韦甄及第年,事势固万全矣,然未知名第高下,志在鼎甲,未免挠怀。俄听于光德里南街,忽睹一人叩一版门甚急。良久,轧然门开,呼曰:"十三官尊体万福。"既而,甄果是第十三人矣。⑥

---

① 计有功撰、王仲镛校笺《唐诗纪事校笺》卷二〇,第 631 页。
② 计有功撰、王仲镛校笺《唐诗纪事校笺》卷三五,第 1196 页。
③ 《全唐诗》卷七四七,第 8597 页。
④ 《全唐诗》卷六九五,第 8069 页。
⑤ 王定保撰、陶绍清校证《唐摭言校证》卷八,第 13 页。
⑥ 王定保撰、陶绍清校证《唐摭言校证》卷八,第 319 页。

《唐诗纪事·苑咸》载：

> 唐人推咸为文诰之最。后贬汉东郡司户参军，复起为舍人，终永阳太守。始，咸举进士在京，仲夏忽染疾而卒，三日复苏。云见人追至阴司，见刘敬则为冥官，乃同举进士也。问其故，乃曰：追瑊，乃误召公。速遣押还。咸曰：数上京不捷，家远且贫，试阅籍，若有科第官职，即愿生还。刘谓曰：君来春登第，历台省，至中书舍人。①

能不能中进士，除了学问和文采，还近乎命运前定。士人们假梦以言志，以祥瑞咎征来表征通达泰否，以死而复生表达落第与登第的命运转换，上述种种通过编织的故事来印证世人对自己才学、婚姻和前程的认可，虽然不乏神秘和宿命的色彩，但实质上表达的是科举制度与唐代士人命攸关的事实。可以说，唐代士人中举及第的喜悦和荣耀，中举的艰难与坎坷、落第的失意与惆怅，不仅仅表达的是个人的胸臆与诗情，而是有唐一代乃至后世科举选士制度对知识分子的深刻影响。

《周礼》云："面三槐，三公位焉。"孔疏："槐之言怀也。"②《魏都赋》曰："罗青槐以荫涂。"③槐树自古有官位的象征，荫涂也可以引申为荫庇前程的意思。怀，更有心系情牵的含义。

槐树在中国古代有多元的文化意象。魏文帝曹丕《槐赋》云："有大邦之美树，惟令质之可佳。托灵根于丰壤，被日月之光华。周长廊而开趾，夹通门而骈罗。承文昌之濬宇，望迎风之曲阿。"④说的也是槐树秉日月之精华，是材质俱美的大国之树。也许，唐人把槐树、槐花与选拔人才的科举制联系起来，反复吟咏的深意和根源正在于此。

总之，从"槐花黄，举子忙"的谣谚中，我们读出了掩映在唐代诗人槐花意象中的若干史实。唐代进士考试举子们在考试前的各种奔忙，及第后的喜悦，落第后的惆怅，都是在槐树、槐花的映照之下展开。唐代诗人妆点槐花入诗篇，将科举制度的礼闱春试与充满生机的槐花黄蕊联系

① 计有功撰、王仲镛校笺《唐诗纪事校笺》卷一七，第579—580页。
② 《周礼注疏·秋官司寇第五》，《十三经注疏》，第873页。
③ 《文选》卷六，中华书局1977年版，第102页。
④ 《艺文类聚·木部·槐》，上海古籍出版社1982年版，第1518页。

起来,塑造出一个重要的文化意象,成为唐代进士科举制的独特文化符号和文化记忆。

第四节　歌谣风议与汉唐宗教

佛教在汉末传入中国,经过了魏晋南北朝时期的扩张式发展,其主要经典大多翻译到中国,印度佛教主要宗派都在中国植根并与中国文化相融合,佛教信徒人数更多,社会影响更大。在隋唐大一统时期,随着中外交通、南北交通的畅通,各民族的交往交流更加频繁,文化的包容开放性更强,佛教的影响更为普遍、更为深刻。佛教与统治者、社会精英和民众生活的关系日趋密切,逐渐完成其中国化和社会化的过程。在这一过程中,也产生了很多与宗教有关的歌谣。这类歌谣反映的大多是当时人们对魏晋南北朝时期佛教高僧学问和风采的赞誉,以及当时佛教僧人受魏晋时期清谈的影响而擅长辩论和谈论佛教义理的特点。

支谦是汉末三国时期来华的高僧,《高僧传》载:"时孙权已制江左,而佛教未行。先有优婆塞支谦,字恭明,一名越。本月支人,来游汉境……博览经籍,莫不精究,世间伎艺,多所综习,遍学异书,通六国语。其为人细长黑瘦,眼多白而睛黄,时人为之语曰:'支郎眼中黄,形躯虽细是智囊。'汉献末乱,避地于吴。孙权闻其才慧,召见,悦之,拜为博士,使辅导东宫。"[①]又云:"卑摩罗叉,此云无垢眼,罽宾人……及罗什弃世,又乃出游关左……顷之,南适江陵,于新寺夏坐,开讲《十诵》。既通汉言,善相领纳,无作妙本,大阐当时。析文求理者,其聚如林,明条知禁者,数亦殷矣……道场慧观深括宗旨,记其所制内禁轻重,撰为二卷。送还京师,僧尼披习,竞相传写。时闻者谚曰:'卑罗鄙语,慧观才录。都人缮写,纸贵如玉。'"[②]又载:"于法开,不知何许人。事兰公为弟子,深思孤发,独见言表。善《放光》及《法华》……开有弟子法威,清悟有枢辩……'此中旧难通。'威既至郡,正值遁讲,果如开言。往复多番,遁

---

①《高僧传·康僧会传》,《大藏经》第 50 册,第 325 页上。
②《高僧传·卑摩罗叉传》,同上,第 333 页中、下。

遂屈,因厉声曰:'君何足复受人寄载来耶。'故东山谚云:'深量,开思,林谈,识记。'"①《高僧传》载:"释道安,姓卫氏,常山扶柳人也……至邺入中寺遇佛图澄,澄见而嗟叹,与语终日。众见形貌不称,咸共轻怪。澄曰:'此人远识,非尔俦也。'因事澄为师。澄讲,安每覆述,众未之惬,咸言:'须待后次,当难杀昆仑子。'即安后更覆讲,疑难锋起,安挫锐解纷,行有余力。时人语曰:'漆道人,惊四邻。'"②又载:"竺道生,本姓魏,巨鹿人……后值沙门竺法汰,遂改俗归依,伏膺受业。既践法门,俊思奇拔,研味句义,即自开解。故年在志学,便登讲座,吐纳问辩,辞清珠玉。虽宿望学僧,当世名士,皆虑挫词穷,莫敢酬抗……初生与叡公及严、观同学齐名,故时人评曰:'生、叡发天真,严、观洼流得,慧义彭享进,寇渊于默塞。'生及叡公独标天真之目,故以秀出群士矣。"③《续高僧传》载:"释灵裕,俗姓赵,定州巨鹿曲阳人也……精爽弘赡,理相兼通……或大德同集,间以谑情,及裕之临席,无不肃然自持,喧闹攸静……故通儒开士,积疑请决,艺术异能,抱策呈解,皆顶受绝叹,言不写情,可谓坐镇雅俗于斯人矣。故邺下谚曰:'衍法师伏道不伏俗,裕法师道俗俱伏。'诚其应对无思,发言成论故也。"④又记载说:"释真观,字圣达,吴郡钱塘人……时人语曰:'钱塘有真观,当天下一半。'……由此王公贵游多所知识。始兴王东临禹井,请以同行。于时兴皇讲筵,选能义集,观临途既促,咸推前次。既登高座,开二谛宗,百并纵横,一言冰泮。学士傅𬙂在席,嗟曰:'三千称首,七十当初,是上人者,当为酬对。'金陵道俗见知若此。"⑤《宋书·天竺传》载:"又有慧严、慧议道人,并住东安寺,学行精整,为道俗所推。时斗场寺多禅僧,京师为之语曰:'斗场禅师窟,东安谈义林。'"⑥上述歌谣,都是对魏晋南北朝时期名僧风采的赞美。

　　另外,佛教初传入中国时,为了取得中国民众的信从,还经常虚构神话故事和显示出种种"神迹"来吸引民众。这在歌谣中也有反映。比如

①《高僧传·于法开传》同上,第350页上、中。
②《高僧传·释道安传》,同上,第351页下。
③《高僧传·竺道生传》,同上,第366页中—367页上。
④《续高僧传·释灵裕传》,同上,第495页中—497页中。
⑤《续高僧传·释真观传》,同上,第701页下—702页上。
⑥《宋书·夷蛮传·天竺传》,第2391—2392页。

《庐山记》载,庐山白莲池上有文殊殿瑞像,晋陶侃初为广州刺史,海滨渔人见海中夜显光艳,遂网之,得文殊菩萨金像。旁有文字云:"昔阿育王所铸。"陶侃将之送武昌寒溪寺。后寺已焚,惟像屋并存。陶侃移督江州,以像有神灵,使人迎以自随,后为风涛所溺。时荆楚为之谣曰:"陶惟剑雄,像以神标。云翔泥宿,邈何遥遥。可以诚致,难以力招。"至远公创寺,乃祷于水上,其像复出,始迎置神运殿。故李邕记云:"育王赎罪,文殊降形。蹈海不沉,验于陶侃。迫火不热,梦于僧珍。"①

　　唐代还有不少官吏和文士,与佛教有密切的关系,虽身居庙堂之高,而结交僧人,过着诗酒悠游的林下生活②。有的甚至倾心向佛,拜倒在高僧座下,其中著名的如诗人王维。《旧唐书·王维传》载:"维以诗名盛于开元、天宝间,昆仲宦游两都,凡诸王驸马豪右贵势之门,无不拂席迎之,宁王、薛王待之如师友。维尤长五言诗。书画特臻其妙,笔踪措思,参于造化;而创意经图,即有所缺,如山水平远,云峰石色,绝迹天机,非绘者之所及也……维弟兄俱奉佛,居常蔬食,不茹荤血;晚年长斋,不衣文彩。得宋之问蓝田别墅,在辋口;辋水周于舍下,别涨竹洲花坞,与道友裴迪浮舟往来,弹琴赋诗,啸咏终日。尝聚其田园所为诗,号《辋川集》。在京师日饭十数名僧,以玄谈为乐。斋中无所有,唯茶铛、药臼、经案、绳床而已。退朝之后,焚香独坐,以禅诵为事。妻亡不再娶,三十年孤居一室,屏绝尘累。乾元二年七月卒。临终之际,以缙在凤翔,忽索笔作别缙书,又与平生亲故作别书数幅,多敦厉朋友奉佛修心之旨,舍笔而绝。"③王维的信佛,固然有宗教信仰的因素,更重要的其实是在追求一种寄情山水、优游林下的生活状态和禅林心境。这也体现了唐代众多诗人的精神追求。比如裴迪与王维一同居住在钟南山,常常访问僧寺,其《过崔兴上人山院》云:"不远灞陵边,安居向十年。入门穿竹径,留客听山泉。鸟啭深林里,心闲落照前。浮名竟何忆,从此愿栖禅。"④

① 《庐山记》卷一,《大正藏》第 51 册,第 1028 页下。
② 古杭云栖寺沙门袾宏辑《往生集·白居易少傅》载:"唐白居易。官中大夫太子少傅。舍宅为香山寺。号香山居士。晚岁患风痹,出俸钱三万,绘西方极乐世界一部依正庄严。悉按无量寿经。靡不曲尽顶礼发愿,以偈赞曰:极乐世界清净土,无诸恶道及众苦,愿如我身老病者,同生无量寿佛所。"《往生集》卷二,《大正藏》第 51 册,第 141 页上。
③ 《旧唐书·王维传》,第 5052—5053 页。
④ 计有功撰、王仲镛校笺《唐诗纪事校笺》卷一六,第 540 页。

还有的文人与佛寺本来就有密切的关系，其成长、成才曾得到佛寺的帮助，如茶圣陆羽是佛寺收养的孩子。《唐诗纪事》记载："太子文学陆鸿渐，名羽，其先不知何许人。竟陵龙盖寺僧姓陆，于堤上得初生儿，收育之，遂以陆为氏。及长，聪俊多闻，学赡辞逸，恢谐辨捷。性嗜茶，始创煎茶法，至今鬻茶之家，陶为其像，置于炀器之间，云宜茶足利。至大和中，复州有一老僧，云是陆僧弟子，常讽其歌云：'不羡黄金罍，不羡白玉杯，不羡朝入省，不羡暮入台。唯羡西江水，长向竟陵城下来。'鸿渐又撰《茶经》三卷，行于代。今为鸿渐形，因目为茶神，有售则祭之，无则以釜汤沃之。"[1]唐穆宗时期的丞相王播，少时因为孤贫，不得不依靠寺庙的僧斋果腹。《唐诗纪事》载："王播少孤贫，尝客扬州惠照寺木兰院，随僧斋飧。僧厌怠，乃斋罢而后击钟。后二纪，播自重位出镇是邦，因访旧游，向之题名，皆以碧纱罩其诗。播继以二绝句曰：'三十年前此院游，木兰花发院新修。如今再到经行处，树老无花僧白头。''上堂已了各西东，惭愧阇黎饭后钟。三十年来尘扑面，而今始得碧纱笼。'"[2]唐代文人与高僧交往，在山林美景和禅宗意趣的催发下，题壁佛寺、习业山林，无异于是穿着俗衣的山僧，这些访僧、酬僧、戏僧、悼僧的文字，构成了隋唐社会风气中一道特殊的风景。

在这样的宗教文化与社会风气的熏染下，隋唐五代还出现了很多著名的诗僧。他们或者以诗歌表达禅理体悟，或者直接展示自己的诗才，无异于披着法衣的诗人了。唐朗州药山释唯俨是以诗意表达禅境的一位高僧。《续高僧传》记载，释唯俨，石头禅师密证心法，元和中李翱为考功员外郎，闲来谒俨，问俨何谓道："俨指天指净瓶曰：'云在青天水在瓶。'翱于时暗室已明，疑冰顿泮。寻有偈云：'炼得身形似鹤形，千株松下两函经。我来相问无余说，云在青天水在瓶。'又偈：'选得幽居惬野情，终年无送亦无迎。有时直上孤峰顶，月下披云笑一声。'"[3]唐大中六年，丞相裴休也曾经借诗歌与僧人讨论佛理："曰：'自从大士传心印，额上圆珠七尺身。挂锡十年栖蜀水，浮杯今日渡漳滨。一千龙象随高步，

① 计有功撰、王仲镛校笺《唐诗纪事校笺》卷四〇，第 1383 页。
② 计有功撰、王仲镛校笺《唐诗纪事校笺》卷四五，第 1538—1539 页。
③《宋高僧传·唐朗州药山唯俨传》。《大正藏》，第 50 册，第 816 页上。

万里香华结胜因。拟欲事师为弟子,不知将法付何人。'休,会昌中官于钟陵,请运至郡,以所解一篇示之。师不顾曰:'形于纸墨,何有吾宗?'休问其故,曰:'上乘之印,唯是一心,更无别法。心体一空,万缘俱寂,如大日轮升于虚空,其中照耀,静无纤埃。证之者无新旧、无浅深,说之者不立义解、不开户牖,直下便是,动念即乖。'其后休录之,为传心法要云。"① 可以看出,高僧与诗人交往,研讨佛理,互相借重,沽名延誉,乃是一个时代的风气。

反映道教情况的歌谣风议,在汉唐时期数量较少,但有限的几首歌谣却能够反映出魏晋南北朝时期人们对道教神仙境界的向往,及由此引发的竞相入山采药所造成的弊病。

神仙是道教文化的产物,也是道教为信众塑造的最高修炼境界,因此,神仙就成为道教信徒和受道教影响的民众向往的目标。如李遵《太元真人茅君内传》载:"茅盈留句曲山,告二弟曰:'吾去有局任,不复得数相往来。'父老歌曰:'茅山连金穴,江湖据下流。三神乘白鹤,各居一山头。佳雨灌得稻,陆田亦复周。妻子保堂室,使我百无忧。白鹤翔金穴,何时复来游?'"② 乘鹤飞天,遨游宇内,这是道家思想和神仙信仰中的逍遥境界,也是汉唐民众衷心祈盼的神仙生活。《搜神记》载:"汉阴生者,长安渭桥下乞小儿也。常于市匄,市中厌之,以粪洒之。旋复见里,洒衣不污如故。长吏知,试系着桎梏,而续在市匄。试欲杀之,乃去。洒之者家室屋自坏,杀十余人。长安中谣言曰:'见乞儿,与美酒,以免坏屋之咎。'"③ 这则故事中所记载的"神仙"和前一首歌谣中的神仙不同,他于闹市中行乞,并不与人主动接触,但每受攻击则睚眦必报,使人破室伤家,故而引起了人们的敬畏。

道教神仙理想一旦形成,其对世人的影响就开始发生作用。而道教给信众指示的成仙途径除了修炼以外,还有服食丹药一途。南北朝时期,追求成仙的信众众多,而由此造成的社会问题也十分突出。《抱朴子内篇·登涉》载:"或问登山之道。抱朴子曰:'凡为道合药,及避乱隐居

---

① 计有功撰、王仲镛校笺《唐诗纪事校笺》卷四八,第 1627—1628 页。
② 徐坚《初学记·鸟部·鹤》,中华书局 2004 年版,第 727 页。
③ 干宝撰、李剑国辑校《搜神记辑校》卷一,中华书局 2019 年版,第 35—36 页。

者,莫不入山。然不知入山法者,多遇祸害。故谚有之曰:"太华之下,白骨狼藉。"皆谓偏知一事,不能博备,虽有求生之志,而反强死也。'"① 因求长生而入山采药,却往往遇害丢命,这大概是求仙者所始料不及的,也是道教长生理想与服食丹药路径的天然悖论。

　　总之,通过以上简单而初步的梳理可以看出,汉唐时期的歌谣风议,虽然可以划分为政治性、社会性和文化性歌谣风议三类,但其中却包含着更多的细目和类别,其所反映的汉唐时期的政治、社会和文化风貌,也是异常丰富而多彩的。可以说,汉唐时期的歌谣风议,是我国古代文学和史学宝库中的一颗颗璀璨明珠,闪耀其上的多彩光辉和蕴含其中的历史奥秘都值得我们予以深入发掘和专门研究。

---

① 葛洪著、王明校释《抱朴子内篇校释·登涉》,中华书局 1985 年版,第 299 页。

第四章　汉唐歌谣风议作者和传播的社会空间

　　我国古代的历史歌谣,宛若一首首响彻千年的古歌,时至今日它们还能够在遥远的时空深处振荡着我们的耳鼓。随手翻开一部历史典籍,都会不时感受到这些歌谣独特的语言魅力和对我们形成的心灵震撼。这些歌谣,内容丰富,既有官僚上层的悲歌际遇、慷慨情怀之作,也有普通百姓的刺贪刺虐之音、哀告无助之语,其中虽然不乏对当政者的歌颂和赞誉,更多的却是民众对社会危机和自身生活境遇的控诉和呼告。通过它们,千载之下我们犹然能够体会得出那些歌者的生活状态和情感色彩。这些载之于史籍和文献中的歌谣都曾经是众口讽诵的鲜活文字,都曾经在一定的社会群体和社会空间中传播,也都曾经在一定时期和范围内产生过值得注意的影响。我们可以通过对歌谣风议作者身份和传播范围的考察,来探讨魏晋南北朝歌谣舆论的社会空间和政治空间问题。

　　空间是有机生命体最先感觉到的第一存在,空间与人类社会息息相关,没有空间就没有人类及其社会。菲利普·韦格纳在其长篇论文《空间批评:批评的地理、空间、场所与文本性》的开篇引用莎士比亚《皆大欢喜》中关于"全世界是一个舞台"的著名诗句,然后指出,这"有力地说明了在西方现代性历史中盛行的一些关于空间与空间性的占支配地位的设想:空间被看成是一个空空荡荡的容器,其本身和内部都了无趣味,里面上演着历史与人类情欲的真实戏剧"①。

　　法国当代社会学者列斐伏尔(Henri Lefebvre)在继承西方传统的空间思想的基础上,指出每个社会都产生适合的空间,每个空间里都弥漫着各种社会的关系。空间可说是社会的产物,具体的空间乃是社会生产与再生产的场域,空间概念无法脱离社会物质条件的思考模式。当空

---

① 转引自刘进《20 世纪中后期以来的西方空间理论与文学观念》,《文艺理论研究》2007 年第 6 期。

间被视为一种物质产物,并可与其他物质元素发生关系时,意味着社会成员正处在相互关系运作下,因此空间也就被自然而然地赋予了某种形式、功能和意义。列斐伏尔在其《空间的生产》一书中指出:"社会空间并不是一种在其他事物之外的事物,也不是在其他产物之外的产物,确切地说,它纳入了所生产的事物,包含了它们在共存和同在中的相互关系。"[①] 我国古代经典《周易》也以乾坤二卦起始,象征着天地对于人类文明化生、承载的巨大作用。《乾卦·彖辞》讲:"大哉乾元! 万物资始,乃统天。云行雨施,品物流形,大明终始,六位时成, ……乾道变化,各正性命。"《坤卦·彖辞》则曰:"至哉坤元! 万物资生,乃顺承天,坤厚载物,德合无疆。含弘光大,品物咸亨,牝马地类,行地无疆。"[②]

以上论述,虽然存在东西文化观念的差异,要言之,都在说明一个道理,人类社会的生产生活,都是在一定的自然空间和社会空间里产生[③]。汉唐时期的歌谣风议,都是在具体的历史情境,也就是具体的社会聚落和政治机构中发生的,从歌谣风议产生的具体社会空间和政治空间这些具体的历史坐标中,更容易分析和探求歌谣风议制作和传播者的社会和政治身份,更易于探究汉唐歌谣风议传播的社会和政治属性。

第一节　汉唐歌谣作者身份探析

由于歌谣具有大众传播的特点,在通常情况下,不仅很难确认它们的最初作者,而且也很难辨别传播者和受众之间的区别,因为在口耳相传的情况下,一首歌谣的受众,往往又是这首歌谣得以进一步扩散的传播者。正因如此,歌谣在传播的过程中往往使得真正的作者湮没于大众之中。事实也正是这样,我国古代的史籍和文献记载的绝大多数歌谣都没有确切的作者可考。历史文献中记录歌谣的形式往往只是在每条歌谣之前冠以某时、某地"歌谣曰"的字样,或者径直套用"有童谣"、"谣

---

① Henri Lefebvre, The production of Space, translated by Donald Niebolson-Smith, Oxford（UK）, Cambridge, Mass : Blackwell. p. 73.

② 王弼等著、孔颖达等疏《周易正义》卷一,第 14 页。

③ 李传军《汉唐风土记研究》第四章,中国社会科学出版社 2015 年版,第 144—146 页。

曰"或"时人语曰"的格式。这样的例子是不胜枚举的。但是众口流传的歌谣风议毕竟不是无源之水和无根之木,其最初的起源总能够在一些特定的人物或特定的群体中得到大体的确认。如果在众多的资料中细心考索,还是能够找到足够的材料来确定一些歌谣的作者及其身份的。即便是众口流传的民歌和童谣,有些我们也还是能够大体确定它们的传播群体和流传地域的。因此,从歌谣传播者的身份和地域出发来探讨歌谣传播群体的生存和生活环境,便不失为探讨歌谣舆论发生和流传的社会空间和时代背景的可行方法和有效途径。

　　一般而言,我们可以按照歌谣传播和发生影响的范围来确定群体传播歌谣者的身份。通过这样的考察,汉唐时期歌谣的作者和最初的传播者就大体上可以分为普通民众、社会特殊群体(如学生、军人、妇女和儿童等)、官僚或统治阶层的某些人物等。

　　歌谣传播中的普通民众主要是指州、郡统辖下的县、乡、里等基层组织里的百姓。这个群体是汉唐时期歌谣传播者中最主要的部分。普通民众制造和传播歌谣的例证在史书中是很多见的。

　　西汉惠帝时,曹参代萧何为相国。初,高帝与萧何定天下,法令既明具,及参守职,举事无所变更,一切都依照萧何制定的政策和办法行事,百姓便之,于是作歌说:"萧何为法,顜若画一。曹参代之,守而勿失。载其清净,民以宁一。"[1]《汉书》记载说:成帝时,冯野王为上郡太守,后其弟立亦自五原太守徙西河上郡。立居职公廉,治行略与野王相似。而多知有恩贷,好为条教。吏民赞美野王、立相代为太守,为其作歌而颂曰:"大冯君,小冯君,兄弟继踵相因循,聪明贤知惠吏民,政如鲁、卫德化钧,周公、康叔犹二君。"[2]《后汉书》载:张堪在光武时为渔阳太守,他捕击奸猾,赏罚必信,吏民皆乐为之用。乃于狐奴开稻田八千余顷,劝民耕种。百姓因以致殷富。民众歌之曰:"桑无附枝,麦穗两歧。张君为政,乐不可支。"[3]《后汉书·朱晖传》载,朱晖建武年间为临淮太守:"晖好节概,有所拔用,皆厉行士。其诸报怨,以义犯率,皆为求其理,多得生济。其

① 《史记·曹相国世家》,第 2031 页。
② 《汉书·冯立传》,第 3305 页。
③ 《后汉书·张堪传》,第 1100 页。

不义之囚,即时僵仆。吏人畏爱,为之歌曰:'强直自遂,南阳朱季。吏畏其威,人怀其惠。'"①《艺文类聚》引《殷氏家传》说曹魏时期殷褒为荥阳令时:"广筑学馆,会集朋徒,民知礼让,乃歌曰:'荥阳令,有异政,修立学校人易性,令我子弟耻讼争。'"②

《晋书·苟晞传》载苟晞为青州刺史时:"乃多置参佐,转易守令,以严刻立功,日加斩戮,流血成川,人不堪命,号曰'屠伯'。顿丘太守魏植为流人所逼,众五六万,大掠兖州。晞出屯无盐,以弟纯领青州,刑杀更甚于晞,百姓号'小苟酷于大苟'。晞寻破植。"③这是青州百姓不堪苟晞、苟纯杀戮人民的苛虐之政而发出的呼号。《宋书·奚显度传》说:"奚显度者,南东海郯人也。官至员外散骑侍郎。世祖常使主领人功,而苛虐无道,动加捶扑,暑雨寒雪,不听暂休,人不堪命,或有自经死者。人役闻配显度,如就刑戮。时建康县考囚,或用方材压额及踝胫,民间谣曰:'宁得建康压额,不能受奚度拍。'又相戏曰:'勿反顾,付奚度。'其酷暴如此。"④这是民众为奚显度暴虐而作的歌谣。在这两个例证中,虽然没有指出歌谣传播者的具体身份,但都明确指出这是民众的作品,特别是第二首,更指明是服役的民众。

作为群体传播的歌谣,其传播群体身份还有较为特殊的,如学生、军人、妇女和行人等,这些具有特定社会身份的歌谣传播群体,是歌谣制造和传播中比较特殊的一类。

自汉武帝罢黜百家,独尊儒术,并设立以太学为代表的国家教育体系以来⑤,太学生群体就成为在国家文化舞台和社会舆论平台上的重要群体,作为未来国家各级官吏的候选人,他们在汉唐时期发挥了独特的文化作用。尤其是在东汉盛行月旦评和清议的时期,太学生更成为政治

①《后汉书·朱晖传》,第1458—1459页。

②《艺文类聚·人部·讴谣》,第351页。

③《晋书·苟晞传》,第1667页。

④《宋书·恩幸传·奚显度传》,第2306页。

⑤《文献通考·学校考·太学》中说:"汉兴,高帝尚有干戈,平定四海,未遑庠序之事。至武帝,始兴太学……董仲舒《对策》曰:'养士莫大乎太学。太学者,贤士之所关也,教化之本原也。今以一郡一国之众,对亡应书者,是王道往往而绝也。臣愿陛下兴太学,置明师,以养天下之士,数考问以尽其材,则英俊宜可得矣。'后武帝立学校之官,皆自仲舒发之。元朔五年,置博士弟子员。前此博士虽各以经授徒,而无考察试用之法,至是官始为置弟子员,即武帝所谓兴太学也。"(中华书局1986年版,第381—382页)

监督的重要力量和政治舆论发起的主要群体。《后汉书·党锢列传序》记载这种情况说:"初,桓帝为蠡吾侯,受学于甘陵周福,及即帝位,擢福为尚书。时同郡河南尹房植有名当朝,乡人为之谣曰:'天下规矩房伯武,因师获印周仲进。'二家宾客,互相讥揣,遂各树朋徒,渐成尤隙,由是甘陵有南北部,党人之议,自此始矣……流言转入太学,诸生三万余人,郭林宗、贾伟节为其冠,并与李膺、陈蕃、王畅更相褒重。学中语曰:'天下模楷李元礼,不畏强御陈仲举,天下俊秀王叔茂。'又渤海公族进阶、扶风魏齐卿,并危言深论,不隐豪强。自公卿以下,莫不畏其贬议,屣履到门。"[1] 这种歌谣清议,不仅对东汉时期的政治产生了直接而重要的影响,还对魏晋南北朝时期的乡里清议和人物月旦评议风气的形成起到了重要的作用。不过,此类与政治直接发生关系和产生影响的歌谣风议,由于统治者的严厉打击,在汉代以后已经很难见到,其后史籍中所载的大多是形式类似"诸儒为某某语"的评议型歌谣。比如《汉书·朱云传》载:少府五鹿充宗贵幸,为《梁丘易》。元帝好之,欲考其异同,令与诸《易》家论。充宗乘贵辨口,诸儒莫能与抗。有荐朱云者,召入,摄齎登堂,抗首而请,音动左右。故诸儒为之语曰:"五鹿岳岳,朱云折其角。"[2]《汉书·匡衡传》载:匡衡好学,家贫,佣作以供资用,而精力过人。诸儒为之语曰:"无说诗,匡鼎来。匡说诗,解人颐。"[3]《后汉书·贾逵传》载:贾逵,字景伯,扶风平陵人。能诵《左氏传》及五经本文。自为儿童,常在太学,不通人间事,身长八尺二寸。诸儒为之语曰:"问事不休贾长头。"[4]《后汉书·杨震传》曰:杨震,字伯起,弘农华阴人。少好学,受《欧阳尚书》于太常桓郁,明经博览,无不穷究。诸儒为之语曰:"关西孔子杨伯起。"[5] 另外,《魏书·李谧传》载:李谧少好学,周览百氏。初师事小学博士孔璠,数年后,璠还就谧请业。同门生为之语曰:"青成蓝,蓝谢青,师何常,在明经。"[6]《周书·吕思礼传》则记载说:吕思礼,东平寿

---

① 《后汉书·党锢列传》,第 2185—2186 页。
② 《汉书·朱云传》,第 2913—2914 页。
③ 《汉书·匡衡传》,第 3331 页。
④ 《后汉书·贾逵传》,第 1235 页。
⑤ 《后汉书·杨震传》,第 1759 页。
⑥ 《魏书·逸士传·李谧传》,第 1932 页。

张人。性温雅,不杂交游。年十四,受学于徐遵明,长于论难。诸生为之语曰:"讲《书》论《易》,其锋难敌。"[1] 这类儒生之间的评议性歌谣,有的可以看出是在太学生中间传播的,如赞扬贾逵的歌谣就属于这种情况,但大部分都是普通学者之间针对学业和学者们各自的学术修养的评价。这从一个侧面反映了东汉以后,太学生和各类普通儒学知识分子在国家政治和社会舆论中影响的降低。

军人是一个较为特殊的社会群体,在战争频仍的汉唐时期,军人所作的歌谣是很常见的。这类歌谣主要是对己方主将的赞美和对战争及残暴的军人给民众造成的疾苦的厌倦和愤怒,可以说是军旅生涯和军人喜怒哀乐的集中反映。这类歌谣,大多都是军人创作的,而军人在中国古代也是一个比较特殊的社会群体。

妇女在歌谣风议传播中的角色值得注意,她们本是汉唐社会最弱势的群体,一般以民女、宫女、闺妇、弃妇的角色出现,当然也有不少纯真少女向往爱情的歌谣。

宫女是汉唐时期一个特殊的群体,她们入居深宫,服侍君王和后妃,与世隔绝,地位卑微,不能过正常人的生活,又处于敏感的宫闱之内,帝王后妃们的荣辱成败,王朝的兴衰,都能直接影响她们的命运。她们没有命运的自主性,但对政治敏感,往往是宫廷谶谣的主要传播者。如《拾遗记》载:曹魏明帝时期,昆明国贡嗽金鸟,鸟常吐金屑如粟,用饰钗佩,谓之辟寒金。宫人作歌相嘲曰:"不服辟寒金,那得帝王心。不服辟寒钿,那得帝王怜!"[2] 这首歌谣反映了曹魏时期统治者淫逸的生活和宫女们盛妆自饰以邀帝王宠爱的心态。

北魏咸阳王元禧因遭猜忌而被赐死私第,其宫人歌曰:"可怜咸阳王,奈何作事误。金床玉几不能眠,夜蹋霜与露。洛水湛湛弥岸长,行人那得渡?"结果"其歌遂流至江表,北人在南者,虽富贵,弦管奏之,莫不洒泣"[3]。这首远播异国他乡,引起北朝南渡贵族无限遐思的歌谣,就是由宫女创作和传唱的作品。

---

① 《周书·吕思礼传》,第 682 页。
② 《太平御览·服用部·钗》,第 3181 页。
③ 《魏书·咸阳王禧传》,第 539 页。

北朝时期，斛律部部帅倍侯利"质直勇健过人，奋戈陷阵，有异于众。北方之人畏婴儿啼者，语曰'倍侯利来'，便止。处女歌谣云：'求良夫，当如倍侯。'其服众如此。"① 这首歌谣反映了民间妇女对倍侯利的企慕之心。

佚名《迷楼记》："大业九年，帝将再幸江都。有迷楼宫人静夜抗歌云：'河南杨柳谢，河北李花荣。杨花飞去落何处？李花结果自然成。'帝闻其歌，披衣起听，召宫女问之云：'孰使汝歌也？汝自歌之耶？'宫女曰：'臣有弟在民间，因得此歌，曰道途儿童多唱此歌。'帝默然久之，曰：'天启之也，天启之也！'"② 这首被称为"迷楼宫人歌"的歌谣，以杨花飞落、李花结果的意象预示隋灭唐兴，而改朝易代，也意味着宫女们悲惨沦亡命运的开始。

唐人孟棨《本事诗·情感》载："开元中，颁赐边军纩衣，制于宫中。有兵士于短袍中得诗曰：'沙场征戍客，寒苦若为眠。战袍经手作，知落阿谁边？蓄意多添线，含情更著绵。今生已过也，结取后身缘。'兵士以诗白于帅，帅进之。玄宗命以诗遍示六宫，曰：'有作者勿隐，吾不罪汝。'有一宫人自言万死，玄宗深悯之，遂以嫁得诗人，仍谓之曰：'我与汝结今生缘。'边人皆感泣。"③ 这是唐玄宗时宫女为追求爱情，与边塞将士作诗歌表达爱慕之情，在开元盛世的开放气度下，玄宗玉成此事，成就一段佳话。

唐代开放的气象，极大拓展了女性的政治参与和社会生活空间，以歌谣表达真挚的爱情，也成为唐代女性常见的文化现象。如柳氏所作歌谣《杨柳枝》就说："杨柳枝，芳菲节，可恨年年赠离别。一叶随风忽报秋，纵使君来岂堪折。"④ 郎大家宋氏《长相思》云："长相思，久离别。关山阻，风烟绝。台上镜文销，袖中书字灭。不见君形影，何曾有欢悦。"⑤ 敦煌歌谣《闺情二首》其二："百度看星月，千回望五更。自知无夜分，乞愿早天明。"⑥《闺情五首》其二："春来往往不知明，黄鸟窗边唤始惊。枕

---

①《魏书·高车传》，第 2309 页。
② 党银平、段承校《隋唐五代歌谣集》，南京师范大学出版社 2014 年版，第 5 页。
③ 党银平、段承校《隋唐五代歌谣集》，第 21 页。
④ 党银平、段承校《隋唐五代歌谣集》，第 37 页。
⑤ 党银平、段承校《隋唐五代歌谣集》，第 64 页。
⑥ 党银平、段承校《隋唐五代歌谣集》，第 256 页。

上颦眉犹呓语,觉来还说梦中情。"①则是闺中妇女思念远方夫婿的歌谣。这与脍炙人口的唐代诗人金昌绪的《春怨》(打起黄莺儿,莫教枝上啼。啼时惊妾梦,不得到辽西②)所表达的主题差不多,都是唐代闺阁女性思夫的爱情表达。

行路难,多歧路,汉唐盛世的内外交通和商贸事业十分发达,行路者为事业而奔波,既可以饱览海内外的山川形胜,也会体悟到奔波行役之苦,而在歌谣中有所表达。《后汉书·西南夷传》载:"永平十二年,哀牢王柳貌遣子率种人内属……西南去洛阳七千里,显宗以其地置哀牢、博南二县,割益州郡西部都尉所领六县,合为永昌郡。始通博南山,度兰仓水,行者苦之。歌曰:'汉德广,开不宾。度博南,越兰津。度兰仓,为它人。'"③三国时期,魏文帝喜爱美人薛灵芸,不仅将其迎至京师,而且修建烛台以置之:"灵芸未至京师数十里,膏烛之光,相续不灭。车徒噎路,尘起蔽于星月,时人谓为'尘霄'。又筑土为台,基高三十丈,列烛于台下,而名曰'烛台',远望如列星之坠地。又于大道之傍,一里致一铜表,高五尺,以志里数。故行者歌曰:'青槐夹道多尘埃,龙楼凤阙望崔嵬。清风细雨杂香来,土上出金火照台'。"④这两首歌谣则是行人,也即为求生存而奔波的百姓因行路难的悲苦或京师奢华道路引发的感慨而作的歌谣。

儿童是歌谣作者群体中最为特殊的一类,虽然史籍中记载的童谣数量数不胜数,但是特别记载童谣是在什么情况下产生的文本却是少之又少。对此笔者有一种推测,即大多数政治童谣和儿歌都是个别人物的作品,而只有极少数童谣是儿童在玩耍嬉戏时的产物。虽然真正的、严格意义上的出自儿童的童谣在史籍中记载的数量不多,但也不乏例证,比如《搜神记》记载:"吴以草创之国,信不坚固,边屯守将,皆质其妻子,名曰保质。童子少年,以类相与嬉游者,日有十数。永安二年三月,有一异儿,长四尺余,年可六七岁,衣青衣,来从群儿戏,诸儿莫之识也。皆问曰:'尔谁家小儿,今日忽来?'答曰:'见尔群戏乐,故来耳。'详而视之,眼有光芒,爚爚外射。诸儿畏之,重问其故。儿乃答曰:'尔恶我乎?我

---

① 党银平、段承校《隋唐五代歌谣集》,第 262 页。
② 沈德潜选注《唐诗别裁》卷一九,中华书局 1964 年版,第 100 页。
③ 《后汉书·西南夷传·哀牢传》,第 2849 页。
④ 《太平广记》卷二七二,出《王子年拾遗记》,第 2139—2140 页。

非人也,乃荧惑星也。将有以告尔:三公鉏,司马如。'诸儿大惊,或走告大人,大人驰往观之。儿曰:'舍尔去乎!'竦身而跃,即以化矣。仰面视之,若引一匹练以登天。大人来者,犹及见焉,飘飘渐高,有顷而没。时吴政峻急,莫敢宣也。后五年而蜀亡,六年而晋兴,至是而吴灭,司马如矣。"①如果拂去这则故事的神话色彩,那它所记载的儿童嬉戏时歌唱童谣的情节是很符合历史实际的。东晋桓玄时,"朱雀门下,忽有两小儿,通身如墨,相和作《芒笼歌》,路边小儿从而和之数十人。歌云:'芒笼茵,绳缚腹。车无轴,倚孤木。'声甚哀楚,听者忘归。日既夕,二小儿还入建康县"②。东晋义熙二年(406),有小儿相逢于道,辄举其两手曰"卢健健",次曰"斗叹斗叹",末曰"翁年老翁年老"③,当时人们都不解这些谣言的意思。南齐永明年间,市里儿童做游戏,以铁相击于地,谓之"斗凿",甚为风行,后来人们意识到"凿"字其实就是"族"字,表示南齐宗室相斗杀④。再如北齐河清末年,"游童戏者好以两手持绳,拂地而却上,跳且唱曰'高末',高末之言,盖高氏运祚之末也"⑤。这些童谣,虽然带有神秘主义的色彩,却都是对政治现实的一种反映,实质上也是公众舆论的产物。

个体的歌谣制造和传播者也可以分为两类,即可以确切知道创作者姓名的和不能确知姓名但可以确定为个人制造或传播歌谣的。这些人物大多都是统治阶层中的成员。正因如此,他们的名字和所作歌谣才得以载诸史籍。汉唐在史籍和文献中有名可考的歌谣作者有:

汉高祖戚夫人。《汉书·外戚传》载:"高祖崩,惠帝立,吕后为皇太后,乃令永巷囚戚夫人,髡钳衣赭衣,令舂。戚夫人舂且歌曰:'子为王,母为虏,终日舂薄暮,常与死为伍! 相离三千里,当谁使告女?'"⑥

慕容廆。《晋书·吐谷浑传》载,鲜卑慕容廆部与吐谷浑部分裂后,"廆悔之,遣其长史史那楼冯及父时耆旧追还之……楼冯遣从者二千骑,

① 《三国志·吴书·三嗣主传·孙皓传》注引《搜神记》,第 1177—1178 页。
② 《太平广记》卷三六八,出《续齐谐记》,第 2926。
③ 《晋书·五行志》,第 849 页。
④ 《南史·废帝郁林王纪》,第 140 页。
⑤ 《北齐书·后主纪》,第 114 页。
⑥ 《汉书·外戚传》,第 3937 页。

拥马东出数百步,辄悲鸣西走。如是者十余辈,楼冯跪而言曰:'此非人事也。'遂止。鲜卑谓兄为阿干,庑追思之,作《阿干之歌》,岁暮穷思,常歌之"[1]。案近人陈澄之《伊犁烟云录·鲜卑和羌》记载《阿干之歌》曰:"阿干西,我心悲,阿干欲归我不归。为我谓马何太苦,我阿干为阿干西。阿干身苦寒,辞我土棘住白兰。我见落日不见阿干。嗟嗟,人生能有几阿干。"[2]关于陈澄之先生辑录的这首《阿干之歌》,黎虎先生指出:"陈氏认为这就是当年慕容庑所作的《阿干之歌》,可惜他没有说明其来历和出处,因此我们无法确定它就是慕容庑的原作……事实上包括《阿干之歌》在内的大多数慕容鲜卑歌,在古代一直是用鲜卑语演唱而没有翻译成汉语,因而早在唐代对于它们就已经是'虽译者亦不能通知其辞,盖年岁久远,失其真矣'。可见从它产生直至唐代都没有被翻译成汉语……不过这首歌发现于兰州附近,也不会是空穴来风,据王先谦合校本《水经注》卷二《河水二》引清人全祖望语云:'阿步干,鲜卑语也。慕容庑思其兄吐谷浑,因作阿干之歌,盖胡俗称其兄曰阿步干。阿干者,阿步干之省也。今兰州阿干峪、阿干河、阿干城、阿干堡,金人置阿干县,皆以《阿干之歌》得名。阿干水至今利民,曰溥惠渠。又有沃干岭,亦阿干之转音。'可见《阿干之歌》曾在这一地区广泛流传。这个地区是在吐谷浑的活动范围和影响之内,流传《阿干之歌》的可能性是存在的。"[3]

王珉、王廞。《宋书·乐志》载:"《团扇哥》者,晋中书令王珉与嫂婢有情,爱好甚笃,嫂捶挞婢过苦,婢素善哥,而珉好捉白团扇,故制此歌……《长史变》者,司徒左长史王廞临败所制。"[4]《团扇哥》和《长史变》都是个人创作的民歌作品。

张敬儿。《南史·张敬儿传》载:"(敬儿)性好卜术,信梦尤甚,初征荆州,每见诸将帅,不遑有余计,唯叙梦云:'未贵时,梦居村中,社树欻

①《晋书·吐谷浑传》,第 2537 页。
② 陈澄之《伊犁烟云录》,中华建国出版社 1948 年版,第 23 页。
③ 黎虎、金成淑《慕容鲜卑音乐略论》,《中国史研究》2002 年第 2 期。
④《宋书·乐志》,第 550 页。《乐府诗集》卷四五记载《团扇歌》云:"白团扇,辛苦五流连,是郎眼所见。白团扇,憔悴非昔容,羞与郎相见。"(第 660 页)《乐府诗集》同卷记载《长史变》共有三首,其一为:"出侬吴昌门,清水绿碧色。徘徊戎马间,求罢不能得。"其二为:"口和狂风扇,心故清白节。朱门前世荣,千载表忠烈。"其三为:"朱桂结贞根,芬芳溢帝庭。陵霜不改色,枝叶永流荣。"(第 662 页)

高数十丈。及在雍州，又梦社树直上至天。'以此诱说部曲，自云贵不可言……又使于乡里为谣言，使小儿辈歌曰：'天子在何处？宅在赤谷口，天子是阿谁？非猪如是狗。'敬儿家在冠军，宅前有地名赤谷。既得开府，又望班剑，语人曰：'我车边犹少班兰物。'"①

仇儒。《魏书·长孙肥传》载：北魏时"中山太守仇儒不乐内徙，亡匿赵郡，推群盗赵准为主。妄造妖言云：'燕东倾，赵当续，欲知其名，淮水不足。'准喜而从之，自号使持节、征西大将军、青冀二州牧、巨鹿公，儒为长史，聚党二千余人，据关城，连引丁零，杀害长吏，扇动常山、巨鹿、广平诸郡。遣肥率三千骑讨之，破准于九门，斩仇儒，生擒准。"②仇儒为起义制造舆论而创作的歌谣虽然因带有神秘的色彩而被北魏统治者视为妖言，但对赵郡民众却颇具号召力，由此可以看出歌谣风议对于民众的舆论影响是不可忽视的。

褚緭。《梁书·褚緭传》载："褚緭在魏，魏人欲擢用之。魏元会，緭戏为诗曰：'帽上着笼冠，袴上着朱衣，不知是今是，不知非昔非。'"褚緭的这首游戏之作含有讽刺意味，与普通的诗歌有明显的不同，可以看作是一首讽刺性歌谣。结果，这首歌谣直接触怒了北魏统治者，史载："魏人怒，出（褚緭）为始平太守。日日行猎，堕马死。"③

斛律金所唱《敕勒歌》。《北齐书·神武帝纪》载，北魏时期，高欢率兵攻打西魏，无功而返。"是时西魏言神武（即高欢）中弩，神武闻之，乃勉坐见诸贵，使斛律金《敕勒歌》，神武自和之，哀感流涕。"④

刘希夷。唐代人，字廷之，汝州人，唐高宗上元年间进士。他年少时就很有文采，喜欢写宫体诗，但词旨悲苦，不为时人所重。有一天，他写了一首诗，叫作《白头吟》，其中有一联："今年花落颜色改，明年花开

①《南史·张敬儿传》，第 1138 页。
②《魏书·长孙肥传》，第 652 页。
③《梁书·褚緭传》，第 315 页。
④《北齐书·神武帝纪》，第 23 页。《乐府诗集》卷八六《杂歌谣辞》四载《敕勒歌》云："敕勒川，阴山下，天似穹庐，笼盖四野。天苍苍，野茫茫，风吹草低见牛羊。"其题注云："《乐府广题》曰：'北齐神武攻周玉壁，士卒死者十四五。神武恚愤，疾发。周王下令曰："高欢鼠子，亲犯玉壁，剑弩一发，元凶自毙。"神武闻之，勉坐以安士众。悉引诸贵，使斛律金唱《敕勒》，神武自和之。'其歌本鲜卑语，易为齐言，故其句长短不齐。"（第 1212—1213 页）按这首歌谣为北朝民歌，虽非斛律金所作，但却因其演唱而得以载诸史籍，流传后世。斛律金和高欢在这首歌谣的传播中所做出的贡献是很突出的。

复谁在？"后又感到后悔，说："我此诗似谶，与石崇《白首》同所归'何异也！"于是又作一联云："年年岁岁花相似，岁岁年年人不同。"仍然感觉不祥，感叹说："死生有命，岂由此虚言乎？"①不料，这首诗写后不足一年，刘希夷竟被奸人所杀，人们认为这"应验"了"明年花落复谁在"及"岁岁年年人不同"的预言。其实，刘希夷之死，与其所写诗并无关系。由于刘颇为迷信，曾有对命运的担忧，故其死后，文人们将其死与其诗相联系，并大肆渲染。

值得一说的是，刘希夷这首诗并非民间歌谣，而是文人的诗歌，但因其特殊性，我们可以称之为诗谶。诗谶是神秘预言性诗歌，多数是怀有特定目的的人就某事创作的预测性短诗或短语，内容抽象，语言简练，但经过解读可以看出是对一些政治事件或个人命运的预判，也就是对已发生或将发生事件的应然性断语。但也有文人墨客、官员吏士的随性之作，信笔写就，但却切中自己的命运，所谓言为心声，于是成为"诗谶"。刘希夷落魄的命运其实也是如此，《唐才子传》说他"词情哀怨"，"体势与时不合"②，这大概才是他命运多舛的根本原因。

张鷟、沈全交。《朝野佥载》载："则天革命，举人不试皆与官，起家至御史、评事、拾遗、补阙者，不可胜数。张鷟为谣曰：'补阙连车载，拾遗平斗量。杷推侍御史，椀脱校书郎。'时有沈全交者，傲诞自纵，露才扬己，高巾子，长布衫，南院吟之，续四句曰：'评事不读律，博士不寻章。面糊存抚使，眯目圣神皇。'"③

通过以上例证可以看出，汉唐时期有名可考的歌谣作者大多是一些具有显赫身份的政治和社会上层人物，并且大多是在史籍中有传记的人物，正因如此，他们的活动和歌谣创作才会与特定的政治形势和事件发生关系，从而被载诸史籍，因而能够在汉唐时期众多的歌谣作者和传播者中凸显出来，和同样是歌谣作者的普通民众的湮没无闻形成了鲜明的对比。

介于群体和个体之间的歌谣制造者和传播者主要是指一些任职于

---

① 辛文房撰、傅璇琮等校笺《唐才子传校笺》，第96—97页。
② 辛文房撰、傅璇琮等校笺《唐才子传校笺》，第97页。
③ 张鷟撰、赵守俨点校《朝野佥载》卷四，中华书局1979年版，第89页。

特殊部门和具有特殊身份的社会阶层,比如政府官员和各部官吏。他们虽然也是以群体或个体的身份来创作和传播歌谣的,但他们所作的歌谣风议,主要是对本部门官员的评价和臧否,其中所涉及的政府各个部门的有关信息,尤其值得注意。这类歌谣和作者,我们可以举出以下例证:

时人为何晏邓飏丁谧曹爽谤语。"丁谧,字彦靖……谧少不肯交游,但博观书传。为人沉毅,颇有才略。太和中,常住邺,借人空屋,居其中。而诸王亦欲借之,不知谧已得,直开门入。谧望见王,交脚卧而不起,而呼其奴客曰:'此何等人?促呵使去。'王怒其无礼,还具上言。明帝收谧,系邺狱,以其功臣子,原出。后帝闻其有父风,召拜度支郎中。曹爽宿与相亲,时爽为武卫将军,数为帝称其可大用。会帝崩,爽辅政,乃拔谧为散骑常侍,遂转尚书。谧为人外似疏略,而内多忌。其在台阁,数有所弹驳,台中患之,事不得行。又其意轻贵,多所忽略,虽与何晏、邓飏等同位,而皆少之,唯以势屈于爽。爽亦敬之,言无不从。故于时谤书,谓'台中有三狗,二狗崖柴不可当,一狗凭默作疽囊。'三狗,谓何、邓、丁也。默者,爽小字也。其意言三狗皆欲啮人,而谧尤甚也。"[1]

桓温府中为郗超和王珣语。史载:"桓温辟(郗超)为征西大将军掾。温迁大司马,又转为参军。温英气高迈,罕有所推,与超言,常谓不能测,遂倾意礼待。超亦深自结纳。时王珣为温主簿,亦为温所重。府中语曰:'髯参军,短主簿,能令公喜,能令公怒。'超髯,珣短故也。寻除散骑侍郎。时(郗)愔在北府,徐州人多劲悍,温恒云'京口酒可饮,兵可用',深不欲愔居之。而愔暗于事机,遣笺诣温,欲共奖王室,修复园陵。超取视,寸寸毁裂,乃更作笺,自陈老病,甚不堪人间,乞闲地自养。温得笺大喜,即转愔为会稽太守。"[2]

宋明帝刘彧为王景文和张永谣。《宋书·王景文传》载:"时太子及诸皇子并小,上稍为身后之计,诸将帅吴喜、寿寂之徒,虑其不能奉幼主,并杀之,而景文外戚贵盛,张永累经军旅,又疑其将来难信,乃自为谣言曰:'一士不可亲,弓长射杀人。'一士,王字;弓长,张字也。景文弥

---

[1]《三国志·魏书·桓范传》注引《魏略》,第289页。
[2]《晋书·郗鉴传附愔子超传》,第1803页。

惧，乃自陈求解扬州。"①

梁世祖藩邸中为颜协、顾协语。《梁书·颜协传》载："颜协，字子和，琅邪临沂人也……协幼孤，养于舅氏。少以器局见称。博涉群书，工于草隶。释褐湘东王国常侍，又兼府记室。世祖出镇荆州，转正记室。时吴郡顾协亦在蕃邸，与协同名，才学相亚，府中称为'二协'。舅陈郡谢暕卒，协以有鞠养恩，居丧如伯叔之礼，议者重焉。又感家门事义，不求显达，恒辞征辟，游于蕃府而已。"②

湘东王府中诸吏为鱼弘、徐君蒨谣。《南史·徐君蒨传》载："君蒨字怀简，幼聪朗好学，尤长丁部书，问无不对。善弦歌，为梁湘东王镇西咨议参军。颇好声色，侍妾数十，皆佩金翠，曳罗绮，服玩悉以金银。饮酒数升便醉，而闭门尽日酣歌。每遇欢谑，则饮至斗。有时载伎肆意游行，荆楚山川，靡不毕践。朋从游好，莫得见之。时襄阳鱼弘亦以豪侈称，于是府中谣曰：'北路鱼，南路徐。'然其服玩次于弘也。"③

时人为祖莹、袁翻语。《魏书·祖莹传》曰："祖莹，字元珍，范阳遒人也……以才名拜太学博士。征署司徒、彭城王勰法曹行参军。高祖顾谓勰曰：'萧赜以王元长为子良法曹，今为汝用祖莹，岂非伦匹也。'敕令掌勰书记。莹与陈郡袁翻齐名秀出，时人为之语曰：'京师楚楚，袁与祖；洛中翩翩，祖与袁。'再迁尚书三公郎。"④

祖莹悲彭城诗。《北史·祖莹传》载："尚书令王肃曾于省中咏《悲平城诗》云：'悲平城，驱马入云中。阴山常晦雪，荒松无罢风。'彭城王勰甚嗟其美，欲使肃更咏，乃失语云：'公可更为诵《悲彭城诗》。'肃因戏勰云：'何意呼《悲平城》为《悲彭城》也？'勰有惭色。莹在座，即云：'《悲彭城》，王公自未见。'肃云：'可为诵之。'莹应声云：'悲彭城，楚歌四面起，尸积石梁亭，血流睢水里。'肃甚嗟赏之。"⑤

韦孝宽、祖珽为斛律光谣。《北齐书·斛律光传》载："周将军韦孝宽忌光英勇，乃作谣言，令间谍漏其文于邺，曰'百升飞上天，明月照长安'，

---

① 《宋书·王景文传》，第 2181 页。

② 《梁书·文学传·颜协传》，第 727 页。

③ 《南史·徐君蒨传》，第 441 页。

④ 《魏书·祖莹传》，第 1798、1799 页。

⑤ 《北史·祖莹传》，第 1735 页。

又曰'高山不推自崩,槲树不扶自竖'。祖珽因续之曰:'盲眼老公背上下大斧,饶舌老母不得语。'令小儿歌之于路。"①

御史台中为宋游道语。《北齐书·宋游道传》载:"宋游道,广平人,其先自敦煌徙焉。父季预,为渤海太守。游道弱冠随父在郡,父亡,吏人赠遗,一无所受,事母以孝闻。与叔父别居,叔父为奴诬以逆,游道诱令返,雪而杀之。魏广阳王深北伐,请为铠曹,及为定州刺史,又以为府佐。广阳王为葛荣所杀,元徽诬其降贼,收录妻子,游道为诉得释,与广阳王子迎丧返葬。中尉郦善长嘉其气节,引为殿中侍御史,台中语曰:'见贼能讨宋游道。'"②

周初以隋代周童谣。西魏权臣宇文泰之子宇文觉,通过逼迫西魏皇帝禅位,当上了皇帝,改国号为周,史称北周。传至宇文阐,史称周静帝。杨坚是弘农华阴人,袭父爵为隋国公。他把女儿嫁给了周宣帝为皇后,生下了静帝。宣帝死后,静帝年幼即位,杨坚以大丞相身份辅政,封隋王,遂产生了取代静帝而自立的野心。周初曾流传过一首童谣,其词是:"白杨树头金鸡鸣,只有阿舅无外甥。"这是一首政治预言性歌谣,"白杨树头",隐含杨树之尖,谐音为杨坚。"金鸡鸣",古代颁赦诏之日,设金鸡于竿,以示吉辰。颁赦只有帝王可行,而且往往在帝王登基后实行大赦。这句意指杨坚将即帝位而颁布诏书。"阿舅"或指杨坚的儿子杨勇、杨广,"外甥"是指周静帝。"只有阿舅无外甥",是说周家气数已尽,天下将归杨家。《隋书》记载:"静帝隋氏之甥,既逊位而崩,诸舅强盛。"③

骆宾王为裴炎作谣言。唐张鷟《朝野佥载》记录了一桩自为童谣的事件。武则天称帝后,徐敬业、骆宾王谋反,为拉中书裴炎为内应,骆宾王"足踏壁,静思食顷,乃为谣曰:'一片火,两片火,绯衣小儿当殿坐。'教炎庄上小儿诵之,并都下童子皆唱"④。终于使裴炎上当受骗,作了内应。事泄,为武则天所诛。

上述例证表明,汉唐时期,歌谣的创作者和传播者,所涉及的社会阶层十分广泛,有普通的百姓,有军人武士,有妇女儿童,还有郡守县吏、达

①《北齐书·斛律光传》,第225页。
②《北齐书·酷吏传·宋游道传》,第652页。
③《隋书·五行志》,第638页。
④ 张鷟撰、赵守俨点校《朝野佥载》卷五,第117页。

官贵族,甚至有太后、皇帝等最高统治阶层,可以说具有广泛的代表性。但是如果细心考察一下上述例证,就会发现,汉唐时期的歌谣,其最大的创作群体主要有两个,其一为处于社会最底层的广大民众,其二则是处于各级政府部门尤其是州郡和中央各部一级的高级官吏。民众是社会上人口最多的阶层,他们成为歌谣舆论发生的主体,自然是合乎情理的。而各级官吏之所以能够超越其他社会阶层而成为仅次于民众的歌谣舆论的制造者和传播者,固然与中国古代的正史以记载统治阶层的活动和事迹为主的特点有关,但如果进一步深入探讨,则会发现,这种现象,在偶然之中其实蕴涵着许多必然的因素。说到底,民众和官员之所以能够成为歌谣舆论的两大主体,实际上是由汉唐时期的社会结构和政治结构的特性决定的。也就是说,汉唐时期歌谣舆论的传播和影响空间,其实是与这个历史时期的官民并立的二元社会和政治结构是一致的。

　　中国古代的社会阶层虽然有士、农、工、商之分,但就各个阶层的社会地位而言,则除去一部分士人跻身于官僚集团成为统治阶层而外,所有的农民、手工业者和绝大多数的普通商人,尽管其经济状况存在相当的差异,但要而言之都属于民众阶层,缺乏相应的政治权力,在政治上处于边缘地位。《史记·货殖列传》说:"夫用贫求富,农不如工,工不如商,刺绣文不如倚市门。"[1] 这形象地说明了汉代农民、手工业者和商人等不同社会阶层之间的贫富差异。但这只是经济状况的差别,而非社会等级和政治地位的不同。司马迁就曾经明确地说,商业乃是"贫者之资也",汉代虽然出现过许多"大者倾郡,中者倾县,下者倾乡里"[2] 和"因其富厚,交通王侯,力过吏势,以利相倾"[3] 的巨商富贾,但社会上大多数普通商人资产都不够雄厚,他们不仅经济地位不够稳固,在政治上还受到持续的歧视和抑制,地位与平民无异。比如刘邦建汉以后,就曾经"令贾人不得衣丝乘车,重租税以困辱之"。孝惠、高后时,因为天下初定,尽管"复弛商贾之律",但是仍然规定"市井之子孙亦不得仕宦为吏"[4]。魏晋南北朝时期商品经济的发展情况复杂,地域和时代性差异也十分明显,但

---

① 《史记·货殖列传》,第 3274 页。
② 《史记·货殖列传》,第 3282 页。
③ 《汉书·食货志》上,第 1132 页。
④ 《史记·平准书》,第 1418 页。

总体来讲发展程度不高的状况并没有根本的改变。唐代初期商人的社会地位也不高,当时规定:"士农工商,四人各业,食禄之家,不得与下人争利。工商杂类,不得预于士伍。"[1]但随着中唐以后扶商政策的出台,唐代商业得到了极大发展,社会上出现了很多富商巨贾,他们有的交游权贵,得见帝王,如《太平广记》所记载的邹凤炽:"其家巨富,金宝不可胜计,常与朝贵游,邸店园宅,遍满海内。四方物尽为所收,虽古之猗白,不是过也。其家男女婢仆,锦衣玉食,服用器物,皆一时惊异。尝因嫁女,邀诸朝士往临礼席,宾客数千。"又记载富商王元宝:"玄宗尝召王元宝,问其家私多少。对曰:'臣请以绢一匹,系陛下南山树,南山树尽,臣绢未穷。'"[2]以财势邀集权势,唐朝中后期也有商人子弟入仕和参加科举的记录,这都说明唐代商人地位的上升[3]。但能跻身政坛的商人毕竟不多,政治影响力也不大,传统的轻商风气仍在。

农民、工匠和商人,作为人数最多的社会群体,构成了国家政治的基本阶层。但与人口庞大的数量相反,民众阶层却最缺乏政治话语和政治权力,处于由皇帝、贵族和各级官吏等组成的少数阶层的统治之下——官民并立是中国古代社会最基本的政治二元结构[4]。这种特点,在汉唐时期表现尤为典型。在等级森严的中古集权体制下,国家的一切施政和社会管理都是自上而下的过程。民众最缺乏表达政见的合法渠道,对切身

---

[1]《旧唐书·食货志》,第 2089 页。

[2]《太平广记》卷四九五,第 4063 页。

[3] 张剑光、邹国慰《唐代商人社会地位的变化及其意义》,《上海师范大学学报》1989 年第 2 期。

[4] 有的学者特别强调中国古代士大夫阶层特殊的文化地位和政治影响,但中国古代的士大夫大部分都是处于官僚候补地位的学者,实际上是官僚阶层的一部分;另外一部分则是普通的知识分子,除去文化上的优势和影响以外,其身份和地位实质上与平民无异。另外,中国古代的皇帝虽然不属于官僚阶层,但他们与官僚统治阶层既存在着严密的统属关系,又有着相互依存的共生关系,实际上也可以视为官僚统治集团的一份子。正如王亚南所说的那样:"中国帝王的政治经济权力,一方面使他扮演为地主的大头目;另一方面又扮演为官僚的大头目,而他以下的各种各色的官僚、士大夫,则又无异是一些分别利用政治权势侵渔人民的小皇帝。官僚士大夫们假托圣人之言,创立朝仪,制作律令,帮同把大皇帝的绝对支配权力建树起来,他们就好像围绕在鲨鱼周围的小鱼,靠着鲨鱼的分泌物而生活一样,这绝对支配权力愈神圣、愈牢固,他们托庇它、依傍它而保持的小皇帝的地位,也就愈不可侵犯和动摇了。"(王亚南《中国官僚政治研究》,中国社会科学出版社 1981 年版,第 61 页)总之,士大夫阶层和皇帝,都不能单独构成社会或政治意义上的如官吏和民众一样的独立的社会阶层。

利益的关注和呼告通常也无由上达。正所谓"上览易遗,下情难达"①,不同社会阶层间掌握的政治信息极其不对称,由此而造成的政情和民意的壅闭,常常是各种社会矛盾产生的重要原因。另一方面,作为统治阶层的君主和官僚之间,虽然各种行政和监察机制可以保持较好的互动关系,但中国古代的官僚制并非现代意义上的科层制,各级政府部门行政长官与部属之间的统属性和专制特点同样十分明显。因此,汉唐时期习见的台、寺、省等中央机构和各级州、郡、县府等地方政府内部的官员、属吏同样缺乏公开合法的舆论空间。因此,作为民间和公众舆论的歌谣,在汉唐时期广泛出现于巷路闾里等城市和乡村等社会基层空间以及台寺附属等社会上层空间就在一定程度上有了合理的必然性解释。下面我们将分两个部分来探讨这个问题。

第二节　闾里巷路与歌谣风议的传播

朱熹说:"凡诗之所谓风者,多出于里巷歌谣之作,所谓男女相与咏歌,各言其情者也。"② 这几句话一方面揭示了《诗经》"国风"所记载的歌谣多数是情歌,表达的是民间男女的爱恋之情。另一方面则昭示了"里"这一中国古代基层的社会单位在歌谣传播中的重要作用③:它不仅是许多歌谣兴起的地方,而且在歌谣的传播中还起到进一步放大和推波助澜的作用。可以说,以里为代表的城乡闾里巷路组织,正是汉唐时期歌谣风议发生和传播的最基本的社会舞台。正因如此,歌谣自古以来就

---

① 齐明帝建武元年十二月诏:"'上览易遗,下情难达,是以甘棠见美,肺石流咏。自月一视黄辞,如有含枉不申,怀直未举者,莅民之司,并任厥失。'"(《南齐书·明帝纪》,第86页)由诏书内容来看,也是把"甘棠""流咏"等风谣看作是可以采察以了解民情的社会舆论。

② 朱熹集撰、赵长征点校《诗集传·序》,中华书局2017年版,第2页。

③ 按"逾里成咏"典出《诗·郑风·将仲子》:"将仲子兮,无逾我里,无折我树杞。"(阮元校刻《十三经注疏·毛诗正义》卷四《将仲子》,第337页)俞樾《群经平议》卷八《毛诗一》在解释《将仲子》"无逾我里"时指出:"《传》曰:'里,居也。二十五家为里。'《正义》曰:'谓无逾越我里居之垣墙。'樾谨按:二十五家之里,不可逾越,故《正义》加'垣墙'字以成其义,然非经旨也。里犹庐也。《文选·幽通赋》'里上仁之所庐',曹大家《注》曰:'里、庐,皆居处名也。'是里为居处之名,与庐同义。《汉书·食货志》云:'在野曰庐,在邑曰里。'是其义也。'无逾我里',犹云无逾我庐。"(俞樾著、赵一生点校《群经平议》卷八《毛诗一》,浙江古籍出版社2017年版,第231页)

与闾里街陌联系在一起。如《宋书·乐志》就说:"凡乐章古词,今之存者,并汉世街陌谣讴,《江南可采莲》《乌生》《十五子》《白头吟》之属是也。"① 《汉书·五行志》颜师古注说:"女童谣,闾里之童女为歌谣也。"② 《汉书·韩延寿传》颜师古注"谣俗"一词时说:"谣俗谓闾里歌谣,政教善恶也。"③ 古代采察民间歌谣风议的官员,必须"假视巷里,借听民谣"④,通过到城乡闾里巷路来了解民间的舆论和民众的心声。关于汉唐时期歌谣在闾里巷路传播的情况,除前面所引证的事例以外,我们还可以举出不少例证。

里中人为王吉语。《汉书·王吉传》记载说:"始吉少时学问,居长安。东家有大枣树垂吉庭中,吉妇取枣以啖吉。吉后知之,乃去妇。东家闻而欲伐其树,邻里共止之,因固请吉令还妇。里中为之语曰:'东家有树,王阳妇去;东家枣完,去妇复还。'其厉志如此。"⑤

闾里为楼护歌。《汉书·楼护传》载:"是时王氏方盛,宾客满门,五侯兄弟争名,其客各有所厚,不得左右,唯(楼)护尽入其门,咸得其欢心。结士大夫,无所不倾,其交长者,尤见亲而敬,众以是服。为人短小精辩,论议常依名节,听之者皆竦。与谷永俱为五侯上客,长安号曰'谷子云笔札,楼君卿唇舌',言其见信用也。母死,送葬者致车二三千辆,闾里歌之曰:'五侯治丧楼君卿。'"⑥

里中为范冉歌。《后汉书·范冉传》载:"(桓帝时范冉)遭党人禁锢,遂推鹿车,载妻子,捃拾自资。或寓息客庐,或依宿树荫。如此十余年,乃结草室而居焉。所止单陋,有时粮粒尽,穷居自若,言貌无改。闾里歌

---

① 《宋书·乐志》,第549页。按《宋书·乐志》还举了一个具体的例证来说明闾里在歌谣传播中的特点和街陌讴谣的民间色彩:"周衰,有秦青者,善讴,而薛谈学讴于秦青,未穷青之伎而辞归。青饯之于郊,乃抚节悲歌,声震林木,响遏行云。薛谈遂留不去,以卒其业。又有韩娥者,东之齐,至雍门,匮粮,乃鬻哥假食,既而去,余响绕梁,三日不绝。左右谓其人不去也。过逆旅,逆旅人辱之,韩娥因曼声哀哭,一里老幼,悲愁垂涕相对,三日不食。遽而追之,韩娥还,复为曼声长哥,一里老幼,喜跃抃舞,不能自禁,忘向之悲也。"(第548—549页)这个例证,无疑是对歌谣源于街陌讴谣的最好诠释。
② 《汉书·五行志》下之上,第1466页。
③ 《汉书·韩延寿传》,第3211页。
④ 《宋书·王僧达传》,第1953页。
⑤ 《汉书·王吉传》,第3066页。
⑥ 《汉书·游侠传·楼护传》,第3707页。

之曰：'甑中生尘范史云，釜中生鱼范莱芜。'" ①

闾里为消肠酒歌。《拾遗记》载："张华为九酝酒，……若大醉，不可叫笑摇荡，令人肝肠消烂，俗人谓为'消肠酒'，或云醇酒可为长宵之乐。两说同则事异也。闾里歌曰：'宁得醇酒消肠，不与日月齐光。'言耽此美酒，以悦一时，何用保守灵而取长久。" ②

人为洛阳退酤、治觞二里酒谣。《洛阳伽蓝记》载："（洛阳大市）市西有退酤、治觞二里。里内之人多酝酒为业。河东人刘白堕善能酿酒。季夏六月，时暑赫晞，以罂贮酒，暴于日中，经一旬，其酒（味）不动，饮之香美，醉而经月不醒。京师朝贵多出郡登藩，远相饷馈，逾于千里。以其远至，号曰'鹤觞'。亦名'骑驴酒'。永熙年中，南青州刺史毛鸿宾赍酒之藩，逢路贼盗，饮之即醉，皆被擒获，因此复名'擒奸酒'。游侠语曰：'不畏张弓拔刀，唯畏白堕春醪。'" ③

宋代里巷"若好"之谣。《宋书·巴陵哀王休若传》载："外间有一师，姓徐名绍之，状如狂病，自云为涂步郎所使。去三月中，忽云：'神语道巴陵王应作天子，汝使巴陵王密知之。'于是师便访觅休若左右人，不能得。东宫典书姓何者相识，数去来，师解神语，东宫典书具道神语，东宫典书答云：'我识巴陵间一左右，当为汝向道。'数日，东宫典书复来语师云：'我已为汝语巴陵左右，道因达巴陵，巴陵具知，云莫声但听。'又顷者史官奏天文占候，颇云休若应挟异端。神道芒昧，乃不可全信，然前后相准，略亦不无仿佛。且帖肆间，自大明以来有'若好'之谣，于今未止。诏若百重章句，皆配以美辞美事，诸不逞之徒，咸云必是休若。休若且知道路有异音，里巷有'若好'之谣，在西已奇惧，致王敬先吐猖狂之言。近休佑、休仁被诛，休若弥不自安，又左右多是不相当负罪之徒，恒说以道路之言叩动之，相与唱云：'万民之心，属在休若'，感激其意。" ④ 案"若好"本是一则简短的政治性谣谚，政治人物为了扩大这首谣谚的影响，仍然要使其达到在闾里巷路传播的效果，以制造舆论。

---

① 《后汉书·独行传·范冉传》，第 2689 页。

② 王嘉撰、萧绮录、齐治平校注《拾遗记校注·晋时事》，中华书局 1981 年版，第 204 页。

③ 《洛阳伽蓝记·城西·法云寺》，第 203—204 页。

④ 《宋书·巴陵哀王休若传》，第 1884—1885 页。

老子祠枯树歌。《隋书·王劭传》："陈留老子祠有枯柏，世传云老子将度世，云待枯柏生东南枝回指，当有圣人出，吾道复行。至齐，枯柏从下生枝，东南上指。夜有三童子相与歌曰：'老子庙前古枯树，东南状如伞，圣主从此去。'及至尊牧亳州，亲至祠树之下。自是柏枝回抱，其枯枝，**渐指西北**，道教果行。"①

永徽、如意里歌。《旧唐书·五行志》："永徽末，里歌有《桑条韦也》《女时韦也》乐。及神龙中，韦后用事，郑愔作《桑条歌》十篇上之……如意初，里歌云：'黄麞黄麞草里藏，弯弓射尔伤。'后契丹李万荣叛，陷营州，则天令总管曹仁师、王孝杰等将兵百万讨之，大败于黄麞谷，契丹乘胜至赵郡。"②

另外，史书中还记载了大量的在乡里流传的歌谣、俗语，这通常都是对乡里名士或廉吏的赞美和歌颂，是汉唐时期乡里清议的一种重要形式。比如：《后汉书·雷义传》载："雷义字仲公，豫章鄱阳人也……后举孝廉，拜尚书侍郎，有同时郎坐事当居刑作。义默自表取其罪，以此论司寇。同台郎觉之，委位自上，乞赎义罪。顺帝诏皆除刑。义归，举茂才，让于陈重，刺史不听，义遂阳狂被发走，不应命。乡里为之语曰：'胶漆自谓坚，不如雷与陈。'三府同时俱辟二人。义遂为守灌谒者。使持节督郡国行风俗，太守令长坐者凡七十人。旋拜侍御史，除南顿令，卒官。"③

《三国志·蜀书·马良传》载："马良字季常，襄阳宜城人也。兄弟五人，并有才名，乡里为之谚曰：'马氏五常，白眉最良。'良眉中有白毛，故以称之。先主领荆州，辟为从事。及先主入蜀……辟良为左将军掾。"④

《梁书·夏侯夔传》载："魏南兖州刺史刘明以谯城入附，诏遣镇北将军元树帅军应接，起夔为云麾将军，随机北讨，寻授使持节、督南豫州诸军事、南豫州刺史。六年，转使持节、督豫淮陈颍建霍义七州诸军事、豫州刺史。豫州积岁寇戎，人颇失业，夔乃帅军人于苍陵立堰，溉田千余顷，岁收谷百余万石，以充储备，兼赡贫人，境内赖之。夔兄亶先经此任，至是夔又居焉。兄弟并有恩惠于乡里，百姓歌之曰：'我之有州，频仍夏

①《隋书·王劭传》，第 1604 页。
②《旧唐书·五行志·诗妖》，第 1376 页。
③《后汉书·独行传·雷义传》，第 2687—2688 页。
④《三国志·蜀书·马良传》，第 982—983 页。

侯；前兄后弟，布政优优。'在州七年，甚有声绩，远近多附之。"①

《魏书·房景伯传》载："景伯性淳和，涉猎经史，诸弟宗之，如事严亲。及弟妓②亡，蔬食终丧，期不内御，忧毁之容，有如居重。其次弟景先亡，其幼弟景远期年哭临，亦不内寝。乡里为之语曰：'有义有礼，房家兄弟。'廷尉卿崔光韶好标榜人物，无所推尚，每云景伯有士大夫之行业。及母亡，景伯居丧，不食盐菜，因此遂为水病，积年不愈。孝昌三年卒于家，时年五十。赠左将军、齐州刺史。"③

唐符载《钟陵东湖亭记》所载里中为李公谣："牧钟陵之民，五改火矣，首年而衣食富，二年而奸慝禁，三年而礼让兴，大抵以清净惠慈为理本，刚明正直为化基，与民同欲，万户一令，遂用无事。里中或谣曰：'李公不愉，吾何以居？李公不室，吾何以逸？'夫如是，即斯亭斯社，士林君子犹以为固欤。"④

可以想见，这类歌谣与前面所引的歌谣一样，必然是在某些城乡的闾里、村落或社区里所传诵，至少是在一个基层的行政区域如县或乡等范围内传播的。它们或出于百姓的感叹和赞美，或出于当时士人的议论臧否，或出于乡里宗正的品评和清议，具体情况不一而足，但是，它们是在乡里巷路中传播的特点却是十分明显的。不过，由于大多数史料记载都不够详细，而且目前学界对史书中"乡里"一词的含义及其所指称的范围都还难以清晰地界定⑤。《辞源》释"乡"为行政区域单位，并指出其所辖范围，历代不同，但也指出秦汉时期以十里为一亭，十亭为一乡，其后乡则多指县以下的行政区域单位，并解释"乡里"一词是指"所居之乡"⑥。据此可以把史书中记载的乡里之歌谣断定为只是在某一乡的范围内传播。如《三国志·王昶传》注引《别传》载："昭先名畅。《别传》曰：

---

① 《梁书·夏侯夔传》，第421—422页。
② 《魏书》点校者指出，"及弟妓亡"《北史》卷三九《房景伯传》无"妓"字，《册府》卷八五二（10126页）"妓"作"妹"。疑"弟"字下本是其弟之名，讹作"妓"，原作何字，已不可知，《北史》遂径删去。《册府》当是以意改作"妹"，按照当时封建礼俗，于妹丧不会那样重视。见《魏书·房景伯传》，第984—985页。
③ 《魏书·房景伯传》，第977页。
④ 《全唐文》卷六八九，中华书局1983年版，第7063页。
⑤ 赵秀玲《中国乡里制度》，社会科学文献出版社2002年版，第7—14页。
⑥ 《辞源》，商务印书馆1988年版，第1694页。

碬,乐安博昌人。世为著姓,夙智性成,故乡人为之语曰:'蒋氏翁,任氏童。'"① 东汉乐安县属齐郡,治所在今山东滨州博兴县,三国时期沿袭未改,博昌当为乐安县一乡。但汉魏时期"乡里"一词有时还含有同县、同郡的含义。比如《后汉书·党锢传序》载:"初,桓帝为蠡吾侯,受学于甘陵周福,及即帝位,擢福为尚书。时同郡河南尹房植有名当朝,乡人为之谣曰:'天下规矩房伯武,因师获印周仲进。'二家宾客,互相讥揣,遂各树朋徒,渐成尤隙,由是甘陵有南北部,党人之议,自此始矣。"② 房植和周福并为甘陵人,东汉甘陵为清河国治所,今地为山东临清东。这是"乡里"指称同县甚至同郡的一个典型例证。

唐代歌谣中,类似的有《赵州乡族为李太冲李孝端语》《清源郡人为薛昱歌》《澧州人为刺史歌》《黄州左公歌》《建州民为陆长源歌》《河南民为河南尹某公歌》《长道县人为王田二公歌》《吉州民为刺史张儇歌》《果州百姓为史谦恕歌》《杭州民诵刺史房孺复》《扬州民为杜公(亚)诵》《汴州人歌》《道州民为薛刺史歌》《柳州民颂柳宗元歌》《高平民为文斤歌》《建昌民为何易于歌》《曲江游人歌》,谚则有《四郡谚》《徐闻谚》《南中谚》《益阳谚》等等③,可以看出,此类歌谣流传的区域通常为州、郡、县、乡,也就是歌谣风议所歌颂的官吏的行政执掌区域。

当然,多数乡里的歌谣风议对指涉的是什么闾里和乡里往往语焉不详,这一方面是古代史书对城乡闾里的组织结构和居住民众注意不够,另一方面,历史上较为重大的政治事件往往发生于作为政治和文化中心的城市,这也造成了史家对乡村民众活动的忽视。正因如此,要想清楚地辨析汉唐时期歌谣舆论在城乡基层社会空间中传播和发生影响的情况,就具有了相当的难度。所幸的是,中外学者对汉唐的乡里结构的研究已经取得了不少成就④,本书仅就笔者所见的史料谈谈城乡闾里基层空间在歌谣等社会舆论传播中的独特作用。

---

① 《三国志·王昶传》,第 748 页。
② 《后汉书·党锢传序》,第 2185—2186 页。
③ 见党银平、段承校《隋唐五代歌谣集》目录。
④ 这方面的研究还可参考侯旭东《北朝乡里制与村民的生活世界——以石刻为中心的考察》(《历史研究》2001 年第 6 期)一文的相关介绍。综合利用考古资料探讨中国古代特别是汉唐时期长安、洛阳、建康、邺城等城市结构和里坊布局的论文,则可参看王维坤《试论中国古代都城的构造与里坊制的起源》(《中国历史地理论丛》1999 年第 1 期)一文。

如果从歌谣风议所赖以发生的社会和政治空间来看,汉唐时期的城乡基层组织,呈现出以州县为中心,乡里为辅翼,城乡关联而又星罗棋布、层级分布的格局。在城市内,则以官府、里坊为中心,在城外,则以乡亭、庄园和村落为中心。可以证明以上说法的史料和考古资料有很多,但可以清楚而简洁地说明这个特点的史料,则以《通典·食货典》所记载的战国时期的齐国、北朝时期的北齐和隋代的乡党制度资料最为详细。

战国时期虽然不是本书研究的范围,但因为齐国的乡党制度可以给本书的研究提供一个旁证,因此也引用相关史料如下。战国齐制为:"郊内则以五家为轨,轨十为里,里四为连,连十为乡,乡五为帅,国内十五乡,自五至帅。郊外则三十家为邑,邑十为卒,卒十为乡,乡三为县,县十为属。属有五,自五至属各有官长,以司其事,以寓军政焉。"北魏时期的情况是:"百家为党族,二十家为闾,五家为比邻。百家之内,有帅二十五,征发皆免……京邑诸坊,或七八百家,唯一里正、二史,庶事无阙。"① 北齐时期:"令人居十家为邻比,五十家为闾,百家为族党。一党之内则有党族一人,副党一人,闾正二人,邻长十人,合有十四人,共领百家而已。至于城邑,一坊侨旧或有千户以上,唯有里正二人,里吏二人。里吏不常置。"隋代的情况则是:"五家为保,保五为闾,闾四为族,皆有正。畿外置里正,比闾正,党长比族正,以相检察。"② 唐代的情况则是:"诸户以百户为里,五里为乡,四家为邻,五家为保。每里置正一人,(若山谷阻险,地远人稀之处,听随便量置。)掌按比户口,课植农桑,检察非违,催驱赋役。在邑居者为坊,别置正一人,掌坊门管钥,督察奸非,并免其课役。在田野者为村,别置村正一人。其村满百家,增置一人,掌同坊正。"③

总之,从战国到北朝时期,尽管城市和乡村的闾里的名称时有差异,

---

① 《魏书·临淮王谭传附昌子孝友传》,第 422 页。
② 《通典·食货典·乡党》,第 55—56、63 页。
③ 《通典·食货典·乡党》,第 63—64 页。

间里结构和居住人口 ① 也不完全相同,但从以上这些史料我们仍然能够大略地看出战国至北朝间城乡由城内到郊外直至“山谷阻险,地远人稀之处” ② 的由间里到村里的社会基层组织的布局特点和层级分明的管理体制。

当然,本书的研究不在于推究汉唐时期历代乡里制度的演变,而是要借此说明城乡间里或村里等社会基层组织和空间在歌谣舆论传播中的作用和影响。从政治影响和文化辐射的一般特点来看,城市都是各种政治和文化事件发生的中心点,城市中的民众由于地理的优势,比乡村的人民更能够迅捷地受到政治事件的直接影响,因此城市中的民众更容易快速地对各种政治事件和社会变化形成舆论或行动的反应。这种“影响←→反应”的互动关系,在重大政治和社会事件发生时,自然在城市的官民互动中表现得更为典型和直接,因此更多地载之于史籍。当然,这种关系在乡村和边缘地区自然也一样存在。就当地的官吏和生于斯、长于斯的民众来说,这甚至比京城或州郡的大事更能引起他们的关注。总之,在汉唐时期的歌谣风议和社会舆论的传播中,下层民众和城乡基层间里空间都是值得关注的。

间里是汉唐城市中民众生活的基本空间,有着特殊的建制和特点,在一些文学作品中又称廛里、廛间、间阎、里巷,间里是最常见的称呼,而到了隋唐时期,里坊又成为比较习见的称呼。《通典·食货典》在解释“以廛里任国中之地”时说:“廛里者,若今云邑居里矣。廛,民居之区域也。里,居也。” ③ 南齐颜延年《赠王太常》诗有“林间时晏开,亟回长者辙”句,李善注云:“郑玄《周礼》注云:间,里门也。《汉书》,淮南王曰:

① 如果以里为单位计算,大体上齐国一里为五十家,北魏为二十或二十五家。《南齐书·魏虏传》说北魏:“令邻里党各置一长,五家为邻,五邻为里,五里为党。”(第989页)北齐时期一间为五十家,隋代二十五家为一间,唐代则为一百家。另外,据《后汉书·百官志》“亭里条”:“里有里魁,民有什伍”句本注曰:“里魁掌一里百家。什主十家,伍主五家,以相检察。”(第3625页)可知汉代一里为一百家。当然,汉唐时期不同时期内城市里的间里户数并不一致,即使同一时期同一城市不同里内的住户人数也有差别,有的多达数百家,有的里户数则很少。但作为基本的标准,上述数字应该具有相当的参考价值。
② 《通典》记载唐代的间里体制说:“大唐令:诸户以百户为里,五里为乡,四家为邻,五家为保。每里置正一人,(若山谷阻险,地远人稀之处,听随便量置)……在邑居者为坊,别置正一人,掌坊门管钥……在田野者为村,别置村正一人。其村满百家,增置一人,掌同坊正。其村居如满十家者,隶入大村,不须别置村正。”(第63—64页)
③ 《通典·食货典·田制·周代田制》,第5页。

早闭晏开。"① 闾里街巷之中,错落分布的是平民和达官贵人们的房屋和宅第。《文选》陆士衡《君子有所思行》有:"廛里一何盛,街巷纷漠漠。甲第崇高闼,洞房结阿阁。"李善注引《汉书音义》说:"有甲乙次第,故曰甲第。"② 而《初学记》卷二十四所载《魏王奏事》则认为:"宅亦曰第,言有甲乙之次第也。一曰,出不由里门,面大道者名曰第。爵虽列侯,食邑不满万户,不得作第。其舍在里中,皆不称第。"③《后汉书·曹节传》为这种说法提供一个很好的例证:曹节等宦官们在诛杀陈蕃、窦武和尹勋等后,权势显赫,"因共割裂城社,自相封赏。父子兄弟被蒙尊荣,素所亲厚布在州郡,或登九列,或据三司。不惟禄重位尊之责,而苟营私门,多蓄财货,缮修第舍,连里竟巷。"④ 这些豪贵之士,连里竟巷,聚族而居,构成了一个特殊的社会群体。

巷则是指里中的街道⑤,其门为闳。左思《魏都赋》说:"玮丰楼之闬闳,起建安而首立。"李善解释说:"《春秋左传》曰:高其闬闳,缮完葺墙,以待宾客……《尔雅》曰:闳,巷门也。一曰闳门,中所从出入也。"⑥ 综合以上资料可知,闾里为居民居住区。但是城市内的闾里又有特别的建制和特点,就是有里门和中门,而里门的开闭又有一定的时间规定。生活在普通闾里中的多为平民百姓⑦,王公贵族的高门甲第即使是邻民居而建,其府门也是朝向大街,不由里门出入的。当然,也有的里是吏民杂居的,例如《文选》所载左思《吴都赋》"长干延属,飞甍舛互"句李善注就说:"建业南五里有山冈,其间平地,吏民杂居。东长干中有大长干、小长干,皆相连。大长干在越城东,小长干在越城西,地有长短,故号

---

① 《文选》卷二六颜延年《赠王太常》诗李善注,第367页。
② 《文选》卷二八陆士衡《君子有所思行》诗李善注,第397页。
③ 《初学记》卷二四《居处部·宅第》,第578—579页。
④ 《后汉书·宦者传·曹节传》,第2526页。
⑤ 《辞源》,第523页。
⑥ 《文选》卷六左思《魏都赋》李善注,第102页。
⑦ 在闾里中生活的多为普通百姓,这一点可以有多种史料为证。除正文中所援引的例证外,《汉书·景帝纪》也提供了能够说明这个问题的一条重要史料。其载五月诏说:"夫吏者,民之师也,车驾衣服宜称。吏六百石以上,皆长吏也,亡度者或不吏服,出入闾里,与民亡异。令长吏二千石车朱两轓,千石至六百石朱左轓。车骑从者不称其官衣服,下吏出入闾巷亡吏体者,二千石上其官属,三辅举不如法令者,皆上丞相御史请之。"(第149页)这条史料告诉我们,如果官吏不着官服而出入闾里,简直和百姓无异,正说明普通闾里所居,通常是没有官吏的。

大、小长干。”[①]文中所说大长干和小长干巷就是吏民杂居的。另外，高级官吏居住的区域，有的集中于某些里中，这样的城市高级住宅区，被称为“贵里”，也叫作“戚里”。如《三辅黄图》记载，西汉长安闾里即有“宣明、建阳、昌阴、尚冠、修城、黄棘、北焕、南平、大昌、戚里。”[②]此处记载的戚里就是贵族居住区[③]。又《文选》所载左思《魏都赋》也说魏都邺城“其闾阎则长寿吉阳，永平思忠。亦有戚里，置宫之东。闬出长者，巷苞诸公。都护之堂，殿居绮窗。舆骑朝猥，蹀敝其中。”对所谓的长寿、吉阳这样的“戚里”，李善解释说：“长寿、吉阳二里在宫东，中当石窦。吉阳南入，长寿北入，皆贵里。”[④]而左思《吴都赋》里所记载的毗邻诸长干巷的“横塘查（浦）下”一带，也是“其居则高门鼎贵，魁岸豪杰，虞魏之昆，顾陆之裔”[⑤]的世家贵族的聚居之处。另外，北魏时期，京邑内规模较大的里坊，也多是豪门贵族的居住区。如《魏书·甄琛传》说：“京邑诸坊，大者或千户、五百户，其中皆王公卿尹，贵势姻戚，豪猾仆隶，荫养奸徒，高门邃宇，不可干问。”[⑥]北魏都城洛阳之中更不乏这样的贵里，如《洛阳伽蓝记》在讲到修梵寺北永和里时就说：“里中（有）太傅录尚书长孙稚、尚书右仆射郭祚、吏部尚书邢峦、廷尉卿元洪超、卫尉卿许伯桃、梁州刺史尉成兴等六宅，皆高门华屋，斋馆敞丽，楸槐荫途，桐杨夹植，当世名为贵里。”[⑦]虽然戚里的数量在一个城市中并没有多少，却是贵族和衣冠人物的居住区，文化水平较高。另外，从北朝时期的史料里，我们还可以看出有的城市的里是手工业者和商人的集中居住区[⑧]。唐都长安的里坊制度，更是为后世所称道，一些特殊的里坊，也是士子游冶、歌谣酬唱的发源地，比如长安的平康里。史载：“自大中皇帝好儒术，特重科第，故其爱婿郑詹事再掌春闱，上往往微服长安中，逢举子则狎而与之语，时

---

① 《文选》卷五左思《吴都赋》李善注，第 88 页。

② 陈直《三辅黄图校证》，陕西人民出版社 1980 年版，第 32 页。

③ 《汉书·石奋传》所载石奋因其姊受到刘邦的宠爱而跻身贵族阶层，得以徙居长安中戚里，就是汉代长安的戚里是贵族居住区的明证（第 2193 页）。

④ 《文选》卷六左思《魏都赋》李善注，第 102 页。

⑤ 《文选》卷五左思《吴都赋》，第 88 页。

⑥ 《魏书·甄琛传》，第 1514 页。

⑦ 《洛阳伽蓝记校注》卷一《城内·修梵寺》，第 60 页。

⑧ 见《洛阳伽蓝记校注》卷四《城西·法云寺》所载洛阳城内通商、治觞等里内的情况（第 202—205 页）。

以所闻……然率多膏粱子弟,平进岁不及三数人,由是仆马豪华,宴游崇侈,以同年俊少者为两街探花使,鼓扇轻浮,仍岁滋甚。自岁初等第于甲乙,春闱开送,天官氏设春闱宴,然后离居矣……诸妓皆居平康里,举子、新及第进士,三司幕府但未通朝籍、未直馆殿者,咸可就诣。""平康里。入北门,东回三曲,即诸妓所居之聚也。妓中有铮铮者,多在南曲、中曲……其南曲、中曲门前通十字街,初登馆阁者,多于此窃游焉。二曲中居者,皆堂宇宽静,各有三数厅事,前后植花卉,或有怪石盆池,左右对设,小堂垂帘,茵榻帷幌之类称是。"①但是,无论是哪种里,无论其中居住的是贵族还是平民,居住在同一里中的人们,都很容易形成一个相对封闭的社会聚落。生活、栖息于同一里中的人们的生产、生活的联系和文化、信息的交流,十分紧密和便利,因而也极易成为歌谣风议的发源地和传播区域。本书前面所引"不畏张弓拔刀,唯畏白堕春醪"和"洛城东北上商里,殷之顽民昔所止。今日百姓造瓮子,人皆弃去住者耻"等歌谣,就是直接产生和传播于这类闾里之中的。

如果扩大考察的视野,把关注的眼光从纵横交错的城市闾里中抽出而放眼于整个城市的空间,我们还会进一步发现,汉唐时期作为民众聚落的闾里,在城市布局中并非单独集中于一起,而是与官府衙门和贸易市坊交错分布在一起的。班固《西都赋》即说西汉长安:"披三条之广路,立十二之通门。内则街衢洞达,闾阎且千。九市开场,货别隧分。人不得顾,车不得旋。阗城溢郭,旁流百廛。"李善注云:"汉宫阙疏曰:长安立九市,其六市在道西,三市在道东。"②虽然史籍中对长安闾里位置的分布语焉不详,但文献中常把汉代的里与市联称,它们都是民众日常居住和活动的场所。按照史籍记载和考古发掘,它们应该是分布在纵横交错的街道所分割开的一块块城市区域内,与朝廷官署和贵族府第是连在一起的。张衡《西京赋》所说的"街衢相经,廛里端直,甍宇齐平"③,大概就反映出了这种状况。而据史料所言,曹魏邺城闾里则明确是与官府署寺杂处在一起的。比如《文选·魏都赋》就说:"(邺城)内则街冲辐

---

① 《北里志》,《唐五代笔记小说大观》,上海古籍出版社 2000 年版,第 1403—1404 页。
② 《文选》卷一,第 23 页。
③ 《文选》卷二,第 42 页。

辕,朱阙结隅。石杠飞梁,出控漳渠。疏通沟以滨路,罗青槐以荫涂……设官分职,营处署居。夹之以府寺,班之以里间。"① 这一点已经为考古发现所证实。考古发现表明,曹魏邺北城的里坊区划并不规整,面积大小也不一样,错落分布于城市中轴街的两侧②。又据《洛阳伽蓝记》的记载,北魏时期洛阳的闾里虽然分布较为整齐,但洛阳的里坊也不是集中于一处一地,而是与官署交错杂处分布的。另外,据王维坤的研究,六朝建康城的里坊分布情况与北魏洛阳城的里坊排列是相似的③。

　　汉唐时期封闭式的闾里结构和与官署机构交错布局的分布特点,使得居住其中的民众不仅生活和社会联系特别紧密,而且更容易与统治阶层和官僚集团形成互动关系,从而常常可以在以闾里聚落为中心的民众居住区域形成特别的文化氛围和社会习俗。《鹖冠子·王鈇》篇说同里之人"少则同侪,长则同友,游敖同品,祭祀同福,死生同爱,祸灾同忧,居处同乐,行作同和,吊贺同杂,哭泣同哀"④,虽然不无夸张之处,却基本反映出同一闾里中人们的生活特点,即闾里是一个相对封闭的生活聚落,其中的民众联系异常紧密,拥有共同的娱乐、祭祀等公共活动,几乎可以说是祸福相与、休戚与共,生活和文化的交流是很频繁的。

　　城乡闾里中的民众有很多的公共生活,这主要表现在社日祭祀、祈雨、节日聚会等公众活动方面。社⑤日是汉唐时期富有传统气息的节日,汉代以后一般每年都有春、秋二社(汉以前只有春社,在每年的春二月举

---

① 《文选》卷六左思《魏都赋》李善注,第 102 页。李善对这种城市格局解释说:"当司马门南出,道西最北东向相国府,第二南行御史大夫府,第三少府卿寺。道东最北奉常寺,次南大农寺。出东掖门正东,道南西头太仆卿寺,次中尉寺。出东掖门宫东北行北城下,东入大理寺。宫内大社西郎中令府。城南有五营。"(第 102 页)

② 见中国社会科学院考古研究所、河北省文物研究所邺城考古工作队《河北临漳邺北城遗址勘探发掘简报》,《考古》1990 年第 7 期。

③ 王维坤《试论中国古代都城的构造与里坊制的起源》,《中国历史地理论丛》1999 年第 1 期。

④ 黄怀信《鹖冠子汇校集注》,中华书局 2004 年版,第 199 页。

⑤ 汉唐时期的社通常可以分为官社和里社两种,官社主要指王社、诸侯之社和大夫之社等统治阶层所立之社,而里社则是民众所立之社。如《礼记·祭法》说:"王为群姓立社,曰大社。王自为立社,曰王社。诸侯为百姓立社,曰国社。诸侯自为立社,曰侯社。大夫以下成群立社,曰置社。"关于里社,《礼记正义·郊特牲》说:"《祭法》云:'大夫以下,成群立社曰置社。'注云:'大夫不得特立社,与民族居,百家以上则共立一社。今时里社是也。'……周之政法,百家以上得立社,其秦汉以来,虽非大夫,民二十五家以上则得立社,故《郑志》云:《月令》命民社谓秦社也。自秦以下,民始得立社也。"

行①），分别在每年立春和立秋后的第五个戊日举行。《荆楚岁时记》记载说："社日，四邻并结综会社，牲醪（一作宰牲牢）。为屋于树下，先祭神，然后享其胙。按郑氏云：'百家共一社。'今百家所立社综，即共立之社也。"②从这条资料的"四邻""百家"等字眼来看，每一社的参加者，都是一间里内居住的民众。因此民间百姓所立的社又叫作里社。《史记索隐》说："诸侯已下至士大夫得祭社，故《礼》云'大夫成群立社曰置社'，亦曰里社也。"③认为士大夫所立之社才叫作里社，这是不正确的。即以汉代的情况而论，刘邦、陈平都有祈祷或参加里社活动的记录④，而当时他们都是平民，其参加的里社自然应该是民社。另外，民间还有所谓的私社，在每年的三月九月举行⑤。在社日里，百姓们不仅自己凑钱买祭品献祭⑥，还要举行一定的仪式和活动，祈求土地神的保佑，最后分享祭品而散。社祭本属于国家正祀的范畴，但在民间流行日久，就逐渐成为一项男女都参加的含有公共娱乐性质的民间节日活动。如《三国志》记载：董卓"尝遣军到阳城。时适二月社，民各在其社下，悉就断其男子头，驾其车牛，载其妇女财物，以所断头系车辕轴，连轸而还洛，云攻贼大获"⑦。这条资料就反映了汉魏之际民众社日活动的一个侧影。唐代的社日生活更加民俗化和民众化。乡村民众每逢社日就要"酿酒迎新社"，他

---

① 如《史记·封禅书》记载："高祖十年春，有司请令县常以春二月及腊祠社稷以羊豕，民里社各自财以祠。"（第 1380 页）

② 宗懔著、杜公瞻注、姜彦稚辑校《荆楚岁时记》，中华书局 2018 年版，第 28 页。

③《史记·礼书》，第 1168 页。

④《史记·高祖本纪》载："高祖初起，祷丰枌榆社。"《史记集解》引张晏曰："枌，白榆也。社在丰东北十五里。或曰枌榆，乡名，高祖里社也。"（第 1378 页）又《史记·陈平列传》载："里中社，平为宰，分肉食甚均。"《索隐》曰："其里名库上里……陈平由此社宰，遂相高祖也。"（第 2052 页）另外，关于刘邦家乡枌榆社的民间性质，《西京杂记》卷二《作新丰移旧社》言之甚详："太上皇徙长安，居深宫，凄怆不乐。高祖窃因左右问其故，以平生所好，皆屠贩少年，酤酒卖饼，斗鸡蹴踘，以此为欢，今皆无此，故以不乐。高祖乃作新丰，移诸故人实之，太上皇乃悦。故新丰多无赖，无衣冠弟子故也。高祖少时，常祭枌榆之社。及移新丰，亦还立焉。高帝既作新丰，并移旧社。衢巷栋宇，物色惟旧。士女老幼，相携路首，各知其室。放犬羊鸡鸭于通涂，亦竞识其家。"（葛洪撰、周天游校注《西京杂记》，三秦出版社 2006 年版，第 88 页）或并非尽出于虚饰或伪托。

⑤《汉书·五行志》记载："建昭五年，兖州刺史浩赏禁民私所自立社。"颜师古注引张晏曰："民间三月九月又社，号曰私社。"（第 1413 页）

⑥《汉书·食货志》罗列汉代一个五口之家农户的收支状况，其中就包含着"社闾尝新春秋之祠，用钱三百"的固定开支（第 1125 页）。

⑦《三国志·魏书·董卓传》，第 174 页。

们"木盘擎社酒,瓦鼓送神钱",在节日期间饮酒赛神,沉醉于巨大的欢乐之中,比如韩愈就有过"白布长衫紫领巾,差科未动是闲人。麦苗含穟桑生葚,共向田头乐社神"①的经历和体验。王维有一首《凉州郊外游望》,就描写了凉州一带的社日赛神活动:"野老才三户,边村少四邻。婆娑依里社,箫鼓赛田神。洒酒浇刍狗,焚香拜木人。女巫纷屡舞,罗袜自生尘。"②可见凉州虽然地处偏远,人烟稀少,赛神活动仍然热闹。

　　另外,民间的祈雨和贺嘉雨活动,也是汉唐民间社会重要的公共活动之一,是城乡闾里民众的又一个加强联系与交往的渠道。在《后汉书·礼仪志》里,即有汉代祈雨活动的记载③,这种祈雨活动一年四季都有举行。其内容主要有祷祝、跪拜、舞龙,同时辅以民间每家单独的祷祝活动。民间祈雨的参加者几乎包括了乡老、里正和普通民众等民间社会的所有成员,甚至妇女和儿童也能够参加。而且,从"凿社通之于闾外之沟""县邑一徙市于邑南门之外"等记载来看,祈雨虽然是整个城邑的集体活动,但闾里却是这种活动的基本组织单位。下雨之后,还有同等规模的以"聚会歌舞"为主要内容的贺嘉雨活动④。《荆楚岁时记》就记载:"六月,必有三时雨,田家以为甘泽,邑里相贺曰贺嘉雨。"⑤另外,与求雨活动相对应的,如果在某个季节雨水过多,有发生涝灾之虞,民间还会举行止雨活动。这个活动与求雨活动相似,但不同的是止雨活动中"鼓而无歌"⑥,这倒恰恰可以反证出祈雨活动中是有歌舞表演的。总之,汉唐时期的祈雨,包含着民众聚会歌舞活动的内容,其民间性质十分明显,同时也是闾里集体活动的重要内容。

　　另外,每逢重大或喜庆的节日,民间也有集会游乐的习俗。汉唐时期,重要的节日如三月三日的曲水会、五月五日的端午节和浴兰节、九月九日重阳节和十二月八日的腊日,一般都会举行公共活动或集会,这些

---

① 《全唐诗》卷三四三,第 3850 页。
② 《全唐诗》卷一二六,第 1278 页。
③ 《后汉书·礼仪志中·请雨条》注,第 3117 页。文繁不引。
④ 宗懔著、杜公瞻注、姜彦稚辑校《荆楚岁时记》,第 55 页。
⑤ 如《周书·于翼传》记载说:"建德二年,(翼)出为安随等六州五防诸军事、安州总管。时属大旱,涢水绝流。旧俗,每逢亢阳,祷白兆山祈雨。高祖先禁群祀,山庙已除。翼遣主簿祭之,即日澍雨沾洽,岁遂有年。民庶感之,聚会歌舞,颂翼之德。"(第 525 页)
⑥ 参见董仲舒《春秋繁露》卷一六,《汉魏丛书》,第 142—143 页。

活动,都有民众的大量参与。如《荆楚岁时记》记载三月三日的曲水之会:"四民并出江渚池沼间,临清流,为流觞曲水之饮。"①汉唐时期以村、里为单位的有表演活动的节日还有腊日,据《荆楚岁时记》记载:"十二月八日为腊日。谚言:'腊鼓鸣,春草生。'村人并系细腰鼓,戴胡公头,及作金刚力士以逐疫,沐浴转除罪障。"②

另外,在汉唐时期,每逢社会比较安定,百姓生活安宁之时,民间也会有较多的歌舞活动。古人说:"百姓安宁,歌舞以行"③,《史记正义》也说:"民庆必歌舞饮食,庶羞之礼使不过,而各遂欢乐,是有以乐之也。"④事实上,"汉、魏之世,歌咏杂兴"⑤,自汉代以来,歌舞之风,就盛行于世,街陌讴谣,不时传于众口。"乐府之兴,肇于汉魏"⑥,而民间的歌舞之风,自晋宋以来,则臻于其极。比如史载刘宋高祖时期:"高祖起自匹庶,知民事艰难,及登庸作宰,留心吏职……自此区宇宴安,方内无事,三十年间,氓庶蕃息,奉上供徭,止于岁赋,晨出莫归,自事而已。守宰之职,以六期为断,虽没世不徙,未及曩时,而民有所系,吏无苟得。家给人足,即事虽难,转死沟渠,于时可免。凡百户之乡,有市之邑,歌谣舞蹈,触处成群,盖宋世之极盛也。"⑦这种伴随着社会安定或民间闾里节日活动而兴起的民间歌舞之风,无疑也为汉唐时期歌谣舆论的传播创造出最为适宜的社会文化氛围。

综上,闾里村巷不仅是汉唐时期城乡民众的居住空间,还是民众公共生活的社会空间。正因为一年之间有如此多的节日和公共活动,生活在城乡闾里的汉唐时期的下层民众才能够不时突破闾里制度下社会活

---

① 见宗懔著、杜公瞻注、姜彦稚辑校《荆楚岁时记》,第33页。又《通典·礼典》说:"后汉三月上巳,官民皆洁于东流水上,曰洗濯祓除去宿垢疢,为大洁。晋公卿以下,至于庶人,皆禊洛水之侧。东晋元帝又诏罢三日弄具。海西公于钟山立流杯曲水,延百僚。齐以三月三日曲水会,古禊祭也。今相承为百戏之具,雕弄巧饰,增损无常。"(第1553页)这条资料可以说明,三月三日的曲水会参加者是"公卿以下,至于庶人",几乎是全民参与的。另外,《先秦汉魏晋南北朝诗·梁诗》卷二一载梁简文帝《三日侍皇太子曲水宴》诗序形容曲水之会的盛况:"都人野老,云集雾会。结轸方衢,飞轩照日。"(第1929页)证明上面两书所言并非虚语。

② 宗懔著、杜公瞻注、姜彦稚辑校《荆楚岁时记》,第71页。

③ 《晋书·天文志中·七曜》。第322页。

④ 《史记·乐书》,第1200页。

⑤ 《乐府诗集》卷六一,第884页。

⑥ 吴兢《乐府古题要解》序,上海博古斋据明汲古阁本影印学津讨原本。

⑦ 《宋书·良吏传》,第2261页。

动的限制,增加日常生活中的人际交往、社会联系和信息交流,从而为歌谣风议及其他社会信息的传播创造出适宜的社会空间和文化心理氛围。正因如此,闾里坊市和乡村里巷就成为歌谣风议传播的最佳社会空间。

东汉大将军梁冀专权跋扈,祸乱朝政,侵渔百姓,使得外戚集团与皇帝及宦官集团在争夺统治权力方面产生了不可调和的矛盾,汉桓帝乃与中常侍单超、具瑗、唐衡、左悺、徐璜等五人合谋包围梁冀的府第,削夺梁冀的权力,结果"冀及妻寿即日皆自杀。悉收子河南尹胤、叔父屯骑校尉让,及亲从卫尉淑、越骑校尉忠、长水校尉戟等,诸梁及孙氏中外宗亲送诏狱,无长少皆弃市"①。这次重大的变局,事发仓卒,朝廷命官们颇感震惊,消息传来,百姓们额手称庆,史载:"是时事卒从中发,使者交驰,公卿失其度,官府市里鼎沸,数日乃定,百姓莫不称庆。"②"鼎沸"二字,传神地表达出洛阳百姓们的兴奋情绪,生动地说明了社会上对这一爆炸性新闻的看法和态度。

晋元帝太兴四年(321):"吴郡民讹言有大虫在纻中及檋树上,啮人即死。晋陵民又言曰,见一老女子居市,被发从肆人乞饮,自言:'天帝令我从水门出,而我误由虫门。若还,天帝必杀我。如何?'于是百姓共相恐动,云死者已十数也。西及京都,诸家有檋纻者,伐去之。"③这次造成民众精神极度紧张和恐慌的社会谣言的最初起源便在民间,而那位在市里披发乞饮的老女子的传言,无疑对这次谣言的传播事件起到了推波助澜的作用。

闾里街巷还是一些社会信息的重要传播空间。比如前秦苻坚甘露二年(360),有凤凰集于其东阙,苻坚决定大赦其境内。苻坚在决定大赦之后:"与王猛、苻融密议于露堂,悉屏左右。坚亲为赦文,猛、融供进纸墨。有一大苍蝇入自牖间,鸣声甚大,集于笔端,驱而复来。俄而长安街巷市里人相告曰:'官今大赦。'有司以闻。坚惊谓融、猛曰:'禁中无耳

<hr/>

①《后汉书·梁冀传》,第1186页。
②《后汉书·梁冀传》,第1187页。按《后汉纪》记载这段史实时说,梁冀自杀后,"坐冀所连及公卿、列侯、校尉、刺史、二千石死者数十人,冀故吏、宾客免绌者三百余人,朝廷为之一空……是时从禁中发使者交驰道路,公卿失其度,州府市朝闾里鼎沸,数日乃定,百姓莫不称快"(袁宏撰、周天游校注《后汉纪校注》,天津古籍出版社1987年版,第589页)。更突出了闾里、市朝在公众情绪和舆论传播中的作用。
③《宋书·五行志》,第901页。

属之理,事何从泄也?'于是敕外穷推之,咸言有一小人衣黑衣,大呼于市曰:'官今大赦。'须臾不见。坚叹曰:'其向苍蝇乎?声状非常,吾固恶之。谚曰:"欲人勿知,莫若勿为。"声无细而弗闻,事未形而必彰者,其此之谓也。'"①这个例子中所说的飞蝇传语虽然荒诞不经,但是关乎因犯身家性命的大赦决定,因被人泄漏而发生所谓"声无细而弗闻,事未形而必彰"的现象却是非常现实和符合逻辑的。在这个例证中有两点值得注意,一是"官今大赦"的消息是在长安的"街巷市里"内流传的,一是黑衣人的呼告也是在"市里"这样民众聚集的地方发生的,这都可以说明闾里巷路在社会信息和舆论传播中的重要作用。

我们还可以举出一些这样的例证。西晋大臣羊祜死后,百姓异常悲痛,结果造成了"街衢涂巷,传哭接音,邑里相达"的局面。南齐安陆昭王萧缅于永明九年(491)五月死后,也造成了"城府飒然,庶寮如殒。男女老幼,大临街衢,接响传声,不逾时而达于四境"②的效果。这类信息在街道里巷的一"传"一"接",正是造成百姓悲伤情绪互相感染,"邑里相达"的根本原因。这是公众舆论口耳相传的两个实例。南朝宋时,领军将军王玄谟功高权重,君臣之间矛盾日增,产生疑忌,于是"邑里讹言云(玄谟)已见诛,市道喧扰"③。这些对王玄谟不利的流言很明显也是在闾里、市道里产生和流布的。南朝梁时,萧昱为晋陵太守,他上任伊始便"励名迹,除烦苛,明法宪,严于奸吏",结果"旬日之间,郡中大化"。不久萧昱暴卒,民众感念他的惠政,出现了"百姓行坐号哭,市里为之喧沸"④的场面。史书的描写虽然难免有夸大其词之处,但在这场百姓悼念萧昱的活动中,市里、街巷在凝聚百姓情感、传播社会信息方面的作用是十分突出的。陈代名臣虞寄秉性仁厚、谦退淡泊,但居官行事却很有原则,"至于临危执节,则辞气凛然,白刃不惮也",因而深受社会各阶层的敬重,百姓都想争睹其风采。史载虞寄"常出游近寺,闾里传相告语,老幼罗列,望拜道左"⑤。这个例证不仅说明了虞寄出游的信息是通过闾里百

---

① 《晋书·苻坚载记》,第 2887—2888 页。
② 《文选》卷五九沈休文《齐故安陆昭王碑文一首》并李善注引臧荣绪《晋书》,第 822 页。
③ 《宋书·蔡兴宗传》,第 1580 页。
④ 《梁书·萧昱传》,第 372 页。
⑤ 《陈书·虞寄传》,第 263 页。

姓传播的,还从一个侧面说明了闾里传语的效率是很高的。

　　为什么歌谣在民众中间,在闾里街巷,在社会的底层更容易流传呢?除了前面所论述的种种原因以外,还和汉唐时期的政治体制和社会阶层的分化有关。

　　《史记·周本纪》说周厉王暴虐残酷,民不堪命,乃谤毁厉王。厉王任用卫巫,使监谤者,结果造成"国人莫敢言,道路以目"的万马齐喑的恐怖局面。大臣召公针对这种情况,进谏说:"防民之口,甚于防水。水壅而溃,伤人必多,民亦如之。是故为水者决之使导,为民者宣之使言。故天子听政,使公卿至于列士献诗,瞽献曲,史献书,师箴,瞍赋,蒙诵,百工谏,庶人传语,近臣尽规,亲戚补察,瞽史教诲,耆艾修之,而后王斟酌焉,是以事行而不悖。民之有口也,犹土之有山川也……口之宣言也,善败于是乎兴……夫民虑之于心而宣之于口,成而行之。若壅其口,其与能几何?"[1]结果厉王不听,三年后被国人驱赶下台,出奔于彘。这个例子虽然讲的是周代的故事,但是召公对统治者应该听取民众呼声的看法及其所讲的社会各个阶层上言帝王的途径,却是适合整个中国古代社会的。尤其值得注意的是,在召公的分析中,公卿至于列士,乃至于瞽、史、师、瞍、蒙、百工等社会各个阶层,都各自拥有上言帝王的独特途径,唯有占国民最大多数的庶人即普通民众缺乏使其意见上达天听的基本途径,只能用传语的方式来争取统治者的注意。为什么会这样呢?《史记集解》引韦昭的话说:"庶人卑贱,见时得失,不得达,传以语王。"对这种说法,《史记正义》又补充说:"庶人微贱,见时得失,不得上言,乃在街巷相传语。"[2]这告诉我们,民间的传语,乃是因为民众社会地位低微不得已而采取的方法。

　　从根本上来讲,这还是由中国古代官民对立的二元政治结构和士庶有别、等级森严的社会结构造成的社会现象。另外,汉唐时期的文化事业垄断于官府的特点,也是造成公众舆论以传语的方式传播的局面的一个原因。有学者就指出:"大抵汉武以前,文化事业集中于政府,掌握于史官,故史籍必出于国都,所纪恒属王侯世家之事。闾里所传,仅或著于

---

[1]《史记·周本纪》,第142页。
[2]《史记·周本纪》,第143页。

诗歌。"① 这种文化事业掌握在政府手中的文化体制,虽然讲的是西汉武帝以前的事情,可是即使在汉武帝之后的漫长的汉唐时期,文化著述的能力和权利又何尝为民众所须臾拥有呢? 由此可见,中国古代政治专制体制所造成的各个阶层的社会分化及由此产生的普通民众和社会上层之间的文化差异,乃是闾里所传皆为歌谣的深层社会原因。而这种体制的弊端及其所造成公众舆论壅闭的严重程度,在汉唐时期只有强化的趋势,而未见分毫削弱的迹象。

如果说民众的呼声能否上达天听还只是一个体制的问题,那么民间歌谣风议的不断产生和广泛传播,却是和汉唐时期民众的生存状况直接息息相关的。换言之,民间歌谣的产生和流布,乃是民众对自身经济状况和生活环境的必然反映。前面已经讲过,当社会安定,民众生活较为安逸的时候,民间的歌舞之风就会兴盛起来,民间的歌舞作品也必然呈现增加的趋势。但是,对汉唐时期的广大民众而言,真正的生活安定的时期毕竟难得一见,这就难怪汉唐时期民众所创作和传播的歌谣,除去对少数所谓廉吏赞美的颂歌以外,大部分反映的往往是"骄臣虐政之事",所发出的往往是"远近呼嗟之音"了。

汉魏时期普通民众的经济和生存状况,我们可以通过一些史料而略知一二。比如,江南作为南朝统治的区域,其经济较北朝和其他地区发达得多,即便如此,江南地区的人民生活也很不安定。比如《宋书·谢方明传》就说:"江东民户殷盛,风俗峻刻,强弱相陵,奸吏蜂起,符书一下,文摄相续。又罪及比伍,动相连坐,一人犯吏,则一村废业,邑里惊扰,狗吠达旦。"② 魏晋时期,蜀中常被人称为"天府"③之国,然而到了南朝时期,蜀中民生凋敝的程度,却到了令人难以想象的地步。南朝梁武帝时期,蜀中发生齐苟儿之叛,邓元起率兵平叛后,有人嘲弄邓元起的主簿蜀人罗研说:"卿蜀人乐祸贪乱,一至于此。"罗研回答说:"蜀中积弊,实非一朝。百家为村,不过数家有食,穷迫之人,什有八九,束缚之使,旬有二三。贪乱乐祸,无足多怪。若令家畜五母之鸡,一母之豕,床上有百钱

---

① 常璩撰、任乃强校注《华阳国志校补图注·前言》,第 6 页。
② 《宋书·谢方明传》,第 1524 页。
③ 《三国志·诸葛亮传》就记载诸葛亮对刘备说:"益州险塞,沃野千里,天府之土,高祖因之以成帝业。"(第 912—913 页)而《晋书·袁乔传》记载:"蜀土富实,号称天府。"(第 2168 页)

布被,甋中有数升麦饭,虽苏、张巧说于前,韩、白按剑于后,将不能使一夫为盗,况贪乱乎?"① 再如,南朝时期号称可以与建康相比的"大邑"山阴②,其民户经济状况和受各级官吏百般盘剥的情况,在南齐时期大臣顾宪之的奏疏里即可见一斑:"山阴一县课户二万,其人赀不满三千者,殆将居半,刻又刻之,犹且三分余一。凡有赀者多是士人复除,其贫极者悉皆露户役人,三五属官,盖惟分定,百端输调,又则常然。比众局检校,首尾寻续,横相质累者亦复不少。一人被摄,十人相追,一绪裁萌,千孽互起。蚕事弛而农业废,贱取庸而贵举责,应公赡私,日不暇给,欲无为非,其可得乎?死且不惮,矧伊刑罚,身且不爱,何况妻子。是以前检未穷,后巧复滋,网辟徒峻,犹不能悛。"③ 山阴和益州向来是汉魏时期的经济发达地区,而其民众的经济和生活状况却也穷迫一至于是,何况同一时期其他地区的民众呢?

破坏民众生活安定的,还有最高统治者。如东汉光和元年(178)灵帝"初开西邸卖官,入钱各有差:二千石二千万;四百石四百万;其以德次应选者半之,或三分之一;于西园立库以贮之。或诣阙上书占令长,随县好丑,丰约有贾。富者则先入钱,贫者到官然后倍输。又私令左右卖公卿,公千万,卿五百万。"④ 南齐时期的东昏侯萧宝卷,在平定陈显达之乱以后,逐渐变得奢侈淫逸,史载他喜欢于京城各地游玩,每当他出行时,"不欲令人见之,驱斥百姓,唯置空宅而已。是时率一月二十余出,既往无定处,尉司常虑得罪,东行驱西,南行驱北,应旦出,夜便驱逐,吏司奔驱,叫呼盈路。打鼓踏围,鼓声所闻,便应奔走,临时驱迫,衣不暇披,乃至徒跣走出,犯禁者应手格杀。百姓无复作业,终日路隅。从万春门由东宫以东至郊外,数十里,皆空家尽室。巷陌县幔为高障,置人防守,谓之'屏除'。高障之内,设部伍羽仪,复有数部,皆奏鼓吹羌胡伎,鼓角横吹。夜反火光照天。每三四更中,鼓声四出,幡戟横路,百姓喧走,士庶莫辨。或于市肆左侧过亲幸家,环绕宛转,周遍都下,老小震惊,啼号

① 《南史·罗研传》,第1369—1370页。
② 如《南齐书·良政传·序》就说:"以山阴大邑,狱讼繁滋,建元三年,别置狱丞,与建康为比。"(第913页)
③ 《南史·顾宪之传》,第923页。
④ 《资治通鉴》卷五七《汉纪》灵帝光和元年,第1849—1850页。

塞道"①,简直成为京城百姓的灾星。又如北齐文宣帝高洋："既征伐四克,威振戎夏。六七年后,以功业自矜。遂留情耽湎,肆行淫暴。或躬自鼓舞,歌讴不息,从旦通宵,以夜继昼;或袒露形体,涂傅粉黛,散发胡服,杂衣锦彩,拔刀张弓,游行市肆……街坐巷宿,处处游行……凡诸杀害,多令支解,或焚之于火,或投之于河。沉酗既久,弥以狂惑。每至将醉,辄拔剑挂手,或张弓傅矢,或执持牟槊。游行市鄽,问妇人曰:'天子何如?'答曰:'颠颠痴痴,何成天子。'"②熟悉中国历史的人们都知道,如此贪鄙和淫逸的帝王,在汉唐时期并不在少数,上述三位皇帝,只是其中的典型代表而已。

事实上,汉魏时期民众生活的穷迫,并非自然状况的恶化而造成的,而是如罗研和顾宪之所说的,是官府"百端输调"和"束缚之使"的结果。也就是说,各级官府长吏的繁重剥削和无穷徭役,才是造成民众生活无继、困苦无助甚至铤而走险的根源。汉代陆贾就说过:"官府若无吏,亭落若无民,闾里不讼于巷,老幼不愁于庭,近者无所议,远者无所听,邮无夜行之卒,乡无夜召之征,犬不夜吠,鸡不夜鸣,耆老甘味于堂,丁男耕耘于野。"③但是,起而反抗毕竟不是多数普通百姓的选择,大多数的民众只能靠歌谣风议来发泄他们的不满和愤慨。这就是歌谣风议多在民间产生的重要原因,同时,这种状况也说明了扎根于汉唐时期城乡闾里村巷的民众和民间社会,才是这一历史时期歌谣舆论产生、传播和发生影响的最重要的社会空间。

第三节 官府机构与歌谣风议的传播空间

作为国家统治机构的中央和地方的各级官僚机构,有时也成为歌谣舆论发生和传播的重要社会空间。这样的情况,除去前文所举的台阁为丁谧等语:"台中有三狗,二狗崖柴不可当,一狗凭默作疽囊",征西大

---

① 《南史·废帝东昏侯纪》,第 152 页。
② 《北史·显祖文宣帝纪》,第 259—260 页。
③ 陆贾《新语·至德》篇,第 118 页。

将军府中为郗超和王珣语："髯参军,短主簿,能令公喜,能令公怒",人为湘东王府中记室颜协语"二协"和人为梁湘东王镇西咨议参军徐君蒨谣:"北路鱼,南路徐",以及北齐时御史台中为宋游道语:"见贼能讨宋游道",我们还可以举出以下一些例证:

鸿胪中为韩暨韩宣语。《三国志》载,魏明帝时,韩宣担任尚书大鸿胪:"宣前后当官,在能否之间,然善以己恕人。始南阳韩暨以宿德在宣前为大鸿胪,暨为人贤,及宣在后亦称职,故鸿胪中为之语曰:'大鸿胪,小鸿胪,前后治行曷相如。'"①

潘岳题阁道谣。《晋书·潘岳传》记载说:"岳才名冠世,为众所疾,遂栖迟十年。出为河阳令,负其才而郁郁不得志。时尚书仆射山涛、领吏部王济裴楷等并为帝所亲遇,岳内非之,乃题阁道②为谣曰:'阁道东,有大牛。王济鞅,裴楷鞧,和峤刺促不得休。'"③

桓温府中为袁宏、伏滔语。《晋书·袁宏传》载:袁宏,字彦伯,累迁大司马桓温府记室。温重其文笔,专综书记。"(袁宏)性强正亮直,虽被温礼遇,至于辩论,每不阿屈,故荣任不至。与伏滔同在温府,府中呼为'袁伏'。宏心耻之,每叹曰:'公之厚恩未优国士,而与滔比肩,何辱之甚。'"④

省中为贺琛语。《梁书·贺琛传》载:"(贺琛)迁员外散骑常侍。旧尚书南坐,无貂,貂自琛始也。顷之,迁御史中丞,参礼仪事如先……俄复为尚书左丞,迁给事黄门侍郎,兼国子博士,未拜,改为通直散骑常侍,

---

① 《三国志·魏书·裴秀传》,第675—676页。
② 关于阁道,辞书中有多种解释,但比较合乎潘岳题词地点的只能有两义:其一为尚书省内的一段木制复道式的建筑(《辞源》,第1766页),如《太平御览》卷二一八《职官部·都官尚书》引《南史》曰:"自晋已来,尚书官僚皆携家属居省,省在台城内下舍门中,有阁道东西跨路,通于朝堂。其第一即都官省,西抵阁道。"(第1036页)但阁道还有一义为桥梁,如《太平御览》卷三九一《人事部·笑》引《南史》曰:"宋司徒褚彦回送相州刺史王僧虔,阁道坏,坠水。仆射王俭马惊,跌下车。谢超宗抚掌笑曰:'落水三公,堕车仆射。'"(第1809页)在魏晋南朝北时期,在尚书省、御史台等中央政府官署的墙壁上随意题字是被禁止甚至是犯法的行为。《初学记》卷二四《居处部·墙壁》即记载梁代沈约《奏弹御史孔橐题省壁悖慢事》一文说:"谨案:奉朝请台御史臣孔橐,海斥无闻,谬列华省,假摄去来,仕子常务。况东皋贱品,非藉丰资;旬日暂劳,岂云卑辱。而肆此丑言,题勒禁省,比物连类,非所宜称。黜之流伍,实允朝宪。臣等参议,请以见事免橐所居官,辄下禁止。"(第585页)孔橐因题字省壁而遭奏弹,就说明了这一点。
③ 《晋书·潘岳传》,第1502页。
④ 《晋书·文苑传·袁宏传》,第2398页。

领尚书左丞,并参礼仪事。琛前后居职,凡郊庙诸仪,多所创定。每见高祖,与语常移晷刻,故省中为之语曰:'上殿不下有贺雅。'琛容止都雅,故时人呼之。"①

大理寺中为苏珍之、宋世轨语。《北齐书·宋世轨传》载:"世轨,幼自严整。好法律,稍迁廷尉卿。洛州民聚结欲劫河桥,吏捕案之,连诸元徒党千七百人。崔暹为廷尉,以之为反,数年不断。及世轨为少卿,判其事为劫。于是杀魁首,余从坐悉舍焉。时大理正苏珍之亦以平干知名。寺中为之语曰:'决定嫌疑苏珍之,视表见里宋世轨。'时人以为寺中二绝。"②

省中为祖珽、裴让之语。《太平御览·职官部》引《三国典略》记载说:"裴让之十七举秀才,为屯田郎中,与祖班俱聘宋。邢劭③省中语曰:'多奇多能祖孝征,能赋能诗裴让之。'让之弟诹之、谋之、讷之、谒之并清立,杨愔曰:'河东士族,京官不少;裴让兄弟,都无乡音,裴文季为不亡也。'"④

这首称赞裴让之和祖颋的歌谣,或许是邢劭在尚书省中的戏语。这是因为,其一,邢劭和裴让之为同僚,且有过共事经历,如《北齐书·高德政传》记载:"至五月初,帝发晋阳。德政又录在邺诸事条进于帝,帝令陈山提驰驿赍事条并密书与杨愔。大略令撰仪注,防察魏室诸王。山提以五月至邺,杨愔即召太常卿邢劭、七兵尚书崔㥄、度支尚书陆操、詹事王昕、黄门侍郎阳休之、中书侍郎裴让之等议撰仪注。"⑤邢劭与裴氏兄弟的关系较为密切,如《北史·裴谋之传》载裴让之的弟弟"谋之,字士令。少有风格,邢劭每云'我裴四'"⑥。其二,东魏、北齐之际,台省府属

---

① 《梁书·贺琛传》。第542—543页。

② 《北齐书·宋世轨传》,第639页。

③ 此语殆不可解,笔者疑其有误。又《太平御览》卷七四四《工艺部·叙艺》引《后汉书》曰:"祖珽字孝征,裴让之字士礼,俱崇文学邢劭。省中为之语曰:'多伎多能祖孝征,能赋能诗裴让之。'"(第3302页)所说"俱崇文学邢劭",亦不可解。笔者或疑"邢劭"二字为衍文。

④ 《太平御览》卷二一八《职官部·屯田郎中》引《三国典略》,第1039页。《北齐书》卷35《裴让之传》说:"让之少好学,有文俊辩,早得声誉。魏天平中举秀才,对策高第。累迁屯田主客郎中,省中语曰:'能赋诗,裴让之。'为太原公开府记室。与杨愔友善,相遇则清谈竟日。愔每云:'此人风流警拔,裴文季为不亡矣。'梁使至,帝令让之摄主客郎。"(第465页)

⑤ 《北齐书·高德政传》,第408页。

⑥ 《北史·裴谋之传》,第1386页。

之间政治气氛较为轻松,同僚之间常有戏语谈笑的风气。加之邢劭个性诙谐,常多戏语。如《北史·袁聿修传》记载:"魏、齐世,台郎多不免交通饷馈。初,聿修为尚书郎十年,未曾受升酒之遗。尚书邢劭与聿修旧款,每省中语戏,常呼聿修为清郎。"①又《北史·许惇传》记载:"乾明中,邢劭为中书监,德望甚高……(许惇)与邢劭、魏收、阳休之、崔劼、徐之才比肩同列,诸人或谈说经史,或吟咏诗赋,更相嘲戏,欣笑满堂。"②所以流传出不少同侪互相称誉或讽喻的歌谣或谚语。

文林馆③中为陆乂语。《北史·陆乂传》载:"乂,字旦,袭爵始平侯。乂聪敏博学,有文才,年十九举司州秀才。历秘书郎、南阳王文学、通直散骑侍郎,待诏文林馆。兼散骑侍郎,迎陈使。还,兼中书舍人,加通直散骑常侍。乂于《五经》最精熟,馆中谓之石经。人为之语曰:'《五经》无对,有陆乂。'"④

相府为裴汉语。《周书·裴汉传》曰:"(裴)汉字仲霄,操尚弘雅,聪敏好学。尝见人作百字诗,一览便诵。魏孝武初,解褐员外散骑侍郎。大统五年(539),除大丞相府士曹行参军,补墨曹参军。汉善尺牍,尤便簿领,理识明赡,决断如流。相府为之语曰:'日下粲烂有裴汉。'"⑤

谭公府中为裴镜民语。李百药《隋故益州总管府司马裴君碑铭并序》曰:"(裴镜民)字君倩,河东闻喜人也……晋荡公受博陆⑥之图,处阿衡之寄,为其诸子精选府寮,辟为谭公大将军记(室),府中为其语曰:'令德日新裴镜民。'昔马越为其世子辟王安期,取其仪形之美。蒋济崇其府望辟阮嗣宗,重其文学之誉。我贻羔雁,兼而(有)之。"⑦

台中为侯知一、张悰、高筠、张栖贞语。《朝野佥载》载:"周夏官侍郎

①《北史·袁聿修传》,第1719页。
②《北史·许惇传》,第946页。
③《北齐书·文苑传·序》载:"三年,祖珽奏立文林馆,于是更召引文学士,谓之待诏文林馆焉。"(第603页)《北齐书·文苑传·刘逖传》载:"祖珽执政,徙为仁州刺史。祖珽既出,征还,待诏文林馆,重除散骑常侍,奏门下事。"(第615—616页)又《颜之推传》载:"(颜之推)聪颖机悟,博识有才辩,工尺牍,应对闲明,大为祖珽所重,令掌知馆事,判署文书。"(第617—618页)
④《北史·陆乂传》,第1018—1019页。
⑤《周书·裴汉传》,第597页。
⑥西汉昭帝时,大将军霍光辅政,受封为博陆侯。《太平御览》卷二〇一《封建部·讨乱定策封》引文颖注曰:"博,大;陆,平。取其嘉名,无此县也。食邑北海之河间。"(第968页)
⑦《全唐文》卷一四三,中华书局1983年版,第1451页。

侯知一年老,敕放致仕。上表不伏,于朝堂踊跃驰走,以示轻便。张憬丁忧,自请起复。吏部主事高筠母丧,亲戚为举哀,筠曰:'我不能作孝。'员外郎张栖贞被讼,诈遭母忧,不肯起对。时台中 ① 为之语曰:'侯知一不伏致仕,张憬自请起复,高筠不肯作孝,张栖贞情愿遭忧。皆非名教中人,并是王化外物。'兽心人面,不其然乎!" ②

北宋人钱易所撰的《南部新书》是一部史料笔记,其所载谣谚俗语类型多样,涉及科举风俗、地理博物、政治变迁、官场百态、士人交往。《南部新书》记载的有关唐代中央官署机构中流传的歌谣很有特点,如:"尚书诸厅,历者有壁记,入相则以朱点之。元和后,惟膳部厅持国柄者最多,时省中谓之'朱点厅'。""秘书省内落星石,薛稷画鹤,贺知章草书,郎令余画凤,相传号为'四绝'。元和中,韩公武为校书郎,挟弹中鹤一眼,时人乃谓之'五绝'。又省之东即右威卫,荒秽摧毁,其大厅逼校正院,南对御史台。有人嘲之曰:'门缘御史塞,厅被校书侵。'""故事,三馆学士不避行台,谓'三院连镳'也。""省中司门、都官、屯田、虞部、主客,皆闲简无事。时谚曰:'司门水部,入省不数。'又角抵之戏,有假作吏部令史及虞部令史相见,忽然俱倒,闷绝良久,云冷热相激。""卢从愿,景云中典选,有声称。时人曰:'前有裴、马,后有卢、李。'裴即行俭,马即马载,李即朝隐。""畿尉有六道:入御史为修罗道,入评事为仙道,入京尉为人道,入畿丞为苦海道,入县令为畜生道,入判司马为饿鬼道。" ③ 这些歌谣风议,体现了唐代中央官署的权力关系,如"膳部厅持国柄者最多"。按尚书省在唐代为最高行政机构,被称为"南宫""中台""粉署",其下辖二十四司,另设左右二司,每司设置郎中、员外郎一至二人。唐代郎官为清美之职,地位"上应列宿",又有"才具器识",台郎为盛选,为士人所崇尚。权德舆称:"盖宗公贵仕,多由此涂出,所以储明才,练官业,必于是焉。" ④ 有的歌谣还体现了唐代中央官吏职务升迁

---

① 这里的"台"所指应为御史台。据《通典》记载可知,御史之名,周代即有之,至秦汉,为执掌纠察的官职,隋及唐皆名为御史台。御史负责弹纠不法,旧制有闻风弹事的职能,武则天时,改御史台为肃政台(见《通典》卷二四《职官·御史台》,中华书局 1988 年版,第 658—669 页)。

② 张鷟撰、赵守俨点校《朝野佥载》卷四,第 93 页。

③ 钱易撰、黄寿成点校《南部新书》,中华书局 2002 年版,第 1、3、35、45、49、129—130 页。

④ 《全唐文》卷四九四,中华书局,1983 年版,第 5038 页。

的惯例和一般规律,如:"有意嫌兵部,专心望考功。谁知脚蹭蹬,却落省墙东。"按王主敬自以为才华横溢,当入省台前行,前行即吏、兵二部,却有意嫌兵部,说明中意的是吏部。"兵部尚书、侍郎之职,掌天下军卫武官选授之政令。凡军师卒戍之籍,山川要害之图,厩牧甲仗之数,悉以咨之"①。吏部掌管天下官员铨选之事,"吏部尚书、侍郎之职,掌天下官吏选授、勋封、考课之政令。凡职官铨综之典,封爵策勋之制,权衡殿最之法,悉以咨之。其属有四:一曰吏部,二曰司封,三曰司勋,四曰考功"②。而作为吏部所统下的考功司"考功员外专掌试贡举人,员外郎之最望者"③。膳部司位于礼部,处于后行司,掌饮膳、藏冰及食料,事务闲简。膳部与考功之间差距不可谓不大。若按传统升迁模式,为后行郎官必然要先迁入中行部门再迁入前行部门,故身为吏部郎中的张敬忠这样调侃王主敬。

　　上述例证表明,从涉及的政府机构来说,汉唐时期歌谣舆论发生的地点,涵盖了尚书省、御史台、大理寺、鸿胪寺、文林馆等中央机构和丞相府、大司马府、大将军府及重要藩王府等重要权力部门,几乎可以说代表了整个中央政府统治机构。事实上,前文屡屡提到的"台中""省中""寺中""鸿胪中"等地点,正在一定程度上涵盖了以"禁中""省中"和"三台""五省"及"九寺"为代表的汉唐时期重要的中央统治机构。《文选·魏都赋》"禁台省中,连闼对廊"李善注曰:"《魏武集》,荀欣等曰:汉制,王所居曰禁中,诸公所居曰省中。"④可见,禁中是皇帝所居之地,而省中则是中央机构所在地。《通典·职官典》"官司有三台、五省之号"注引宋孝武帝诏曰:"昔二王两谢,俱至崇礼。自今三台五省,悉同此例。"又注云:"三台,盖两汉旧名。五省,谓尚书、中书、门下、秘书、集书省也。"⑤三台究竟何谓?《通典》只是说三台为两汉旧名,《初学记·职官部·尚书令》的"叙事"部分对此则做了说明:"尚书,秦置也……汉因秦置之。(汉犹隶少府。魏晋以后,政归台阁,则不复隶矣。)故尚书为中

①《唐六典·尚书兵部》,第150、151页。
②《唐六典·尚书吏部》,第27页。
③韦述撰、辛德勇辑校《两京新记辑校》卷一,三秦出版社2006年版,第9页。
④《文选》卷六,第99页。
⑤《通典·职官一·历代官制总序》,第469页。

台,谒者①为外台,御史为宪台,谓之三台。"②至于"九寺",据《隋书·百官志》云:"太常、光禄、卫尉、宗正、太仆、大理、鸿胪、司农、太府,是为九寺。"③总之,三台、五省、九寺之说尽管不能完全符合汉唐时期历代官制的沿革情况,但却一向被视为对历代政府中枢机构的概括。

从上面所举歌谣风议所涉及的人员和官职来看,汉唐时期的歌谣舆论,也几乎涉及中央政府内的各类朝廷大员和重要僚属。从传播于台寺府署的歌谣舆论所涉及的内容来讲,既包括了人物臧否这一传统的常见内容,也包含着不少反映汉唐时期政治斗争和权力分配矛盾等特点的信息。因此可以说,作为上层统治机构的台寺府署和前面所讲的城乡巷路闾里一样,也是汉唐时期歌谣舆论发生和传播的重要社会空间。

官民并立的二元政治和社会结构是汉唐时期歌谣舆论相对集中于城乡巷路闾里和台寺府署的根本原因,但是,台寺府署成为歌谣舆论发生和传播的重要社会空间的具体原因则有多种。大体来说,政治斗争,权力的分配和争夺,汉唐时期政府机构间的分权和制衡的关系以及自汉代以来品评人物的风气,都是歌谣风议发生于台寺府署等政府各个部门的重要原因。可以说,政治因素是台寺府署成为歌谣风议发生的社会空间的根本原因,而台寺府署则是产生这类歌谣的现实空间和历史舞台。

与统治阶层之间的政治斗争相关的歌谣,在史籍的记载中为数很多,和本书论题相关的亦复不少。比如,以前面所举时人为何晏邓飏丁谧谤语"台中有三狗,二狗崖柴不可当,一狗凭默作疽囊"为例,这首歌谣即反映了魏末曹氏和司马氏政治集团之间激烈的政治斗争,因为当时何晏、邓飏、丁谧都是曹氏集团中的重要人物。可以肯定的是,上述歌谣

---

① 按谒者在汉代即为中书令。如《初学记·职官部·中书令》即云:"中书令,汉武所置。出纳帝命,掌尚书奏事,盖周官内史之任。初汉武游宴后庭,公卿不得入,始用宦者典尚书,通掌图书章奏之事。其后遂罢尚书,改置中书谒者令,尽用宦者。故沈约《宋书·百官志》云:中书本尚书官是也。谢灵运《晋书》云:以其总掌禁中记书,谓之中书。汉武时司马迁被腐刑之后,为中书令,则其职也。《汉书》不言谒者,史省文也(其官本名曰中书谒者令,《汉书》直云迁为中书令,是史省文也)。"(第271页)其在魏晋时期的沿革情况,《通典·职官典·中书令》说:"(西汉)成帝建始四年,改中书谒者令曰中谒者令,更以士人为之,皆属少府。汉东省有中谒者令官。魏武帝为魏王,置秘书,典尚书奏事,又其任也。文帝黄初初,改为中书令,又置监,以秘书左丞刘放为中书监,右丞孙资为中书令,并掌机密。"(第560—561页)
② 《初学记·职官部·尚书令》,第258—259页。
③ 《隋书·百官志》中,第755页。

是司马氏集团制造的用来攻击曹氏集团重要成员的舆论工具。这段史实已为治史者所熟知，而《晋书·宣帝纪》所记载的一首歌谣也可以证实："曹爽用何晏、邓飏、丁谧之谋，迁太后于永宁宫，专擅朝政，兄弟并典禁兵，多树亲党，屡改制度。帝不能禁，于是与爽有隙。五月，帝称疾不与政事。时人为之谣曰：'何、邓、丁，乱京城。'"①

　　我们在这里讨论的重点不在曹氏和司马氏集团之间的政治斗争，而是"台中"在这次歌谣传播中的作用和影响。首先应该明确，在上述引文中的"台中"是指尚书省，因为《三国志》已经明确指出丁谧是在尚书省任职。那么为何以尚书省为代表的"台阁"部门会在曹魏末年成为曹氏和司马氏集团政治斗争的主要部门呢？原来，曹操以魏公兼领丞相之职后，把尚书变成了丞相的属官，掌控了朝廷的行政权力。另外，通过中领、中护军等丞相府的军事机关，掌控了朝廷的军事大权。这样台阁就成为曹操时期朝廷的核心部门。此后，虽然经过曹丕的改革，尚书省的权力相对削弱，但作为重要的权力执行机构，尚书省的作用和影响仍然是不可忽视的。很自然的，曹氏和司马氏的权力斗争就会在台阁中展开。因此，上述歌谣在尚书省和台阁中发生，就有了合乎逻辑和历史现实的解释。

　　统治阶层内部权力的分配和争夺，往往也是歌谣风议在政府机构中发生的重要原因。潘岳题阁道谣应该就是反映这种情况的代表之作。笔者在前面的注释中已经指出，潘岳题写歌谣的"阁道"，最有可能的地点只有两个，一个是宫中尚书省附近的一段复道的墙壁，另一个则是西晋首都洛阳城内某个达官贵人常常经过的桥梁。如果是前者，则和本书所论的台寺府署与歌谣舆论的关系更为密切，即使是后者，也与统治阶层内部围绕着权力的分配在尚书省、中书省等机构内的争夺有关。《晋书·潘岳传》在记载这则歌谣时即说潘岳"才名冠世，为众所疾，遂栖迟十年。出为河阳令，负其才而郁郁不得志。时尚书仆射山涛、领吏部王济、裴楷等并为帝所亲遇，岳内非之"，乃题歌谣于阁道云云。事实上，潘岳"为众所疾"而栖迟多年的原因，就在于掌选举的尚书仆射山涛、吏部尚书王济等人的压制。《太平御览·人事部》引王隐《晋书》说："潘岳，

---

① 《晋书·宣帝纪》，第16页。

字安仁,清辩能属文。早辟贾充府、太子舍人,出为河阳令。以仕次宜为郎,不得意。时仆射山涛领选,岳内非之,密作谣曰:'阁道东,有大牛。王济鞅,裴楷鞧,和峤刺促不得休。'"①潘岳按照资历和才能,本来应该做尚书郎或著作郎等郎官,可是由于山涛等人的压制,迟迟不得升迁,所以作歌谣讥刺他们,发泄心中的不满。北朝时期祖珽和韦孝宽为斛律光所作的歌谣也属于此类。另外,前引《北齐书·宋世轨传》所载大理寺中为苏珍之、宋世轨语:"决定嫌疑苏珍之,视表见里宋世轨",及北齐时期御史台中为宋游道语"见贼能讨宋游道",也能够细致入微地反映汉唐时期作为司法机构的大理寺或廷尉与作为纠察机构的御史台之间微妙的分权与制衡的关系②。

　　至于属于人物评论和臧否的歌谣,在汉唐时期是很多见的,这类歌谣风议,一部分已经作为乡里清议性质的内容在前面已经介绍过了,另外一部分,则多属于政府机构同僚之间或主官与部属上下级之间的品评,如鸿胪中为韩暨、韩宣语,尚书省中为贺琛语和相府中为裴汉语等,都属于此类。这类歌谣,显然是受汉代以来的清议和魏晋时期九品中正制下的人物品评风气的影响而产生的。

　　通过上面的论述和分析我们可以看出,汉唐时期歌谣舆论的社会空间集中于城乡闾里巷路和台寺府署等中枢机构及各级政府部门,这既可以充分说明歌谣风议的民间属性,也证明作为上层建筑的统治机构也是歌谣风议传播的主要舆论场,歌谣风议具有民间文化和上层文化的双重属性。在上层的政治文化空间里,歌谣风议所具有的隐晦、匿名、非官方渠道(诏书、令旨、书册、奏议)等特征,也赋予其上层文化中的亚文化或潜流文化特征。

　　有的学者认为"闾里所传,或仅著于诗歌",认为歌谣仅仅是民间社会和民间文化的产物③。有的学者则从大传统与小传统或精英文化与通俗文化的认识角度出发,探讨歌谣的社会属性。比如余英时即指出:"大传统或精英文化是属于上层知识阶级的,而小传统或通俗文化则属于没

①《太平御览·人事部·谣》引王隐《晋书》,第2140页。
② 金霞、李传军《〈北齐书·宋世轨传〉"台欺寺久"浅释》,《晋阳学刊》2004年第6期。
③ 常璩撰、任乃强校注《华阳国志校补图注》序,第6页。

有受过正式教育的一般人民。由于人类学家和历史学家所根据的经验都是农村社会,这两种传统或文化也隐涵着城市与乡村之分。大传统的成长和发展必须靠学校和寺庙,因此比较集中于城市地区;小传统以农民为主体,基本上是在农村中传衍的。"①并明确指出歌谣属于通俗文化的范畴。余英时认为汉代的"观采风谣"就是中国古代大传统和小传统之间交流的渠道,"乐府采诗主要是因为中央政府想要了解各地的风俗"②。这种观点非常精辟。当然,汉唐时期歌谣的作者除了民众以外,有不少是政府的高级官吏,属于"上层知识阶级"。不难设想,相对于生活于乡村的民众而言,身处庙堂之高的官员士大夫,会经历更多政争和世变,会有更多的难言之隐和政治观点需要表达。比如潘岳题阁道之谣和北齐陆法和题于自己家里墙壁的谶诗,就分别表达了统治阶层内部的某些官僚仕宦不如意的愤懑之情和对当时统治者的不满。这两首歌谣,都因为直接讥刺统治者的原因而不敢公开身份或公示于人:潘岳是把自己的歌谣题于河桥之上而未题名,陆法和则是把自己的谶诗题于自家的墙壁之内,直到他死后墙壁脱落,人们才看到这两首谶诗③。《毛诗序》说的好:"诗者,志之所之也,在心为志,发言为诗,情动于中而形于言,言之不足,故嗟叹之,嗟叹之不足,故永歌之,永歌之不足,不知手之舞之,足之蹈之也。"④而诗三百篇,多半不正是所谓的歌谣吗?

　　所以,就汉唐时期的绝大部分歌谣风议来看,它们固然是民众倾诉内心感受和表达政治意愿的声音,可以看作是属于民众文化或民间文化的范畴,但如果综合考虑汉唐时期各类歌谣的创作者和受众的身份,以及这一时期歌谣风议的整体类别和性质,则汉唐时期乃至整个中国古代社会的歌谣风议的属性,其最佳的定位还是公众舆论——一种源于社会各个阶层的、包涵不同观点和态度的社会舆论。

　　总之,城乡闾里和台寺府署所代表的社会下层和上层空间,成为汉唐时期歌谣舆论产生和传播的两个基本社会空间,的确可以称得上是一个不争的历史事实。《文选·魏都赋》在谈到曹魏的都城邺城的城市布

---

① 余英时《士与中国文化》,上海人民出版社 1987 年版,第 129—130 页。
② 余英时《士与中国文化》,第 135 页。
③ 《北史·艺术传·陆法和传》,第 2945 页。
④ 《十三经注疏》,第 269—270 页。

局时说："设官分职，营处署居。夹之以府寺，班之以里闾。"从闾里与府寺所代表的民众居住区与官府机构的交错相邻关系，我们不难体会出中国古代歌谣舆论所反映的官民互动关系何以如此多见，从中不仅可以看出汉唐时期歌谣舆论与社会结构的紧密关系，而且更足以启发人们对汉唐的歌谣风议的社会和文化背景给以更多的关注和思考。

第五章　歌谣风议传播的社会背景与心理

第一节　集群行为与歌谣的产生

在现代语言学、社会学、心理学、人类学和传播学中，谣言都是一个重要的研究范畴。有人认为：（1）谣言与特定的事件相关，"是为了使人们相信，一般以口传媒介的方式在人们之间流传，但是却缺乏具体的资料以证实其确切性"。（2）谣言是一种"旨在使人们相信的宣言，它与当前时事有关，在未经官方证实的情况下广泛流传"。（3）谣言是一种"在人们之间私下流传的，对公众感兴趣的事物、事件或问题的未经证实的阐述或诠释"。法国学者卡普费雷指出传统对谣言的定义只注意到了谣言的虚妄性，而没有看到谣言的"真实性"属性。所以，卡普费雷定义谣言为"在社会中出现并流传的未经官方公开证实或已经被官方所辟谣的信息"①。从上述定义看来，谣言和我国古代史书中所常见的"妖言""讹言""流言""传言"等意义基本是相同的。比如《辞源》所释谣言的义项之一即为"没有事实根据的传闻"。但《辞源》同时也指出，在我国古代，谣言主要是指"民间流传评议时政的歌谣、谚语"②。综上而言，所谓谣言、讹言、流言等词语，在中国古代的历史语境中，其含义是大同小异的，有的情况下，谣言、讹言等和史书中常见的童谣、歌谣等在形式和内容上也是相同的。

《汉书·成帝纪》载建始三年（前30）九月，诏曰："乃者郡国被水灾，流杀人民，多至千数。京师无故讹言大水至，吏民惊恐，奔走乘城。"颜师古注曰："讹，伪言。"③《汉书·五行志》记载："成帝建始三年十月丁未，京师相惊，言大水至。渭水厓上小女陈持弓年九岁，走入横城门，

---

① （法）让·埃诺尔·卡普费雷著、边芹译《谣言》，上海人民出版社1991年版，第6—7、18页。
② 《辞源》，第1583页。
③ 《汉书·成帝纪》，第306—307页。

入未央宫尚方掖门,殿门门卫户者莫见,至句盾禁中而觉得。"时人引京房《易传》曰:"妖言动众,兹谓不信,路将亡人,司马死。"① 《三国志·魏书·刘表传》注引《搜神记》曰:"建安初,荆州童谣曰:'八九年间始欲衰,至十三年无孑遗。'言自中平以来,荆州独全,及刘表为牧,民又丰乐,至建安八年九年当始衰……是时,华容有女子忽啼呼云:'荆州将有大丧。'言语过差,县以为妖言,系狱月余,忽于狱中哭曰:'刘荆州今日死。'华容去州数百里,即遣马吏验视,而刘表果死,县乃出之。续又歌吟曰:'不意李立为贵人。'后无几,太祖平荆州,以涿郡李立字建贤为荆州刺史。"② 这段史料,集中了童谣、妖言和歌谣三种形式,如果仔细分析,其性质、作用都十分相似。尤其文中将"言语过差"视为妖言,更与本书前面所指出的谣言的定义是一致的。《北齐书·文襄帝纪》载:"七月,王还晋阳……遇盗而殂,时年二十九……时有童谣曰:'百尺高竿摧折,水底燃灯灯灭。'识者以为王将殂之兆也。数日前,崔季舒无故于北宫门外诸贵之前诵鲍明远诗曰:'将军既下世,部曲亦罕存。'声甚凄断,泪不能已,见者莫不怪之。初,梁将兰钦子京为东魏所虏,王命以配厨……(高澄)将欲受禅,与陈元康、崔季舒等屏斥左右,署拟百官。京将进食,王却,谓诸人曰:'昨夜梦此奴斫我,宜杀却。'京闻之,置刀于盘,冒言进食。王怒曰:'我未索食,尔何遽来!'京挥刀曰:'来将杀汝!'王自投伤足,入于床下。贼党去床,因而见杀。先是讹言曰:'软脱帽,床底喘',其言应矣。"③ 在这次事件中,童谣、诗异和讹言也是先后发生、相辅相成的,其句式、性质和作用也是完全相同的。

其实,一部分谣言、妖言和流言,在形式上是完全相同的。比如:"惠帝永熙中,河内温县有人如狂,造书曰:'光光文长,大戟为墙。毒药虽行,戟还自伤。'又曰:'两火没地,哀哉秋兰。归形街邮,终为人叹。'"④ 文中"狂人"所作的谣言,在形式上与史籍中常见的童谣和歌谣是完全

① 《汉书·五行志》上,第 1474—1475 页。
② 《三国志·魏书·刘表传》,第 214—215 页。
③ 《北齐书·文襄帝纪》,第 37 页。
④ 见《文献通考·物异考·诗异》。按这两段歌谣,似与杨骏和杨后有关:"及杨骏居内府,以戟为卫,死时又为戟所害伤。杨后被废,贾后绝其膳八日而崩,葬街邮亭北,百姓哀之也。两火,武帝讳;兰,杨后字也。"(第 2424—2425 页)

一样的,而在性质上又和妖言、流言相同。又《魏书·长孙肥传》记载:"(晋安帝隆安年间)中山太守仇儒不乐内徙,亡匿赵郡,推群盗赵准为主。妄造妖言云:'燕东倾,赵当续,欲知其名,准水不足。'"① 由这个例证亦可见,所谓的"妖言"与歌谣、流言和谣言在形式上是相同的。

综上,我国史籍中的"谣言""讹言""妖言"和"流言"等,在我国古代的历史语境中,除形式上有时略有差异外,在内容和性质上是基本相同的。正因如此,在我国古代史籍中,常有将童谣和讹言并列对举的,如《魏书·崔浩传》记载:"初,姚兴死之前岁也,太史奏:荧惑在匏瓜星中,一夜忽然亡失,不知所在。或谓下入危亡之国,将为童谣妖言,而后行其灾祸……后八十余日,荧惑果出于东井,留守盘游,秦中大旱赤地,昆明池水竭,童谣讹言,国内喧扰。"②

社会心理学将谣言和流言视为一种集群行为(Collective Behavior)。而社会心理学所讲的集群行为,是与处在既定的社会规范制约之下的群体行为相对而言的。美国学者罗伯特·帕克认为:"集群行为是在公共和集体冲动的影响下发生的个人行为,换句话说,那是社会互动的结果。"③ 戴维·波谱诺则认为,集合行为(集群行为)"是指在相对自发、不可预料、无组织的以及不稳定的情况下,对某一共同影响或刺激产生反应而发生的行为"④。而社会心理学也指出:"人们的行为一般说来大都处在既定的社会规范的制约之下,但在一些特殊的情境中,也会产生一些不受通常的行为规范所指导的、自发的、无组织的、无结构的,同时也是难以预测的群体行为方式,这就是社会心理学所说的集群行为。"⑤ 时尚、流言和谣言即属于典型的社会集群现象。另外,社会控制机制减弱和失控、社会心理压力的增加,也是集群行为发生的主要原因。流言和谣言是一种较为分散的集群行为。流言和谣言是在社会大众中互相传播的关于人或事的不确切信息。前者常常是无意讹传的消息,而后者则是有意捏造的。

---

① 《魏书·长孙肥传》,第 652 页。
② 《魏书·崔浩传》,第 808—809 页。
③ 周晓虹《现代社会心理学——多维视野中的社会行为研究》,上海人民出版社 1997 年版,第 399 页。
④ (美)戴维·波谱诺著、李强等译《社会学》(第 11 版),中国人民大学出版社 2007 年版,第 647 页。
⑤ 周晓虹《现代社会心理学——多维视野中的社会行为研究》,第 398 页。

流言和谣言的产生,常常有一定的社会政治背景。一般而言,社会突然发生事变时,是流言和谣言的易发期。它们都包含着一定的社会心理因素。那么,这种"集群"所涉及的究竟是哪些社会阶层和群体呢?

《太平广记》中说:"犹以流俗小人,好传浮伪之事"①,这并不是毫无根据的臆断。从史籍中记载的大多数例证来看,讹言和流言的传播者都是以普通百姓为主体的社会下层民众。即使是上层官吏创作的政治性歌谣,也需要通过在民众中的传播来扩大其舆论影响。载之于史籍的歌谣、俗语、讹言和流言,大多数是民众集体创作的作品,但"它比起那些学者、文人的著作更集中着社会的智能,凝结着大众的艺能"②,它们通常是世态人情的生动写照,堪称是社会精神和民众心理意识的流露,能够较为真实地反映出民众的心理状况和政治意愿。

《汉书·刘向传》说:"小人道长,君子道消,君子道消,则政日乱……君子道长,小人道消,小人道消,则政日治……是以群小窥见间隙,缘饰文字,巧言丑诋,流言飞文,哗于民间。故《诗》云:'忧心悄悄,愠于群小。'小人成群,诚足愠也。"③可见,刘向认为社会上的流言,是"群小"即社会上的民众或官吏中别有用心的人所制造的,其流传的主要社会空间也是民间,这种认识是比较符合历史实际的。《汉书·翟方进传》记载绥和二年(前7)春荧惑守心,翟方进奏记说:"往者数白,三光垂象,变动见端,山川水泉,反理视患,民人讹谣,斥事感名。三者既效,可为寒心。"④可见,翟方进也认为,社会上讹谣的产生和流传是"民人"即社会大众参与创作和传播的结果。是什么原因使得民众成为传播讹谣的主体呢?翟方进没有进一步分析和说明,但史书中却不时透露出一些这方面的信息。范晔在《后汉书·梁统传》后论里说:"顺帝之世,梁商称为贤辅,岂以其地居亢满,而能以愿谨自终者乎?夫宰相运动枢极,感会天人,中于道则易以兴政,乖于务则难乎御物。商协回天之势,属雕弱之期,而匡朝恤患,未闻上术,憔悴之音,载谣人口。虽舆粟盈门,何救阻饥之厄;永言终制,未解尸官之尤。况乃倾侧孽臣,传宠凶嗣,以致破家伤

---

① 《太平广记·女仙·成公智琼》,第380页。
② 《钟敬文民间文学论集》(下),上海文艺出版社1985年版,第429页。
③ 《汉书·刘向传》,第1943、1945页。
④ 《汉书·翟方进传》,第3421页。

国,而岂徒然哉!"① 可见,正是所谓"孽臣凶嗣"即各级统治者的暴政和乱政所导致的破家伤国,给民众造成了深重的社会灾难,才使得"憔悴之音,载谣人口"——民众的困苦和无望,才是民间讹谣流传的根本原因,事实上这也是民众成为流言、讹谣传播主体的根源之所在。当然,我们不能一概把史书中所有的流言、讹谣都笼统地看作是民众和民间社会的产物。如本书一再强调指出的那样,歌谣的创作者或创作群体与歌谣的传播者与传播群体,既有普通民众也有官僚上层,情况是很复杂的,不可一概而论。比如,下面这条史料就很能说明问题。

《南史·王玄谟》记载:"(王玄谟)寻为宁蛮校尉、雍州刺史,加都督。雍土多诸侨寓,玄谟上言所统侨郡无有境土,新旧错乱,租课不时,宜加并合。见许。乃省并郡县,自此便之。百姓当时不愿属籍。其年,玄谟又令九品以上租,使贫富相通,境内莫不嗟怨。人间讹言玄谟欲反。"②

王玄谟在南雍州刺史任上省并郡县,推行租税改革,实行九品混通之制。这种租税改革就牵涉的社会层面和对既得利益阶层经济利益的调整来说,可以说对普通民众和官僚、地主都会产生较大的影响。因此,南雍州境内"嗟怨"王玄谟者,绝不会仅指普通百姓。事实上,为王玄谟制造政治谣言,在政治上必欲置之于死地而后快的人,应该是以官僚、地主居多。但是,这类谣言一旦产生,仅靠个别官僚和少数地主的力量又不足以迅速使其产生足够的社会影响。归根结底,这类社会歌谣必须借助民众的力量才能得以在社会上大规模、快速地传播。所以,对这次民间讹言事件中的谣言制造者和传播者的情况,就应该给以具体的分析。

唐朝末年也出现了大量谶语歌谣,隐喻着天下将乱的预言。如,唐末董昌欲割据自立,有山阴老人献谣曰:"(欲识圣人姓,千里草青青。)③

---

① 《后汉书·梁统传》,第 1187 页。
② 《南史·王玄谟传》,第 466 页。
③ 此两句据《太平广记》卷二九〇《妖妄·董昌》补。《太平广记》记载:"先遣道士朱思远立坛场,候上帝。忽一夕云,天符降于雨中,有碧纸朱文,其文又不可识。思远言'天命命与董氏'。又有王守真者,俗谓之王百艺,极机巧。初立生祠,雕刻形像。塑续官属,及设兵卫,状若鬼神,皆百艺所为也。妖伪之际,悉由百艺幻惑所致。昌每言:'我兔子上金床谶我也。我卯生,来年岁在卯,二月二日亦卯,即卯年卯月卯日,仍当以卯时。万世之业,利在于此。'乾宁二年,二月二日,率军俗数万人,僭衮冕仪卫,登子城门楼,赦境内,改伪号罗平国,年号天册,自称圣人。"

欲知天子名,日从日上升。"① 再如懿宗咸通末年,山东地区连年饥荒,许多人落草为寇,时有谣曰:"金色虾蟆争努眼,翻却曹州天下反。"② 这首歌谣广泛流传于山东、河南之地。唐末的乱世使广大民众生活于水深火热之中,这些歌谣犹如星星之火,必将有燎原之势。董昌据前一谣言起事,王仙芝、黄巢据后一谣言起兵,都是应者景从,这与唐朝将亡、天下将乱这种存在于民众中的集体心理是有很大关系的。特别是董昌的起事,是经过大量的神道设教和舆论动员的。《新唐书》本传说他以财赋贡输朝廷获官,而他"小人意足,浸自侈大,托神以诡众。始立生祠,刻香木为躯,内金玉纨素为肺府,冕而坐,妻媵侍别帐,百倡鼓吹于前",又通过对地方百姓贷刑市恩来争取民心。"后稍峭法,笞至千百,或小过辄夷族,血流刑场,地为之赤。有五千余姓当族,昌曰:'能孝于我,贷而死。'皆曰:'诺。'昌厚养之,号'感恩都',刻其臂为誓",有了忠于自己的力量。他又命方士朱思远筑坛祠天,诡言天符夜降,碧褚朱文不可识。昌曰:"谶言'兔上金床',我生于卯,明年岁旅其次,二月朔之明日,皆卯也,我以其时当即位。"史载"下厌其虐,乃劝为帝。近县举狂噪呼请"③,这样一步步通过制作歌谣,造作舆论,贷刑市恩,收买民心,达到"近县举狂噪呼请"的社会心理氛围,于是称帝举兵。

精英和民众是歌谣的主要制造者,民众是歌谣风议的主要传播者。除了社会学和传播学所指出的一般影响谣言传播的因素外,有学者指出,民众自身的心理活动,对谣言的传播也起到重要的作用。

一是群体情绪偏好在谣言传播中的作用。有学者指出,在某些特定的社会环境下,人们受外界影响容易形成某些主观性的观点、态度和情感,并逐渐成为一种宏观上的趋势,即群体情绪偏好。利用并迎合这种偏好,刻意制造某些信息传播扩散以达到特定目的,即形成谣言。人们常说的"流言蜚语""小道消息"正是谣言的微观体现。由于中国社会复杂多变,各种思想交错在一起,由此往往造成对信息存在"选择性偏见",在传播信息的同时也成为扭曲信息的媒介,客观上对谣言起到了推

---

① 《新唐书·逆臣传·董昌传》,第 6467 页。
② 《旧唐书·黄巢传》,第 5391 页。
③ 《新唐书·逆臣传·董昌传》,第 6467 页。

波助澜的作用,更有个别组织或个人因利益驱使利用这种"群体情绪偏好"传播特定信息以达到目的,使得谣言更加复杂和难以应付①。

二是传播圈内的共同知识对于谣言的影响。施爱东认为:任何谣言都必须依附于传播圈内的共同知识,才能在这个圈内得到有效传播。通俗地说,所谓共同知识就是大家都知道,而且每个人都明白其他人也知道的知识。如果谣言中有一些只是甲知道但乙不知道的地方性知识,那么,乙就不能很好地理解和牢记谣言的具体内容,他自然无法完整地将谣言传给丙,谣言中的相关知识就会在传播中发生较大的变异,直到将其中的地方性知识变异成大家都能理解的共同知识。一个生长中的谣言,其中心点总是会尽可能地用共同知识替代地方性知识,以便谣言获得更大范围的传播。所以可以说,谣言有效传播的最大边界就是共同知识的边界②。

三是个体的态度在谣言传播中的作用。计划行为理论主要采用态度、主观行为规范、知觉行为控制三个因素解释人类的行为。其中,态度(Attitude,AT)是个人在进行某项行为时对该行为执行与否的信念,从而诱发对某项行为的意图。根据这一理论,张会平等学者研究发现:谣言接受者和传播者的态度在谣言传播中发挥了重要的作用。态度是解释行为意向(Behavioral Intention,BI)的最重要因素,其他因素也要通过影响态度进而影响行为意向。态度是一种以知识和经验为基础的惯性心理,对突发事件、网络谣言传播的相关知识了解越深刻、过往的正面经验越丰富,形成的行为态度就会越积极,网民在突发事件中识别网络谣言的行为意向就会越强烈③。

四是焦虑在谣言传播中的影响。钟宏彬通过建模研究指出:如果在谣言初步传播阶段予以一些明确的信息指导,那么谣言造成的不确定感和社会大众的焦虑会显著下降。可见,谣言信息的误导性越强,民众的知情权越低,造成的民众的不确定感和焦虑感越大,越有助于谣言的无

① 王凌晖《基于 Agent 社会仿真的群体情绪偏好条件下谣言传播机制研究》,《商丘师范学院学报》2017 年第 12 期。
② 施爱东《"太平家乐福谣言"的历史根源与文本分析》,《民族艺术》2014 年第 1 期。
③ 张会平、郭昕昊、郭宁《突发事件中网络谣言识别行为意向的影响因素研究》,《现代情报》2017 年第 7 期。

序传播。

总之,研究谣言的传播,既要从大处着眼,探讨谣言传播的历史背景、社会背景,也要从小处着眼,研究历史中和社会中的个体的心理和情境因素对于歌谣传播的影响,这样才能深入、细微地探究中国古代歌谣传播的规律性特征。

第二节　社会政治危机与流言和讹谣的产生

汉唐时期的社会讹言和流言,其发生和流传的原因固然多种多样,但其中首要的却莫过于各种各样的社会、政治和经济危机。历史上社会讹谣所涉及的社会、政治和经济的因素又不是孤立的,往往是当局政治混乱在先,社会骚动在后,而经济措施的不当,更无异于让生活在水深火热中的困苦无助、群心惶惶的民众雪上加霜。

《后汉书·申屠刚传》所载申屠刚贤良方正对策中明确指出:"今承衰乱之后,继重敝之世,公家屈竭,赋敛重数,苛吏夺其时,贪夫侵其财,百姓困乏,疾疫夭命。盗贼群辈,且以万数,军行众止,窃号自立,攻犯京师,燔烧县邑,至乃讹言积弩入宫,宿卫惊惧。自汉兴以来,诚未有也。"[1]这就明确指出,汉代的很多讹言事件,都是起于乱世衰弊的社会危机。献帝初平三年(192),董卓被李肃、吕布等刺杀,董卓旧部群龙无首,人心惶惶,而朝廷当权者在如何处置董卓旧部的问题上首鼠两端,犹豫不决,因此"百姓讹言,当悉诛凉州人,遂转相恐动。其在关中者,皆拥兵自守……卓部曲将李傕、郭汜等先将兵在关东,因不自安,遂合谋为乱"[2]。汉末的政治乱局和军阀冲突混战所引发的社会政治和地域集团之间的矛盾[3],无疑是这次讹言事件的直接原因。另外,比较黄巾起义前社

---

[1]《后汉书·申屠刚传》,第1013页。

[2]《后汉书·王允传》,第2176页。

[3]《后汉书·王允传》说:"董卓将校及在位者多凉州人,允议罢其军。或说允曰:'凉州人素惮袁氏而畏关东。今若一旦解兵,则必人人自危。可以皇甫义真为将军,就领其众,因使留陕以安抚之,而徐与关东谋,以观其变。'允曰:'不然。关东举义兵者,皆吾徒耳。今若距险屯陕,虽安凉州,而疑关东之心,甚不可也。'"而在凉州人讹言恐动之后,董卓部将李傕、郭汜等率兵围攻长安。城陷之后,吕布奔走……招允曰:"公可以去乎?"允曰:"若蒙(转下页)

会上流传的"苍天已死,黄天当立,岁在甲子,天下大吉"的歌谣性流言,虽然具有浓厚的宗教色彩,但也是汉末政局动荡和社会动乱积累的突出矛盾的一种表现。这一点从起义后"旬日之间,天下向应,京师震动"[①]的社会反应即可以看得出来。由于这段史实已为治史者所熟知,兹不赘述。不过值得补充的是黄巾起义前在洛阳发生的一个小插曲,熹平二年(173)六月,"雒阳民讹言虎贲寺东壁中有黄人,形容须眉良是,观者数万,省内悉出,道路断绝"[②]。从这个例证中我们可以一窥东汉末期人心慌乱、难以安处的民情。

魏晋南北朝时期是我国历史上著名的乱世,党争、政争不断,政变、民变频发,其间发生的民间讹谣事件更多,更为丰富。比如《三国志·吴书·陆凯传》载,孙吴的孙皓在位时期统治残暴,生活淫佚,给人民造成极大的灾难。他又以建业宫不利,企图移都。陆凯上疏说:"臣窃见陛下执政以来,阴阳不调,五星失晷,职司不忠,奸党相扶,是陛下不遵先帝之所致。夫王者之兴,受之于天,修之由德,岂在宫乎? 而陛下不咨之公辅,便盛意驱驰,六军流离悲惧,逆犯天地,天地以灾,童歌其谣。纵令陛下一身得安,百姓愁劳,何以用治?"[③]这是由于孙皓的失政造成了六军流离、百姓愁劳的局面,从而使得民众怨声载道、歌谣流传。

统治阶层之间争权夺利的斗争,更是政治性讹言和流言的温床。

如曹魏正始年间,令狐愚为曹爽长史,后出为兖州刺史,因与王凌谋立白马王彪,事泄俱死。《三国志·魏书·王凌传》注引《魏略》叙述这件事情时说:"初东郡有讹言云:'白马河出妖马,夜过官牧边鸣呼,众马皆应,明日见其迹,大如斛,行数里,还入河中。'又有谣言:'白马素羁西南驰,其谁乘者朱虎骑。'楚王小字朱虎,故愚与王凌阴谋立楚王。乃先使人通意于王,言'使君谢王,天下事不可知,愿王自爱'! 彪亦阴知其

(接上页)社稷之灵,上安国家,吾之愿也。如其不获,则奉身以死之。朝廷幼少,恃我而已,临难苟免,吾不忍也。努力谢关东诸公,勤以国家为念。"(第2176页)可见,董卓旧部与王允所代表的汉室中央政权的矛盾,最后已经转化为支持王允的关东地方武装集团与凉州军人武力集团之间的地域政治、军事权力矛盾。

① 《后汉书·皇甫嵩传》,第2300页。
② 《后汉书·五行志》,第3346页。
③ 《三国志·吴书·陆凯传》,第1404页。

意,答言'谢使君,知厚意也。'"① 这则史料中的讹言和童谣,实际上是令狐愚和王凌拥立曹彪起事的一个前奏。又《晋书·五行志》记载了晋惠帝时期的一系列所谓妖言:"永宁初……忽有妇人诣大司马门求寄产,门者诘之,妇曰:'我截脐便去耳。'是时,齐王冏匡复王室,天下归功,识者为其恶之,后果斩戮。永宁元年十二月甲子,有白头公入齐王冏大司马府,大呼曰:'有大兵起,不出甲子旬。'冏杀之。明年十二月戊辰,冏败,即甲子旬也。太安元年四月癸酉,有人自云龙门入殿前,北面再拜曰:'我当作中书监。'即收斩之。干宝以为'禁庭尊秘之处,今贱人径入而门卫不觉者,宫室将虚而下人逾上之妖也'。"而这些妖言的背景,则是"齐王冏唱义兵,诛除乱逆,乘舆反正",而发生这一系列妖言、讹言之后,则是"帝北迁邺,又迁长安,宫阙遂空焉"②。可见,这些妖言、讹言,看似荒诞不经,其实都是西晋时期八王之乱造成的政治动乱的反映。《晋书·张昌传》记载,张昌起义时为了制造舆论乃"造妖言云:'当有圣人出。'山都县吏丘沈遇于江夏,昌名之为圣人,盛车服出迎之,立为天子,置百官……又流讹言云:'江淮已南当图反逆,官军大起,悉诛讨之。'群小互相扇动,人情惶惧,江沔间一时森起,竖牙旗,鸣鼓角,以应昌,旬月之间,众至三万,皆以绛科头,撊之以毛。江夏、义阳士庶莫不从之"③。张昌制造的谣言、瑞应之所以得到广泛传播和响应,虽然是他努力渲染和流布的结果,但实际上与当时社会失度、民不聊生的社会现状也是分不开的。

南朝刘宋时期"湘中出天子"的讹言事件,也与当时的政治斗争和民生凋敝有关。《宋书》载:"前废帝讳子业,小字法师,孝武帝长子也……世祖入伐元凶,被囚于侍中下省,将见害者数矣,卒得无恙……去岁(大明六年,462年)及是岁,东诸郡大旱,甚者米一升数百,京邑亦至百余,饿死者十有六七。孝建以来,又立钱署铸钱,百姓因此盗铸,钱转伪小,商货不行。"永光元年(465)秋八月"帝自率宿卫兵,诛太宰江夏王义恭、尚书令骠骑大将军柳元景、尚书左仆射颜师伯、廷尉刘德愿。改元

---

① 《三国志·魏书·王凌传附令狐愚传》,第759页。
② 《晋书·五行志》下,第907—908页。
③ 《晋书·张昌传》,第2613页。

为景和元年……时帝凶悖日甚，诛杀相继，内外百司，不保首领。先是讹言云：'湘中出天子。'帝将南巡荆湘二州以厌之。先欲诛诸叔，然后发引。太宗与左右阮佃夫、王道隆、李道儿密结帝左右寿寂之、姜产之等十一人，谋共废帝。戊午夜，帝于华林园竹林堂射鬼……寿寂之怀刀直入，姜产之为副。帝欲走，寂之追而殒之，时年十七"①。这段史料显示出，刘宋废帝刘子业时期的"湘中出天子"的讹言事件，有着深刻的经济和政治原因，它所揭示的讹言与社会经济的凋敝和统治集团间权力斗争的关系，在研究魏晋南北朝时期讹言与社会、政治的关系中，无疑具有典型意义。因经济原因而发生社会讹言的事件在南朝时期还有一次。据《隋书·食货志》记载："陈初，承梁丧乱之后，铁钱不行。始梁末又有两柱钱及鹅眼钱，于时人杂用，其价同，但两柱重而鹅眼轻。私家多熔钱，又间以锡铁，兼以粟帛为货。至文帝天嘉五年，改铸五铢。初出，一当鹅眼之十。宣帝太建十一年，又铸大货六铢，以一当五铢之十，与五铢并行。后还当一，人皆不便。乃相与讹言曰：'六铢钱有不利县官之象。'未几而帝崩，遂废六铢而行五铢。竟至陈亡。其岭南诸州，多以盐米布交易，俱不用钱云。"②这则讹谣，深刻地反映出南朝陈代货币经济衰败的历史状况。

北朝时期也不乏因社会和政治的原因而引发社会讹言和流言的例证。如《北史·苏威传》载："江表自晋已来，刑法疏缓，代族贵贱，不相陵越。平陈之后，牧人者尽改变之，无长幼悉使诵五教。威加以烦鄙之辞，百姓嗟怨。使还，奏言江表依内州责户籍。上以江表初平，召户部尚书张婴，责以政急。时江南州县又讹言欲徙之入关，远近惊骇。饶州吴世华起兵为乱，生脔县令，啖其肉。于是旧陈率土皆反，执长吏，抽其肠而杀之，曰：'更使侬诵五教邪！'寻诏内史令杨素讨平之。"③《资治通鉴》叙述这件事情来龙去脉甚详，可资参考："江表自东晋已来，刑法疏缓，世族陵驾寒门；平陈之后，牧民者尽更变之。苏威复作五教，使民无长幼悉诵之，士民嗟怨。民间复讹言隋欲徙之入关，远近惊骇。于是婺州汪文

---

① 《宋书·前废帝纪》，第 141、143、144、146 页。
② 《隋书·食货志》，第 690 页。
③ 《北史·苏威传》，第 2245 页。

进、越州高智慧、苏州沈玄憻皆举兵反,自称天子。署置百官。乐安蔡道
人、蒋山李棱、饶州吴世华、温州沈孝彻、泉州王国庆、杭州杨宝英、交州
李春等皆自称大都督,攻陷州县。陈之故境,大抵皆反。大者有众数万,
小者数千,共相影响。执县令,或抽其肠,或脔其肉食之,曰:'更能使侬
诵五教邪!'诏以杨素为行军总管以讨之。"① 由此可见,这次讹谣事件及
随后的江南大规模暴动,其直接原因,是因为苏威命江南人士诵五教和
依内州编列户籍两件事情,其根本原因则是南北长期分裂形成的政治隔
阂和民族矛盾 ②。

第三节　唐代政治变局与歌谣风议的产生

唐元稹说"秦汉以还,采诗之官既废,天下妖谣民讴、歌颂讽赋、曲
度嬉戏之词,亦随时间作"③,这反映了唐代歌谣发展的特点。总体而言,
在唐朝随着社会经济的繁荣和政治局势的稳定,五行观念的实际影响降
低,政治预言性的童谣较为少见,而随着民众社会、经济和文化生活的多
元化,适宜抒情和唱和的民歌或竹枝词得到迅速的发展。但唐代的政局
也是几经转变,既有贞观之治、开元盛世这种全盛的政治局面,也有玄武
门之变、武周变革这些政治变局的发生,更有安史之乱、黄巢起义等导致
唐朝由盛转衰的历史事件发生。唐代帝王中,有的也注意到歌谣的重要
作用,如唐玄宗就曾说过:"夫诗者,动天地,感鬼神,厚于人,美于教矣。
朕志之所尚,思与之齐,庶乎采诗之官,补朕之阙。"④有唐一代,政治性的

---

① 《资治通鉴》卷一七七《隋纪》开皇十年,第 5529—5530 页。
② 中华书局《北史》校勘记云:"《通鉴》卷一七七开皇十年十一月,叙江南人民起义原因,亦有
　苏威作五教,使民诵之等语,但十年及十五年都不叙苏威出使江南事。大约是因有矛盾而故
　意回避。"(第 2256 页)案《尚书·舜典》有"敬敷五教在宽"之说,朱熹在《白鹿洞书院揭
　示》中解释说:"父子有亲,君臣有义,夫妇有别,长幼有序,朋友有信。右五教之目。尧、舜
　使契为司徒,敬敷五教,即此是也。"(见《晦庵先生朱文公文集》卷七四《杂著》,四部丛刊影
　印明嘉靖本)推测苏威所作"五教"或许即是体现这种社会伦理观念的一些法令。而也许正
　是这些由北朝统治者推行的法令和法制建设与自"东晋以来,刑法疏缓"的江南社会和政治
　状况一时难以适应,故引起南方士民的反抗。
③ 《旧唐书·文苑传》,第 5055 页。
④ 《旧唐书·崔日用传》,第 3088 页。

歌谣风议多有发生,如把此类歌谣连类进行分析研究,也能在一个侧面揭示唐朝政局的某些关键性转变。

高宗武则天时期是唐朝历史发展的一个重要时期,期间,政治的变革、制度的创制、统治阶层的升降,都发生过重要的变化。这一面是唐朝继往开来发展的必然趋势,也与武则天女主临朝的个人影响密切相关。武则天从跻身政坛到女皇临朝,在重大的政治时间之中,总有歌谣风议伴生,这些歌谣,映射了武则天当政时期唐朝社会与政治变革的很多深层问题。解读这些歌谣背后的史事,对于理解武则天时期的施政逻辑和统治手法,具有重要的意义。

唐代的政局,以安史之乱为界,可以分为前后两个时期,前期以唐太宗武则天时期的统治为重点,是一个优化政治权力结构、推动经济文化发展的时期,后期是一个皇权衰落、政治动荡的阶段。其中,对于唐朝前期的政治史家多着墨于唐太宗的文治武功、兼听纳谏,而对高宗武则天时期的统治,因阴阳倒置、女主临朝、任用酷吏等因素,古代史家多予以否定①,现代史家有的予以肯定,有的予以否定,持否定态度者多以"苛酷"为政予以批评,肯定者固然有现代史学眼光,但也很少注意武则天统治时期采取的多方面措施所带来的政治伦理的不利影响。

新、旧唐书《五行志》、唐代的笔记小说和清人杜文澜编辑的《古谣谚》中,记载了不少高宗武则天时期的歌谣风议,它们作为这一时期流行于政坛和民间的"公众舆论",以一种特别的形式反映着这一时期的政治建设、政治斗争和政治变革,学术界对此尚未充分注意。兹根据已有歌谣资料,结合史书的记载,略述高宗武后朝歌谣与政治关系如下。

唐朝第三代帝王唐高宗李治的在位时间并不短,从永徽元年(650)到弘道元年(683),时间持续34年之久。但他前期的统治受长孙无忌、褚遂良和李勣等三位顾命大臣的掣肘,皇权难以自专。此后不久,就开启了高宗与武则天共治的时代。《通典·选举》云:"初,国家自显庆以

---

① (英)崔德瑞编《剑桥中国隋唐史》认为:"每一件与这位著名女人有关的事都笼罩着疑云,因为她干的事都与儒家士大夫阶级的理想相对立——女人干预公共事务;随心所欲地施政;蓄意利用宗派主义;残酷地报私仇;完全不顾道德和原则地操纵政治。对于她的统治,历史记载从一开始就抱有敌意和偏见。"(中国社会科学出版社1990年版,第220页)

来,高宗圣躬多不康,而武后任事,参决大政,与天子并。"① 按照《旧唐书·则天皇后本纪》的记载:"永徽六年,废王皇后而立武宸妃为皇后。高宗称天皇,武后亦称天后。后素多智计,兼涉文史。帝自显庆已后,多苦风疾,百司表奏,皆委天后详决。自此内辅国政数十年,威势与帝无异,当时称为'二圣'。"② 按永徽六年和显庆元年皆为 656 年,也就是唐高宗继位后的第六年。这意味着在唐高宗当皇帝的三十四年中,有二十八年是与武则天共同执政的,所以我们的研究把唐高宗和武则天当政时期看作唐朝历史的一个时期。

风起于青蘋之末,谶谣是政治变动的先兆,据说有一神秘预言在唐太宗时期就已出现——"当有女武王者",引起了李世民的注意,但当时的人们或许并不知道这是武则天代唐的谶谣。

《旧唐书·李君羡传》载:"李君羡者,洺州武安人也。初为王世充骠骑,恶世充之为人,乃与其党叛而来归,太宗引为左右。从讨刘武周及王世充等,每战必单骑先锋陷阵,前后赐以宫女、马牛、黄金、杂彩,不可胜数。太宗即位,累迁华州刺史,封武连郡公。贞观初,太白频昼见,太史占曰:'女主昌。'又有谣言:'有女武王者。'太宗恶之。时君羡为左武卫将军,在玄武门。太宗因武官内宴,作酒令,各言小名。君羡自称小名'五娘子',太宗愕然,因大笑曰:'何物女子,如此勇猛!'又以君羡封邑及属县皆有'武'字,深恶之。会御史奏君羡与妖人员道信潜相谋结,将为不轨,遂下诏诛之。"③

又《旧唐书·方伎传》记载:"则天初在襁褓,天纲来至第中,谓其母曰:'唯夫人骨法,必生贵子。'乃召诸子,令天纲相之。见元庆、元爽曰:'此二子皆保家之主,官可至三品。'见韩国夫人曰:'此女亦大贵,然不利其夫。'乳母时抱则天,衣男子之服,天纲曰:'此郎君子神色爽彻,不可易知,试令行看。'于是步于床前;仍令举目,天纲大惊曰:'此郎君子龙睛凤颈,贵人之极也。'更转侧视之,又惊曰:'必若是女,实不可窥测,后当为天下之主矣!'"④

---

①《通典·选举典》,第 357 页。

②《旧唐书·则天皇后纪》,第 115 页。

③《旧唐书·李君羡传》,第 2524—2525 页。

④《旧唐书·方伎传·袁天纲传》,第 5093—5094 页。

　　这一首歌谣,一则预言,都是史书中记载的武则天做皇帝的兆言,其语或许荒诞不经,或许为武则天称帝前造作的谶谣,但武则天走上政坛,并成为中国历史上唯一的女皇帝,并非借助什么神秘的力量,而是和唐朝前期的政局密切相关,具体而言,其实是和唐太宗李世民及武则天的家庭相关的。

　　武则天的父亲武士彟,并非唐朝初年在政坛上富有影响的关陇士族和山东豪杰,其女儿本没有进入皇宫成为后妃的可能。《太平广记·征应类》条所云:"唐武士彟,太原文水县人。微时与邑人许文宝以鬻材为事,常聚材木数万茎,一旦化为丛林森茂,因致大富。士彟与文宝读书林下,自称为厚材,文宝自称枯木,私言必当大贵。及高祖起义兵,以铠甲从入关,故乡人云,士彟以鬻材之故,果逢构夏之秋。"[1] 士彟出身商贩寒人,以经商致富,但是有非凡的政治远见,因而因缘际会,得到李唐王室特别的青睐[2]。《新唐书·外戚传》记载:"兵起,士彟不与谋也。以大将军府铠曹参军从平京师。……自言尝梦帝骑而上天,帝笑曰:尔故王威党也,以能罢击刘弘基等,其意可录,且尝礼我,故酬汝以官。今胡迂妄媚我邪?"[3]《旧唐书·则天皇后纪》:"则天皇后武氏讳曌,并州文水人也。父士彟,隋大业末为鹰扬府队正。高祖行军于汾、晋,每休止其家。义旗初起,从平京城。贞观中,累迁工部尚书、荆州都督,封应国公。初,则天年十四时,太宗闻其美容止,召入宫,立为才人。"[4]

　　史载,武则天在太宗朝时,即以特别的"英烈之气"引起太宗的重视。《鹤林玉露·乙篇》云:"唐太宗末年,谶家明言女主昌,又明言为武氏,又明言其人已在宫中,乃以疑似杀李君羡,过矣。则天当时特一宫

---

① 《太平广记》卷一三七《征应类·武士彟》,中华书局 1961 年版,第 986 页。
② 陈寅恪先生在《记唐代之李武韦杨婚姻集团》(《历史研究》1954 年第 1 期)给出了一个武则天父亲借联姻隋代宗室提升门望的解释:"武士彟武德中检校右厢宿卫,既丧妻,高祖谓士彟曰:'朕自为卿更择佳偶',随曰:'有纳言遂宁公杨达,英才冠绝,奕叶亲贤,今有女,志行贤明,可以辅德',遂令桂阳公主与杨家作婚,主降敕结亲,庶事官给。然则武曌母乃隋观王雄之侄女(见《新唐书·宰相世系表》杨氏观王房条),杨雄虽非隋皇室直系,但位望甚重,武士彟在隋世乃一富商,必不具与观王雄家联姻之资格,故其娶杨氏当在隋亡以后,盖士彟以新朝贵显娶旧日宗室,藉之增高其社会地位。"据此陈先生指出:"武曌既非出自山东士族,其家又不属关陇集团,但以母为隋杨宗室之故,遂亦可备宫闱下陈之选。"
③ 《新唐书·外戚传·武士彟》,第 5835 页。
④ 《旧唐书·则天皇后纪》,第 115 页。

嫔,诚无可疑之迹,然史载太宗有骏马曰'师子骢',极猛悍,太宗亲控驭之,不能驯。则天时侍侧曰:'惟妾能制之。'太宗问其术,对曰:'妾有三物,始则捶以铁鞭;不服,则击以铁挝;又不服,则以匕首断其喉尔。'由此观之,其英烈猛厉之气,亦自发露,特太宗不之觉耳。则天后来驾驭群臣,专用此术。"①

高宗与武则天共治天下之前,唐王朝经唐太宗李世民的贞观之治,国家政治制度成熟,政治局面安定,边疆和民族关系稳定,经济得到恢复和发展,这为唐高宗李治和武则天在初唐政治舞台上写下浓墨重彩的一笔,拉开了历史的序幕。

在政治变动的氛围中,突破旧轨与彝章的政治试探不断发生,"嵩山凡几层,但恐不得登"歌谣的产生,就是武则天代唐所遇到的阻力及其不断在政治上试探人心、突破红线的努力。这与唐高宗时兴起的封禅之议有关。

高宗和武后二圣临朝,取得了令人瞩目的文治武功,以至朝廷上下,出现了"封禅"的动议。《新唐书·五行志》记载:"高宗自调露中欲封嵩山,属突厥叛而止;后又欲封,以吐蕃入寇遂停。时童谣曰:'嵩山凡几层,不畏登不得,但恐不得登,三度征兵马,傍道枉腾腾。'"②封禅是一种帝王祭天地的礼仪,一般在泰山举行,从史籍的记载来看:"泰山上筑土为坛以祭天,报天之功,故曰封。此泰山下小山上除地,报地之功,故曰禅。"③古代帝王封泰山,禅梁父山,作为祭祀天地的大典,其主要的目的是昭告帝王"受命于天"的意思,自古以来就是王者之盛事。历史上秦始皇、汉武帝都曾经举办过泰山封禅大典。在唐太宗时期,也曾有大臣建议封禅,而魏征和王珪进谏认为不可。太宗虽然也心向往之,但最终认为:"但使天下太平,家给人足,虽阙封禅之礼,亦可比德尧舜。若百姓不足,夷狄内侵,纵修封禅之仪,亦何异于桀纣?……礼云'至敬不坛',扫地而祭,足表至诚,何必远登高山,封数尺之土也。"④相较于秦皇汉武的历史功绩,特别是高宗之父唐太宗的文治武功,"二圣"临朝时期

---

① 罗大经撰《鹤林玉露·乙篇》卷六《师子骢》,中华书局1983年版,第224页。
② 《新唐书·五行志二》,第919页。
③ 《史记·封禅书》,第1355页。
④ 《旧唐书·礼仪志三》,第881—882页。

的唐高宗李治和则天皇后，显然无法与其媲美。上引唐高宗调露年间的歌谣，也是说：嵩山再高，能有几层，不怕上不去，只怕没机会。三次去打仗，只是在嵩山下打了几回空转转。"杠"，撞击，"腾腾"，象声词，指兵马嘈杂，乱腾腾一番的意思。这首歌谣无疑是对高宗时期动议封禅的讥讽。

关于武则天在这次封禅动议中所起的作用，《旧唐书·礼仪志》记载："高宗即位，公卿数请封禅，则天既立为皇后，又密赞之。"① 而《旧唐书·高宗纪》则记载，麟德二年"冬十月戊午，皇后请封禅，司礼太常伯刘祥道上疏请封禅"②。两段记载比较可知，封禅之议，起于公卿，代表人物是司礼太常伯刘祥道，但武则天在其中发挥了决定性作用，一说她"密赞之"，一说"皇后请封禅"，可见主张封禅最力的是武则天本人。

与秦始皇、汉武帝封禅时期的礼仪相比，乃至与唐太宗时期大臣房玄龄所草拟的《封禅仪》相较，高宗封禅最为特殊的是天后武则天的参与，这在前代都是没有的事情③。所以需要因时制宜，改定和丰富封禅礼仪。《旧唐书·礼仪志》记载："至其年（乾封元年）十二月，车驾至山下。及有司进奏仪注，封祀以高祖、太宗同配，禅社首以太穆皇后、文德皇后同配，皆以公卿充亚献、终献之礼。"④

针对封禅中的"以公卿充亚献、终献之礼"，武则天上表云："伏寻登封之礼，远迈古先，而降禅之仪，窃为未允。其祭地祇之日，以太后昭配，至于行事，皆以公卿。以妾愚诚，恐未周备……妾谬处椒闱，叨居兰掖。但以职惟中馈，道属于蒸、尝；义切奉先，理光于蘋、藻。罔极之思，载结于因心；祇肃之怀，实深于明祀……伏望展礼之日，总率六宫内外命妇，以亲奉奠。冀申如在之敬，式展虔拜之仪……冀圣朝垂则，永播于芳规；

---

① 《旧唐书·礼仪志三》，第 884 页。
② 《旧唐书·高宗纪》，第 87 页。
③ 《旧唐书·礼仪志一》载："神尧受禅，未遑制作，郊庙宴享，悉用隋代旧仪。太宗皇帝践祚之初，悉兴文教，乃诏中书令房玄龄、秘书监魏征等礼官学士，修改旧礼……又汉建武中封禅，用元封时故事，封泰山为圆台上，四面皆立石阙，并高五丈。有方石再累，藏玉牒书。石检十枚，于四边检之，东西各三，南北各二。外设石封，高九尺，上加石盖。周设石距十八，如碑之状，去坛二步，其下石跗入地数尺。今案封禅者，本以成功告于上帝。天道贵质，故藉用稿秸，樽以瓦甒。此法不在经诰，又乖醇素之道，定议除之。"（第 816—817 页）
④ 《旧唐书·礼仪志三》，第 886 页。

萤烛末光,增辉于日月。"①

表文中的意思是,虽然乾坤位定,男女有别,但祭祀天地时,最好还是有"职惟中馈,道属于蒸、尝"的皇后参与为好,如果古代封禅礼仪没有这方面的仪节,岂可"仍遵旧轨,靡创彝章",完全可以增添新的礼仪,弥补古礼的不足。

武则天"抗表"上奏的结果是:"于是祭地祇、梁甫,皆以皇后为亚献,诸王大妃为终献。"②武则天合法、合礼地跻身到封禅大典之中了。按古代祭祀时献酒三次,第二次献酒称"亚献"。首献是主祭,亚献辅助主祭,身份仅次于主祭。《后汉书·百官志》:"(太尉)凡郊祀之事,掌亚献。"根据"三礼"的记载,王后参与祭祖、明堂祭祀担任"亚献"是有明文记载的,如《仪礼·士虞礼》:"主妇洗足爵于房中,酌亚献尸。"③《礼记注疏·明堂位》记载:"命鲁公世世祀周公,以天子之礼乐。是以鲁君孟春乘大路,载弧韣旂,十有二旒,日月之章,祀帝于郊,配以后稷,天子之礼也。"孔疏引《周礼》曰:"春夏之祭,朝践堂上,荐血腥时,用以盛醴齐,君及夫人所酌以献尸也。"孔颖达疏:"亚献,名为'再献',又名为'加',于时荐加豆笾也。"④可见,在周王,或者在鲁国,在祭祀上天或先王的祭典上,王后是可以作为亚献参与祭祀的。

不过,具体到封禅礼而言,封禅礼仪实际上起源于战国时代,第一个实际施行的是秦始皇⑤,其礼仪经诸儒讨论,也是"议各乖异",最后不得不"颇采太祝之祀雍上帝所用,而封藏皆秘之,世不得而记也"⑥。汉武帝的封禅也是如此:"天子独与侍中奉车子侯上泰山,亦有封。其事皆禁。明日,下阴道。丙辰,禅泰山下阯东北肃然山,如祭后土礼。天子皆亲拜见。"⑦总之都没有皇后参与其中的记载。因此武则天鼓动唐高宗封禅并想作为亚献参与封禅的典礼,必定有更深层次的原因。

《旧唐书·礼仪志》记载唐高宗的封禅礼仪为:"(麟德)三年正月,

---

① 《旧唐书·礼仪志三》,第 886—887 页。
② 《旧唐书·礼仪志三》,第 887 页。
③ 《仪礼注疏·士虞礼》,《十三经注疏》,第 1169 页。
④ 《礼记正义·明堂位》,《十三经注疏》,第 1489 页。
⑤ 金霞《封禅起源于战国新说》,《青岛大学师范学院学报》2007 年第 2 期。
⑥ 《史记·封禅书》,第 1367 页。
⑦ 《史记·封禅书》,第 1398 页。

帝亲享昊天上帝于山下,封祀之坛,如圆丘之仪……其明日,亲祀皇地祇于社首山上,降禅之坛,如方丘之仪。皇后为亚献,越国太妃燕氏为终献……初,上亲享于降禅之坛,行初献之礼毕,执事者皆趋而下。宦者执帷,皇后率六宫以升,行礼。帷帟皆以锦绣为之。"① 祭祀天地,礼仪是隆重而庄严的,唐高宗为首献,武则天为亚献,二人合作完成了封禅大礼,昭告了当今"二圣"共治的政治权力格局。但皇后的亚献角色,却引起了臣下的议论:"百僚在位瞻望,或窃议焉。"②

《史记·封禅书》讲:"自古受命帝王,曷尝不封禅?"《史记正义》引《五经通义》云:"易姓而王,致太平,必封泰山,禅梁父。天命以为王,使理群生,告太平于天,报群神之功。"③可知,封禅是帝王受命于天的昭告,是致太平、理群生的象征。在封禅礼仪举行完毕之后,还进行了改元、封赏和大赦天下等一系列举措:"改麟德三年为乾封元年,诸行从文武官及朝觐华戎岳牧、致仕老人朝朔望者,三品已上赐爵二等,四品已下、七品以上加阶,八品已下加一阶,勋一转。诸老人百岁已上版授下州刺史,妇人郡君;九十、八十节级。齐州给复一年半,管岳县二年。所历之处,无出今年租赋。乾封元年正月五日已前,大赦天下,赐酺七日。癸酉,宴群臣,陈《九部乐》,赐物有差。"④

但在这隆重祥和的仪典之中,封禅里隐含的"易姓而王"的征兆,却引起了臣下的躁动和隐忧。毕竟,天下的祥瑞、谶言四起,并且指向性已经越来越明确了。

武则天的"再受命"与"唐祚再兴"与"侧堂堂,桄堂堂"歌谣的关系也值得深入分析。

《新唐书·五行志》记载:

> 永徽后,民歌《武媚娘曲》。
> 调露初,京城民谣有"侧堂堂,桄堂堂"之言。
> 永徽末,里歌有《桑条韦也》《女时韦也》乐。⑤

---

① 《旧唐书·礼仪志三》,第888页。
② 《旧唐书·礼仪志三》,第888页。
③ 《史记·封禅书》,第1355页。
④ 《旧唐书·高宗纪》,第89页。
⑤ 《新唐书·五行志》,第918、919页。

　　按《旧唐书·后妃传》载："神龙三年,节愍太子死后,宗楚客率百僚上表,加后号为顺天翊圣皇后。景龙二年春,宫中希旨,妄称后衣箱中有五色云出,帝使画工图之,出示于朝,乃大赦天下,百僚母妻各加邑号。右骁卫将军、知太史事迦叶志忠上表曰:'昔高祖未受命时,天下歌《桃李子》;太宗未受命时,天下歌《秦王破阵乐》;高宗未受命时,天下歌《侧堂堂》;天后未受命时,天下歌《武媚娘》。'"①按这次五色云祥瑞事件,是唐中宗时韦皇后擅权的运作,但迦叶志忠的上表,历数唐朝自高祖以来的祥瑞,陈说符命,意在为韦后临朝造作舆论。但他说的"侧堂堂"和"武媚娘"歌,都是武则天受命的谶谣。

　　第一条史料述及的《武媚娘曲》今已不传,但唐代诗人罗虬《比红儿诗》里有句云:"君看红儿学醉妆,夸裁宫襦衩裙长。谁能更把闲心力,比并当时武媚娘。"②这是把一心弄红妆的宫女,与有心赢得君王心的武媚娘作比较。《新唐书·后妃传》记载了武则天如何以"心力"邀得君王宠幸的过程:"太宗闻士彟女美,召为才人,方十四。母杨,恸泣与诀,后独自如,曰:'见天子庸知非福,何儿女悲乎?'母韪其意,止泣。既见帝,赐号武媚。及帝崩,与嫔御皆为比丘尼。高宗为太子时,入侍,悦之。王皇后久无子,萧淑妃方幸,后阴不悦。它日,帝过佛庐,才人见且泣,帝感动。后廉知状,引内后宫,以挠妃宠。"③

　　关于第二条"侧堂堂,桄堂堂"的歌谣,太常丞李嗣真解释说:"侧者不正,桄者不安。自隋以来,乐府有《堂堂曲》,再言堂者,唐再受命之象。"④按《通典·职官》云:"今太常者,亦唐虞伯夷为秩宗兼夔典乐之任也。周时曰宗伯,为春官,掌邦礼。秦改曰奉常,汉初曰太常,欲令国家盛大常存,故称太常……北齐曰太常寺,置卿及少卿、丞各一人,掌陵庙、群祀、礼乐、仪制、天文、术数、衣冠之属。后周建六官,置大宗伯卿一人,掌邦礼,以佐皇帝和邦国。是为春官。隋曰太常,与北齐同。炀帝加置少

---

①《旧唐书·后妃传·中宗韦庶人传》,第2172—2173页。
②按《唐诗纪事校笺》卷六九罗虬《比红儿诗并序》云:"《比红》者,为雕阴官妓杜红儿作也。美貌年少,机智慧悟,不与群辈妓女等。余知红者,乃择古之美色灼然于史传三数十辈,优劣于章句间,遂题《比红诗》。"(第2295页)
③《新唐书·后妃上·则天武皇后》,第3474页。
④《新唐书·五行志》,第918—919页。

卿二人。大唐因之,龙朔二年改太常为奉常,少卿及丞……咸亨元年复旧。光宅元年改太常为司礼,神龙初复旧。卿一人,掌礼仪祭祀,总判寺事……领丞一人。"①可见唐代的太常卿主要司职礼仪祭祀,同时按照传统管理"仪制、天文、术数",负有预测国命兴亡的职责。

又《南部新书》记载:"永徽之理,有贞观之遗风,制一戎衣大定乐曲。至永隆元年(680),太常丞李嗣真善审音律,能知兴衰。云:'近者乐府有堂堂之曲,再言之者,唐祚再兴之兆也。'"②

按"再受命"与"唐祚再兴"是两个不同的概念。前者表示唐朝运命中衰,当为别的朝代取代,后者意味着唐朝国运复振,或者国命中断之后的再次兴起③。对照永徽到永隆年间唐朝政治的现实,后者的可能性更大。《唐会要》的记载也许说得更为显豁:"调露二年,皇太子使乐工于东宫新作宝庆之曲成,命工者奏于太清观。始平县令李嗣贞,谓道士刘概、辅俨曰:'此乐宫商不和,君臣相阻之征也;角徵失位,父子不协之兆也。杀声既多,哀调又苦。若国家无事,太子受其咎矣。'居数月,而皇太子废为庶人。概、俨奏其事,擢嗣真为太常丞,使掌五礼仪注。嗣贞私谓人曰:'祸犹未已,主不亲庶务,事无巨细,决于中宫,将权与人,收之不易。宗室虽众,皆在散位,居中制外,其势不敌。我恐诸王藩翰,皆为中宫所蹂践矣!有隋以来乐府,有《堂堂》之曲,再言堂者,是唐氏再受命也。中宫僭擅,复归子孙,则为再受命矣。近日闾里又有"侧堂堂桄堂堂之谣","侧者"不正之辞,"桄者"不安之称。我见患难之作,不复久矣。'"④

李嗣真从"侧堂堂,桄堂堂"的歌谣引申到唐国运不安不正,当再受命的说法。其时唐高宗还是当朝皇帝,唐朝的江山也刚刚建立六十余年,这样的论述实在是既直白又大胆,触犯时讳,要是在太宗朝或玄宗朝,可能早就会受到极刑了。但李嗣真在高宗乾纲不振、武则天专制朝命的调露时期为官,不仅没受到任何惩处,还在其后一路亨通,即使在则天朝酷吏当道的时期,也一路化险为夷,可见他宣示的唐"再受命"的预

①《通典·职官七·诸卿上·太常卿》,第692—693页。
②钱易著、黄寿成点校《南部新书·己》,第90页。
③李传军《洪水谣言与汉家更受命说》,《东方论坛》2017年第3期。
④《唐会要·论乐》,中华书局1955年版,第625页。

言,不管出于什么立场,还是深得武后之心①。

　　关于第三条"《桑条韦也》《女时韦也》乐",有学者解释说:"永徽六年十月,高宗废王皇后为庶人,立武宸妃为皇后。这首俚歌就是讥讽高宗违背封建礼教纳其父才人为己妃,又封为皇后。歌中'桑条'暗喻武后。按武氏初封为后,曾多次'亲蚕',以示母仪天下。韦同违。这首俚歌大意是:武后亲蚕是违心地做个样子给人看,唐高宗立武后是违反礼教,贪求女色,寻欢作乐。"②唐中宗时右补阙赵廷禧说:"《桑条韦歌》,应二圣在位九十八年,而子孙相承九十八世。"③这也说明,《桑条韦歌》在唐朝被当作武则天应天受命的谶言。

　　《唐诗纪事》载:"天授二年腊,卿相欲诈称花发,请幸上苑,有所谋也。许之。寻疑有异图,乃遣使宣诏曰:'明朝游上苑,火急报春知。花须连夜发,莫待晓风吹。'于是凌晨名花布苑,群臣咸服其异。后托术以移唐祚。"④

　　此后,符瑞的不断上报就随着武周革命的节奏应运而生了:(嗣圣)四年武承嗣伪造谶言"圣母临人,永昌帝业",谎称是在洛水获取的瑞石上的文字,令雍州人唐同泰表上之。武则天大悦,视为"宝图"。载初元年(690),"傅游艺……上书称武氏符瑞,合革姓受命。则天甚悦,擢为给事中"。"有沙门十人伪撰《大云经》,表上之,盛言神皇受命之事。制颁于天下,令诸州各置大云寺,总度僧千人"。"九月九日壬午,革唐命,改国号为周。改元为天授,大赦天下……乙酉,加尊号曰圣神皇帝"⑤。

　　武则天的革唐命,也伴随着神秘歌谣的政治预言。《新唐书·五行志》记载:永淳后,民歌曰:"杨柳杨柳漫头驼。"⑥弘道元年(683)十二月,唐高宗李治在洛阳病死,太子李显继位,但一切政事都听命于则天皇

①　钱易著、黄寿成点校《南部新书》:"天后时,太常丞李嗣真闻东夷三曲一遍,援胡琴弹之,无一声遗忘。"《册府元龟·宪官部·诬罔》:"(来)俊臣迁御史中丞。(武则天天授)三年一月,奏凤阁侍郎任知古、地官侍郎狄仁杰、冬官侍郎裴行本、司农卿裴宣礼、前文昌右丞卢献、御史中丞魏元忠、潞州刺史李嗣真并谋逆,请诛之。制不许,特令免死。"《南部新书》第二卷乙:"天授中,中丞李嗣真等为十道存抚使,合朝有诗送之,名曰《存抚集》,凡十卷。"
②　尚恒元、彭善俊《二十五史谣谚通检》,山西人民出版社1986年版,第284—285页。
③　《新唐书·宗楚客传》,第4103页。
④　计有功撰、王仲镛校笺《唐诗纪事校笺》卷三《武后》,第57页。
⑤　《旧唐书·则天皇后纪》《旧唐书·酷吏传上·傅游艺传》,第119、121、4842页。
⑥　《新唐书·五行志二》,第919页。

后。第二年二月武后废中宗,立豫王旦为帝,是为睿宗,九月改元光宅,自称则天皇帝。在此之前徐敬业贬为柳州司马,作伪敕自授为扬州司马,杀长史陈敬之,据江淮,由扬州起兵讨伐武氏,使骆宾王草讨武檄文。十一月徐敬业兵败死于江都,首级用驿马驮入洛阳。这就是歌谣所指的背景,事距永淳末(683)流传的歌谣不及一年。有人解释说,"杨柳"借指柳州,徐敬业为柳州司马。"头驼",此处借指徐敬业的头。歌谣虽神秘不经,而武周已转移唐鼎。

第四节　宗教、民间信仰与歌谣风议的产生

汉唐时期所发生的大规模的民间流言和讹言,不少是在特殊的政治背景下,在一定的民间信仰背景下发生的。汉哀帝建平四年(前3)发生的民众持行诏筹惊走事件就与当时的五行更始说、天下当更受命说及洪水谣言有关。

《汉书·五行志》记载,哀帝建平四年正月,"民惊走,持稿或楸一枚,传相付与,曰行诏筹。道中相过逢多至千数,或被发徒践,或夜折关,或逾墙入,或乘车骑奔驰,以置驿传行,经历郡国二十六,至京师。其夏,京师郡国民聚会里巷仟陌,设张博具,歌舞祠西王母。又传书曰:'母告百姓,佩此书者不死。不信我言,视门枢下,当有白发。'至秋止"①。时人以为这是汉哀帝的祖母傅太后参与政事造成的,如杜邺就解释这种现象说:"《春秋》灾异,以指象为言语。筹,所以纪数。民,阴,水类也。水以东流为顺走,而西行,反类逆上。象数度放溢,妄以相予,违忤民心之应也。西王母,妇人之称。博弈,男子之事。于街巷仟陌,明离闑内,与疆外。临事盘乐,炕阳之意。白发,衰年之象,体尊性弱,难理易乱。门,人之所由;枢,其要也。居人之所由,制持其要也。其明甚著。今外家丁、傅并侍帷幄,布于列位,有罪恶者不坐辜罚,亡功能者毕受官爵。皇甫、三桓,诗人所刺,《春秋》所讥,亡以甚此。指象昭昭,以觉圣朝,奈何不

---

① 《汉书·五行志》,第1476。

应！"① 又《汉书·天文志》记载此事不仅较《五行志》为详,而且有很大不同:"哀帝建平元年正月丁未日出时,有著天白气,广如一匹布,长十余丈,西南行,欢如雷,西南行一刻而止,名曰天狗。传曰:'言之不从,则有犬祸诗妖。' 到其四年正月、二月、三月,民相惊动,欢哗奔走,传行诏筹祠西王母,又曰:'从目人当来。' 十二月,白气出西南,从地上至天,出参下,贯天厕,广如一匹布,长十余丈,十余日去。占曰:'天子有阴病。' 其三年十一月壬子,太皇太后诏曰:'皇帝宽仁孝顺,奉承圣绪,靡有解怠,而久病未瘳。夙夜惟思,殆继体之君不宜改作。《春秋》大复古,其复甘泉泰畤、汾阴后土如故。'"② 而《汉书·哀帝纪》的记载则是:"(建平)四年春,大旱,关东民传行西王母筹,经历郡国,西入关至京师。民又会聚祠西王母,或夜持火上屋,击鼓号呼相惊恐。"③ 综合分析以上史料可见,这次行诏筹事件影响了二十六个郡,时间持续了三个月之久,对民众的生活秩序更是造成了极大的影响。虽然当时人或结合时政,或以天文星占学的观点来解释这次事件,但事实上都未得要领。

有学者研究指出,这次行诏筹事件,其实是与原始道教的末世论预言有关。汉尚赤,为火德。按照当时通行的五德终始论的正统逻辑,"汉行气尽"④ 说,实为大水说的反映。汉尚赤,以火德胜,其性阳,大水将至,为阴气盛的表现。而对照上述记载解释其文意,所谓"传行诏筹",就是在民众中相互传递来自西王母的神秘"诏书",具体而言就是人们相互传递的"稿"或"椒"。按颜师古注引如淳曰:"椒,麻干也。"因此很可能其上并无文字,是用来"行"传西王母"诏"用的"筹",象征性很强。其所传言"佩此书者不死",表明人们认为西王母具有拯救人们渡过灾厄的神力。"持火上屋"的做法,则是对大水恐慌的表现。因此人们不但以歌舞

---

① 《汉书·五行志》,第 1476—1477 页。
② 《汉书·天文志》,第 1311—1312 页。
③ 《汉书·哀帝纪》,第 342 页。
④ 《三国志·魏书·武帝纪》注引鱼豢《魏略》曰:"孙权上书称臣,称说天命。王以权书示外曰:'是儿欲踞吾着炉火上邪!' 侍中陈群、尚书桓阶阶奏曰:'汉自安帝已来,政去公室,国统数绝,至于今者,唯有名号,尺土一民,皆非汉有,期运久已尽,历数久已终,非适今日也。是以桓、灵之间,诸明图纬者,皆言"汉行气尽,黄家当兴"。殿下应期,十分天下而有其九,以服事汉,群生注望,遐迩怨叹,是故孙权在远称臣,此天人之应,异气齐声……畏天知命,无所与让也。'" 又引《魏氏春秋》夏侯惇谓王曰:"天下咸知汉祚已尽,异代方起",都是这种思想的反映(第 53—54 页)。

祠祀西王母,而且争相传递和佩戴被认为得自西王母的符书,冀以渡厄不死。这种讹言和传说的广泛流行,事实上就从政治神统和民众意识两个方面,对汉朝统治的正统性提出了质疑。这其实是与原始道教的《天官历》《包元太平经》的"汉家逢天地之大终"预言为核心的"天官历"思想具有一致性①。另外,本书认为,前面所讨论的有关黄巾起义的歌谣和流言,事实上也可以看作是与原始道教的影响有关。

实际上,汉哀帝时期的行诏筹事件的发生,固然与西汉时期的西王母崇拜这一民间信仰有关,可是如果联系到两汉时期的历史背景和西汉哀帝时期微妙的政治形势,这次事件发生的前提实际上还应该是两汉时期以来的民间洪水谣言和洪水预言。可以说,正是这种民间灾难谣言和预言的存在,并被当时的政治人物刻意加以利用和推波助澜,才造成了哀帝时期具有民间信仰和原始宗教色彩的行西王母诏筹事件的发生。而两汉时期屡屡发生的重大洪水灾害和新莽建立、两汉易代之际独特的政治形势,更是这次事件发生的直接原因。

本书根据《汉书》和《后汉书》的记载,整理了两汉时期重要的水灾史料,就其时间、灾情、危害表列如下:

表 2：两汉时期重大水灾一览表 ②

朝代	时间	水灾状况及危害	出处
西汉	高后三年	江水、汉水溢,流民四千余家。	《汉书·高后纪》
西汉	高后四年	江水、汉水溢,流万余家。	《汉书·高后纪》
西汉	高后八年	秋,河南大水,伊、雒流千六百余家,汝水流八百余家。	《汉书·五行志》
西汉	文帝后三年	秋,大雨,昼夜不绝三十五日。蓝田山水出,流九百余家。汉水出,坏民室八千余所,杀三百余人。	《汉书·五行志》
西汉	元帝初元元年	九月,关东郡国十一大水,饥,或人相食。	《汉书·元帝纪》

---

① 姜生《原始道教之兴起与两汉社会秩序》,《中国社会科学》2000 年第 6 期。
② 本表主要依据《汉书·五行志》和《后汉书·五行志》整理。

续表

朝代	时间	水灾状况及危害	出处
西汉	元帝永光五年	夏及秋,大水。颍川、汝南、淮阳、庐江雨,坏乡聚民舍,及水流杀人。	《汉书·五行志》
西汉	成帝建始三年	夏,大水,三辅霖雨三十余日,郡国十九雨,山谷水出,凡杀四千余人,坏官寺民舍八万三千余所。	《汉书·五行志》
西汉	成帝河平元年	河决于馆陶及东郡金堤,泛滥兖、豫,入平原、千乘、济南,凡灌四郡三十二县,水居地十五万余顷,深者三丈,坏败官亭室庐且四万所。	《汉书·五行志》
东汉	和帝永元年间	元年七月,郡国九大水,伤稼。十二年六月,颍川大水,伤稼。	《后汉书·五行志》
东汉	殇帝延平元年	五月,郡国三十七大水,伤稼。	《后汉书·五行志》
东汉	安帝永初年间	元年郡国四十一水出,漂没民人。二年,大水。三年、四年、五年,大水。	《后汉书·五行志》
东汉	质帝本初元年	五月,海水溢乐安、北海,溺杀人、物。	《后汉书·五行志》
东汉	桓帝建和年间	二年七月,三年八月,京都大水。	《后汉书·五行志》
东汉	永兴元年	秋,河水溢,漂害人、物。	《后汉书·五行志》
东汉	永寿元年	六月,雒水溢至津阳城门,漂流人、物。	《后汉书·五行志》
东汉	永康元年	八月,六州大水,渤海海溢,没杀人。	《后汉书·五行志
东汉	灵帝建宁四年	二月,河水清。五月,山水大出,漂坏庐舍五百余家。	《后汉书·五行志》
东汉	熹平年间	二年六月,东莱、北海海水溢出,漂没人物。四年夏,郡国三水,伤害秋稼。	《后汉书·五行志》
东汉	中平五年	郡国六水大出。	《后汉书·五行志》
东汉	献帝建安年间	二年九月,汉水流,害民人。十八年六月,大水。二十四年八月,汉水溢流,害民人。	《后汉书·五行志》

另据夏益的研究,西汉二百二十九年间共有 34 个水灾年次,至少发生过 37 次大水灾。西汉水灾的类型主要有三种:一是河患,包括河决、河溢和河逆;二是雨水为害,大雨之后地表往往形成强势径流大水,另

一表现形式是山水或山谷水；三是海溢。西汉水灾地域分布尤其集中在黄、淮及长江中下游广大地区①。据刘春雨的研究，东汉王朝统治的一百九十五个年份中，水灾年份共计六十一年，平均 3.2 年出现一个水灾年份，水灾年份约占总年份的 32%。东汉水灾主要集中发生在黄河中下游以及淮河流域。京师洛阳是水灾记载最多的地区，其他各州中豫州的水灾记录最多；兖、冀两州的水灾记录相当②。可见，两汉时期的水灾是高发的，地域分布也主要集中在黄河中下游地区，与当时的统治中心区域高度重合。

西汉哀帝时期的行西王母诏筹事件，并不是西汉时期发生的唯一的洪水谣言和洪水预言事件，如果联系到此前和此后的多次类似事件，并拨开笼罩其上的层层迷雾，那么这些事件所涉及的历史背景和政治因素就会昭然若揭了。下面，先让我们看几个类似的事件。

《汉书·外戚传》记载："（汉成帝）建始元年（前 32）正月，白气出于营室……至其九月，流星如瓜，出于文昌，贯紫宫，尾委曲如龙，临于钩陈，此又章显前尤，著在内也。其后则有北宫井溢，南流逆理，数郡水出，流杀人民。后则讹言传相惊震，女童入殿，咸莫觉知。"③这次民间洪水讹言和预言事件，先是天象异常，接着是数郡水害④，随后即起民间谣言，这与汉哀帝时期行西王母诏筹事件的发生简直是如出一辙。

《汉书·成帝纪》记载，建始三年"秋，关内大水。七月，虒上小女陈持弓闻大水至，走入横城门，阑入尚方掖门，至未央宫钩盾中。吏民惊上城"。九月，成帝诏书中提到这件事情说："乃者郡国被水灾，流杀人民，多至千数。京师无故讹言大水至，吏民惊恐，奔走乘城。"⑤这也是一次典型的洪水谣言引起的京师民众的恐慌，而此前秋季的国内大面积洪水灾害无疑是导致这次谣言流传的主要原因。

---

① 夏益《西汉水灾及其应对措施研究》，江西师范大学 2009 年中国古代史专业硕士学位论文，第 10、12 页。
② 刘春雨《东汉水灾及其救助措施》，《华北水利水电学院学报（社科版）》，2007 年第 2 期。
③《汉书·外戚传·孝成许皇后》，第 3978—3979 页。
④ 据《汉书·外戚传·孝成许皇后传》的记载，这次虒及数郡的水灾，其直接原因是黄河水决口引起的："夫河者水阴，四渎之长，今乃大决，没漂陵邑。"（第 3979 页）
⑤《汉书·成帝纪》。颜师古注引应劭曰："无符籍妄入宫曰阑。掖门者，正门之旁小门也。"（第 306—307 页）

汉代水灾不断,引起当时一些学者的反思,比如"独好《洪范》灾异,又学天文月令阴阳"的李寻,面对"时多灾异"的局面,就曾经预言"汉家有中衰厄会之象",而其赖以立论的,就是洪水灾异之说。史载:"帝舅曲阳侯王根为大司马票骑将军,厚遇寻。是时多灾异,根辅政,数虚己问寻。寻见汉家有中衰厄会之象,其意以为且有洪水为灾,乃说根曰:'窃见往者赤黄四塞,地气大发,动土竭民,天下扰乱之征也。彗星争明,庶雄为桀,大寇之引也。此二者已颇效矣。城中讹言大水,奔走上城,朝廷惊骇,女孽入宫,此独未效。间者重以水泉涌溢,旁宫阙仍出。月、太白入东井,犯积水,缺天渊。日数湛于极阳之色。羽气乘宫,起风积云。又错以山崩地动,河不用其道。盛冬雷电,潜龙为孽。继以陨星流彗,维、填上见,日蚀有背乡。此亦高下易居,洪水之征也。不忧不改,洪水乃欲荡涤,流彗乃欲扫除;改之,则有年亡期。故属者颇有变改,小贬邪猾,日月光精,时雨气应,此皇天右汉亡已也。'"① 李寻的解释,以五德终始说为理论依据,以"汉气将尽说"为现实指归,鼓吹火德将尽、水德兴盛和汉朝将亡的论调,如果将李寻的议论置入西汉末年汉家当"更受命"的思想背景下,再联系到李寻和王根及王氏家族的密切关系,则王莽代汉与西汉末期几次的洪水谣言和预言的关系就很清晰地呈现出来了。

汉家当更受命的说法,最早见于《汉书·李寻传》:"初,成帝时,齐人甘忠可诈造《天官历》《包元太平经》十二卷,以言'汉家逢天地之大终,当更受命于天'。"② 甘忠可不仅伪造两书,还教授此学说于夏贺良等,汉哀帝时李寻非常喜欢这些学说,他反复向哀帝陈说"更受命"的学说:"汉历中衰,当更受命……不有洪水将出,灾火且起,涤荡民人。"③《汉书》又说:"李寻字子长,平陵人也。治《尚书》……独好《洪范》灾异,又学天文月令阴阳……帝舅曲阳侯王根为大司马票骑将军,厚遇寻。是时多灾异,根辅政,数虚己问寻。寻见汉家有中衰厄会之象,其意以为且有洪水为灾。"④ 于是向王根进言。这两条史料告诉我们,李寻是王根倚重的谋士,其接受、发挥并宣传甘忠可的"汉家当更受命"的思想,正是为王

---

① 《汉书·李寻传》,第 3181 页。
② 《汉书·李寻传》,第 3192 页。
③ 《汉书·李寻传》,第 3192 页。
④ 《汉书·李寻传》,第 3179 页。

氏家族的政治利益服务的。

我们知道,从汉成帝时期王凤以外戚之重而任大将军时起,一直到王莽代汉的最终实现,其间存在一个王氏兄弟"作家门"的过程。这点,古代史家也看得十分清楚。比如《汉书·五行志》就说:"元帝崩,皇太子立,是为成帝。尊(王)皇后为皇太后,(河平二年)以后弟凤为大司马、大将军,领尚书事,上委政,无所与。王氏之权自凤起……其后群弟世权,以至于莽,遂篡天下。"① 而王氏由擅权而夺取汉家天下的意图,当时深谙时局的人士都可以看出。如刘向就认为汉成帝时"当汉九世火德之厄",以为王氏贵盛将"受命而王"②。所以,对于以王凤、王根和王莽为代表的王氏家族而言,水和水德具有特殊重要的意义。

《太平御览·地部》在讲到曹魏改汉代的雒水为洛水的原因时说:"《魏略》曰:汉火行忌水,故去'洛'水而加隹。魏为土,土,水之母,水得土而流,土得水而柔,故除隹加水。"③ 由此可见,汉朝以火德自居④,按照五行生克的道理(见下图),在五行中最忌讳的是水。这样,在汉代阴

五行生克关系图

---

① 《汉书·五行志》,第 1370—1371 页。
② 《汉书·五行志》,第 1412—1413 页。
③ 《太平御览·地部·水》,第 280 页。
④ 关于汉代所对应的五行德性,自西汉初年以来一直到哀帝时期有一个变化的过程。刘邦建汉的时候依照五行相克的道理把汉德定为水德,色尚黑,而至汉武帝元封七年,按照司马迁、公孙卿、壶遂、兒宽等人的建议改汉德为土,色尚黄。而到了西汉哀、平之际,刘歆、刘向等学者倡五行相生之说,认为汉应为火德,色尚赤。王莽也支持这种看法。因此西汉末年汉为火德的观念十分流行。但是,从上引李寻因水灾所上王根之书中的解释和《太平御览·地部》所引《魏略》"汉火行忌水"的看法,则五行相克之说仍然是两汉时期解释王朝更替的五德终始说的主流,五行相生之说在这个方面并未发生广泛的影响。

阳五行学说盛行的思想背景下,王氏家族为了夺取汉朝政权而制造思想舆论,自然会在水和水德方面大做文章。正因如此,当汉成帝和汉哀帝统治时期出现较大的洪水灾害和民间讹谣异动时,当政的王氏外戚统治者自然不会放过任何一次这样的机会,或由其御用文人出面,或由王氏兄弟亲自出面,对民间的洪水讹谣和洪水预言大加利用,更把民众因洪水讹谣飞传而造成的恐慌情绪和逃灾避难的行动与民间的西王母崇拜等原始宗教信仰结合起来加以利用,最终上升到德运嬗替的高度来为其代汉制造合法性的舆论。

不过,从本书前面所列举的两汉时期的重大水灾表和《晋书》《宋书》和《南齐书》等史籍中《五行志》所载的魏晋南北朝时期的情况来看,汉唐时期重大洪水灾害发生的频率和危害性都是惊人的,这也足以说明汉唐时期的民众常常生活于洪水灾害的阴影之下,有关洪水的讹谣和预言自有其滋生和流布的社会土壤。从世界文明史的视野来看,世界各民族几乎都有洪水神话。人们较为熟知的是《圣经·创世记》中"诺亚方舟"的故事。中国的古文献中也有远古时代洪水的神话故事。再如中国古史中大禹治水的传说,有学者认为,这是"地球在冰河期末期,随着气候转暖,冰解雪融,导致了世界性的大水灾"[①]的反映。还有的学者指出,原始洪水神话所反映的是民间宗教"追思原始文化中敬畏大自然的深层精神指向"[②]。但是,无论学者们对洪水神话的传说如何解读,这种神话传说对中国古人有着潜移默化的影响则是不容置疑的。俗话说,人同此心,心同此理,人们受特殊环境的刺激和由此产生的心理反应往往是相似的。所以,在还谈不上有任何科学的预警机制的中国古代,一旦自然条件有所变化,已经或即将发生水灾的时候,这种洪水预言和由这种讹谣和预言所引起的民间恐慌情绪便很容易在民众中间滋生和蔓延,更何况汉唐时期水灾的发生又很频繁。

可以说,汉代的洪水讹谣和洪水预言在当时民众的记忆里打下了很深的心理印记,一有风吹草动,这种讹谣和预言便有滋生之势。不过,产生这种讹谣和预言的社会土壤,随着王莽篡汉的成功和其后东汉初期社

---

① 冯天瑜《上古神话纵横谈》,上海文艺出版社 1983 年版,第 166—167 页。
② 王健《洪水·神话·宗教》,《世界宗教文化》1998 年第 3 期。

会的安定而暂告消失,而且,伴随着东汉后期佛、道二教的日渐发展,中国民众的文化视野和信仰观念也大大拓展。在此后的东汉魏晋南朝时期,都没有足够明确的文献资料来证明两汉时期多次发生的洪水讹谣和预言事件给当时的人们留下什么深刻的历史记忆。不过,在北朝时期,又有一次洪水讹言事件,证明了面对洪水灾害,人们因惊惧而易于传播洪水谣言的社会现象。

东魏时期,高洋部下殷州刺史刘丰,在联合高岳攻打王思政时,建议以水攻之策攻取长社。《北史·刘丰传》载:"及王思政据长社,丰与高岳等攻之。先是讹言大鱼道上行,百姓苦之。丰建水攻策,遏洧水灌城。水长,鱼鳖皆游焉。城将陷,丰与行台慕容绍宗见(北有白气,同入船)。忽有暴风从东北来,正昼昏暗,飞沙走砾,船缆忽绝,漂至城下。丰拍浮向土山,为浪激,不时至。西人钩之,并为敌所害。"①这次洪水之灾,从根本上说只是一场人为的灾害。但是,值得玩味的是,在刘丰献计水淹长社之前,民间就有鱼行道上的讹言了。而鱼行道上,的确可以看作是洪水灾害的一种隐喻,也可以看作是洪水预言的一种委婉说法。可以看出,东魏时期的这次民间洪水讹谣和预言,与汉代发生的民众讹言行诏筹事件是很相似的。

通过以上的分析可以看出,受特殊政治势力操控和利用的流传于民间的洪水预言和基于此而产生的民间原始宗教信仰,是汉唐时期民间讹言、流言发生和传播的一个重要的民间信仰文化背景。

当然,汉唐时期民间讹言和流言传播的民间信仰文化背景并不只表现为上面所说的洪水预言等,民间巫术文化和巫团组织也是民间谣言传播的一个重要推动力量。比如《后汉书·臧宫传》记载,建武十九年(43)"妖巫维汜弟子单臣、傅镇等,复妖言相聚,入原武城,劫吏人,自称将军。于是遣宫将北军及黎阳营数千人围之。贼谷食多,数攻不下,士卒死伤"②。推断维汜及其弟子们所传播的"妖言",或许即类似黄巾起义前所流传的"苍天已死,黄天当立"等煽动性言论,应当也属于本书所研

---

① 《北史·刘丰传》,第1902页。另外,《北齐书·刘丰传》未载鱼行道上的民间传言,只是说:"王思政据长社,世宗命丰与清河王岳攻之。丰建水攻之策,遂遏洧水以灌之,水长,鱼鳖皆游焉。"(第378页)

② 《后汉书·臧宫传》,第694页。

究的社会谣言之类。兹不具论焉。

第五节　恐慌与紧张：谶谣传播的社会心理

　　谣言在社会公共危机中有特别的生存逻辑。我们可以将公共危机中的谣言界定为特定社会情景下产生的、借助一定路径传递的、扰乱人们心理或行为的缺乏事实根据的信息。危机谣言是信息的异化。在汉唐时期，通常表现为对特殊政治和社会事件的预言，也就是歌谣风议中特殊的一个类别——谶谣。在《汉书》、两《唐书》等正史的《五行志》中通常也称为"讹言"或"诗妖"。吕宗力认为谶谣是以口语或文字的形式表述的异常言论和征兆，其中暗藏玄机，以隐喻的方式启示天命所归，预言个人或政权的命运[1]。如周宣王时期的"檿弧箕服，实亡周国"[2]，秦始皇时期的"始皇帝死而地分"[3]，陈胜吴广起义时的"大楚兴，陈胜王"[4]，晋武帝太康三年平吴后，江南流行的童谣："局缩肉，数横目，中国当败吴当复。"[5]再如《北齐书》所载："初孝明之时，洛下以两拨相击，谣言曰：'铜拨打铁拨，元家世将末。'好事者以二拨谓拓拨、贺拨，言俱将衰败之兆。"[6]《隋书·五行志上》记载，北周大定元年（581）二月，静帝宇文衍迫于外戚杨坚的威势而禅位，既逊位而崩，诸舅强盛，民间出现歌谣："白杨树头金鸡鸣，只有阿舅无外甥。"[7]这都属于政治性的歌谣。

　　谶谣是一类含有特殊政治信息的歌谣风议，它一般都和社会危机相关。控制论认为，信息贯穿于危机管理过程的始终，是危机管理成败的关键。从控制论的角度看，信息反映了对事物可能性空间的了解程度，它不是纯粹的客体，而是具有主观性的[8]。真实的危机信息可以让人们所

---

① 吕宗力《汉代的谣言》，浙江大学出版社 2011 年版，第 120 页。
②《史记·周本纪》，第 147 页。
③《史记·秦始皇本纪》，第 259 页。
④《史记·陈涉世家》，第 1950 页。
⑤《晋书·五行志》，第 844 页。
⑥《北齐书·神武帝纪》，第 9 页。
⑦《隋书·五行志》，第 638 页。
⑧ 金观涛、华国凡《控制论与科学方法论》，新星出版社 2005 年版，第 44 页。

知的公共危机的可能性空间变小。公共危机中的信息传播是"混乱符号和不确定意义的共享过程"①,玄虚的、容易被错解和误读的信息一旦传播开了,危机谣言应势而生。危机谣言特别容易诱发人们紧张的情绪和恐惧的心理,导致社会失序。

谶谣不仅是危机谣言的传播,还包含听众和接受者的复杂心理变化过程,也就是人们对于社会和政治危机即将爆发的一种预测和判断,"在这里,预期实际上是人们心中的选择。对公共事件的发展轨迹,人们心中不仅有自己的预测,而且也有自己的偏好导向"②。从这个角度可以发现,谣言之所以能产生、传递,是因为它满足了人们的某种潜在的心理需要。公共危机事件中,这种心理需要是由安全需要的匮乏引起的,表现为一种集体的不安全感。危机面前,人们一般会产生恐惧,而恐惧、不稳定性与不确定性是谣言产生的温床。这种恐惧是理性的,根据马斯洛的需要层次理论,安全需要匮乏时,有机体受其主宰,对危机谣言产生应急反应③。在这种情况下,谣言反而会进一步扩大传播④。

在社会政治危机发生的前后,谣言也表现出特别的社会心理特征。当社会出现危机、冲突或者动乱时,个体因缺乏安全感,容易感到焦虑、恐慌、无助等消极情绪,迫切需要寻找宣泄的出口和理由,并对当前的处境给出一种合理的解释与说明。所以有研究者认为,谣言实际上表达的是对社会合理秩序的期望,不应把谣言当作一个孤立的偶然事件来看待。"谣言的主要功能并非⋯⋯提供准确无误的情报、消息,而在于能否恰当反映和满足特定时空的群体心态、期待和想象。"⑤谣言"将想象当作现实来对待"⑥。有学者将谣言依心态分为三种类型:期望实现型——表达的是传谣者们的期望和希望;焦虑型——表达的是传谣者们的恐惧

① 胡百精《危机传播管理》,中国传媒大学出版社 2005 年版,第 52 页。
② 常健、金瑞《论公共冲突过程中谣言的作用、传播与防控》,《天津社会科学》2010 年第 6 期。
③ (美)马斯洛著,许金声等译《动机与人格》,华夏出版社 1987 年版,第 40—48 页。
④ 赵军锋、金太军《论公共危机中谣言的生存逻辑——一个关于谣言的分析框架》,《江苏社会科学》2013 年第 1 期。
⑤ 吕宗力《汉代的谣言》,第 227 页。
⑥ (法)弗朗索瓦丝·勒莫著、唐家龙译《黑寡妇:谣言的示意及传播》,商务印书馆 1999 年版,第 76 页。

情绪;冲突型——出自传谣者们的攻击性、成见和仇恨情绪①。

　　新莽时期,镇抚安定以西的骑都尉卢芳,诈称"汉武帝和浑邪王姊曾孙"刘文伯,在三水地区胡汉族群割据称雄,这与新莽末年群雄并起、逐鹿中原,即《汉书》所云"十余年间,外内搔扰,远近俱发,假号云合,咸称刘氏,不谋而同辞"②的政治危机有很大的关系。吕宗力据此认为,汉代历史文献记载的各种谣言,汉代频发的讹言、流言等政治性歌谣风议,多与政治的动荡和社会的失序相关。尽管一些谣言在社会危机中有其建设性作用,例如协助人们宣泄情绪、求得共情、安定民心,或表达诉求、形塑舆论,但是大多数谣言的破坏性大于建设性。在许多情况下,谣言可以成为居心叵测的政客政治斗争的工具和手段,可以令原本相互猜疑、倾轧、紧张的社会秩序变得更加混乱,为社会、政治的稳定带来更为严重的潜在危患③。

　　西方学者对谣言的研究始于 20 世纪 30 年代中期。一些社会心理学家尤以美国社会心理学家 Allport、Postman 以及 Rosnow 等人为代表,先后提出影响谣言传播规律的四大基本要素:社会环境的不确定性(uncertainty)、谣言涉及话题的重要性、个体获知谣言后的焦虑感(anxiety)以及确信(belief)程度。一般而言,谣言与真实相对,但真实仅仅是对谣言主体性价值的简单否定,遮蔽了谣言的社会性。历史学家布洛赫认为,谣言并非自发产生,它们是反映特定时刻社会恐慌、怀疑以及集体意识的一面镜子,特定时期的某些谣言往往折射社会变迁的内在纹理。在布洛赫看来,对谣言或迷思(myths)的批判分析在于追问:是什么样的社会情境与文化因素生产了它们,谣言的生产和传布反映了怎样的社会性格④。因此,在谶谣文本与社会政治关系中深入探究谣言传播的社会心理氛围,也是对汉唐歌谣风议传播研究的题中应有之义。

　　总之,从社会心理学的角度看,社会流言和谣言的传播一般主要有这样几个存在条件:一是民众面对共同的社会危机,二是人们焦虑和恐

---

① 吕宗力《汉代的谣言》,第 231 页。
② 《汉书·叙传》,第 4207 页。
③ 吕宗力《谣言与汉代的社会政治危机》,《人文杂志》2015 年第 7 期。
④ 张志安、束开荣《谣言传播、谣言意涵与谣言应对——欧美学术界近年来谣言研究的三个视角》,《新闻与写作》2016 年 9 期。

惧的集群心理的形成,三是社会组织管理信息不透明。在三种情况共同成立的条件下,社会谣言会容易发生和传播。反过来说,流言和讹言的传播,会进一步加重笼罩在社会上的恐慌心理,对民众的生活秩序产生一时的强烈影响。

从汉唐的历史看,在历次百姓煽动流传谶谣的过程中,谶谣的迅速传播的确与民间的紧张、恐惧的社会心理有密切的关系。比如《汉书·息夫躬传》载,哀帝时期发生民间行诏筹事件后,息夫躬上言说:"往年荧惑守心,太白高而芒光,又角星茀于河鼓,其法为有兵乱。是后讹言行诏筹,经历郡国,天下骚动,恐必有非常之变。可遣大将军行边兵,敕武备,斩一郡守以立威,震四夷,因以厌应变异。"[1] 这条史料里提到的"天下骚动",即是对这次事件中民众心理状态的最简洁的概括。而前引《汉书·五行志》所载汉代民众在洪水恐慌下"或被发徒跣,或夜折关,或逾墙入,或乘车骑奔驰"和《汉书·哀帝纪》所载"民……或夜持火上屋,击鼓号呼相惊恐",则是对这种骚动的最生动的注解。实际上,不仅洪水预言可以引起民众的集群恐慌,生活于乱世之中的人们饱经世变,身心频受刺激,神经异常脆弱,洪水、火灾和其他各种社会讹言、谣言容易刺激他们的心灵,从而形成民众的大范围的惊慌和恐惧情绪。比如东汉建初二年(77),马严担任陈留太守,"时京师讹言贼从东方来,百姓奔走,转相惊动,诸郡遑急,各以状闻"[2]。东汉桓帝时期,"是时连月火灾,诸宫寺或一日再三发。又夜有讹言,击鼓相惊"[3]。这些都是汉代民众讹言相惊的典型例证。

魏晋南北朝时期,民间讹言导致的民众恐慌事件也屡见于史籍的记载。可以说,民间的讹言和流言与社会的恐慌心理氛围几乎是如影随形、相伴始终的。《宋书·五行志》记载的几件事情能够很清楚地说明这种现象。东晋元帝太兴四年(321),"吴郡民讹言有大虫在绉中及槠树上,啮人即死。晋陵民又言曰,见一老女子居市,被发从肆人乞饮,自言:'天帝令我从水门出,而我误由虫门。若还,天帝必杀我。如何?'于

---

① 《汉书·息夫躬传》,第2184页。
② 《后汉书·马援传》,第861页。
③ 《后汉书·桓帝纪》注引《袁山松书》,第316页。

是百姓共相恐动,云死者已十数也"。次年,即晋元帝永昌元年(322),宁州刺史王逊遣子澄入质,带来渝、濮等少数民族数百人,结果"京邑民忽讹言宁州人大食人家小儿,亲有见其蒸煮满釜甑中者。又云失儿皆有主名,妇人寻道,拊心而哭。于是百姓各禁录小儿,不得出门。寻又言已得食人之主,官当大航头大杖考竟。而日有四五百人晨聚航头,以待观行刑。朝廷之士相问者,皆曰信然,或言郡县文书已上。王澄大惧,检测之,事了无形,民家亦未尝有失小儿者,然后知其讹言也"。又次年,大将军王敦率军顺流而下,屯据姑孰。当时"百姓讹言行虫病,食人大孔,数日入腹,入腹则死。治之有方,当得白犬胆以为药。自淮、泗遂及京都,数日之间,百姓惊扰,人人皆自云已得虫病。又云,始在外时,当烧铁以灼之。于是翕然被烧灼者十七八矣"。民心惊扰,故谣言宜作,因此"及钱凤、沈充等逆兵四合,而为王师所挫,逾月而不能济。北中郎将刘遐及淮陵内史苏峻率淮、泗之众以救朝廷,故其谣言首作于淮、泗也"①。可见,连年的政治动荡、讹言流传和百姓的恐惧相互交织,几乎打破了人们的心理承受底线,再加上有心者的故意煽动和无知者的惶怖传播,自然为洪水讹谣和类似歌谣的传播提供了适宜的社会心理条件。

值得注意的是,一次社会讹言或流言所造成的民间恐慌心理,其持续时间是很长的。前面所讲的汉代行诏筹事件,即达三个月之久,而一些局部的社会讹言事件,一般影响也可以达到一个月左右。如《南史·梁武帝纪》载,天监十三年(514)"夏六月,都下讹言有枨枨,取人肝肺及血,以饴天狗。百姓大惧,二旬而止"②。大同五年(539)"都下讹言天子取人肝以饴天狗,大小相警,日晚便闭门持仗,数月乃止"③。这两次事件造成的民间恐慌,一次持续二十余天,一次更影响达数月之久。由此可见,讹谣和流言所造成的持续的社会恐慌心理氛围的影响是不可小视的。

①《宋书·五行志》,第901—902页。
②《南史·梁武帝纪》,第194页。
③《南史·梁武帝纪》,第214页。

第六章　汉唐时期歌谣风议的传播

第一节　风诗歌谣,舆人传诵

历史上几乎所有的歌谣都是因人而起、缘事而发,不仅和许多重要的史事相关,而且也包含着相当重要的政治和社会知识,是民众生活与思想实践的直接反映,是一种重要的"公众舆论"。歌谣的社会舆论功能,必须通过传播才能够实现。传播是歌谣实现其舆论功能和社会影响的最主要形式,也是歌谣从作者、传播者到受众之间不可或缺的一环。对古代歌谣的传播的研究,不仅能够加深对古代舆论和文化传播的认识,也能够使我们对古代歌谣及其社会影响的理解深化。汉唐时期是歌谣风议特别丰富的时代,可以为中国古代歌谣的传播研究提供多方面的典型史料,具有特别重要的意义。

歌谣是民间口承文学艺术形式之一,能够以有声的吟诵或歌唱诉诸人们的听觉,给人以非常强烈的印象,又因为其内容所涉及的多是社会焦点问题,所以往往为大众所普遍关心,非常易于在社会上传播。对于这一点,古代学者早就有所认识。比如清人刘毓崧就从训诂的角度指出:"夫谣与遥同部,凡发于近地者,即可行于远方。"[1] 同时,汉唐时期的人们大多生活在动荡的社会,他们对政治和社会的变动特别敏感,因此能够成为歌谣传播中自觉的主体。与其他社会信息的传播方式一样,汉唐歌谣的传播方式主要是个体传播和群体传播两类,但这两类传播方式又不是截然分开的:群体传播必然包含着个体的行为,个体传播是群体传播的组成部分。同时,即使同属于个体传播或群体传播,其间也存在着不同的方法和途径。任何一首歌谣的传播方法都不是单一的,所有的歌谣在通过最初的个体传播而成为社会文化的一部分后,必然会再以群

---

[1] 刘毓崧《古谣谚》序,见杜文澜辑、周绍良校点《古谣谚》,第2页。

体传播的方式向社会进一步辐射和扩散。

歌谣作为一种民间舆论传播时,就有了社会性,除了赞颂型的歌谣,其他讽刺性、预言性的歌谣,都可以看作现代社会学和政治学意义上的谣言。谣言是指不正确无依据的信息。美国社会心理学家奥尔波特与波斯特曼在《谣言心理学》一书中提出了有关流言基本规律的著名公式:R=i×a。其中,R(Rumor)指谣言,i(important)指谣言的重要性,a(ambiguous)指谣言的不明确性。

谶谣具有新奇性、失真性、蒙蔽性和广泛性的特征。它是个别人士和特殊利益集团蓄意编造、故意煽动的结果,目的是影响舆论,火中取栗。谶谣会催生大众的焦虑不安和恐惧情绪。谣言之所以能在特定的环境中产生,一是由于民众都对某件事表示关注,互相影响,互相感染,二是面对共同的不确定性,受众主动参与阐释和解构,导致信息进一步失实,诱发进一步的紧张和焦虑①。

当然,对歌谣的传播进行研究,不仅要考虑到人的因素,还应该考虑到地域和时间的影响。同时,社会环境和社会心理氛围也会对歌谣的传播产生不可忽视的影响。此外,歌谣作为民间文学,与文人创作的诗词歌赋等作品在作者与读者、传播者和受众等方面有明显的区别。其传播方式也和上述文学作品的传播有一定差异。只有考虑到上述各个方面的因素,才能对汉唐歌谣的传播情况做出合理的分析。

需要说明的是,尽管从理论上来讲,汉唐时期的每一首歌谣都必然有一个从创作到在社会上流布开来的传播过程,但由于我国古代史家对歌谣的政治功能和社会作用的认识不同,不同史家在著录歌谣时的侧重点和详略亦有所不同。以正史为例,《史记》《汉书》和《后汉书》大多对当时有什么歌谣和童谣以及这些歌谣是针对何人、何事所发的言之甚详,而对这些歌谣的具体传播者与传播过程记载较少②,这点对于探究两汉时期歌谣的传播造成了一定困难。因此,本书的研究,在资料的采用

---

① 刘玉梅《论传言、流言与谣言心理》,《内蒙古农业大学学报(社科版)》2009 年第 4 期。
② 比如《史记·淮南衡山列传》载:"(西汉孝文帝十二年)民有作歌歌淮南厉王曰:'一尺布,尚可缝;一斗粟,尚可舂。兄弟二人不能相容。'上闻之,乃叹曰:'尧舜放逐骨肉,周公杀管蔡,天下称圣。何者?不以私害公。天下岂以我为贪淮南王地邪?'"(第 3080 页)又如《汉书·外戚传·高祖吕皇后传》载:"高祖崩,惠帝立,吕后为皇太后,乃令永巷囚戚(转下页)

上,主要以魏晋南北朝和隋唐时期的史料为主,而在有关探讨中,对两汉时期的典型史料随文举证,加以利用。这样才能不留遗珠之憾,而克尽典型分析之美。歌谣如同新闻等社会信息的传播一样,虽然途径多端,但却依然有科学的规律可寻,只要分析的资料足够丰富和典型,亦可以管窥豹,揭示汉唐时期乃至整个中国古代歌谣的主要传播途径和传播方式。

第二节　口耳相传,不胫而走

　　汉唐歌谣风议和中国古代所有的歌谣风议一样,其传播方式主要有个体传播和群体传播两种,但其中每一种都包含着许多具体的传播方式和途径。

　　个体传播主要是单线式的口耳相传,即人们之间互相告知,从一个人传向另外一个人,然后不断循环往复,最后达到在全社会流传的目的。史籍中有很多这样的例子,如东汉末年董卓擅权,把持朝政,引起朝臣的不满,史载:“时王允与吕布及仆射士孙瑞谋诛卓。有人书‘吕’字于布上,负而行于市,歌曰:‘布乎!’有告卓者,卓不悟。”①在这首歌谣的传播中,不仅“布乎”的歌谣是由专人②在街市上通过歌唱而告知周围的人们的,而且“有告卓者”的记载也说明这首在民间传唱的歌谣是通过口耳相传告知董卓的。又《宋书》记载,吴孙皓天玺元年,“吴郡临平湖自汉末秽塞,是时一夕忽开除无草。长老相传,此湖塞,天下乱;此湖开,天下平。吴寻亡而九服为一”③。“晋惠帝元康五年十二月,有石生于宜年里。晋惠帝永康元年,襄阳郡上言得鸣石,撞之,声闻七八里。”晋惠帝太安元年,丹阳湖熟县夏架湖有大石浮二百步而登岸。民惊噪相告曰:

（接上页）夫人,髡钳衣赭衣,令春。戚夫人春且歌曰:‘子为王,母为虏,终日春薄暮,常与死为伍!相离三千里,当谁使告女?’太后闻之大怒,曰:‘乃欲倚女子邪?’乃召赵王诛之。”（第3937页）在这两个例证中,虽然都明确记载汉文帝和吕后得闻淮南王歌和戚夫人歌,但却没有记载这两首歌谣是通过何种途径和方式传到两人耳中的。

① 《后汉书·董卓传》,第2331页。

② 《三国志·魏书·董卓传》注引《英雄记》说:“时有谣言曰:‘千里草,何青青,十日卜,犹不生。’又作董逃之歌。又有道士书布为‘吕’字以示卓,卓不知其为吕布也。”（第179页）据此则知《后汉书》中于市里歌唱“布乎”歌谣的人是一位道士。

③ 《宋书·五行志》,第938页。

"石来!"干宝曰:"寻有石冰入建业。"① 又如南齐时虞愿为晋平太守,在郡不治生产,有善政。时"海边有越王石,常隐云雾。相传云'清廉太守乃得见',愿往观视,清彻无隐蔽"②。再如北周保定三年(563),侯莫陈崇随宇文邕幸原州,但宇文邕却突然在某夜返回京师,人们都感到难以理解。侯莫陈崇对他的亲信常升说:"吾昔闻卜筮者言,晋公今年不利。车驾今忽夜还,不过是晋公死耳。"结果"众皆传之"。有人把这件事泄漏了出来,最后"护遣使将兵就崇宅,逼令自杀"③,方才平息了这件事情。上述三个例证中都有"相告""相传"和"众皆传之"等明确的字眼,说明这些谣言和信息的传播都是靠口耳相传实现的。

歌谣口耳相传的例证,有的不是十分明晰。比如《梁书·韦叡传》载:天监四年(505),韦叡率梁军北伐,他派遣长史王超宗、梁郡太守冯道根攻魏小岘城,在韦叡按行山川、观测地形时,他说:"吾闻'汾水可以灌平阳,绛水可以灌安邑',即此是也。"④ 这是韦叡通过别人得知有所谓"汾水可以灌平阳,绛水可以灌安邑"的童谣,并把它告诉了自己身边的人。这一闻一告,正是歌谣口耳相传的一个过程。再如《南史·臧质传》载:"太武自广陵北返,悉力攻盱眙,就质求酒。质封溲便与之,太武怒甚,筑长围一夜便合。质报太武书云:'尔不闻童谣言邪?虏马饮江水,佛狸死卯年……'时魏地童谣曰:'軺车北来如穿雉,不意虏马饮江水。虏主北归石济死,虏欲渡江天不徙。'故答书引之。"⑤ 这是臧质通过书信告诉拓跋焘童谣,以使其知道战争形势。又如《南史·卞彬传》载:"彬险拔有才,而与物多忤。齐高帝辅政,袁粲、刘彦节、王蕴等皆不同,而沈攸之又称兵反。粲、蕴虽败,攸之尚存。彬意犹以高帝事无所成,乃谓帝曰:'比闻谣云"可怜可念尸著服,孝子不在日代哭,列管暂鸣死灭族"。公颇闻不?'……高帝不悦,及彬退,曰:'彬自作此。'"⑥ 这是卞彬把自己所作的歌谣告诉萧道成,以表达政治讽喻之意。《新唐书·刑法志》记

① 《宋书·五行志》,第 925—926。
② 《南齐书·良政传·虞愿传》,第 917 页。
③ 《周书·侯莫陈崇传》,第 269 页。
④ 《梁书·韦叡传》,第 221—222 页。
⑤ 《南史·臧质传》,第 514—515 页。
⑥ 《南史·文学传·卞彬传》,第 1767 页。

载:贞观六年,唐太宗亲录囚徒,闵死罪者三百九十人,纵之还家,期以明年秋即刑,及期,囚皆诣朝堂,无后者,太宗嘉其诚信,悉原之。但是他告诉大臣们说:"吾闻语曰:'一岁再赦,好人暗哑。'吾有天下未尝数赦者,不欲诱民于幸免也。"①这是唐太宗将自己听到的俗语告诉大臣不能经常大赦的原因,这也是治国理政的重要历史经验。

除了人们之间互相传告之外,有的歌谣作者出于一定的考虑不适于直接出面传播自己的歌谣作品,就采取了题壁或铭石的方式来传播。题壁及其相关的文学传播形式早在先秦时期就已十分常见,但魏晋南北朝时期文人的题壁之风更为盛行,题壁的形式也多种多样。有的题于墙壁、石壁之上,有的则题于树干、碑刻之上。比如梁代刘孝绰少有盛名,为当时著名的文士,"时重其文,每作一篇,朝成暮遍,好事者咸诵传写,流闻河朔,亭苑柱壁莫不题之"②。北周申徽"性勤敏,凡所居官,案牍无大小,皆亲自省览。以是事无稽滞,吏不得为奸。后虽历公卿,此志不懈。出为襄州刺史。时南方初附,旧俗,官人皆通饷遗。徽性廉慎,乃画杨震像于寝室以自戒。及代还,人吏送者数十里不绝。徽自以无德于人,慨然怀愧,因赋诗题于清水亭。长幼闻之,竞来就读。递相谓曰:'此是申使君手迹。'并写诵之"③。刘孝绰和申徽在南北朝时期一为名士,一为廉吏,都在民众中享有一定的声誉,他们的作品,就是通过题壁的方式广为传播的。这两个例证不仅说明魏晋南北朝时期文士们题壁之风的盛行,也说明通过题壁的方式传播诗歌的效率是很惊人的。正因如此,这种方式也被一些人借用,成为他们传播歌谣和制造舆论的一种重要手段。

三国时期,孙皓迁都武昌,百姓溯流供给,不堪负担,于是为童谣说:"宁饮建业水,不食武昌鱼。宁还建业死,不止武昌居。"孙皓为了回应民怨,遣使者祭石印山下妖祠。使者"因以丹书岩曰:'楚九州渚,吴九州都。扬州土,作天子。四世治,太平矣'"④,以图欺骗百姓。西晋潘岳才名冠世,但却为当权者所疾,遂栖迟十年,郁郁不得志。时山涛、王济、裴楷等并为帝所亲遇。潘岳心内不满,于是"乃题阁道为谣曰:'阁道东,

---

① 《新唐书·刑法志》,第1412—1413页。
② 《南史·刘孝绰传》,第1012页。
③ 《周书·申徽传》,第557页。
④ 《宋书·五行志》,第913页。

有大牛。王济鞅,裴楷鞴,和峤刺促不得休'"①,抒发自己的政治愤懑。北齐天保中,陆法和在他家里的墙壁上题写了两首谶诗,一首为:"十年天子为尚可,百日天子急如火,周年天子递代坐。"另外一首为:"一母生三天,两天共五年。"②但未敢直接宣示世人,后来墙壁剥落,这两首谶诗才显示出来,为世人所见。

唐代裴度征淮西,掘得一碑,上有谣云:"井底一竿竹,竹色深深绿。鸡未肥,酒未熟,障车儿郎且须缩。"③有人解释说,鸡未肥,肥去月乃己字,酒未熟,酒去水乃酉字,意思是会在己酉日擒吴元济,后果如此。这首歌谣应该是裴度在征吴元济之前制造的军事舆论,以铭刻于石碑的方式掩埋再发现,试图造成一种神秘预言的效果,以达到鼓舞己方军心、涣散敌方意志的效果。

歌谣的个体传播方式还有呼告和遣人散布。《晋书·祈嘉传》载:"祈嘉字孔宾,酒泉人也。少清贫,好学。年二十余,夜忽窗中有声呼曰:'祈孔宾,祈孔宾! 隐去来,隐去来! 修饰人世,甚苦不可谐。所得未毛铢,所丧如山崖。'旦而逃去,西至敦煌,依学官诵书,贫无衣食,为书生都养以自给,遂博通经传,精究大义。"④这是人在夜里直接对人呼告歌谣。《晋书·苻坚载记》说,前秦时期,姚苌围苻坚于长安。每夜有人在城外大呼说:"杨定健儿应属我,宫殿台观应坐我,父子同出不共汝。"苻坚根据一本叫作《古符传贾录》的书认为这是一种歌谣,又因为此前长安境内流传谣言说:"坚入五将山长得。"因此苻坚决定率领一部分人马出城另谋出路⑤。《晋书》中记载的这首谣言,即是有人通过在夜里绕城呼告的方式传播的。《南史·张敬儿传》则记载了张敬儿让儿童为其传播歌谣的故事:"(敬儿)性好卜术,信梦尤甚,初征荆州,每见诸将帅,不遑有余计,唯叙梦云:'未贵时,梦居村中,社树欻高数十丈。及在雍州,又梦社树直上至天。'……又使于乡里为谣言,使小儿辈歌曰:'天子在何处? 宅在赤谷口。天子是阿谁? 非猪如是狗。'敬儿家在冠军,宅前

---

① 《晋书·潘岳传》,第 1502 页。
② 《北史·艺术传·陆法和传》,第 2945 页。
③ 杜文澜辑、周绍良校点《古谣谚·吴元济将败之兆》,第 1028 页。
④ 《晋书·隐逸传·祈嘉传》,第 2456 页。
⑤ 《晋书·苻坚载记》下,第 2928 页。

有地名赤谷。既得开府,又望班剑,语人曰:'我车边犹少班兰物。'"①

如果把《周书》和《北齐书》中斛律光被杀的有关材料仔细比较、分析一下的话,我们就能够从这次事件中发现一首歌谣从创作到传播再到发生影响的全过程,具有典型的意义。

《周书·韦孝宽传》记载说,天和五年(570),北齐经略汾北,韦孝宽遂筑城守之。"(北齐)丞相斛律明月至汾东,请与孝宽相见。明月云:'宜阳小城,久劳战争。今既入彼,欲于汾北取偿,幸勿怪也。'孝宽答曰:'宜阳彼之要冲,汾北我之所弃。我弃彼图,取偿安在?且君辅翼幼主,位重望隆,理宜调阴阳,抚百姓,焉用极武穷兵,构怨连祸!且沧、瀛大水,千里无烟,复欲使汾、晋之间,横尸暴骨?苟贪寻常之地,涂炭疲弊之人,窃为君不取。'孝宽参军曲岩颇知卜筮,谓孝宽曰:'来年,东朝必大相杀戮。'孝宽因令岩作谣歌曰:'百升飞上天,明月照长安。'百升,斛也。又言:'高山不摧自崩,槲树不扶自竖。'令谍人多赍此文,遗之于邺。祖孝征既闻,更润色之,明月竟以此诛。"② 这段材料说明,韦孝宽为了离间北齐君臣关系,于是令部下编造谣言,并派间谍传播于北齐首都邺城。北齐大臣祖珽对这首谣言又加以润色,斛律光才被杀。那么祖珽为何会在这首歌谣传播中发挥作用呢?原来,祖珽和斛律光素有积怨。《北齐书·斛律光传》说:"(斛律)光入,常在朝堂垂帘而坐。祖珽不知,乘马过其前。光怒,谓人曰:'此人乃敢尔!'后珽在内省,言声高慢,光适过,闻之,又怒。珽知光忿,而赂光从奴而问之曰:'相王瞋孝征耶?'曰:'自公用事,相王每夜抱膝叹曰:"盲人入,国必破矣!"'穆提婆求娶光庶女,不许。帝赐提婆晋阳之田,光言于朝曰:'此田,神武帝以来常种禾,饲马数千匹,以拟寇难,今赐提婆,无乃阙军务也?'由是祖、穆积怨。"正因如此,当韦孝宽派人散布的谣言传到邺城后,祖珽就立刻抓住机会:"因续之曰:'盲眼老公背上下大斧,饶舌老母不得语。'令小儿歌之于路。提婆闻之,以告其母令萱。萱以饶舌,斥己也。盲老公,谓珽也,遂相与协谋,以谣言启帝曰:'斛律累世大将,明月声震关西,丰乐威

---

① 《南史·张敬儿传》,第1138页。按史载张敬儿家在冠军,宅前有地名赤谷。始其母卧于田中,梦犬子有角舐之,已而有娠而生敬儿,故初名狗儿。又生一子,因狗儿之名,复名猪儿。宋明帝嫌狗儿名鄙,改为敬儿。
② 《周书·韦孝宽传》,第539—540页。

行突厥,女为皇后,男尚公主,谣言甚可畏也。'"① 这段史料证明,祖珽在
得知韦孝宽的歌谣后又做了三件事情:增加润色词句,加强歌谣的针对
性;让儿童在道路歌唱,形成童谣的舆论效果;把这首童谣告诉皇帝,发
挥歌谣的政治作用。但是直接把这首歌谣告诉皇帝的并不是祖珽,而是
郑道盖,但祖珽的作用却十分微妙:"(祖珽)令其妻兄郑道盖奏之。帝
问珽,珽证实。又说谣云:'高山崩,槲树举,盲老翁背上下大斧,多事老
母不得语。'珽并云'盲老翁是臣',云与国同忧戚,劝上行,语'其多事老
母,似道女侍中陆氏'。"② 斛律光最终因这首歌谣而被杀。

　　把上述资料综合起来,一首歌谣的完整的创作和传播过程就清楚地
呈现出来了:(背景)斛律光计划进攻北周→(起源)韦孝宽制造谣言→
(传播)派间谍传播到邺城→祖珽增益和润色→让儿童歌之于路,谣言成
为童谣→祖珽妻兄奏知皇帝→(解读)祖珽进而证实→(影响和效果)斛
律光被杀。当然,由于史料的不足和歌谣众口流传的特性,我们不能够
为每首歌谣都找出如此清晰和完整的传播过程,但大体上歌谣的个体传
播都要通过这样的途径和方式,只是中间的某些环节略有差别而已。

　　当然,歌谣的传播并不总是由个人完成的,大多数歌谣在社会上的
传播主要还是依靠群体的力量来完成的。歌谣的群体传播是与它们易
于传唱的特点分不开的。由于歌谣具有音乐性,能够以有声的吟诵和婉
转的旋律感染人的心灵,特别容易为民众所接受和在社会上流传。即使
是魏晋时期的雅歌古辞,也大多是"汉世街陌谣讴"③,曾经为民众于巷
里道路上所吟唱,更何况是源自民间的歌谣呢?所以歌唱也是歌谣传播
的基本形式。我们可以举出一些这样的例证。

　　《后汉书》记载说:"汝南太守宗资任功曹范滂,南阳太守成瑨亦委
功曹岑晊,二郡又为谣曰:'汝南太守范孟博,南阳宗资主画诺。南阳太
守岑公孝,弘农成瑨但坐啸。'因此流言转入太学,诸生三万余人,郭林
宗、贾伟节为其冠,并与李膺、陈蕃、王畅更相褒重。学中语曰:'天下
模楷李元礼,不畏强御陈仲举,天下俊秀王叔茂。'又渤海公族进阶、扶

---

① 《北齐书·斛律光传》,第 225 页。
② 《北齐书·祖珽传》,第 519 页。
③ 《晋书·乐志》,第 716 页。按《文选·西都赋》李善注引说文曰:"讴,齐歌也。"(第 29 页)

风魏齐卿,并危言深论,不隐豪强。自公卿以下,莫不畏其贬议,屣履到门。"① 文中所引的二郡之谣就是通过民众的集体传播而流入太学的。同时,太学里的学生受此歌谣的激励和鼓舞而做的臧否当政人物的歌谣也是由群体创作和传播的。除此以外,南北朝时期也不乏歌谣群体传播的例证。《宋书·乐志》记载,流传于民间的《阿子》《欢闻哥》《团扇哥》《督护哥》和《懊懓哥》等歌谣,都是在民间广泛流传的歌谣:"《阿子》及《欢闻哥》者,晋穆帝升平初,哥毕辄呼'阿子!汝闻不?'……后人演其声,以为二曲。《团扇哥》者,晋中书令王珉与嫂婢有情,爱好甚笃,嫂捶挞婢过苦,婢素善哥,而珉好捉白团扇,故制此哥。《督护哥》者,彭城内史徐逵之为鲁轨所杀,宋高祖使府内直督护丁旿收敛殡埋之。逵之妻,高祖长女也,呼旿至阁下,自问敛送之事,每问,辄叹息曰:'丁督护!'其声哀切,后人因其声,广其曲焉。《懊懓哥》者,晋隆安初,民间讹谣之曲……《读曲哥》者,民间为彭城王义康所作也。其哥云'死罪刘领军,误杀刘第四'是也。凡此诸曲,始皆徒哥,既而被之弦管。又有因弦管金石,造哥以被之。"② 这些歌谣最初正是通过民间传播,才得以广泛流传,并"被之弦管",最终上升为雅乐。

歌谣的传唱情形大体上是这样的:或者一人歌之于当路,或一人歌之而众人和之,最后再在社会上传播开来。如《宋书·五行志》记载:"晋海西时,庾晞四五年中,喜为挽歌,自摇大铃为唱,使左右齐和。又燕会,辄令倡妓作新安人歌舞离别之辞,其声悲切。"③

不仅民歌是通过歌唱来传诵的,童谣也是这样。如北齐河清末年,"游童戏者好以两手持绳,拂地而却上,跳且唱曰'高末',高末之言,盖高氏运祚之末也"④。又东晋桓玄时,"朱雀门下,忽有两小儿,通身如墨,相和作《芒笼歌》,路边小儿从而和之数十人。歌云:'芒笼茵,绳缚腹。车无轴,倚孤木。'声甚哀楚,听者忘归。日既夕,二小儿还入建康县"⑤。又如北魏咸阳王元禧因遭猜忌而被赐死私第,其宫人歌曰:"可怜咸阳

---

① 《后汉书·党锢列传序》,第 2186 页。
② 《宋书·乐志》,第 549—550 页。
③ 《宋书·五行志》,第 902—903 页。
④ 《北齐书·后主纪》,第 114 页。
⑤ 《太平广记·精怪一》,第 2926 页。

王,奈何作事误。金床玉几不能眠,夜踏霜与露。洛水湛湛弥岸长,行人那得渡?""其歌遂流至江表,北人在南者,虽富贵,弦管奏之,莫不洒泣"①。这首歌谣因传唱而远播异国他乡。

还有的歌谣则是在宴会和民间聚会舞蹈中以伴歌的形式流传。《乐府诗集·舞曲歌辞序》说:"自汉以后,乐舞浸盛。故有雅舞,有杂舞。雅舞用之郊庙、朝飨,杂舞用之宴会。晋傅玄又有十余小曲,名为舞曲……前世乐饮酒酣,必自起舞。诗云'屡舞仙仙'是也。故知宴乐必舞。"②而有舞又必有歌,如《晋书·五行志》记载说:"太康中,天下为《晋世宁》之舞,手接杯盘而反覆之,歌曰'晋世宁,舞杯盘'。"③上述歌谣都是以传唱形式传播的。

第三节　歌声舞节,谣随风转

汉唐时期产生的歌谣之多,歌谣传播的方法和途径之丰富,传播范围之广阔,都是前代所无法比拟的。这种情况的出现有着复杂的原因,这里仅就汉唐时期的社会风尚与歌谣传播的关系做一些探讨。

首先,汉唐时期的歌舞风尚是这一时期歌谣产生和传播的重要社会和文化背景。自汉代以来,歌舞之风,盛行于世,街陌讴谣,传于众口。"乐府之兴,肇于汉魏"④,自晋宋以来,则臻于其极。史载刘宋高祖时期"区宇宴安,方内无事,三十年间,氓庶蕃息,奉上供徭,止于岁赋,晨出莫归,自事而已……而民有所系,吏无苟得。家给人足,即事虽难,转死沟渠,于时可免。凡百户之乡,有市之邑,歌谣舞蹈,触处成群,盖宋世之极盛也"⑤。南齐时期情况也差不多:"永明之世十许年中,百姓无鸡鸣犬吠之警,都邑之盛,士女富逸,歌声舞节,祛服华妆,桃花绿水之间,秋月春风之下,盖以百数。"⑥

①《魏书·献文六王传·咸阳王禧传》,第 539 页。
②郭茂倩编《乐府诗集·舞曲歌辞序》,第 753 页。
③《晋书·五行志》上,第 824 页。
④吴兢《乐府古题要解》序。上海博古斋据明汲古阁本影印学津讨原本。
⑤《宋书·良吏传序》,第 2261 页。
⑥《南齐书·良政传序》,第 913 页。

　　其次,汉魏以来民间对时尚追逐和模仿的风气,也对歌谣的传播起到推波助澜的作用。汉魏以来,百姓对社会时尚的爱好和模仿,使得盛行于一时一地的风尚会很快流传开来。民谚说:"吴王好剑客,百姓多创瘢;楚王好细腰,宫中多饿死",还说:"城中好高髻,四方高一尺;城中好广眉,四方且半额;城中好大袖,四方全匹帛。"[①] 这些足以说明普通百姓对社会时尚模仿的风气。刘宋侍中周朗曾经形容过南朝时这种风气发展的程度,他说:"车马不辨贵贱,视冠服不知尊卑。尚方今造一物,小民明已睥睨。宫中朝制一衣,庶家晚已裁学。"[②] 这种风气有例为证:南齐武帝萧赜永明年间,"百姓忽着破后帽,始自建业,流于四远,贵贱翕然服之"[③]。北周时期,大将独孤信"风度弘雅,有奇谋大略……既为百姓所怀,声振邻国……信在秦州,尝因猎日暮,驰马入城,其帽微侧。诘旦,而吏民有戴帽者,咸慕信而侧帽焉"[④]。这种对时尚的模仿,和歌谣的传播有异曲同工之处。因为魏晋以来民间盛行的歌舞之风和不断涌现的新歌谣曲,无疑也会成为民间竞相学唱的对象。

　　再次,民众之间的互相煽动,也是谶谣在民间得以传播的重要原因。《太平广记》中说:"犹以流俗小人,好传浮伪之事"[⑤],这并不是没有根据的。《晋书·张昌传》记载,张昌起义时为了制造舆论乃"造妖言云:'当有圣人出。'山都县吏丘沈遇于江夏,昌名之为圣人,盛车服出迎之,立为天子,置百官……又流讹言云:'江淮已南当图反逆,官军大起,悉诛讨之。'群小互相扇动,人情惶惧,江沔间一时猋起,竖牙旗,鸣鼓角,以应昌,旬月之间,众至三万,皆以绛科头,撎之以毛。江夏、义阳士庶莫不从之"。张昌制造的谣言之所以得到广泛传播,虽然和他们自己的努力传播有直接的关系,但是民间百姓的"互相扇动"也是分不开的。

　　在百姓煽动流传谶谣的过程中,歌谣的迅速传播往往和民间的紧张、恐惧的社会心理氛围是有密切关系的。前引《宋书·五行志》所记载的东晋元帝太兴四年(321)吴郡民讹言大虫啮人和晋元帝永昌元年

①《后汉书·马廖传》,第 853 页。
②《宋书·周峤传》,第 2098 页。
③《南史·齐废帝郁林王纪》,第 138 页。
④《周书·独孤信传》,第 267 页。
⑤《太平广记·女仙·成公智琼》引张茂先《神女赋》,第 380 页。

(322)京邑民忽讹言宁州人大食人家小儿及王敦屯据姑孰威逼京师时百姓讹言行虫病事件,就是这种社会心理的集中反映和典型例证。民心惊扰,故谣言宜作,因此《宋书》在记载了这三件民间讹谣事件后说:"及钱凤、沈充等逆兵四合,而为王师所挫,逾月而不能济。北中郎将刘遐及淮陵内史苏峻率淮、泗之众以救朝廷,故其谣言首作于淮、泗也。"①可见,连年的政治动荡、讹言流传和百姓的恐惧相互交织,几乎打破了人们的心理承受底线,再加上有心者的煽动和无知者的传播,自然为歌谣的传播提供了一定的社会条件。

复次,隋唐时期繁荣的社会经济和文化生活,也是隋唐歌谣产生的重要原因。隋唐时期,特别是唐代民间歌谣的创作与传播是很繁盛的,当时的官僚士人、贩夫走卒、儿童妇女、僧人道士、诗人歌妓等都是创作歌谣的作者,即便在偏远的边陲敦煌地区,也会常常出现"三月仲春色光辉,万户歌谣总展眉"(无名氏《三月仲春色光辉》)、"万户歌谣满路,千门谷麦盈仓'(《儿郎伟》)、"歌谣再复归唐国,道舞春风杨柳花"(《敦煌》)的歌舞升平的景象,体现唐朝全盛时期的文化繁荣是远达边陲的。而且,从传世的歌谣文本来看,隋唐时期的歌谣特别是民歌民谣,内容是十分丰富的,如民歌就涵盖了山歌、乡歌、竹枝歌、学郎歌等,民谣则包括了风谣(歌颂和讽刺)和谶谣(政治预言)、俗谚和风土谣谚等等。隋唐歌谣风议的内容则反映普通民众的社会情感、个人生活、爱欲情仇,乃至对特殊群体如官员的赞颂、讽刺或怨恨,简洁朴实、灵动新鲜,是唐代丰富社会生活的生动写照②。

总之,汉唐时期的歌谣风议,虽然大多数在今天都难以考证其传播的过程,但是,通过以上的分析可以看出,大体而言,汉唐时期歌谣风议的传播主要是通过个体传播和群体传播来实现的,其具体的形式则有口耳相传、题壁、歌诵传唱和呼告等多种。同时,汉唐时期,特别是汉唐盛世时期民间盛行的歌舞之风等社会文化和心理氛围也都在一定程度上促进了歌谣的传播。

---

① 《宋书·五行志》,第 902 页。
② 党银平、段承校编著《隋唐五代歌谣集·编辑说明》,第 1 页。

第七章　汉唐时期的歌谣风议与官民互动

　　汉唐间的歌谣风议，除了赞颂性的民歌或一般意义上的讽刺性谣言以外，作为社会舆论的歌谣风议的影响是不可忽视的。谣言在古代有很大的杀伤力。一条谣言足以扰乱人心，搅乱社会，说严重一点，一条谣言，可以成为动摇一个已经没落的政权的利器。陈胜、吴广的政治谣言"陈胜王，大楚兴"，对于秦王朝的杀伤力无疑是巨大的。陈桥驿兵变之前，赵匡胤部下散布的"点检作天子"的谣言，弄得"士民恐怖，争为逃匿之计"，对后周政权的打击无疑是很大的。元末韩山童等人制造的"莫道石人一只眼，此物一出天下反"的谣言，对元朝政权的杀伤力也是极大的[①]。

　　苏萍所著《谣言与近代教案》一书，通过统计分析的手法，以结案为准认定清末重要教案有 344 起。这些教案中有 202 起和谣言有关，这些因谣言而起的教案给社会带来了很大的震荡[②]。如 1891 年 8 月 25 日宜昌教案的发生，按照时任两湖总督的张之洞的奏报，这次教案爆发的原因是："此案朱金发因游姓失孩寻觅，误信乱传，怀疑逞愤，不服弹压，同众打闹圣公会圣母堂，以致人多相挤，翻倒洋油引燃起火，并打闹天主堂以致灶内起火，延烧圣母、天主各堂，事明并无预谋图财情事，亦非挟仇有心放火。"在张之洞的眼中，教案发生原因就是有人因为丢失孩童，然后听信谣言，引祸教堂而已[③]。

　　据《中国新媒体发展报告（2013）》统计的 2012 年的 100 件微博热点舆情案例中，有三分之一的热点事件出现了谣言。媒体一年中报道的谣言数量多达 671 条[④]。国外的网络谣言问题同样不容乐观。在 2016 年美国总统大选期间，大量谣言在 Facebook、Twitter 上广泛传播，甚至被指影响了美国大选结果。可见，无论是什么时代、什么形态的谣言，大规

---

① 王春南《古代谣言如何俘获信众》，《人民论坛》2013 年第 5 期下。
② 苏萍《谣言与近代教案》，上海远东出版社 2001 年版，第 29 页。
③ 邵建《近代上海反教谣言的消解》，《社会科学》2005 年第 10 期。
④ 唐绪军《中国新媒体发展报告》，社会科学文献出版社 2013 年版，第 48、96 页。

模传播后都会影响到公众和社会的发展,对个体情感、社会经济、政治稳定发展方面产生巨大影响①。

谣言除了具有众所周知的社会危害,也有协调社会关系的积极功能,主要表现在四个方面:一、谣言表达愿望、宣泄情绪、分摊恐惧、逃避指责,具有明显的心理抚慰功能。二、谣言是公众舆论,可以反映社会矛盾,上达统治者后可以起到规谏功能。三、谣言具有凝聚价值共同体的社会功能。改朝换代的谣言,预示未来的政治走向,对民众有引导作用。四、谣言具有娱乐功能,一些歌谣聚焦一些时事,隐含对当事人的揶揄和嘲讽,大家听到可以解颜一笑②。

我国历史上的汉唐时期,既经历了文景之治、元嘉之治和贞观之治等盛世局面,也经历了政治动荡、国家分裂和民族混战的乱世局面,其间,社会的经济基础、政治结构,民众的生活方式、文化信仰,都发生了巨大的变革。汉唐间朝代兴衰的原因,固然有多种因素,但面对重大历史变局和复杂社会问题时社会控制能力的强弱,是最为重要的因素之一。谣言具有正反两面的社会功能,其发挥着公众舆论的作用,是社会舆情的重要组成部分,所以汉唐时期的统治者对歌谣非常重视,从社会管理的角度,不断探索因应歌谣的制度化机制,积累了丰富的历史经验。

第一节　从先秦采诗之官到汉唐的风俗巡使制度

一　先秦时期的采诗之官

我国古代历代王朝的统治者都非常重视歌谣的公众舆论作用,从先秦到汉唐时期莫不如此。事实上,早在先秦时期,歌谣就被看作是反映民心民情的重要的社会文化形式。正因如此,歌谣也就成为先秦时期常见的采诗观风的主要对象。

在所有和文化有关的职业中,先秦时期的采诗官可以称得上是中

---

① 金志威等《融合多模态特征的社会多媒体谣言检测技术研究》,《南京信息工程大学学报(自然科学版)》2017 年第 9 期。
② 施爱东《谣言的社会协调功能》,《民俗研究》2016 年第 3 期。

国最古老，同时也是最具有文化色彩的一种。早在遥远的周代，他们的身影就已经出现在了周王朝的统治区域，后世给他们一个共同的名字，叫做"风人"。《辞源》"风人"条说："古有采诗之官，采四方风俗以观民风，故谓所采诗为风，采诗者为风人。"并举例证说："三国魏曹植曹子建集八《求通亲亲表》：'是以雍雍穆穆，风人咏之。'南朝刘勰《文心雕龙》二《明诗》：'自王泽殄竭，风人辍采。'"① 采诗观风是先秦时期具有悠久历史的一种制度。虽然现在我们已经无法确切考证出这种制度的起源，但它至少在周代曾经存在过是可以肯定的。《礼记·王制》曾经记载天子巡守，"命大师陈诗，以观民风"②。其后的史籍，对采诗观风制度则有更具体的记载。《汉书·食货志》说："孟春之月，群居者将散，行人振木铎徇于路，以采诗，献之大师，比其音律，以闻于天子。"颜师古注说："行人，遒人也，主号令之官。铎，大铃也，以木为舌，谓之木铎。徇，巡也。采诗，采取怨刺之诗也。"③《隋书·经籍志》说："古者圣人在上，史为书，瞽为诗，工诵箴谏，大夫规诲，士传言而庶人谤。孟春，徇木铎以求歌谣，巡省观人诗，以知风俗。过则正之，失则改之，道听途说，靡不毕纪。"④ 这些史料所说的就是先秦时期采诗观风的制度。据这些文献记载可知，风人或谓采诗之官，是官府派出的采察民间歌谣的专职官吏，他们每年在一定的时间之内深入民间，了解社会各个阶层的思想状况和舆论动向，记载民众所创作和吟诵的关系民生和民情的歌谣，然后将这些歌

---

① 《辞源》，商务印书馆 1988 年版，第 1853 页。关于风人之名，史书中多有记载，但都不如唐代诗人白居易说得显豁和明白。《旧唐书·白居易传》载白居易与元稹书云："闻'元首明、股肱良'之歌，则知虞道昌矣；闻'五子洛汭'之歌，则知夏政荒矣。言者无罪，闻者作诫，言者闻者，莫不两尽其心焉。洎周衰秦兴，采诗官废，上不以诗补察时政，下不以歌泄导人情。用至于谄成之风动，救失之道缺。于时六义始刓矣。《国风》变为《骚辞》，五言始于苏、李。《诗》《骚》皆不遇者，各系其志，发而为文。故河梁之句，止于伤别；泽畔之吟，归于怨思。彷徨抑郁，不暇及他耳。然去《诗》未远，梗概尚存。故兴离别则引双凫一雁为喻，讽君子小人则香草恶鸟为比。虽义类不具，犹得风人之什二三焉。"（第 4346 页）

② 《礼记正义》，《十三经注疏》，第 1328 页。

③ 《汉书·食货志》，第 1123 页。按《春秋公羊传》宣公十五年的注云："男年六十，女年五十无子者，官衣食之，使之民间求诗。乡移于邑，邑移于国，国以闻于天子，故王者不出牖户，尽知天下所苦。"又《古文尚书》之《夏书·胤征》篇亦云："每岁孟春，遒人以木铎徇于路，官师相规，工执艺事以谏。"但孔颖达解释说："每岁孟春，遒人之官以木铎徇于道路，以号令臣下，使在官之众更相规阙；百工虽贱，令执其艺能之事以谏上之失常。"这都是周代采诗观风制度的记载。

④ 《隋书·经籍志》，第 1012 页。

谣进呈给太师,再由太师献给帝王,供其参考,以了解社会动态、民心变化等。事实上,今天已经成为我国古代文学经典的《诗经》,其中的《国风》,就是周代各邦国民众所吟唱的民歌①。我们今天之所以还能够看到它们,就是和采诗官的劳动分不开的。而据《汉书·礼乐志》记载,汉武帝时又在一定程度上恢复了这种采察民间歌谣的做法:"至武帝定郊祀之礼,祠太一于甘泉……乃立乐府,采诗夜诵,有赵、代、秦、楚之讴。"关于这段史料,颜师古则做了具体的解释:"采诗,依古遒人徇路,采取百姓讴谣,以知政教得失也。"②先秦时期的统治者之所以如此重视民间歌谣,主要还是意识到歌谣在社会和政治中的重要作用。这正如《隋书·文学传序》所说:"上所以敷德教于下,下所以达情志于上,大则经纬天地,作训垂范,次则风谣歌颂,匡主和民。或离谗放逐之臣,途穷后门之士,道轗轲而未遇,志郁抑而不申,愤激委约之中,飞文魏阙之下,奋迅泥滓,自致青云,振沉溺于一朝,流风声于千载,往往而有。是以凡百君子,莫不用心焉。"③清人曹一士也曾经对古代采诗观风的目的做了一个很恰当的概括:"古者太史采诗以观民风,藉以知列邦政治之得失、风俗之美恶,即《虞书》在治忽以出纳五言之意,使下情之上达也。"④从这些资料中可以看出两点:其一,采诗观风的诗主要是指"百姓讴谣",即是民间歌谣;其二,采诗的目的是为使下情上达,通过"观民风"而"以知政教得失"。

采诗观风的"风"是指风俗。民间歌谣之所以能够成为社会风俗的重要内容,是和歌谣的舆论影响和教化作用分不开的。《诗经·毛诗序》说:"风,风也,教也,风以动之,教以化之。"又说:"故诗有六义焉:一曰风……上以风化下,下以风刺上,主文而谲谏,言之者无罪,闻之者足以戒,故曰风。"⑤而歌谣之所以能够使"闻之者足以戒",乃是因为它们寄托了民众的情感和意愿,大多是民众心声及其社会境况的反映。这也正如《诗经·毛诗序》所说:"情发于声,声成文谓之音,治世之音安以乐,

---

① 《毛诗正义》卷一《国风·周南·关雎》孔颖达疏云:"国风者,国是风化之界,诗以当国为别,故谓之国风。"(《十三经注疏》,第 269 页)

② 《汉书·礼乐志》,第 1045 页。

③ 《隋书·文学传序》,第 1729 页。

④ 《清史稿·曹一士传》,中华书局 1976 年版,第 10526 页。

⑤ 《十三经注疏》,第 269 页。

其政和；乱世之音怨以怒，其政乖；亡国之音哀以思，其民困。故正得失，动天地，感鬼神，莫近于诗。"① 事实上，历史上的民间歌谣的确可以作为民心、民情和社会风俗的镜鉴。在我国古代，已经有学者认为歌谣是社会风俗的产物，如汉代学者应劭就说："风者，天气有寒暖，地形有险易，水泉有美恶，草木有刚柔也。俗者，含血之类，像之而生，故言语歌讴异声，鼓舞动作殊形，或直或邪，或善或淫也。"②《汉书·五行志》有"天子省风以作乐"之说，应劭解释说："风，土地风俗也。"③ 正因如此，民间歌谣有时还被称为谣俗和风谣。《汉书·韩延寿传》记载说，韩延寿为淮阳太守，治颍川。颍川多豪强，故民多怨仇。"延寿欲更改之，教以礼让，恐百姓不从，乃历召郡中长老为乡里所信向者数十人，设酒具食，亲与相对，接以礼意，人人问以谣俗，民所疾苦。"颜师古解释说："谣俗谓闾里歌谣，政教善恶也。"④《后汉书·羊续传》记载说，中平三年（186），羊续任南阳太守，上任伊始，羊续"当入郡界，乃羸服间行，侍童子一人，观历县邑，采问风谣，然后乃进"⑤。

先秦时期的采诗风人，在秦代就已经不见于史籍的记载了，后世帝王了解民间歌谣的方式和途径，则有另外的制度性举措。这就是两汉时期的绣衣直指和魏晋南北朝时期的风俗巡使制度。但是无论如何，先秦时期采诗之官的设置，都可以看作是后世相似制度和做法的滥觞。

二　汉魏时期绣衣直指和风闻奏事的关系

魏晋南北朝时期，御史有根据风闻弹劾官员的权力，这就是学者们所称的御史风闻奏事制度。这种制度经过古今许多学者的研究，其性质和大体情况已经比较明晰。比如周一良先生就认为，御史风闻弹事之源，当即汉代所谓以谣言奏劾之类，周先生并根据《通典》的说法，认为自唐代开元之后，即罕有风闻弹举之事⑥。周天同意周一良先生的看法，

---

① 《十三经注疏》，第 270 页。
② 应劭《风俗通义》，《汉魏丛书》，第 637 页。
③ 《汉书·五行志》下之上，第 1448 页。
④ 《汉书·韩延寿传》，第 3210—3211 页。
⑤ 《后汉书·羊续传》，第 1110 页。
⑥ 周一良《魏晋南北朝史札记》，中华书局 1985 年版，第 273—274 页。

并进一步指出御史风闻奏事并不仅仅都是依据风闻,有的还是需经由御史台核实方能奏劾[1];并认为南北朝时期开始的御史风闻奏事,作为一项监察制度,在汉唐时期长期存在。上述观点对研究魏晋南北朝时期的风闻奏事制度无疑都很有启发意义。但在风闻奏事的起源、风闻奏事与谣言奏事以及与魏晋南北朝时期风俗巡使的关系方面仍然还有许多未发之覆需要进一步的研究和探讨。

关于风闻奏事的起源,宋人洪迈在《容斋随笔》卷十一"御史风闻"条中说:"御史许风闻论事,相承有此言,而不究所从来。以予考之,盖自晋宋以下如此。"[2]并没有把汉代的三公谣言奏事看作是御史风闻奏事制度的起源,而认为这种制度的起源不易确认。杜佑在《通典·职官典》中对御史风闻奏事制度给了一个简要的解释:"御史为风霜之任,弹纠不法,百僚震恐,官之雄峻,莫之比焉。旧制但闻风弹事,提纲而已。其鞫案禁系,则委之大理。"[3]注云:"旧例,御史台不受诉讼,有通辞状者,立于台门,候御史,御史径往门外收采。知可弹者,略其姓名,皆云:'风闻访知。'"[4]但无论是在《通典》正文还是在注释中,都没有明言御史"风闻奏事"起于何时,只是笼统地说是"旧制"或"旧例"。可见古代学者对这个问题是没有确切的结论的。

《魏书·高道穆传》记载御史中尉[5]高道穆上疏庄帝说:"窃见御史出使,悉受风闻,虽时获罪人,亦不无枉滥。何者? 得尧之罚,不能不怨。守令为政,容有爱憎。奸猾之徒,恒思报恶,多有妄造无名,共相诬谤。御史一经检究,耻于不成,杖木之下,以虚为实,无罪不能自雪者,岂可胜道哉! 臣虽愚短,守不假器,绣衣所指,冀以清肃。若仍踵前失,或伤善人,则尸禄之责,无所逃罪。所以夙夜为忧,思有悛革。如臣鄙见,请依

---

① 周天《御史"风闻奏事"——中国古代权力制约史事谈之十五》,《检察日报》2003年3月28日。

② 洪迈《容斋随笔》,上海古籍出版社1996年版,第747—748页。

③《通典·职官典》,第659页。

④《通典·职官典》,第660页。

⑤ 北魏的御史中尉即御史台的最高长官,相当于南朝的御史中丞,其职责为督司百僚,同时也参与机要,拥有选用御史的权力。参阅《通典·职官六》(第665页)、《魏书·高道穆传》和北魏时期的《侯刚墓志》(见赵超《汉魏南北朝墓志汇编》,天津古籍出版社2008年版,第188—190页)。

太和故事,还置司直十人,名隶廷尉,秩以五品,选历官有称、心平性正者为之。御史若出纠劾,即移廷尉,令知人数。廷尉遣司直与御史俱发,所到州郡,分居别馆。御史检了,移付司直覆问,事讫与御史俱还。中尉弹闻,廷尉科按,一如旧式。庶使狱成罪定,无复稽宽。为恶取败,不得称枉。"①在这份奏疏中,高道穆作为御史台长官,谈论的是御史风闻奏事的弊端和改进的方法。这段材料有四处值得注意的地方,其一,北魏的御史拥有风闻奏事的权力,即所谓"中尉弹闻⋯⋯一如旧式";其二,北魏的御史并非如《通典》所说仅仅是在御史台内听取风闻,而是会经常出使州郡,收采风闻,即"御史出使,悉受风闻";其三,御史出巡,其权力应该受到限制,与廷尉司直分别负责检察和审理;其四,也是最为重要的一点,就是高道穆把北魏的御史出巡与汉代的绣衣直指等同起来,所谓"绣衣所指,冀以清肃",就说明了这种情况。《高道穆传》中还有一段材料可以清楚地证明这一点:起初,御史中尉元匡负责选任御史,由于对御史职权的清楚认识和自己一贯的理想,高道穆非常希望能够得到这个职位,于是他就给元匡写了一封奏记,说自己"若得身隶绣衣,名充直指,虽谢周生骑上之敏,实有茅氏就镬之心"。元匡得书后大喜说:"吾久知其人,适欲召之。"②遂选用高道穆为御史。在这条材料中,高道穆也把御史称为绣衣直指。总之,高道穆认为,北魏时期的御史风闻奏事,就是古代的绣衣直指的纠察不法。

《汉书·百官公卿表》说:"御史大夫,秦官,位上卿,银印青绶,掌副丞相。有两丞,秩千石。一曰中丞,在殿中兰台,掌图籍秘书,外督部刺史,内领侍御史员十五人,受公卿奏事,举劾按章。成帝绥和元年更名大司空,金印紫绶,禄比丞相,置长史如中丞,官职如故。哀帝建平二年复为御史大夫,元寿二年复为大司空,御史中丞更名御史长史。侍御史有绣衣直指,出讨奸猾,治大狱,武帝所制,不常置。"③可见,西汉时期的绣衣直指正是由侍御史担任,他们也负有外出纠察不法官吏的职责。

从这条史料来看,两汉时期的侍御史拥有"受公卿奏事,举劾按章"

---

① 《魏书·高道穆传》,第 1717—1718 页。
② 《魏书·高道穆传》。第 1714 页。
③ 《汉书·百官公卿表》,第 725—726 页。

的权力,虽然没有明确说明他们有风闻奏事的权力,但这应该是其权力中应有的内容。绣衣直指虽然是侍御史中比较特殊的一类,主要职责是衔王命出讨奸猾、纠察不法,但作为侍御史中的一类,他们也应该同时拥有风闻奏事的权力。如汉武帝时期的江充"拜为直指绣衣使者,督三辅盗贼,禁察逾侈。贵戚近臣多奢僭,充皆举劾……于是贵戚子弟惶恐,皆见上叩头求哀,愿得入钱赎罪"①。由于绣衣直指得到帝王的专宠②,所以一般权力很大,不仅能够在朝中弹劾百官,还拥有"出讨奸猾,治大狱",甚至"所至专行诛赏"③的权力。如西汉末年,王莽令"中郎将、绣衣执法各五十五人,分填④缘边大郡,督大奸猾擅弄兵者"⑤。

汉代的"三公谣言奏事"制度,据《后汉书·范滂传》注引《汉官仪》所载,大体情形是这样的:"三公听采长史臧否,人所疾苦,还条奏之,是为举谣言也。顷者举谣言,掾属令史都会殿上,主者大言。州郡行状云何,善者同声称之,不善者默尔衔枚。"⑥《资治通鉴》记载了一个汉代的实例:"诏公卿以谣言举刺史、二千石为民蠹害者。太尉许彧、司空张济承望内官,受取货赂,其宦者子弟、宾客,虽贪污秽浊,皆不敢问,而虚纠边远小郡清修有惠化者二十六人,吏民诣阙陈诉……帝以让彧、济,由是诸坐谣言征者,悉拜议郎。"⑦

由此我们可以得知汉代三公谣言奏事制度的基本程序,即三公听长史奏谣言→令史集会殿议→根据谣言决定郡县官吏的评陟。如果仅从三公采长史举谣言来看,这很近似于先秦时期的采诗之官的情况。但是,这条史料并没有对三公长史的谣言来源途径做出必要的说明,而三公谣言奏事的全部程序和先秦采诗之官的派专人去民间收采歌谣,谣言上报三公,三公再奏报天子,最后由天子决断的程序和做法也有很大的不同。因此,我们只能说"三公谣言奏事"有先秦采诗制度的某些影子

---

① 《汉书·江充传》。第 2177 页。
② 《后汉书·宗室四王三侯传·齐武王演传》注曰:"绣衣御史,武帝置,衣绣者,尊宠之也。"（第 552 页）又《后汉书·孔融传》注云:"直指,无屈挠也。"（第 2265 页）
③ 《后汉书·独行传·谯玄传》注 1,中华书局 1964 年版,第 2667 页。
④ "填",《资治通鉴》作"镇",见《资治通鉴·汉纪二十九·王莽中·三年》,第 1193 页。
⑤ 《汉书·王莽传》中,第 4125 页。
⑥ 《后汉书·党锢传·范滂传》注,第 2204 页。
⑦ 《资治通鉴·汉纪·孝灵皇帝光和五年》,第 1862 页。

和渊源,而很难仅凭这条史料就认定汉代的"三公谣言奏事"制度与先秦时期的采诗之官存在着明确的传承关系。

　　周一良先生指出南北朝时期的御史风闻奏事,源于汉代的"三公谣言奏事",是具有丰富的史实依据的,其看法也很具有启发意义。检《辞源》对于"谣言"的解释,即有一义为:"没有事实根据的传闻"和毁谤①。这已经很近于"风闻"的意思了。但一则汉代负责风闻奏事的御史中丞本身在两汉时期并不属于三公②,二则在我国古代"谣言"还有他义,如《辞源》"谣言"条下的第一个释义即是"民间流传评议时政的歌谣、谚语",并举例说明:"《后汉书·刘陶传》:'光和五年,诏公卿以谣言举刺史、二千石为民蠹害者。'"③可见,汉代的三公谣言奏事所指的谣言,说的主要是歌谣,而与魏晋南北朝时期御史奏事所依据的风闻既有区别,又有联系。这可以由很多史料证明,如南朝萧梁时期,治书侍御史虞嚼以风闻弹劾伏暅的奏疏中说:"风闻豫章内史伏暅,去岁启假,以迎妹丧为解,因停会稽不去。入东之始,货宅卖车。以此而推,则是本无还意。暅历典二邦,少免贪浊,此自为政之本,岂得称功……不忠不敬,于斯已及。请以暅大不敬论。"④陈代徐陵为东宫学士,"稍迁尚书度支郎。出为上

---

① 《辞源》"谣言""谣诼"条,商务印书馆 1988 年版,第 1583 页。
② 关于汉代三公设置的情况,《通典·职官典·历代职官总序》说:"周以太师、太傅、太保曰三公。汉以丞相、大司马、御史大夫为三公。后汉又以太尉、司徒、司空为三公。魏、晋、宋、齐、梁、陈、后魏、北齐皆以太尉、司徒、司空为三公。"(第 488—489 页)这只是笼统的说法,质之史实,并不完全准确,如御史大夫和大司空的名称在西汉成帝和哀帝时不断反复,而汉代正式而明确地以丞相、大司马、御史大夫为三公的时间则在哀帝时期。《汉书·哀帝纪》载,元寿二年五月,始"正三公官分职。大司马卫将军董贤为大司马,丞相孔光为大司徒,御史大夫彭宣为大司空,封长平侯"(第 344 页)。因此,汉唐时期三公的设置情况应以《初学记》卷一一《职官部》的说法更为准确一些:"《礼记》云:三公无官,言有其人然后充之,无其人则阙。(周武王时,齐太公为太师;成王时,周公为太傅,召公为太保。)秦汉之际,并无其官,至高后唯置太傅。(王陵为太傅。)汉末以大司马、大司徒、大司空为三公……东汉已后,皆以太尉、司徒、司空为三公,(太尉与大司马恒不两置,历代或以太尉或以大司马为三公。)师、傅、保常曰上公。"(第 251 页)不过,在西汉时期,也有以御史大夫为三公之一的看法。如汉景帝时期晁错上削藩之议而导致七国之乱,景帝被迫诛晁错以谢诸王,针对这件事情,枚乘在《上书重谏吴王》中说"今汉亲诛其三公,以谢前过",而《文选》李善注在此句下注云:"谓诛晁错也。错为御史大夫,故曰三公。"(《文选·上书》,第 552 页)据此,则西汉初期御史大夫作为三公中的一员也是一种习惯的看法。
③ 《辞源》"谣言""谣诼"条,商务印书馆 1988 年版,第 1583 页。
④ 《梁书·良吏传·伏暅传》,第 775—776 页。

虞令,御史中丞刘孝仪与陵先有隙,风闻劾陵在县赃污,因坐免"①。北魏肃宗时,贾思伯被征为给事黄门侍郎,"因请拜扫,还乡里。未拜,以风闻免"②。以上三个例证可以说明,魏晋南北朝时期的御史风闻奏事,所依据的风闻一般只是指被弹劾人的劣迹和罪状,而不是本书所研讨的歌谣和谚语③。

东晋江州刺史应詹说:"汉朝使刺史行部,乘传奏事,犹恐不足以辨彰幽明,弘宣政道,故复有绣衣直指。今之艰弊,过于往昔,宜分遣黄、散若中书郎等循行天下,观采得失,举善弹违,断截苟且,则人不敢为非矣。"④应詹认为,汉代以刺史督察州郡,还不足以纠劾不法、监督地方官员,所以才设立绣衣直指一官,派御史出巡地方,以强化对地方官员的监察。但绣衣直指这种官职,至东汉末年已经不复存在。应詹所建议的派遣黄门侍郎、散骑侍郎和中书郎等巡行天下的做法,虽然是模仿两汉绣衣直指,但巡使官员在身份和所负的任务方面,都已经有了很大的不同,成为魏晋南北朝时期另外一种特别的监察制度,即风俗巡使制度。

因此,可以明确地说,魏晋南北朝时期御史风闻奏事的现象起源于西汉时期的绣衣直指制度,而非汉代的"三公谣言奏事"。事实上,汉代的公卿"谣言奏事"制度在魏晋南北朝时期也得到继承和发扬,但所举谣言并非一般所说的风闻,而是较为特殊的歌谣和民谣,这就是魏晋南

---

① 《陈书·徐陵传》,第 325 页。

② 《魏书·贾思伯传》,第 1613 页。

③ 御史风闻奏事的风闻,包括歌谣风议。如《魏书·任城王澄传》就记载说,宣武帝拓跋恪时期,御史中尉、东平王元匡奏请取景明元年以来内外考簿、吏部除书、中兵勋案并诸殿最,欲以案校窃阶盗官之人,得到灵太后的批准,任城王元澄上表表示不同意这种做法,他列举了许多理由,并说:"寻御史之体,风闻是司,至于冒勋妄考,皆有处别,若一处有风谣,即应摄其一簿,研检虚实,若差舛不同,伪情自露,然后绳以典刑,人孰不服。岂有移一省之案,取天下之簿,寻两纪之事,穷革世之尤,如此求过,谁堪其罪!斯实圣朝所宜重慎也。"(第 478 页)据此则御史风闻奏事之风闻,应该也包含歌谣等内容。不过,这段文字仍然存在值得推敲之处。如上述引文中虽然提到风闻,但并不能仅仅据此就把歌谣风议等同于御史风闻奏事所依据的风闻。因为正如文中所载,元匡检校诸官所依据的只是景明元年以来的"内外考簿、吏部除书、中兵勋案并诸殿最"等政府的考课文档,都是尚书和吏部等各部门的专门文件,并非专为御史所提供的所谓"风闻"材料,因此元匡的这次行动本身并非风闻奏事,所依据的材料也不包含歌谣在内;另外,元澄所说的"若一处有风谣,即应摄其一簿,研检虚实"等语,则只是假设如果社会上真的存在针对某位官员的歌谣风议等批评舆论,也应该由有司根据这些风谣,再结合具体的考课文件加以覆按和审核,而此处所讲的有司,根据本节所引《魏书·高道穆传》的内容来推测最有可能的就是廷尉司直。

④ 《晋书·应詹传》,第 1860 页。

北朝时期经常可见的风俗巡使和歌谣免官现象。

三　魏晋南北朝时期的风俗巡使制度

　　魏晋南北朝时期在我国古代是民间歌谣盛行的时期,而且这个时期几乎所有的歌谣都是因人而起、缘事而发的,它们作为一种公众舆论,表达了对时政和统治上层的批评和意见。魏晋南北朝时期的统治者非常注重民间歌谣的舆论作用,经常派遣皇帝身边的近侍分路巡行天下,收辑歌谣,同时还赋予他们一定的权力,可以根据民间歌谣风议对地方官进行监督甚至黜置。这种使者由于大多负有巡行风俗、采察歌谣的使命,因此我们可以称之为风俗使者。

(一)风俗使者设立的缘起

　　巡行风俗是魏晋南北朝时期比较常见的现象。三国时期,曹魏于延康元年(220)二月“遣使者循行郡国,有违理掊克暴虐者,举其罪”①。孙吴也有遣使巡行风俗的记载:永安四年(261)八月“遣光禄大夫周奕、石伟巡行风俗,察将吏清浊,民所疾苦,为黜陟之诏”②。晋武帝司马炎也曾经下诏要求郡国守相要学习古代“三载一巡行属县”③的做法,巡行地方风俗。魏晋以降,皇帝和州郡派使者巡行风俗的记载更是史不绝书。如宋文帝元嘉三年(426)五月就曾经诏“遣大使巡行四方”④。南齐高帝建元元年(479)五月“诏遣大使分行四方,遣兼散骑常侍十二人巡行”⑤。北朝时期,北魏道武帝拓跋珪天兴三年(400)“分命诸官循行州郡,观民风俗,察举不法”⑥。北魏元帝泰常二年(417)二月“遣使者巡行天下”⑦。北齐武成帝太宁元年(561)十一月“诏大使巡行天下,求政善恶,问人疾苦,擢进贤良”⑧。北周郭彦就曾经有过“为东道大使,观省风俗”⑨的任职

①《三国志·魏书·文帝纪》,第58页。
②《三国志·吴书·孙休传》,第1159页。
③《晋书·武帝纪》,第57页。
④《宋书·文帝纪》,第75页。
⑤《南齐书·高帝纪》下,第34页。
⑥《魏书·太祖纪》,第36页。
⑦《魏书·太宗纪》,第57页。
⑧《北齐书·武成帝纪》,第90页。
⑨《周书·郭彦传》,第667页。

经历。此外,地方官吏有时也派属官巡行所辖区域,比如刘宋时期,田亮为南阳太守,就曾经"遣吏巡行诸县"①。梁朝时期萧恢为郢州刺史,上任伊始便"遣四使巡行州部"②。

为什么说风俗使者有采察歌谣的使命呢?一个例证是宋文帝的诏书:"可遣大使巡行四方……博采舆诵,广纳嘉谋,务尽衔命之旨,俾若朕亲览焉。"③在这个诏书里,宋文帝明确赋予这些使者采察舆诵——即歌谣风议的使命。另一个例证是梁天监元年(502)四月,梁武帝"诏分遣内侍,周省四方,观政听谣,访贤举滞"④。另外,《魏书·崔挺传》中记载时任风俗使者的张彝曾亲口对地方官崔挺说其主要使命是采察谣讼:"及散骑常侍张彝兼侍中巡行风俗,见挺政化之美,谓挺曰:'彝受使省方,采察谣讼,入境观政,实愧清使之名。'"⑤由此可见,魏晋南北朝时期的风俗使者一般都负有采察歌谣即听取民间歌谣风议的任务。

当然,魏晋南北朝时期的巡使任务有多种,比如有的是为了救济灾荒、赈济民生,但是,就所见的史料而言,大多数的巡使都负有"巡省风俗""采察风谣"的任务,因此,凡其使命中明确包括上述任务的巡使,都可以称为风俗使者。魏晋南北朝时期的风俗使者制度的设立,既有历史的渊源,更有现实的社会政治原因。我们有必要对风俗使者的巡行时间、使者人数和官职品级,以及他们的巡查内容和权力做一番全面的考察。

(二)风俗使者巡行的时间

在魏晋南北朝时期的统治者看来,早在远古时代古圣先王就有岁时巡行的制度。晋武帝曾说过:"古之王者,以岁时巡狩方岳,其次则二伯述职,不然则行人顺省。"⑥但实际上,从现在可考的资料来看,魏晋南北朝时期的巡行风俗应该是渊源于汉代的刺史和郡国守相巡行的制度。《后汉书·百官志》说:"秦有监御史,监诸郡,汉兴省之,但遣丞相史分

---

①《宋书·自序·沈亮传》,第 2451 页。
②《南史·鄱阳忠烈王恢传》,第 1295 页。
③《宋书·文帝纪》,第 75 页。
④《南史·梁武帝纪》,第 185 页。
⑤《魏书·崔挺传》,第 1264 页。
⑥《晋书·礼志下》,第 652 页。

刺诸州……诸州常以八月巡行所部郡国,录囚徒,考殿最。"①晋武帝即认为这种制度就是风俗使者设立的滥觞,他说:"郡国守相,三载一巡行属县,必以春,此古者所以述职宣风展义也。见长吏,观风俗,协礼律,考度量,存问耆老,亲见百年。录囚徒,理冤枉,详察政刑得失,知百姓所患苦。"②事实上,在西汉末期才开始有派遣风俗使者的记录:平帝元始四年(4)"选明达政事能班化风俗者八人。时并举(谯)玄为绣衣使者,持节,与太仆王恽等分行天下,观览风俗"③。这条资料是史书中有明确记载的有关风俗使者的最早记录。这次巡行虽然由于政局的动乱半途而废,但却开了派遣专任使者巡行风俗的先河。东汉后期,由于"朝多宠幸,禄不序德",外戚擅权,政治混乱,天下频有灾异,顺帝乃于永和六年(141)"诏遣八使巡行风俗,皆选素有威名者,乃拜举为侍中,与侍中杜乔、守光禄大夫周栩、前青州刺史冯羡、尚书栾巴、侍御史张纲、兖州刺史郭遵、太尉长史刘班并守光禄大夫,分行天下……举于是劾奏贪猾,表荐公清,朝廷称之"④。东晋江州刺史应詹认为:"汉朝使刺史行部,乘传奏事,犹恐不足以辨彰幽明,弘宣政道,故复有绣衣直指。今之艰弊,过于往昔,宜分遣黄、散若中书郎等循行天下,观采得失,举善弹违,断截苟且,则人不敢为非矣。"⑤

　　上述几条史料基本上能够让我们理清风俗使者制度发展的大致脉络:汉代以刺史和郡国守相督察州郡,但还不足以监督地方官员,所以才设立绣衣直指一官,派御史出巡地方,以强化对地方官员的监察。但绣衣直指这种官职,至东汉末年已不复存在。应詹建议的派遣黄门侍郎和散骑侍郎等巡行天下的做法,虽然是模仿汉代的绣衣使者,但巡使官员在身份和使命方面,都已经与东汉的绣衣使者有很大的不同,成为魏晋南北朝时期一种特殊的监察制度,即风俗巡使制度。这种制度为魏晋南北朝各代沿袭,在派出使者的时间、人数、官职品级、巡查内容和权力上都有一定的规律可循。

---

① 《后汉书·百官志》五,第3617页。
② 《晋书·武帝纪》,第57页。
③ 《后汉书·独行传·谯玄传》,第2667页。
④ 《后汉书·周举传》,第2029页。
⑤ 《晋书·应詹传》,第1860页。

首先来看一下风俗使者巡行的时间。西汉州刺史每年秋八月巡行诸郡,在时间上对后世风俗巡使制度有一定的影响。比如,三国时期,孙吴派遣光禄大夫周奕、石伟巡行风俗是在永安四年(261)秋八月①。南齐延兴元年(494)诏遣大使巡行风俗也是在秋八月②。北齐孝昭帝皇建元年(560)诏分遣大使巡省四方、观察风俗也是在八月③。

但是西晋武帝却认为古代"郡国守相,三载一巡行属县"④,这虽然讲的是两汉时期的情况,但却也是晋武帝所理解的古代风俗巡使制度的蓝图。因此就西晋时期来说,风俗使者的派出应该是每三年一次的⑤。下面的资料可以证明这一点:泰始二年(266)春正月,晋武帝"遣兼侍中侯史光等持节四方,循省风俗"⑥,泰始四年晋武帝又命"使持节侍中副给事黄门侍郎衔命四出,周行天下",以"访求得失损益诸宜,观省政教,问人间患苦"⑦。

从泰始二年到泰始四年,时间上正符合每三载一巡行的"古例"。不过,古人对时间的间隔和时间段的界定似乎并不是十分严密。所谓每三年一次,既可以理解为每隔一年巡行一次的模式,即"1—2—3"的模式;也可以理解为每隔两年巡行一次的模式,即"1—1—2—3"的模式。事实上,这样的时间模式在魏晋南北朝风俗使者的巡行记录中都有。我们可以举出以下例证来说明:

南齐高帝建元元年(479)五月"诏遣大使分行四方"⑧,建元三年十二月又"命散骑常侍虞炎等十二人巡行诸州郡,观省风俗"⑨。魏明元帝

① 《三国志·吴书·孙休传》,第 1159 页。
② 《南齐书·海陵王传》,第 78 页。
③ 《北齐书·孝昭帝纪》,第 82 页。
④ 《晋书·武帝纪》,第 57 页。
⑤ 尽管史书中有关风俗巡使的资料很多,但依情理推断,这绝非是历史上各朝所派的风俗使者的全部记录。所以无论是本文提出的风俗使者巡行时间的"秋八月"说还是"三载一巡行"说,都缺乏史籍中精确的连续性记录来证明。另外,魏晋南北朝时期的战争和政治纷争不断,政权嬗替和皇位转换频繁,这也很难保证每一朝代都能够做到长期而有规律地派遣风俗使者。所以,笔者本节所得的有关巡行使者巡行时间的结论,只是根据现有史料做出的合理推测或假说。
⑥ 《晋书·武帝纪》,第 53 页。
⑦ 《晋书·礼志下》,第 653 页。
⑧ 《南齐书·高帝纪》,第 34 页。
⑨ 《南史·齐太祖纪》,第 112 页。

永兴三年（411）二月"诏北新侯安同等持节巡行并、定二州及诸山居杂胡、丁零，问其疾苦，察举守宰不法者"①。永兴五年二月又"诏使者巡行天下，招延俊彦，搜扬隐逸"②。明元帝神瑞元年（414）冬十一月复"诏使者巡行诸州，校阅守宰资财，非自家所赍，悉簿为赃。守宰不如法，听百姓诣阙告之"③。魏文成帝兴安二年（453）冬十一月，"行幸信都、中山，观察风俗"④。太安初年（455）又"遣使者二十余辈循行天下，观风俗，视民所疾苦"⑤。这是每隔一年巡行一次的例证，也是魏晋南北朝时期绝大部分风俗巡使派出的时间模式。每隔两年巡行一次的例证也有，如北齐武成帝大宁元年（561）十一月"诏大使巡行天下，求政善恶，问人疾苦，擢进贤良"⑥。河清三年（564）九月又"诏遣十二使巡行水潦州"⑦。但这样的例证并不是太多。

　　上面这些史料，既包括西晋、南齐时期的，也包括北魏和北齐时期的，应该具有一定的代表性。从这些例证可以看出，西汉州刺史每年秋八月巡行诸郡的制度对魏晋南北朝风俗巡使制度有一定的影响，但其影响是比较小的。三年一巡行州郡的时间模式才是魏晋南北朝风俗巡使的主流。至于巡行时间是在秋天还是春天，则并无严格的规定。在魏晋南北朝时期，春夏秋冬四季大体上都有风俗巡使的记录。另外，由于改朝换代、新帝登基或其他重大的政治事件或人事变动的发生，中央政府也往往派出风俗使者巡行天下，以观察舆论、了解民情。比如南燕建平元年（400），慕容德称帝后，"遣其度支尚书封恺、中书侍郎封逞观省风俗"⑧。元嘉三年，宋文帝在诛杀司徒徐羡之等后，立即"分遣大使巡行天下，并兼散骑常侍，班宣二十四条诏书"⑨。元嘉三十年五月，在克定京邑、诛杀刘劭和刘浚之后，也"遣兼散骑常侍乐询等十五人巡行风俗"⑩。北

① 《北史·魏明元帝纪》，第 27 页。
② 《北史·魏明元帝纪》，第 28 页。
③ 《北史·魏明元帝纪》，第 29 页。
④ 《魏书·高宗纪》，第 113 页。
⑤ 《魏书·食货志》，第 2851 页。
⑥ 《北史·北齐武成帝纪》，第 282 页。
⑦ 《北齐书·武成帝纪》，第 93 页。
⑧ 《晋书·慕容德载记》，第 3168 页。
⑨ 《南史·裴松之传》，第 863 页。
⑩ 《宋书·孝武帝纪》，第 112 页。

齐孝昭帝皇建元年(560)八月任命高湛为右丞相,高淹为太傅,高潋为大司马,在完成这些重大的人事变动之后,也下诏"分遣大使巡省四方,观察风俗"①。这些因特殊政治事件和政治目的而设的风俗使者,都是在特定的历史和政治背景下派遣的,实属特例,与前面所论的风俗使者的派出时间规律并不矛盾。

(三)风俗使者的人数、官职和品秩

关于风俗使者的人数,史书大多以"分遣使者巡行郡国"或"遣使巡行四方"等语笼统言之,难以确考。但是两汉时期仅有的两次风俗使者的记载,人数都是八人,这似乎和当时的行政区划有关。从两汉末期的政区分布来看,这八名使者很可能是分八路巡行除司州以外的其他各州②。魏晋南北朝时期,由于各政权长期的分裂割据和频繁转换,各个政权的疆域和行政区划前后很不一致③,所以很难讲清楚风俗使者人数和当时的行政区划之间的关系。但每当史书采用"分遣使者巡行天下"的说法时,大概仍然采取这种分州巡使的办法。如前面所举齐高帝建元元年和建元三年两次所派遣的风俗使者都是十二人,宋文帝元嘉三十年六月所遣使者为十五人,北魏文成帝太安元年(455)六月所遣使者为二十人④,这些使者的人数应有一定的含义在里面。事实上,通过爬梳几条资料,能够大体上看出一些规律。《宋书》载:"元嘉初,太祖遣大使巡行四方,兼散骑常侍孔默之、王歆之等上言:'宣威将军,陈、南顿二郡太守李元德,清勤均平,奸盗止息。彭城内史魏恭子,廉恪修慎,在公忘私,安

① 《北齐书·孝昭帝纪》,第82页。

② 西汉时期以州为地方最大行政单位,在古九州(冀州、幽州、并州、兖州、青州、扬州、荆州、豫州、雍州)的基础上,《宋书·州郡志》说西汉初"又立徐、梁二州。武帝攘却胡、越,开地斥境,南置交趾,北置朔方,改雍曰凉,改梁曰益,凡为十三州,而司隶部三辅、三河诸郡。东京无复朔方,改交趾曰交州,凡十二州;司隶所部故如故"(第1027页)。

③ 以魏晋南朝为例,据《宋书·地理志》所言,三国鼎立时期,吴得扬、荆、交三州,蜀得益州,魏得其余九州。吴又分交为广。魏末平蜀,又分益为梁。晋武帝太康元年,天下统一,共有十六个州。后又分凉、雍为秦,分荆、扬为江,分益为宁,分幽为平,共有二十州。东晋除侨置州外,有十二个州,而刘宋疆域比较稳定的时期有十九个州。《隋书·地理志》又讲,梁天监十年,有州二十三个,其后南朝疆域日狭而析置州郡愈多,到陈代则有州四十二个。

④ 《魏书·高宗纪》记载这次派出的风俗使者为三十人。而《魏书·食货志》则记载这次派出的风俗使者为二十余人,《北史·高宗文成帝纪》亦记载这次巡行是以尚书穆真为首的二十人。另外,《太平御览·皇王部》记载这次风俗使者的人数为二十人。综合以上资料分析,应以《魏书·食货志》所载的二十人为准。

约守俭,久而弥固。前宋县令成浦,治政宽济,遗咏在民。前鲖阳令李熙国,在事有方,民思其政。山桑令何道,自少清廉,白首弥厉。应加褒贲,以劝于后。'"① 引文中孔默之、王歆之上言所提到的地方,鲖阳、山桑、南顿在刘宋时期都属于汝南郡,而当时新蔡帖治汝南,陈郡帖治于南顿,彭城和汝南郡相隔也不远。实际上就应该是孔默之和王歆之作为一路风俗使者巡行所经历的几处郡县②。北朝时期的风俗使者也是分道巡行的,比如在北魏世宗时,薛昙宝就曾持节兼散骑常侍、龙骧将军、南道大使,受命巡行天下③。宣武帝景明年间源怀也曾经为使持节,加侍中、行台,巡行北边六镇、恒燕朔三州④。这种做法还为西魏北周所沿袭,比如郭彦在北周孝闵帝时期,就曾经"为东道大使,观省风俗"⑤。还有一个比较有说服力的证据,北齐天保初年,李奖"兼侍中、冀瀛沧三州大使,观察风俗"⑥。察看一下北齐时期的地图即知,这三个州在当时正是处于邺都东北方呈品字形的一片行政区域⑦。李奖一人兼任冀州、瀛州和沧州风俗使者的事实,正足以说明魏晋南北朝时期风俗使者分路巡使的特点。

　　风俗使者肩负监察地方官吏的特殊责任,一般要由皇帝信任的大臣担任,侍中、散骑常侍和黄门侍郎经常承担这种巡行地方的职能。兹略举数例:晋武帝泰始二年(268)正月"遣兼侍中侯史光等持节四方,循省风俗"⑧;泰始四年"使持节侍中副给事黄门侍郎衔命四出,周行天下"⑨;宋文帝元嘉三年(426)"分遣大使巡行天下,并兼散骑常侍,班宣二十四条诏书"⑩;元嘉四年遣大使巡行天下,散骑常侍袁愉即膺其任⑪;

① 《宋书·良吏传·江秉之传》,第 2270 页。
② 《宋书·州郡志二》载:"鲖阳令,汉旧县。晋成帝咸康二年,省并新蔡,后又立。""新蔡太守,晋惠帝分汝阴立,今帖治汝南。"(第 1082 页)"山桑令,前汉属沛,后汉属汝南,《晋太康地志》属谯。"(第 1073 页)"南顿令,汉旧县,何故属汝阳,晋武帝改属汝南。"(第 1084 页)据此则鲖阳、山桑、南顿都属于汝南郡。
③ 《魏书·薛野睹传》,第 999 页。
④ 《魏书·源贺传附子怀传》,第 926 页。
⑤ 《周书·郭彦传》,第 667 页。
⑥ 《北史·凉武昭王李暠传》,第 3337 页。
⑦ 郭沫若主编《中国史稿地图集》上册,地图出版社 1979 年版,第 72 页。
⑧ 《晋书·世祖武帝纪》,第 53 页。
⑨ 《晋书·礼志下》,第 653 页。
⑩ 《南史·裴松之传》,第 863 页。
⑪ 《宋书·孝义传·郭世道传》载:"元嘉四年,遣大使巡行天下,散骑常侍袁愉表其(郭世道)淳行,太祖嘉之,敕郡榜表闾门,蠲其税调,改所居独枫里为孝行焉。"(第 2244 页)

元嘉三十年又遣兼散骑常侍乐询等十五人巡行风俗①；齐高帝建元元年五月"诏遣大使分行四方，遣兼散骑常侍十二人巡行"②；建元三年十二月又命散骑常侍虞炎等十二人巡行诸州郡，观省风俗③。

　　上述风俗使者中，除晋武帝泰始二年派遣的使者侯史光为侍中，泰始四年派出的使者为给事黄门侍郎外，其余都是散骑常侍或兼散骑常侍。《宋书·百官志》："侍中，四人。掌奏事，直侍左右，应对献替。法驾出，则正直一人负玺陪乘。殿内门下众事皆掌之……侍中本秦丞相史也，使五人往来殿内东厢奏事，故谓之侍中……魏晋以来，置四人，别加官不主数。秩比二千石。"④"给事黄门侍郎，四人，与侍中俱掌门下众事。郊庙临轩，则一人执麾……董巴《汉书》曰：'禁门曰黄闼，中人主之，故号曰黄门令。'然则黄门郎给事黄闼之内，故曰黄门郎也。魏晋以来员四人，秩六百石。"⑤"散骑常侍，四人。掌侍左右。秦置散骑，又置中常侍，散骑并乘舆车后；中常侍得入禁中。皆无员，并为加官……魏文帝黄初初，置散骑，合于中常侍，谓之散骑常侍……秩比二千石。"⑥从以上资料中我们可以看出，魏晋南朝的风俗使者无论品秩如何，一般都是皇帝的近臣和近侍。

　　十六国和北朝时期的情况也大致相同。如南燕建平元年（400），"遣其度支尚书封恺、中书侍郎封逞观省风俗"⑦；魏明元帝永兴三年（411）"诏北新侯安同等持节巡行并、定二州"⑧；文成帝太安元年"遣尚书穆伏真等三十人，巡行州郡，观察风俗"⑨；孝文帝延兴中，侍郎崔鉴受诏出使齐州，观省风俗⑩；宣武帝景明二年（501），诏源怀为使持节，加侍中、行台，巡行北方六镇三州，兼采风俗；孝明帝正光元年（520）四月，诏

---

① 《宋书·孝武帝纪》，第 112 页。
② 《南齐书·高帝纪》下，第 34 页。
③ 《南史·齐高帝纪》，第 112 页。
④ 《宋书·百官志上》，第 1238—1239 页。
⑤ 《宋书·百官志下》，第 1243 页。
⑥ 《宋书·百官志下》，第 1244 页。
⑦ 《晋书·慕容德载记》，第 3168 页。
⑧ 《北史·魏明元帝纪》，第 27 页。
⑨ 《魏书·高宗文成帝纪》，第 114 页。
⑩ 《魏书·崔鉴传》载："鉴颇有文学，自中书博士转侍郎，延兴中受诏使齐州，观省风俗，行兖州事。"（第 1103 页）

尚书长孙稚巡抚北藩,观察风俗[①];孝明帝正光元年,(源恭)"为行台左丞,巡行北边"[②];世宗时遣使巡行四方,散骑常侍薛昙宝持节担任南道大使[③];东魏孝静初期(约534—538),"兼给事黄门侍郎(封子绘),与太常卿李元忠等并持节出使,观省风俗"[④]。

上述风俗使者中,除安同只记其爵位而未述其官职外,封恺为度支尚书,穆伏真和长孙稚为尚书,源怀为侍中、行台,源恭为行台左丞,封遥、崔鉴为中书侍郎,薛昙宝为散骑常侍,封子绘为给事黄门侍郎,李元忠为太常卿。《隋书·百官志》记载,通直散骑常侍、员外散骑常侍、黄门侍郎,都是二千石官;中书侍郎,千石;尚书左右丞、尚书,六百石,为四品;行台尚书左右丞,为从四品;度支尚书即隋代的户部尚书,为从五品,都是皇帝的近臣。

魏晋南北朝时期的风俗使者都由皇帝的近侍担任,是因为近侍作为皇帝宠信的官员,他们的出使可以省却外朝部门的许多繁缛程序,在上情下达和下情上达的过程中拥有独特的优势。他们既可以保证皇帝的意图得到最直接和毫无保留的执行,也可以用最简捷和秘密的方式把地方的民情和舆论直接传达给皇帝,从而成为帝王君主们获取地方政情和公众舆论的最佳媒介。

(四)风俗使者的任务和权力

风俗使者的权力都是帝王直接赋予的,其权力依其使命而定。汉代的风俗使者权力很大。西汉谯玄和太仆王恽等持节巡行风俗时,拥有"所至专行诛赏"的权力。东汉的风俗使者也能做到"其刺史、二千石有臧罪显明者,驿马上之;墨绶以下,便辄收举"[⑤]。魏晋南北朝时期风俗使者的基本任务则主要是观察政情和收集歌谣等公众舆论,其权力较汉代为弱,但也不排除有例外的情况。总的来说,魏晋南北朝时期风俗使者的任务和权力主要有以下几个方面:

首先,风俗使者的任务主要是观察风俗、宣扬礼教。如泰始二年(266)

---

①《魏书·孝明帝纪》,第230页。
②《魏书·源子恭传》,第933页。
③《魏书·薛昙宝传》,第999页。
④《北齐书·封子绘传》,第304页。
⑤《后汉书·周举传》,第2029页。

正月,晋武帝遣兼侍中侯史光等持节四方,循省风俗,其主要任务是"除
禳祝之不在祀典者"①,即扫除淫祀,净化社会风俗。晋武帝泰始四年六
月丙申诏反映出皇帝赋予风俗使者的一般使命是"见长吏,观风俗,协
礼律,考度量,存问耆老,亲见百年。录囚徒,理冤枉,详察政刑得失,知
百姓所患苦……敦喻五教,劝务农功,勉励学者",同时还要旌扬举荐"好
学笃道,孝弟忠信,清白异行者",以及纠察处置"不孝敬于父母,不长悌
于族党,悖礼弃常,不率法令者",以达到"扬清激浊,举善弹违""述职
宣风展义"的目的②。简而言之,就是让风俗使者巡行天下,以"访求得失
损益诸宜,观省政教,问人间患苦"③。宋文帝则赋予风俗使者考察地方
官员和抚恤孤老的权力:"其宰守称职之良,闾荜一介之善,详悉列奏,勿
或有遗。若刑狱不恤,政治乖谬,伤民害教者,具以事闻。其高年、鳏寡、
幼孤、六疾不能自存者,可与郡县优量赈给。"④ 比如在元嘉四年,宋文帝
遣大使巡行天下,散骑常侍袁愉了解到郭世道的孝义后即上表报告他的
德行,于是"太祖嘉之,敕郡榜表闾门,蠲其税调,改所居独枫里为孝行
焉"⑤。南齐建元三年萧道成派遣大使巡行天下,发现"义兴陈玄子四世
一百七十口同居。武陵郡邵荣兴、文献叔八世同居。东海徐生之,武陵
范安祖、李圣伯、范道根五世同居。零陵谭弘宝、衡阳何弘、华阳阳黑头
疏从四世同居,并共衣食",于是"诏表门闾,蠲租税"⑥。北朝风俗使者的
基本任务和南朝没有什么不同。如北魏武帝时,分遣侍臣巡行郡国,其
使命即为"问民疾苦,考察守令,黜陟幽明,文武应求、道着丘园者,皆加
褒礼"⑦。孝明帝时,诏遣大使巡行四方,其任务也是"问疾苦,恤孤寡,黜
陟幽明"⑧。

其次,风俗使者还有纠察地方官吏和了解民众疾苦的使命。宋文帝
在派出风俗使者的时候就说:"其宰守称职之良,闾荜一介之善,详悉列

①《晋书·武帝纪》,第 53 页。
②《晋书·武帝纪》,第 57 页。
③《晋书·礼志下》,第 653 页。
④《宋书·文帝纪》,第 75 页。
⑤《宋书·孝义传·郭世道传》,第 2244 页。
⑥《南齐书·封延伯传》,第 961 页。
⑦《魏书·宣武帝纪》,第 191 页。
⑧《魏书·孝明帝纪》,第 225 页。

奏,勿或有遗。若刑狱不恤,政治乖谬,伤民害教者,具以事闻。"①陈宣帝太建二年(570)五月,分遣大使巡行州郡,其使命则主要是了解人民疾苦,省理冤屈②。北朝各国由于民族组成复杂,所以更注重了解处于社会底层的各民族的生活,如北魏明元帝永兴三年(411)派风俗使者巡行天下,其使命主要是"巡行并、定二州及诸山居杂胡、丁零,问其疾苦,察举守宰不法者"。神瑞元年(414)十一月,他又派使者巡行诸州,其任务则是"校阅守宰资财,非自家所赍,悉簿为赃。诏守宰不如法,听民诣阙告言之"③。为了更好地完成这种使命,风俗使者还被赋予公开听取和审理民众冤屈的权力。另外,为了保证风俗使者的权力能够廉洁、公正地执行,北魏孝文帝还规定了对风俗使者的监督方法:在衔命巡行期间,如果"使者受财,断察不平,听诣公车上诉"④。北魏的风俗巡使对地方官真正起到了监察和震慑作用,仅文帝太和八年(484)的一次巡行,即"纠守宰之不法,坐赃死者四十余人",达到了"食禄者局蹐,赇谒之路殆绝"的震慑效果⑤。

再次,持节出使的风俗使者被看作是代表皇帝巡行,其拥有的权力更大。魏晋南北朝时期以持节的身份巡行风俗的使者人数是有限的。在魏晋南朝时期,只有西晋泰始二年派遣的侯史光、皇甫陶和荀廙持节循省风俗和泰始四年诏使侍中副给事黄门侍郎巡行两次。而北朝时期风俗使者的持节巡行则主要集中在北魏和北齐时期,前面所举的例证中,源怀、薛昙宝、安同和封子绘都是持节巡行的。这一方面说明皇帝不轻易以全权授人,同时也说明持节使者的权力是很大的。如北魏源怀持节"巡行北边六镇、恒燕朔三州,赈给贫乏,兼采风俗,考论殿最,事之得失,皆先决后闻"。《魏书》还举了源怀巡行中处理边将的两个具体例子,说明持节风俗使者拥有对地方官吏直接黜置的权力:"时后父于劲势倾朝野,劲兄于祚与怀宿昔通婚,时为沃野镇将,颇有受纳。怀将入镇,祚郊迎道左,怀不与语,即劾祚免官。怀朔镇将元尼须与怀少旧,亦贪秽狼

① 《宋书·文帝纪》,第 75 页。
② 《陈书·宣帝纪》,第 78 页。
③ 《魏书·太宗纪》,第 51、54 页。
④ 《魏书·高宗纪》,第 115 页。
⑤ 《魏书·刑罚志》,第 2877 页。

藉,置酒请怀,谓怀曰:'命之长短,由卿之口,岂可不相宽贷?'怀曰:'今日之集,乃是源怀与故人饮酒之坐,非鞫狱之所也。明日公庭,始为使人检镇将罪状之处。'尼须挥泪而已,无以对之。怀既而表劾尼须。"①

此外,魏晋南北朝时期的风俗使者有时还兼有别的任务,比如招揽贤才、搜扬隐逸②、巡行边镇、封赏将士③,等等。有的还执行一些行政事务,甚至暂时代理州郡长官职务等④。但这并非风俗使者的主要使命,属于不多见的特例,在此不赘述。

综上所述,风俗巡行是魏晋南北朝时期一种常见的现象,风俗使者在出使时间,使者人数、官职,巡查内容及权力方面,都有一定的规律,可以说是魏晋南北朝时期一种重要的政治制度。它在反映民情、考察官吏,特别是在沟通公众舆论与统治阶层的关系方面,发挥着重要的作用,对魏晋南北朝时期的社会和政治有一定的影响。它对于强化和弥补魏晋南北朝时期的行政监察,对于魏晋南北朝时期行政体制的良性运转,都具有积极的意义。

第二节　隋唐时期御史巡行和台谏制度的发展

隋唐时期,风俗巡行制度仍然有所继承。如隋文帝于开皇元年(581)二月,曾"遣八使巡省风俗"⑤,三年十一月又"发使巡省风俗"⑥,六年"遣民部尚书苏威巡省山东"⑦。唐太宗时,沿隋制常发遣观风俗使、巡察使等巡行天下,如贞观八年,分遣李靖、杨恭仁、李大亮、杜正伦等

---

① 《魏书·源怀传》,第 926 页。
② 魏明元帝拓跋嗣永兴五年(413)春二月已卯,"诏使者巡行天下,招延俊彦,搜扬隐逸"(《北史·太宗明元帝纪》,第 28 页)。
③ 《晋书·慕容德载记》:"遣其度支尚书封恺、中书侍郎封逞观省风俗,所在大缮将士。"(第 3168 页)
④ 《魏书·崔鉴传》载:"鉴颇有文学,自中书博士转侍郎,延兴中受诏使齐州,观省风俗,行兖州事。"(第 1103 页)
⑤ 《隋书·高祖纪》,第 13 页。
⑥ 《隋书·高祖纪》,第 20 页。
⑦ 《隋书·高祖纪》,第 23 页。

十三人"巡省天下,延问疾苦,观风俗之得失,察政刑之苛弊"①。"贞观二十年,遣大理卿孙伏伽等二十二人,以六条巡察四方,多所举刺……天授二年,发十道存抚使,以右肃政御史中丞、知大夫事李嗣真等为之(时分巡天下者,皆左、右台官)。神龙二年,敕左右台内外五品已上官,识理通明无屈挠者二十人,分为十道巡察使,二周年一替,以廉按州郡。景龙三年,置十道按察使,分察天下。至开元八年五月,复置十道按察使,以陆象先、王晙等为之。"②这说明唐代的巡行制度虽然有不少改革,但一直有所沿袭。

当然,隋唐时期巡行地方的官吏主要是御史。"巷俗谣言,谓之御史雨"③,这是唐德宗时期礼部侍郎令狐垣的一种说法,这说明隋唐时期,歌谣风议依然是隋唐御史监察制度所采察的公众舆论之一。当然,也有例外,北周员外散骑侍郎王劭每每称誉杨坚有龙颜戴干之表,指示群臣。杨坚喜悦,拜王劭为著作郎。他前后上表言上受命符瑞其众,又"采民间歌谣,引图书谶纬,依约符命,捃摭佛经,撰为《皇隋灵感志》,合三十卷,奏之。上令宣示天下。劭集诸州朝集使,洗手焚香,闭目而读之,曲折其声,有如歌咏。经涉旬朔,遍而后罢。上益喜,赏赐优洽"④。当然这属于为隋代周历史背景下创造符命的特殊政治行为,与御史采察歌谣的官方行动不同。

隋唐时期制度性的采察歌谣,也即风闻奏事制度,在一定程度上沿袭了魏晋南北朝时期的御史风闻奏事做法。隋朝废除了北周的六官制度,御史台设"大夫一人,治书侍御史二人,侍御史八人,殿内侍御史、监察御史各十二人,录事二人"⑤。御史台主官为御史大夫,专门司职纠弹百官。唐朝时,御史制度有了长足发展,比较突出的是创建了比较完备的御史台三院制度。

根据《通典》和《唐六典》的记载,唐代御史台的职官设置和运转情况为:设大夫一人,中丞二人,侍御史四人、主簿一人、录事二人、令史十

---

① 《文献通考·职官十五》"观风俗使"条。
② 《文献通考·职官十五》"巡察按察巡抚等使"条。
③ 《全唐文》卷三九四令狐垣《光禄大夫太子太师上柱国鲁郡开国公颜真卿墓志铭》,第4010页。
④ 《隋书·王劭传》,第1608页。
⑤ 《隋书·百官志下》,第775页。

五人、书令史二十五人、亭长六人、掌固十二人、殿中侍御史六人、令史八人、书令史十人、监察御史十人、令史三十四人。其中，御史大夫一人，从三品。"御史大夫之职，掌邦国刑宪、典章之政令，以肃正朝列；中丞为之贰。凡天下之人有称冤而无告者，与三司诘之。凡中外百僚主事应弹劾者，御史言于大夫，大事则方幅奏弹，小事则署名而已。（旧：弹奏，皇帝视事日，御史奏之。自景龙三年已来，皆先进状，听进止。许则奏之，不许则止。）……侍御史掌纠举百僚，推鞠狱讼。其职有六：一曰奏弹，二曰三司，三曰西推，四曰东推，五曰赃赎，六曰理匦……凡两京城内则分知左、右巡，各察其所巡之内有不法之事。（谓左降、流移停匿不去，及妖讹、宿宵、蒲博、盗窃、狱讼冤滥、诸州纲典贸易隐盗、赋敛不如法式，诸此之类，咸举按而奏之。）"① 唐高祖武德初年，设监察御史八人，贞观二十二年（648）增置二人。监察御史掌"分察百僚，巡按郡县，纠视刑狱，整肃朝仪"②。

唐代的监察御史品级为正八品上，品级虽然不高，但"职务繁杂，百司畏惧"③，权力较大。监察御史出使地方时，"州县祗迎，相望道路，牧宰祗候，童仆不若"④。唐代赵璘的《因话录》记载："御史台三院，一曰台院，其僚曰侍御史，众呼为端公，见宰相及台长，则曰某姓侍御；知杂事，谓之杂端，见台长，则曰知杂侍御，虽他官高秩兼之，其侍御号不改，见宰相，则曰知杂某姓某官。台院非知杂者，乃俗号散端。二曰殿院，其僚曰殿中侍御史，众呼为侍御，见宰相及台长杂端，则曰某姓殿中。最新入，知右巡；已次知左巡，号两巡使，所主繁剧。及迁向上，则又入推，益为劳屑，惟其中间，则入清闲。故台中谚曰：'免巡未推，只得自知'，言其畅适也。"⑤

唐代前期，特别是高宗武则天时期，对御史台和御史大夫的名号进行了多次改革，一方面加强了对中央和地方的监察控制，另一方面，伴随使职差遣制度的发展，出现了御史兼任使职差遣的现象。唐朝后期，地

---

① 《唐六典·御史台》，第377—382页。
② 《唐六典·御史台》，第381页。
③ 《通典·职官六》，第675页。
④ 《唐会要·御史台下·出使》，第1083页。
⑤ 赵璘《因话录·征部》，上海古籍出版社1979年新1版，第101—102页。

方藩镇军事和行政权力大增,地方属官兼任御史的现象增多,出现了"诸道使府参佐,皆以御史为之,谓之外台"①。唐德宗时,形成了"方镇重任必兼台省长官"②的现象,说明中央对地方政府的监察权力逐渐弱化和丧失。不过,因为御史自古就有监察官员的权力,在某些个案中,不乏地方兼职御史根据"风闻"纠举贪官酷吏的例证。如《全唐文》载同州刺史高钺《论于頔谥疏》即记载:"臣风闻此事,是徐泗节度使李愬奏请。李愬勋臣节将,陛下宠其勋劳,赐其爵禄车服第宅则可,若乱朝廷典法,将何以沮劝? 仲尼曰:'唯名与器,不可以假人。'名器,君之所司,若以假人,与之政也,政亡则国家从之矣。頔顷镇襄汉,杀戮不辜,恣行凶暴;移军襄邓,迫胁朝廷,擅留逐臣,邀遮天使……诚宜谥之'谬厉',以沮凶邪,岂可曲加美名,以惠奸宄。如此,则是于頔生为奸臣,死获美谥。窃恐天下有识之人,谓圣朝无人,有此倒置。伏请速追前诏,却依太常谥为厉,使朝典无亏,国章不紊。"③这是同州刺史高钺风闻奏事,因"风闻"于頔"杀戮不辜,恣行凶暴"而建议不应予以美谥的例证,这在某种意义上,即发挥了御史的作用。

第三节　歌谣风议与唐代御史的"风闻奏事"

唐代曾出现过风闻访知。《唐会要》卷六十《御史台》载:"故事,御史台无受词讼之例,有词状在门,御史采有可弹者,即略其姓名,皆云风闻访知。"武则天先天二年十月,置诸道按察使,"初置两台,每年春秋发使,春曰风俗,秋曰廉察……载初以后,奉敕乃巡,每年不出使"④。玄宗朝"始定受事御史,人知一日,劾状遂题告事人姓名"⑤。因为值日的御史是固定的,且劾状要署上劾告人的姓名,这在事实上相当于废除"风闻"的做法,时当玄宗开元十四年(726)。

---

①《新唐书·百官志三》,第1237页。
②《旧唐书·德宗纪上》,第324页。
③《全唐文》卷七二五高钺《论于頔谥疏》第7466页。
④《唐会要·御史台》,第1225页。
⑤《唐会要·御史台》,第1226页。

　　唐朝初期，"凡中外百僚之事，应弹劾者，御史言于大夫，大事则方幅奏弹之，小事则署名"①。有的御史大夫想主导御史台权力，要求御史奏弹必先向御史人夫报告，如《大唐新语》记载："李承嘉为御史大夫，谓诸御史曰：'公等奏事，须报承嘉知；不然，无妄闻也。'诸御史悉不禀之。承嘉厉而复言，监察萧至忠徐进曰：'御史，人君耳目，俱握雄权，岂有奏事先咨大夫？台无此例。设弹中丞，大夫岂得奉咨耶？'承嘉无以对。"②至德元年（756）九月，唐肃宗规定："御史弹事，自今以后不须取大夫同署。"③唐德宗时，又强调："御史得专弹劾，不复关白于中丞、大夫。"④御史台弹劾百官的权力更趋独立。

　　唐代御史风闻奏事，风闻即包括歌谣风议。《唐会要》载：景龙三年敕，应食封邑者一百四十余家，应出封户凡五十四州，皆天下膏腴物产。其安乐太平公主封，又取富户，不在损免限，百姓著封户者，甚于征行。十一月，河南巡院监察御史宋务光上疏曰："臣闻分珪列土，各有方位，通邑大都，不以封锡。前猷未远，古义亦深。自顷命侯，稍殊旧式。莫居垅瘠，专择雄奥……且滑州者，国之近甸，密迩帝畿。地出缣纨，人多趋附。所以列县惟七，分封有五。王赋少于侯租，入家倍于输国。求诸既往，实所未闻。每科封丁，有甚征艺，因而失业，莫返其居。此土风俗，逃者旧少，顷日波散，良缘封多……臣忝当廉问，备采风谣，见此不安，岂敢自默。知必被封家所疾，顾尝以报国为心。乞择愚言，访诸朝宰。秋毫有益，夕死无忧。"⑤又《文苑英华·授吴太玄宋城县令制》载："敕：朝议郎、行监察御史吴太玄，清以立身，严于持法。谣成避马，实惮于霜威；政仵迁蝗，俾闻于风教。可行宋州宋城县令，散官如故。"⑥又《授萧郇李玄监察御史制》："敕：御史府居朝廷之中，杰出他署，盖以圭表百吏，纠绳四方。故选其属者，必在坚明劲峭，临事而不挠，不独取谨厚温文修整咨度而已……是宜持此霜简，峻其风标。使避马之谣，不独美于桓典；埋轮之

---

①《唐会要·御史台中·弹劾》，第 1256 页。

②刘肃《大唐新语·持法第七》，中华书局 1984 年版，第 61—62 页。

③《唐会要·御史台中·弹劾》，第 1256 页。

④《唐会要·御史台中·弹劾》，第 1256 页。

⑤《唐会要·缘封杂记》，第 1949—1950 页。

⑥《文苑英华·中书制诰》，第 2100 页。

志,无所愧于张纲。勉服宠荣,无忘职业。"① 又《授艾敬直仙州长史制》:"敕:朝议郎、守豫州司马、上柱国艾敬直,恪勤官次,精练文法。往持宪简,共惮清严。顷拥使车,旌别淑慝。好龙遗迹,乘凫旧壤。俾州闻之创建,仁邦国之成谣。可守仙州长史,散官勋并如故。"② 上述河南巡院监察御史宋务光上疏和监察御史吴太玄授宋城县令的敕及授艾敬直仙州长史敕文中,提到"忝当廉问,备采风谣""谣成避马,实惮于霜威;政仁迁蝗,俾闻于风教""仁邦国之成谣"等说法,虽然没有确指搜采贮存了哪些歌谣,但第一则史料谈到了宋务光上疏是针对安乐公主封邑过大,食封太多,对民众征收的租赋太多,以致产生了"王赋少于侯租,人家倍于输国"的严重问题,影响到了民生和国本,他作为河南巡院监察御史,听到了一些有关歌谣,所以上书奏闻。

第四节　汉唐统治者对歌谣风议的疏导、控制与因应

一　歌谣风议与官吏的升迁与黜置

汉唐时期的选官和监察制度因民族、地域和时代的差异而有所不同,这已为前辈学者和时贤先进所共知。但除去通常的考课任官以外,汉唐时期还存在以歌谣风议升迁和黜置官员的情况。这是歌谣风议对汉唐政治制度的一个隐性影响,在某种程度上影响着汉唐时期的官吏任免和监察考课制度。学界对此点尚未给予充分重视。兹举数例以证之。

先看汉末魏晋时期:

汉末"大将军窦武、太傅陈蕃谋诛阉官,反为所害。太祖上书陈武等正直而见陷害,奸邪盈朝,善人壅塞,其言甚切;灵帝不能用。是后诏书敕三府:举奏州县政理无效,民为作谣言者免罢之"③。同时人公孙度"字升济,本辽东襄平人也……后举有道,除尚书郎,稍迁冀州刺史,以谣

---

① 《文苑英华·中书制诰》,第 2010 页。
② 《文苑英华·中书制诰》,第 2095 页。
③ 《三国志·魏书·武帝纪》注引《魏书》,第 3 页。

言免"①。

晋代以谣言免官的例证也很多。比如《晋书·石苞传》载:"自诸葛诞破灭,苞便镇抚淮南,士马强盛,边境多务,苞既勤庶事,又以威德服物。淮北监军王琛轻苞素微,又闻童谣曰:'宫中大马几作驴,大石压之不得舒。'因是密表苞与吴人交通。先时望气者云'东南有大兵起'。及琛表至,武帝甚疑之。会荆州刺史胡烈表吴人欲大出为寇,苞亦闻吴师将入,乃筑垒遏水以自固。帝闻之,谓羊祜曰:'吴人每来,常东西相应,无缘偏尔,岂石苞果有不顺乎?'祜深明之,而帝犹疑焉。会苞子乔为尚书郎,上召之,经日不至。帝谓为必叛,欲讨苞而隐其事。遂下诏以苞不料贼势,筑垒遏水,劳扰百姓,策免其官。遣太尉义阳王望率大军征之,以备非常。又敕镇东将军、琅邪王伷自下邳会寿春。苞用掾孙铄计,放兵步出,住都亭待罪。帝闻之,意解。及苞诣阙,以公还第。苞自耻受任无效而无怨色。"②在这条史料中,石苞因谣言而受到晋帝的猜疑,如若不是用孙铄之计,做出待罪的姿态,得以自我剖白,也难逃被免官甚至杀身的命运。

晋武帝伐吴,任命王濬为主将,也和童谣有关系。史载:"武帝谋伐吴,诏濬修舟舰。濬乃作大船连舫……舟楫之盛,自古未有。濬造船于蜀,其木柹蔽江而下……寻以谣言拜濬为龙骧将军,监梁、益诸军事。"③《晋书·羊祜传》详细地记载了王濬以童谣拜将的原因:"时吴有童谣曰:'阿童复阿童,衔刀浮渡江。不畏岸上兽,但畏水中龙。'祜闻之曰:'此必水军有功,但当思应其名者耳。'会益州刺史王濬征为大司农,祜知其可任,濬又小字阿童,因表留濬监益州诸军事,加龙骧将军,密令修舟楫,为顺流之计。"④

南朝各代,尤其是歌谣盛行的宋代⑤以歌谣任官的情况更为常见。比如刘宋初,"太祖遣大使巡行四方,兼散骑常侍孔默之、王歆之等上言:

① 《三国志·魏书·公孙度传》,第 252 页。

② 《晋书·石苞传》,第 1002 页。

③ 《晋书·王濬传》,第 1208 页。

④ 《晋书·羊祜传》,第 1017 页。

⑤ 《宋书·良吏传》:"凡百户之乡,有市之邑,歌谣舞蹈,触处成群,盖宋世之极盛也。"(第 2261 页)

'宣威将军、陈南顿二郡太守李元德,清勤均平,奸盗止息。彭城内史魏恭子,廉恪修慎,在公忘私,安约守俭,久而弥固。前宋县令成浦,治政宽济,遗咏在民。前铜阳令李熙国,在事有方,民思其政。山桑令何道,自少清廉,白首弥厉。应加褒赏,以劝于后。'乃进元德号宁朔将军,恭子赐绢五十匹,谷五百斛;浦、熙国、道各赐绢三十匹,谷二百斛"①。

刘宋后期,废帝刘昱年长以后,在权力上与戴法兴产生矛盾,刘昱每"欲有所为,法兴每相禁制",史载:"帝意稍不能平。所爱幸阉人华愿儿有盛宠,赐与金帛无算,法兴常加裁减,愿儿甚恨之。帝常使愿儿出入市里,察听风谣,而道路之言,谓法兴为真天子,帝为赝天子。愿儿因此告帝曰:'外间云宫中有两天子,官是一人,戴法兴是一人。官在深宫中,人物不相接;法兴与太宰、颜、柳一体,吸习往来,门客恒有数百,内外士庶,莫不畏服之。法兴是孝武左右,复久在宫闱,今将他人作一家,深恐此坐席非复官许。'帝遂发怒,免法兴官,遣还田里,仍复徙付远郡,寻又于家赐死。"②

南齐王延之,由于在宋齐禅代中他与尚书令王僧虔采取表面的政治中立态度,不党附刘宋,也不诣事萧道成,时人称赞他们为:"二王持平,不送不迎。"为齐太祖萧道成所赞许,后来官运亨通。"三年③,出为使持节、都督江州豫州之新蔡晋熙二郡诸军事、安南将军、江州刺史。建元二年,进号镇南将军。"④

十六国和北朝时期,因歌谣而任免甚至诛杀官员的情况也很多见。

东晋孝宗升平元年(357,前秦寿光三年),苻生梦到大鱼食蒲,长安又流行民谣说:"东海大鱼化为龙,男便为王女为公,问在何所洛门东。"东海是苻坚的封地,当时苻坚为龙骧将军,其府第在洛门东面。苻生不知道民谣讲的是苻坚,结果因为谣梦的原因,诛杀了侍中、太师、录尚书事鱼遵和他的七子、十孙。当时又流传谣言说:"百里望空城,郁郁何青青。瞎儿不知法,仰不见天星。"苻生为了避祸,把所有的空城都破坏掉来禳避之。金紫光禄大夫牛夷害怕祸延自己,请求出镇上洛。苻生说:

---

① 《宋书·良吏传·江秉之传》,第2270页。
② 《宋书·恩幸传》,第2304页。
③ 刘宋顺帝刘準升明三年,同年齐高帝萧道成即位,即改元为建元元年。
④ 《南齐书·王延之传》,第585页。

"卿忠肃笃敬,宜左右朕躬,岂有外镇之理。"改授中军。牛夷十分恐惧,
回到家就自杀了①。

北魏的裴延俊在担任幽州刺史的时候,因为当时水旱不调,他于是
上表请求兴修水利。他实地勘查地形,充分利用旧督亢渠和戾陵诸堰,安
排人力,并亲自督造,不久就修造成功,能够灌溉田地百万余亩,百姓收成
比以前增加了许多倍,百姓因以赖之。他还命令主簿郦恽修建学校,厉
行教育,结果礼教大行,社会风气有很大好转,百姓都作歌来赞扬他。他
在州为官五年,考绩为天下第一,民歌谣之。后来升任太常卿,先后做过
七兵尚书、殿中尚书、散骑常侍、中书令、御史中尉,又以本官兼侍中、吏
部尚书②。

北齐河间王孝琬"怨执政,为草人而射之。和士开、祖珽谮之于上
皇曰:'草人以拟圣躬也……又,魏世谣言:"河南种谷河北生,白杨树端
金鸡鸣。"河南、北者,河间也。孝琬将建金鸡大赦耳。'上皇颇惑之。会
孝琬得佛牙,置第内,夜有光。上皇闻之,使搜之,得填库稍幡数百。上
皇以为反具,收讯。诸姬有陈氏者,无宠,诬孝琬,云:'孝琬常画陛下像
而哭之。'其实世宗像也。上皇怒,使武卫赫连辅玄倒鞭挝之……折其
两胫而死"③。隋朝贝州刺史库狄士文,其下属司马京兆韦焜、清河令河东
赵达二人都非常苛刻,只有长史为政宽缓。"时人语曰:'刺史罗刹政,司
马蝮蛇瞋,长史含笑判,清河生喫人。'上闻,叹曰:'士文暴过猛兽。'竟
坐免。"④

周隋之际的梁彦光"在岐州,其俗颇质,以静镇之,合境大安,奏课
连最,为天下第一。及居相部,如岐州法。邺都杂俗,人多变诈,为之作
歌,称其不能理政。上闻而谴之,竟坐免"。按《北史》记载:"初,齐亡
后,(相州)衣冠士人,多迁关内,唯技巧商贩及乐户之家,移实州郭。由
是人情险诐,妄起风谣,诉讼官人,万端千变。"梁彦光虽然是当时著名

①《晋书·符生载记》,第2878页。
②《魏书·裴延俊传》,第1529—1530页。
③《资治通鉴·陈纪·文帝天康元年》,第5260—5261页。《北齐书·河间王孝琬传》《北
　史·齐宗室诸王传》同。
④《北齐书·库狄士文传》。《北史·库狄干传》略同,但以士文为库狄干孙,《隋书·库狄士文
　传》同。

的循吏,可是在相州歌谣舆论盛行的民风背景和直接针对他为"戴帽饧"①的歌谣影响下,最终还是被免去了官职。

《唐会要》记载了贞元二十年,因歌谣风议而加隋州刺史李惠登为御史大夫的诏书:"惠登少为平卢军裨将。安禄山反,遂从兵马使董泰,涉海战收沧、隶等州。史思明反,复陷于贼。脱身投山南节度来瑱,瑱奏试金吾将军。李希烈反,授惠登兵,令镇隋州。贞元初,举州归顺,随授隋州刺史。时遭李希烈歼残后,野旷无人,惠登朴质,不知书,率心为政,皆与理顺。二十年间,田畴辟,户口加,人歌谣之。时于頔为山南东道节度,以其绩上闻,加御史大夫,升其州为上。"②

上述例证说明,在汉唐时期以歌谣任免和黜置官吏的情况,是比较普遍的现象。虽然在这些例证中,官员升迁和被黜置的原因多种多样,有的是因为官员能力的原因,有的则是军事或政治斗争的结果,有的还包含着政治、军事和人际关系等多方面在内的复杂因素,不可能逐条分析每首歌谣背后的政治和社会背景。比如,前面所举的石苞因歌谣险些被诛的事件和王浚因歌谣而被委以伐吴重任的史实,就都涉及较为复杂的政治和军事背景。这里仅就这两件事情尤其是石苞歌谣事件做一些简单的分析,以表明汉唐时期的官员因歌谣而受任用和遭黜置的事件往往都有多种缘由,而不仅仅是因一两首歌谣单独造成的结果。

石苞险些因"宫中大马几作驴,大石压之不得舒"的歌谣而丢官丧命的事件是西晋历史上一个耐人寻味的政治事件。说它耐人寻味,并不在于这件事情的曲折离奇,而在于这件事情所牵涉的复杂的政治因素,实际上是晋初政治形势的微妙反映。首先,这件事是发生在西晋伐吴前夕晋、吴隔长江军事对峙的历史背景之下。在击败孙吴诸葛诞进击寿春的军事行动后,石苞长期担任都督扬州诸军事的职务,担负着防备孙吴北侵和准备伐吴军事活动的双重使命。由于石苞"士马强盛",统领着强大的军事力量,具备拥兵自重的条件,因此,他既受到晋武帝的依赖,也容易招致晋武帝的猜疑。特别是司马炎父兄几代正是在长期统兵作战

---

① 《北史·循吏传·梁彦光传》,第 2880—2881 页。按一年以后,梁彦光起复,自己请求再为相州刺史,他发摘奸隐,厉行教化,结果相州士人"人皆克励,风俗大改"。
② 《唐会要·刺史上》,第 1422 页。

中控制了曹魏军权并进而得移魏祚的,更容易对握有兵符的统军将领产生疑忌。正因如此,在晋武帝召石苞之子石乔觐见而石乔不至时,才会发生晋武帝"遣太尉义阳王望率大军征之,以备非常。又敕镇东将军、琅邪王仙自下邳会寿春"的军事讨伐石苞的局面。其次,孙吴与西晋的军事对峙和由此导致的双方将领的军事和政治斗争则是有关石苞将欲谋反歌谣产生的直接原因。史载:"宝鼎三年,皓命奉(丁奉)与诸葛靓攻合肥。奉与晋大将石苞书,构而间之,苞以征还。"[1] 正是敌方的造谣构陷,才使得有关石苞谋反的歌谣流布到西晋首都,引起晋武帝的警觉。再次,石苞个人处理人际关系的能力不高,导致上下级关系紧张,也增加了政治对手在皇帝面前谮毁他的机会。淮北监军王琛的采谣言以进谮[2] 和石苞与其参军孙楚的不和[3],都属于这种情况。所以,尽管石苞作为司马氏政治集团的重要成员对司马氏竭尽忠心,在魏晋禅代中也发挥了独特的作用[4],但还是免不了受司马炎的猜忌。以上三点就是石苞险些因歌谣受诛的深层原因。另外,石苞采用掾属孙铄的计策得以脱险,也不像《晋书·石苞传》说的那样简单,而是充满了侥幸的色彩。史载:"苞辟河内孙铄为掾,铄先与汝阴王骏善,骏时镇许昌,铄过见之。骏知台已遣军袭苞,私告之曰:'无与于祸!'铄既出,驰诣寿春,劝苞放兵,步出都

---

① 《三国志·吴书·丁奉传》,第 1302 页。

② 王琛轻视石苞,与石苞的出身"素微"不无关系。据《晋书·石苞传》载,石苞出身县吏,给别人赶过车:"石苞字仲容,渤海南皮人也。雅旷有智局,容仪伟丽,不修小节……县召为吏,给农司马。会谒者阳翟郭玄信奉使,求人为御,司马以苞及邓艾给之。"(第 1000 页)而据《三国志·魏书·三少帝纪》注引《世语》的记载,他甚至还贩过铁:"初,青龙中,石苞鬻铁于长安,得见司马宣王,宣王知焉。后擢为尚书郎,历青州刺史、镇东将军。"(第 147 页)

③ 《晋书·孙楚传》载:"孙楚,字子荆,太原中都人也……楚才藻卓绝,爽迈不群,多所陵傲,缺乡曲之誉。年四十余,始参镇东军事……楚后……参石苞骠骑军事。楚既负其材气,颇侮易于苞,初至,长揖曰:'天子命我参卿军事。'因此而嫌隙遂构。苞奏楚与吴人孙世山共讪毁时政,楚亦抗表自理,纷纭经年。"(第 1539、1542 页)

④ 石苞曾经在高贵乡公被弑事件中发挥了舆论煽动作用。《晋书·石苞传》载:"苞因入朝。当还,辞高贵乡公,留语尽日。既出,白文帝曰:'非常主也。'数日而有成济之事。"(第 1001 页)又《晋书·华表传》说得更为明白:"正元初,石苞来朝,盛称高贵乡公,以为魏武更生。时闻者流汗沾背。"(第 1260 页)在司马师死后葬礼规格的定调和魏晋禅代等事件中,石苞也发挥了重要的作用,《晋书·石苞传》载:"文帝崩,贾充、荀勖议葬礼未定。苞时奔丧,恸哭曰:'基业如此,而以人臣终乎!'葬礼乃定。后每与陈骞讽魏帝以历数已终,天命有在。及禅位,苞有力焉。"(第 1001—1002 页)所以西晋建立后,石苞也得到了极高的政治酬庸,官拜大司马,跻身三公之位。

亭待罪,苟从之。帝闻之,意解。"①

王浚固然是因童谣而被加封为龙骧将军,统领益州水军伐吴的,但他之所以能够在伐吴一役中建立功勋却不是偶然的事件,而是当时的征南大将军羊祜刻意栽培和谋划的结果。实际上,虽然羊祜早在晋武帝咸宁四年(278)即西晋举兵伐吴的前两年就已逝世,但西晋伐吴的成功,却多半是羊祜苦心经营和精心筹划的结果。王浚只是因具备领兵作战的杰出将才并受知于羊祜才得以因缘际会,在重重的阻力和掣肘之下率益州水军攻克建业的。这一点,只要看一下本书依《资治通鉴》记载的资料为主所列的《西晋伐吴进程表》就可以十分清楚了。

表 3:西晋伐吴进程表

时间	决策及执行过程	出处
泰始五年(269)	晋武帝接受羊祜的建议决定伐吴,以羊祜都督荆州诸军事,镇襄阳;羊祜垦田八百余顷,积累了伐吴所需的军粮。羊祜认为伐吴宜藉上流之势,所以密表王浚复为益州刺史,使治水军。寻加浚龙骧将军,监益、梁诸军事。但王浚虽受中制募兵,却无虎符。	《资治通鉴》卷七九
咸宁二年(276)	晋武帝以司马骏为征西大将军,羊祜为征南大将军。祜上疏请伐吴,晋武帝同意但贾充、荀勖、冯紞等人皆以伐吴为不可。唯度支尚书杜预、中书令张华与帝意合,赞成其计。	《资治通鉴》卷八〇
咸宁四年(278)	羊祜入朝,面陈伐吴之计,帝善之并欲使祜统率诸将,祜曰:"取吴不必臣行,但既平之后……功名之际,臣不敢居。若事了,当有所付授,愿审择其人也。"	《资治通鉴》卷八〇
咸宁五年(279)	王浚、杜预上疏请伐吴,得到张华的支持,而王浑不同意。冬,十一月,大举伐吴,司马伷出涂中,王浑出江西,王戎出武昌,杜预出江陵,王浚、唐彬下巴、蜀。以贾充为大都督,为诸军节度。	《资治通鉴》卷八〇
太康元年(280)	王浚攻克建业,伐吴成功。孙皓诣王浚军门降。初,诏书使王浚至建业,受王浑节度。克建业之前,王浑要浚暂过论事,浚不听,举帆直指建业。晋武帝闻吴平,执爵流涕说:"此羊太傅之功也。"	《资治通鉴》卷八〇

---

① 《资治通鉴·晋纪》武帝泰始四年,第2507—2508页。

续表

时间	决策及执行过程	出处
太康元年（280）	王浑以浚不待己至而先入建业受降，意甚愧忿，将攻浚。浚至京师，有司奏浚违诏，又奏浚敕后烧贼船百三十五艘，请付廷尉审理；诏勿推。浑、浚争功不已，帝命刘颂校其事，以浑为上功，浚为中功。①	《资治通鉴》卷八〇

　　不过，即使这样，我们也不能否认歌谣在这些官吏任免中所起到的无可替代的舆论影响。诸多的例证都可以表明，作为公众舆论的歌谣风议，因在社会上大范围的传播，且涉及的往往多是政治人物和各级官吏，从而产生重要的社会影响，因而也特别受到汉唐统治者的重视。可以说，在汉唐时期，正是那些众口流传的歌谣风议，在统治者和普通民众之间形成了一种特殊的交流介质和舆论氛围，使得普通民众（还有一部分官吏）与统治集团（皇帝和官僚阶层）之间产生了一种互动关系：一方面，皇帝的昏庸和官僚的贪虐使得人民生活困苦，民众愤而呼号，以民谣和童谣的形式对他们进行指责和詈骂；另一方面皇帝的英明和地方官吏的宽惠给百姓带来安宁和利益，民众喜而作歌颂扬他们。这些歌谣通过一定途径上达皇帝耳中，使其不断调整和加强统治措施，并对地方官僚加以相应的任用、奖惩和调换。这样就可以不致壅闭政情民心，使统治上层和下层民众之间得以良性的互动，达到民情和政情动态适应的状态，从而使整个国家机器和政治体制得以更加健康稳定地运转。

　　当然，上述例证只是说明歌谣与汉唐时期官员升迁与黜置的关系，这只是歌谣风议与官民互动关系的一个方面。而且，上面的例证也无法充分表现出这一时期以歌谣风议这种公众舆论为媒介或工具的官民互动的复杂性和多样性。事实上，汉唐时期统治者之间、统治者与普通民众之间以歌谣为介质或工具的互动形式，还有更为复杂和丰富的表现。下面，结合具体的个案，以具体的例证来进一步说明这种互动关系的多个方面。

---

① 《晋书·王浚传》云："时人咸以浚功重报轻，博士秦秀、太子洗马孟康、前温令李密等并表讼浚之屈。帝乃迁浚镇军大将军，加散骑常侍，领后军将军……后又转浚抚军大将军、开府仪同三司，加特进，散骑常侍、后军将军如故。"（第1216页）

二　歌谣风议对汉唐政治的影响

自西汉末期设立风俗使者起,汉唐时期的数百年间,各朝各代所派遣的风俗使者真正可以说是不绝于路。那么这些采择民间歌谣风议的使者们听到的都是什么样的声音呢?

正如前面所言,汉末魏晋南北朝时期的歌谣既有对良吏和廉吏的赞美,但更多的是民众对贪官虐吏的愤恨怒斥和对生活疾苦的吁嗟呼告之声。

东汉末宦官专权,四侯跋扈,"皆竞起第宅,楼观壮丽,穷极伎巧。金银罽氍,施于犬马……其仆从皆乘牛车而从列骑。又养其疏属,或乞嗣异姓,或买苍头为子,并以传国袭封。兄弟姻戚皆宰州临郡,辜较百姓,与盗贼无异"。天下百姓苦其荼毒,为之语曰:"左回天,具独坐,徐卧虎,唐两墯。"① 这首民谣已经为治史者所熟知。桓帝之初,"凉州诸羌一时俱反,南入蜀、汉,东抄三辅,延及并、冀,大为民害。命将出众,每战常负,中国益发甲卒,麦多委弃,但有妇女获刈之也"。天下童谣曰:"小麦青青大麦枯,谁当获者妇与姑。丈人何在西击胡。吏买马,君具车,请为诸君鼓咙胡。"史臣解释说:"吏买马,君具车者,言调发重及有秩者也。请为诸君鼓咙胡者,不敢公言,私咽语。"② 总之都是人民不堪战祸和徭役重负的反映。

三国时期,国家分裂,战祸连年,地处武昌的人民身居军事要冲,诸役繁杂,又加上地险水急,生活难以安生,于是有童谣说:"宁饮建业水,不食武昌鱼。宁还建业死,不止武昌居。"③ 东晋王恭镇京口,举兵诛王国宝。有民谣说:"昔年食白饭,今年食麦麸。天公诛谪汝,教汝捻咙喉。咙喉喝复喝,京口败复败。"又王恭在京口,百姓间忽云:"'黄头小儿欲作贼,阿公在城,下指缚得。'又云:'黄头小人欲作乱,赖得金刀作藩扞。'黄字上恭字头也,小人恭字下也,寻如谣言者焉。"④ 表现了人民生活在频繁的战乱下每况愈下的疾苦和对王恭的愤恨。刘宋时期王玄谟

---

① 《后汉书·宦者传·单超传》,第 2521 页。
② 《后汉书·五行志一·谣条》,第 3281 页。
③ 《三国志·吴书·陆凯传》,第 1401 页。
④ 《晋书·五行志》,第 848 页。

性严刻少恩,而将军宗越对待下级更为苛酷,军士们都说:"宁作五年徒,不逢王玄谟。玄谟犹自可,宗越更杀我。"①刘宋孝武帝大明年间,员外散骑侍郎奚显度苛虐无道,对待服役的百姓"动加捶扑,暑雨寒雪,不听暂休,人不堪命,或有自经死者。人役闻配显度,如就刑戮",残酷无比。当时建康县考讯囚徒,有时用方木块压人的额头和踝胫,于是流传民谣说:"宁得建康压额,不能受奚度拍。"人们开玩笑时竟然也说:"勿反顾,付奚度。"②有的歌谣还直接把愤怒的声讨指向皇帝,南齐皇帝萧宝卷,荒淫无道,他把阅武堂改成芳乐苑,又在苑中栽花种柳,建立酒店街市,让宫女宦官扮成小贩,他自己亲自卖肉,并让他宠爱的潘妃沽酒。天天游乐无度,不理政事。百姓于是作歌谣说:"阅武堂,种杨柳。至尊屠肉,潘妃酤酒"③,表达了对他的失望和愤慨。北齐显祖高洋嗜酒淫泆,肆行狂暴,极尽荒淫无道之能事。他有一次在路上问一个妇人说:"天子何如?"妇人愤慨地回答说:"颠颠痴痴,何成天子!"④帝杀之。皇帝如此,下级官员就更为苛酷,前面所举"刺史罗刹政,司马蝮蛇瞋,长史含笑判,清河生喫人"的民谣,也反映出这一点。这里不再过多举例。

当风俗巡使把民间的讹言、俗语和歌谣汇报给皇帝时,汉唐时期的统治者们对这些来自民间的舆论又有怎样的回应呢?

首先,民众的歌谣风议作为民间的一种舆论,是对统治者和官僚集团政绩和品质的公开化评判,是民众心声的直接反映。由于它具有在民间迅速和广泛传播的特点,可以影响到公众舆论和人心向背,当这些歌谣通过风俗使者上达"天听"后,又可以直接影响到地方官吏的仕途前景。所以,民间的批判性歌谣能够对一些官吏起到一定程度的震慑和警示作用。

如《汉书·韩延寿传》载:"颍川多豪强,难治,国家常为选良二千石。先是,赵广汉为太守,患其俗多朋党,故构会吏民,令相告讦,一切以为聪明,颍川由是以为俗,民多怨仇。延寿欲更改之,教以礼让,恐百姓不从,乃历召郡中长老为乡里所信向者数十人,设酒具食,亲与相对,接

---

① 《宋书·王玄谟传》,第 1976 页。
② 《宋书·恩幸传·奚显度传》,第 2306 页。
③ 《南史·齐东昏侯纪》,第 155 页。
④ 《北史·齐文宣帝纪》,第 260 页。

以礼意,人人问以谣俗,民所疾苦,为陈和睦亲爱销除怨咎之路。长老皆以为便,可施行,因与议定嫁娶、丧祭仪品,略依古礼,不得过法。延寿于是令文学校官诸生皮弁执俎豆,为吏民行丧嫁娶礼。百姓遵用其教,卖偶车马下里伪物者,弃之市道。数年,徙为东郡太守,黄霸代延寿居颍川,霸因其迹而大治。"①韩延寿治理颍川,在赵广汉留下的民众互相告讦的民风基础上,他亲自开展社会调查,亲与百姓相对,待之以礼,所以了解了当地谣俗,也就是包含歌谣风议在内的民心民情,并采取了礼乐教化、安抚民心的施政策略,才最终在颍川移风易俗,化民成俗,实现了社会的善治。

东汉灵帝中平三年(186),江夏兵赵慈反叛,杀南阳太守秦颉,朝廷于是任命羊续为南阳太守。羊续进入南阳郡界时,并没有直接去衙门听政,而是微服入境,在民间悄悄搜寻百姓对南阳官员的歌谣风议,"观历县邑,采问风谣,然后乃进。其令长贪洁,吏民良猾,悉逆知其状",得到消息的南阳郡诸官无不感到惊恐,结果"郡内惊竦,莫不震慑"②。

北齐废帝高殷乾明元年,天下歌谣都认为相王高演应该取代皇帝之位。丞相从事中郎陆杳将出使,临别,对吏部郎中王晞说:"相王功格区宇,天下乐推,歌谣满道,物无异望。杳等愿披赤心。而忽奉外使,无由面尽短诚,寸心谨以仰白。"王晞于是对高演转述了陆杳的话。高演说:"若内外咸有异望,赵彦深朝夕左右,何因都无所论?自以卿意试密与言之。"让王晞试探赵彦深的态度。赵彦深对王晞说:"我比亦惊此音谣,每欲陈闻,则口噤心战。弟既发论,吾亦昧死一披肝胆。"于是他们就共同劝说高演即帝位③。在这次事关帝位的重大政治事件中,歌谣发挥了制造舆论、推波助澜的作用,虽然这种歌谣未必是真正源自民间的,很可能是陆杳等劝进大臣一手炮制的产物,可是当它传入某些大臣的耳中时,仍然能够制造出颇具刺激性的震惊效应。

正因歌谣风议在魏晋南北朝的政治和社会生活中的重要作用,所以不仅歌谣本身,甚至以采集歌谣为目的的风俗使者的出使和巡行,都会

①《汉书·韩延寿传》,第3210页。
②《后汉书·羊续传》,第1110页。
③《北史·王晞传》,第889页。

对地方官员产生一定的震慑作用。如北魏时期,元法寿任安州刺史。他先让自己的亲信微服入境,观察风俗,搜集民间的歌谣风议,入境后便根据收集到的情况大行赏罚,结果"境内肃然",风气大变①。

其次,反映人民疾苦和政治黑暗的歌谣风议,实质上反映的是社会统治秩序和政治运行机制的问题,所以会引起统治者的思考和反省,有时也会带来统治者政策的改变和回应。他们对歌谣的第一种回应即是调整地方官员,即根据民间的歌谣风议来黜置和任免官员。

统治者第二个回应即是根据歌谣的内容来调整或改变政策和统治手法,甚至会利用歌谣来为政权禅代制造舆论。

《后汉书》记载:"汝南旧有鸿却陂,成帝时,丞相翟方进奏毁败之。建武中,太守邓晨欲修复其功。闻(许)杨晓水脉,召与议之。杨曰:'昔成帝用方进之言,寻而自梦上天,天帝怒曰:'何故败我濯龙渊?'是后民失其利,多致饥困。时有谣歌曰:'败我陂者翟子威,饴我大豆,亨我芋魁。反乎覆,陂当复。'昔大禹决江疏河以利天下。明府今兴立废业,富国安民,童谣之言,将有征于此。诚愿以死效力。'晨大悦,因署杨为都水掾,使典其事。杨因高下形势,起塘四百余里,数年乃立。百姓得其便,累岁大稔。"②《后汉书》记载,东汉末年,军阀混战,北方军阀公孙瓒与刘虞发生冲突,初平二年(191),"瓒破禽刘虞,尽有幽州之地,猛志益盛。前此有童谣曰:'燕南垂,赵北际,中央不合大如砺,唯有此中可避世。'瓒自以为易地当之,遂徙镇焉。乃盛修营垒,楼观数十,临易河,通辽海"③。在这次事件中,公孙瓒就是根据当时流传的童谣徙镇幽州的。当然,这首流行于幽州的童谣所反映的政治形势,只不过是汉末时期军阀混战、民不聊生的真实写照而已。

孙皓天纪年间,孙吴民间流行一首童谣说:"阿童复阿童,衔刀游渡江。不畏岸上虎,但畏水中龙。"这首童谣传入晋武帝耳中后,根据童谣的暗示(王浚小字为阿童)加封王浚为龙骧将军。因为用人得当,"及征吴,江西众军无过者,而王浚先定秣陵",取得了伐吴战争的胜利。

①《魏书·法寿传》,第394页。
②《后汉书·方术传·许杨传》,第2710页。
③《后汉书·公孙瓒传》,第2362—2363页。

在淝水之战时,民间盛行一句谣言,叫作"坚不出项",苻坚的部下群臣因此劝苻坚停在项地指挥六军,但是苻坚求胜心切,没有听从群臣根据民谣提出的建议。结果在前秦战败后,很多人都认为苻坚的失败是因为未听从民谣①。

南朝萧梁时期有一个很好的例证可以说明统治集团与民间歌谣的互动关系。天监十三年(514),有一个北魏的降人王足向萧衍献计,说可以建筑一道围堰拦截淮水来淹灌北魏的寿阳。王足为了证明自己计策的正确性,引用了北方的一首童谣说:"荆山为上格,浮山为下格,潼沱为激沟,并灌巨野泽。"认为这是寿阳一带地势和水利的最好说明。萧衍听后深以为然,于是就派遣水工陈承伯、材官将军祖暅观察地形,并让康绚假节、都督淮上诸军事,主持监造淮水围堰。虽然陈承伯和祖暅都认为淮水沙土漂轻,不坚实,难以建筑成工程浩大的围堰。但萧衍仍然"发徐、扬人,率二十户取五丁以筑之",当时"役人及战士,有众二十万"。这些大军和民夫"于钟离南起浮山,北抵巉石,依岸以筑土,合脊于中流"。在两年多的时间里,克服重重困难,到天监十五年四月,终于完成了这一浩大的工程。围堰"长九里,下阔一百四十丈,上广四十五丈,高二十丈,深十九丈五尺。夹之以堤,并树杞柳,军人安堵,列居其上。其水清洁,俯视居人坟墓,了然皆在其下"②,在对北魏的军事斗争中,发挥了非常重要的作用。追溯这件事情的缘起,不能不归之于北魏的那首民间歌谣。

北朝的歌谣也发挥着重要的作用。北魏后期,有一个叫宋世良的人做清河太守。当时清河郡东南有个地方叫作曲堤,有姓成的一家大姓踞堤自守,在那里居住,很多盗贼也聚集在那里。百姓不堪忍受群盗的骚扰,就作歌谣说:"宁度东吴会稽,不历成公曲堤。"宋世良听到后,决定采取措施,于是制定八条命令,使强盗们在曲堤不能立足,不得不转奔他处。老百姓欢欣感戴,又作歌谣说:"曲堤虽险贼何益,但有宋公自屏迹。"③这可以说是歌谣和地方官员的一次良性互动,反映了歌谣作为一种社会舆论的重要作用。

---

① 《晋书·苻坚载记下》,第 2918—2919 页。
② 《梁书·康绚传》,第 291—292 页。
③ 《北史·宋世良传》,第 942 页。

公元 398 年，北魏的军队攻入后燕的中山，后燕的皇帝慕容宝出奔于蓟，其宗室慕容详乘机僭号。当时后燕的车骑大将军、冀州牧慕容德镇守邺城。时后秦皇帝姚兴的太史令高鲁派其外甥王景晖给慕容德送来玉玺一纽，上面并刻有图识秘文，说："有德者昌，无德者亡。德受天命，柔而复刚。" 暗含慕容德受命于天，他做皇帝可以复兴燕国的意思。当时又有歌谣说："大风蓬勃扬尘埃，八井三刀卒起来。四海鼎沸中山颓，惟有德人据三台。"[①]于是慕容德的部下认为慕容详僭号于中山，而北魏的军队又扬威于冀州，不知道慕容宝的生死存亡，再加上谶纬和谣言的暗示，所以都极力劝慕容德即皇帝位。慕容德假意拒绝，但终于还是在这一年做了皇帝。北齐宣帝高洋的即位经历和慕容德十分相似。也是通过谣言和谶语来制造舆论。史载："时讹言上党出圣人。帝闻之，将徙一郡。而郡人张思进上言，殿下生于南宫，坊名上党，即是上党出圣人，帝悦而止。先是童谣曰：'一束藁，两头然，河边羖𬴊飞上天。'藁然两头，于文为高。河边羖𬴊为水边羊，指帝名也。于是徐之才盛陈宜受禅。帝曰：'先父亡兄，功德如此，尚终北面，吾又何敢当。'之才曰：'正为不及父兄，须早升九五。如其不作，人将生心，且谶云："羊饮盟津角拄天。"盟津，水也，羊饮水，王名也，角拄天，大位也。又阳平郡界面星驿傍有大水，土人常见群羊数百，立卧其中，就视不见。事与谶合，愿王勿疑。'帝以问高德正。德正又赞成之，于是始决。"[②]当然，上述两个例证中的民谣未必是源自民间的，皇帝的废立也不是民众可以决定的。不过，这些谣言在一定程度上同样可以视为社会舆论的产物和反映。后燕被魏师攻破，政权摇摇欲坠，人民即将沦为亡国奴，慕容德此时即位有利于慕容鲜卑部落的稳定和发展。北齐高洋做皇帝，在一定程度上也是人民对东魏末期荒乱政局厌倦的产物，符合民众的利益。所以在这两次事件中，民谣的舆论作用同样不可忽视。

魏晋南北朝时期，有的统治者出于对民间歌谣的忌讳和恐惧，有时还会采取改元和祈禳的手法来回应流传于民间的歌谣。比如《江表传》载："初丹杨刁玄使蜀，得司马徽与刘廙论运命历数事。玄诈增其文以诳

①《晋书·慕容德载记》，第 3163 页。
②《北史·北齐文宣帝纪》，第 258 页。

国人曰：'黄旗紫盖见于东南，终有天下者，荆、扬之君乎！'又得中国降人，言寿春下有童谣曰：'吴天子当上。'皓闻之，喜曰：'此天命也。'即载其母妻子及后宫数千人，从牛渚陆道西上，云青盖入洛阳，以顺天命。行遇大雪，道涂陷坏，兵士被甲持仗，百人共引一车，寒冻殆死。兵人不堪，皆曰：'若遇敌便当倒戈耳。'皓闻之，乃还。"[1] 在这次孙皓西上的事件中，就是孙皓听信了刁玄所引述的童谣，认为是天命的暗示，所以就采取相应的行动来回应童谣，以答天命，只是最后因为兵士的反对而作罢。

前秦苻生性格残暴，经常借各种理由杀人，很多大臣和百姓都不堪忍受他的统治，因此他经常怀疑有人谋反或威胁他的帝位。前面已经讲过，他因为一首民谣诛杀了太师鱼遵一家十八人。在他统治的寿光年间，有一次太白星犯东井星，有大臣对说："东井，秦也，太白罚星，必有暴兵起于京师。"苻生本来认为太白犯东井只是天下将干旱的征兆，没有在意，但当时又流行一首民谣说："百里望空城，郁郁何青青。瞎人（苻生生而少一目）不知法，仰不见天星。"于是才明白是有人将要不利于自己。苻生不知道所谓的"法"是暗指苻法，难以找到替罪羊，于是就把前秦所有的空城统统破坏以禳避之[2]。这个例子也说明民间歌谣对统治者会产生比较大的影响。

东晋哀帝司马丕隆和初年，民间有童谣说："升平不满斗，隆和那得久！桓公入石头，陛下徒跣走。"司马丕听到后感到十分晦气，因为他前面的穆帝司马聃后期改年号为升平，结果改元还不到五年就死去。于是司马丕改年号为"兴宁"。百姓又作歌说："虽复改兴宁，亦复无聊生。"仅过了三年，司马丕就死掉了。时人解释说"不满斗"意指升平年号不会达到十年[3]。在这次事件中，晋哀帝两次改元来回应民谣的诅咒，幻想通过改元来达到消灾祈福的目的，但最终在民众的诅咒声中死去。这充分反映了人民对昏庸的当权者的极度憎恶，也反映出东晋后期上层统治集团和普通民众之间的紧张对立关系。从这两首童谣中也可以看出穆帝和哀帝昏庸的统治给人民带来的深重灾难和困苦生活，不然人民不会

---

① 《三国志·吴志·孙皓传》注，第 1168 页。
② 《魏书·临渭氏苻生传》，第 2075—2076 页。
③ 《晋书·五行志中》，第 846—867 页。

如此表达对当权者的极度憎恶。梁代同样有过一次因民谣而影响年号
的选择。侯景之乱后,侯景掌握了梁朝的执政大权,他立梁宗室临贺王
萧正德为皇帝,即位于仪贤堂,同时改年号为"正平"。采用这个年号是
为了因应民间的童谣。原来当时民间流行的一首童谣包含有"正平"这
样的字眼,所以侯景为萧正德选择了这个年号以应之①。

　　梁中大通五年(533),北魏永熙二年,孝武帝拓跋修想依靠关中大
行台贺拔岳和荆州刺史贺拔胜兄弟对抗权臣高欢,结果被高欢反击,攻
入洛阳,拓跋修不得不西逃关中。在此之前,天象有所变化:"荧惑入南
斗,去而复还,留止六旬",梁武帝萧衍听到民间有谣谚说"荧惑②入南
斗,天子下殿走",于是光脚下殿以禳除灾难。后来萧衍听到北魏孝武
帝西逃的事情,羞愧地说:"虏亦应天象邪!"③《太平寰宇记》引《梁陈故
事》记载:梁武时有童谣云"夫子之居在三余"④,于是梁武帝于余干、余
杭、余姚为禳厌之法。但史籍却指出,这首歌谣其实不是针对梁武帝时
期而发的,而是暗喻陈高祖陈霸先的兴起,因为陈霸先是长兴三余人。

　　除了任用酷吏,造作符瑞谶谣以加强自己的统治外,汉唐时期的统
治者还会从改变官僚体制的组成和结构等方面,来改造和优化朝廷的权
力,建立有利于自己控制权力、有利于推动改革措施发展的政治权力格
局。这一点,从唐代武则天时期对许敬宗和李义府的重用,可看出一些
端倪。

　　《旧唐书·李义府传》载:"阴阳占候人杜元纪为义府望气,云:'所

①《梁书·侯景传》,第843页。
②古人认为荧惑星(即火星)主各种灾异现象。而南斗六星中的北二星又被看作"天府庭",所
　主之事与天子有关。如果荧惑星长期在南斗中停留,则表示有大臣谋反,天下将会改元易
　政。关于这种观点,可参见《史记·天官书》《晋书·天文志上》和《隋书·天文志下》的有
　关论述。不过,荧惑入南斗似乎也和宰辅大臣有关。如《晋书·陶回传》记载:"会荧惑守南
　斗经旬,导语回曰:'南斗,扬州分,而荧惑守之,吾当逊位以厌此谪。'"(第2066页)
③《资治通鉴》卷一五六《梁纪》武帝中大通六年,第4853页。
④《太平寰宇记》卷九四,转引自《先秦汉魏晋南北朝诗·梁诗·杂歌谣辞·谣辞》,第2144页。
　关于长兴和三余的关系,《水经注疏·浙江水注》"北过余杭,东入于海"句下注云:"(浙江)
　又径永兴县南,县在会稽东北一百二十里,故余暨县也。阖闾弟夫概之故邑也。王莽之余衍
　也。汉末,童谣云:天子当兴东南三余之间。故孙权改曰永兴,县滨浙江。"(第3324—3325
　页)赵云按,永兴,故汉之余暨,与余姚、余杭为三,故为三余。会贞按,《通典》武康下引
　《舆地志》,汉乌程之余不乡地。汉末,童谣曰天子当兴东南三余之间,吴乃改会稽之余暨为
　永兴,分余不为永安,以协谣言。亦见《元和志》。

居宅有狱气,发积钱二千万乃可厌胜。'义府信之,聚敛更急切。义府居母服,有制朔望给哭假,义府辄微服与元纪凌晨共出城东,登古冢候望,哀礼都废。由是人皆言其窥觇灾眚,阴怀异图。义府又遣其子右司议郎津召长孙无忌之孙延,谓曰:'相为得一官,数日诏书当出。'居五日,果授延司津监,乃取延钱七百贯。于是右金吾仓曹参军杨行颖表言义府罪状,制下司刑太常伯刘祥道与侍御详刑对推其事,仍令司空李勣监焉。按皆有实……义府次子率府长史洽、千牛备身洋、子婿少府主簿柳元贞等,皆凭恃受赃,并除名长流延州。朝野莫不称庆,时人为之语曰:'今日巨唐年,还诛四凶族。'四凶者,谓洽及柳元贞等四人也。"①

按许敬宗、李义府都是起身于唐太宗时期,重用于唐高宗和武则天时期,皆为武则天的心腹重臣,在高宗武则天时期的政坛上发挥过重要的作用。

他们都非唐朝初期的关陇士族和山东豪族,都是以文采学识见长的文士。其中,许敬宗年龄大,资历深,乃"隋礼部侍郎善心子也","其先自高阳南渡,世仕江左"②,出身江东普通士族家庭。李义府"瀛州饶阳人也,其祖为梓州射洪县丞,因家于永泰"③,从其祖先的仕宦经历来看,只是江南寒族文士。他们都有一段仕宦于唐太宗的经历。其中,许敬宗在"武德初,太宗闻其名,召补秦府学士"④。李义府"贞观八年,剑南道巡察大使李大亮以义府善属文,表荐之……寻除监察御史。又……以本官兼侍晋王"⑤。在太宗朝,许敬宗主要从事史职,以修史闻名天下。太宗时期,"累迁给事中,兼修国史。(贞观)十七年,以修《武德》《贞观实录》"⑥,高宗朝时,拜礼部尚书,兼修国史,"自贞观已来,朝廷所修《五代史》及《晋书》《东殿新书》《西域图志》《文思博要》《文馆词林》

① 《旧唐书·李义府传》,第 2769—2770 页。
② 《旧唐书·许敬宗传》,第 2761 页。
③ 《旧唐书·李义府传》,第 2765 页。瀛州饶阳,今为河北省衡水市饶阳县。射洪,今四川省遂宁市代管县级市,南北朝西魏时期,始置射江县,得名源于其境内有射江,于北周(557)改名射洪县,故称"西魏置县,北周正名"。永泰,今福建省福州市永泰县,东晋"永嘉之乱",衣冠南渡迁入永泰县,人口逐渐繁衍增多。唐代建县前设永泰镇,镇址大樟。唐永泰二年(766)析侯官县西乡、尤溪县东乡置永泰县,以年号永泰为县名,雅称永阳。
④ 《旧唐书·许敬宗传》,第 2761 页。
⑤ 《旧唐书·李义府传》,第 2765—2766 页。
⑥ 《旧唐书·许敬宗传》,第 2761 页。

《累璧》《瑶山玉彩》《姓氏录》《新礼》，皆总知其事，前后赏赉，不可胜纪"①。李义府在太宗时期，只参与过"预撰《晋书》"，其他无足称。这与唐朝关陇旧贵族和山东豪族坐致公卿的政治地位绝不相同。二人的飞黄腾达都是在高宗武则天时期。其中，最关键的是在废立皇后事件中，他们秉承武则天的意旨②，反对长孙无忌、褚遂良等大臣而拥立武则天做皇后。《旧唐书·许敬宗传》记载："高宗将废皇后王氏而立武昭仪，敬宗特赞成其计。长孙无忌、褚遂良、韩瑗等并直言忤旨，敬宗与李义府潜加诬构，并流死于岭外。"③

　　与许敬宗在皇后废立事件中发挥的关键作用相比，李义府只起到了"密申协赞"的协同作用。不过，武则天在立为皇后以后，许敬宗"加太子宾客，寻册拜侍中，监修国史。（显庆）三年（658），进封郡公"，其"任遇之重，当朝莫比"。但此时许敬宗已八十一岁，"年老，不能行步"，并于当年逝世④。李义府则"擢拜中书侍郎、同中书门下三品"⑤，身处宰相的"权要"⑥之位。

　　许敬宗、李义府在武则天的支持下，在高宗武则天朝政坛上的崛起，具有重要的政治意义。陈寅恪先生指出，武则天转移唐初的关中本位政策，最大的举措是扩大科举考试的规模，以新进的进士，取代关陇和山东旧贵族："及武后柄政，大崇文章之选，破格用人，于是进士之科为全国干进者竞趋之鹄的。当时山东、江左之人，有虽工于为文，以不预关中团体之故，致遭屏抑者，亦因此政治革命之际会，得以上升朝列，而西魏、

① 《旧唐书·许敬宗传》，第2764页。许敬宗的确有史学和史才，其《旧唐书》本传记载："高宗因于古长安城游览，问侍臣曰：'朕观故城旧基，宫室似与百姓杂居，自秦汉已来，几代都此？'敬宗对曰：'秦都咸阳，郭邑连跨渭水，故云"渭水贯都，以象天河。"至汉惠帝始筑此城，其后苻坚、姚苌、后周并都之。'帝又问：'昆明池是汉武帝何年中开凿？'敬宗对曰：'武帝遣使通西南夷，而为昆明滇池所闭，欲伐昆明国，故因镐之旧泽，以穿此池，用习水战，元狩三年事也。'帝因令敬宗与弘文馆学士具检秦汉已来历代宫室处所以奏。"（第2763页）
② 《旧唐书·韩瑗传》载，韩瑗，雍州三原人也。永徽四年，与中书侍郎来济皆同中书门下三品。六年，迁侍中。时高宗欲废王皇后，瑗涕泣谏，帝不纳。尚书左仆射褚遂良以忤旨左授潭州都督，瑗复上疏理之，帝竟不纳。显庆二年，许敬宗、李义府希皇后之旨，诬奏瑗与褚遂良潜谋不轨，左授瑗振州刺史，四年，卒于官。（第2740—2742页）
③ 《旧唐书·许敬宗传》，第2763页。
④ 《旧唐书·许敬宗传》，第2763页。
⑤ 《旧唐书·李义府传》，第2766页。
⑥ 《旧唐书·李义府传》，第2767页。

北周、杨隋及唐初之将相旧家之政权尊位遂不得不为此新兴之阶级所攘夺替代。故武周之代李唐，不仅为政治之变迁，实亦社会之革命。"①《通典·选举典》亦谓："初，国家自显庆以来，高宗圣躬多不康，而武太后任事，参决大政，与天子并。太后颇涉文史，好雕虫之艺，永隆中始以文章选士。及永淳之后，太后君临天下二十余年，当时公卿百辟无不以文章达，因循遂久，浸以成风。以至于开元、天宝之中……太平君子唯门调户选，征文射策，以取禄位，此行己立身之美者也。父教其子，兄教其弟，无所易业，大者登台阁，小者仕郡县，资身奉家，各得其足，五尺童子，耻不言文墨焉。是以进士为士林华选，四方观听，希其风采，每岁得第之人，不浃辰而周闻天下，故忠贤隽彦、韫才毓行者咸出于是，而桀奸无良者或有焉。故是非相陵，毁称相腾，或扇结钩党，私为盟歇，以取科第，而声名动天下，或钩撷隐匿，嘲为篇咏，以列于道路，迭为谈訾，无所不至焉。"②不论陈寅恪先生对科举取士是一场社会革命的论断正确与否，武则天重用"文章之士"改变初唐政治格局的效果确实是很显著的。

　　与此相关联的，是李义府的重修《氏族志》。《旧唐书·李义府传》记载："初，贞观中，太宗命吏部尚书高士廉、御史大夫韦挺、中书侍郎岑文本、礼部侍郎令狐德棻等及四方士大夫谙练门阀者修《氏族志》，勒成百卷，升降去取，时称允当，颁下诸州，藏为永式。义府耻其家代无名，乃奏改此书，专委礼部郎中孔志约、著作郎杨仁卿、太子洗马史玄道、太常丞吕才重修。志约等遂立格云：'皇朝得五品官者，皆升士流。'于是兵卒以军功致五品者，尽入书限，更名为《姓氏录》。由是搢绅士大夫多耻被甄叙，皆号此书为'勋格'。义府仍奏收天下《氏族志》本焚之。关东魏、齐旧姓，虽皆沦替，犹相矜尚，自为婚姻。义府为子求婚不得，乃奏陇西李等七家，不得相与为婚。"③重修《氏族志》，是用国家颁布志书的形式，承认了以武则天当政时期的职位和品位为认定"士流"的标准，而对以门第相尚，实则政治地位已经"沦替"的"关东魏、齐旧姓"是一种否定，客观上起到了巩固武则天拔擢的代表先进文化和更高治国能力的

① 陈寅恪《陈寅恪集·唐代政治史略稿》，三联书店2001年版，第202页。
② 《通典·选举·历代制下》，第357—358页。
③ 《旧唐书·李义府传》，第2769页。

"文章之士"的政治地位,是唐朝走向经济和文化更加繁荣的盛世局面的政治保证①。

　　不过,也许受传统政治伦理和史学观念的影响,《旧唐书》对许敬宗、李义府的评价都不高,这当然是与他们依附武则天打击关陇和山东旧贵族有关,而《旧唐书》列传又基本为唐人所作②。《新唐书》褒贬的观念更严,将许敬宗、李义府置于《奸臣传》中。所以,两唐书对许敬宗、李义府多有非议,把他俩描绘为史学上的虚美隐恶之徒、政治上的投机攀附分子、品德上的见利忘义之徒。

　　《旧唐书·许敬宗传》云:"敬宗自掌知国史,记事阿曲。初,虞世基与敬宗父善心同为宇文化及所害,封德彝时为内史舍人,备见其事,因谓人曰:'世基被诛,世南匍匐而请代;善心之死,敬宗舞蹈以求生。'人以为口实,敬宗深衔之,及为德彝立传,盛加其罪恶。敬宗嫁女与左监门大将军钱九陇,本皇家隶人,敬宗贪财与婚,乃为九陇曲叙门阀,妄加功绩,并升与刘文静、长孙顺德同卷。敬宗为子娶尉迟宝琳孙女为妻,多得赂遗,及作宝琳父敬德传,悉为隐诸过咎。太宗作《威凤赋》以赐长孙无忌,敬宗改云赐敬德。"③传末的"史臣曰"更说:"许高阳武德之际,已为文皇入馆之宾,垂三十年,位不过列曹尹;而马周、刘洎起羁旅徒步,六七年间,皆登宰执。考其行实,则高阳之文学宏奥,周、洎无以过之,然而太宗任遇相殊者,良以高阳才优而行薄故也。及属嗣君冲暗,嬖妾奸邪,阿附豺狼,窥图权轴,人之凶险,一至于斯。仲尼所谓:'虽有周公之才,不足观也。'"④

　　《旧唐书·李义府传》则谓:"府貌状温恭,与人语必嬉怡微笑,而褊

----

① 唐人对武则天和李义府重修《氏族志》皆持否定态度,如柳宗元云:"古者姓氏,特以别生分类,贤否之泾渭,初不由此。尊尚姓氏,始于魏之太和。齐据河北,推重崔、卢。梁、陈在江南,首先王、谢。至江东士人,争尚阀阅,卖婚求财,汩丧廉耻。唐家一统,当一洗而新之,奈何文皇帝以陇西旧族矜夸其臣,以房、魏之贤,英公之功,且区区结婚于山东之世家。贞观之世,冠冕高下,虽稍序定,许敬宗以不叙武后世,李义府耻其家无名,复从而紊乱。黜陟废置,皆不由于贤否,但以姓氏升降去留,定为荣辱。衰宗落谱,昭穆所不齿者,皆称禁婚,民俗安知礼义忠信为何物耶?"见《柳宗元集·永州铁炉步志》,中华书局1979年版,第755页。
② 《旧唐书》本纪高祖至代宗部分,基本脱胎于吴兢、韦述等《唐书》帝纪。人物列传部分,一是根据吴兢、韦述《唐书》中的传记逐录或排编。韦述《唐书》编成以后的人物,后晋史官多据各帝实录进行剪裁。武宗以下人物,多采用贾纬《唐年补遗录》撰成。
③ 《旧唐书·许敬宗传》,第2763—2764页。
④ 《旧唐书·李湛传》,第2772页。

忌阴贼。既处权要,欲人附己,微忤意者,辄加倾陷。故时人言义府笑中有刀,又以其柔而害物,亦谓之'李猫'。"又说:"义府本无藻鉴才,怙武后之势,专以卖官为事。铨序失次,人多怨讟。""义府入则诌言自媚,出则肆其奸宄,百僚畏之,无敢言其过者。"① 所以当李义府因"窥觇灾眚,阴怀异图"和卖官鬻爵得罪后,"义府次子率府长史洽、千牛备身洋、子婿少府主簿柳元贞等,皆凭恃受赃,并除名长流延州。朝野莫不称庆,时人为之语曰:'今日巨唐年,还诛四凶族。'四凶者,谓洽及柳元贞等四人也"②。

上述例证都是汉唐时期的统治者对社会歌谣风议的积极反应。但是,统治者对歌谣风议所采取的态度和措施不仅取决于当时的政治环境和社会局势,还受统治者个人的因素、受统治集团的政治属性之影响。正因如此,统治者对歌谣风议,特别是一些影响社会安定的政治和社会性讹谣和流言,常常会采取限制或打击的反制措施。

三　汉唐时期对歌谣风议的管控与反制

汉唐时期讹谣和流言的传播,就其积极方面来说,在某种意义上可以起到沟通社会舆论、传播社会信息的作用,在中国古代缺乏官民沟通和互动的机制下,这无疑有利于普通民众了解与其息息相关的社会事件及国家的政情和民情。但是,在绝大多数情况下,讹言和流言等社会谣言的传播,不仅在民众中造成了普遍的紧张和恐慌情绪,而且由于民众惊惶失措所造成的携妻挈子、四处逃奔等非理性行为,严重地影响了民众生活和社会正常秩序。另外,有的政治性谣言和流言还被一些原始宗教和民间巫团组织利用来号召民众,聚众起义,这也会直接威胁到政府的权威和统治。因此,在汉唐的统治者看来,不加限制地任由社会讹言和流言在社会上传播的危害性是不言而喻的。因此,在中国历史上,自先秦时期以来,统治者对社会讹言和流言的态度及反制措施都是非常严厉的。

《周礼·地官上·大司徒》记载:"以乡八刑纠万民:一曰不孝之刑,二曰不睦之刑,三曰不姻之刑,四曰不弟之刑,五曰不任之刑,六曰不恤

---

① 《旧唐书·李义府传》,第 2768 页。
② 《旧唐书·李义府传》,第 2770 页。

之刑,七曰造言之刑,八曰乱民之刑。"郑玄注曰:"纠犹割察也……造言,讹言惑众。"贾公彦疏云:"'七曰造言之刑'者,有造浮伪之言者,亦刑之……云'造言,讹言惑众'者,案《王制》'行伪而坚,言伪而辨',与此造言一也,是讹言惑众也。"① 可见,中国在先秦时期,即有感于"讹言惑众"的社会危害,对讹言和谣言的制造者加以严厉的打击。有史料可以证明,这种法令至少在秦代还得到了延续,比如《史记·高祖本纪》里就记载刘邦在攻占咸阳后,召诸县父老豪杰曰:"父老苦秦苛法久矣,诽谤者族,偶语者弃市。"而这条史料中所说的诽谤和偶语,大部分应该就是政治性歌谣或传言。《史记集解》引应劭曰:"秦禁民聚语。偶,对也。"瓒曰:"始皇本纪曰'偶语经书者弃市'。"② 这里只解释了"偶语"的含义,而未对"诽谤"的意义做出解释。据《史记·秦始皇本纪》载始皇三十四年李斯上书所说:"非博士官所职,天下敢有藏《诗》《书》、百家语者,悉诣守、尉杂烧之。有敢偶语《诗》《书》者弃市。"③ 而《史记集解》引应劭曰:"禁民聚语,畏其谤己。"④ 则所谓民众聚语与私论经书都算诽谤的内容。但《秦始皇本纪》又载秦始皇命卢生求不死之药,后卢生逃去,始皇大怒曰:"卢生等吾尊赐之甚厚,今乃诽谤我,以重吾不德也。诸生在咸阳者,吾使人廉问,或为妖言以乱黔首。"⑤ 据此则所谓诽谤又包含民间对秦始皇的流言和评论。而其后民间又流传"始皇帝死而地分"和"今年祖龙死"⑥ 等传言,可见所谓诽谤的含义是较为丰富的,除了私论经书等外,最重要的就是民间评论时政的流言和传言。因而刘邦才与秦父老约法三章,"余悉除去秦法",从而获得了民众的拥护。从这条史料中可以看出,秦代对传播讹言和流言的行为是处以极刑的,而且,相对于私论经书和民众聚语的处罚来看,传播谣言的诽谤罪是要连坐宗族的,

---

① 《十三经注疏》,第 707—708 页。
② 《史记·高祖本纪》,第 362、363 页。
③ 《史记·秦始皇本纪》,第 255 页。
④ 《史记·秦始皇本纪》,第 255 页。
⑤ 《史记·秦始皇本纪》,第 258 页。
⑥ 《史记·秦始皇本纪》记载:"三十六年,荧惑守心。有坠星下东郡,至地为石,黔首或刻其石曰'始皇帝死而地分'。始皇闻之,遣御史逐问,莫服,尽取石旁居人诛之,因燔销其石。"又载:"有人持璧遮使者曰:'为吾遗滈池君。'因言曰:'今年祖龙死。'使者问其故,因忽不见,置其璧去。"(第 259 页)

而"偶语"者,其罪则止于己身,只处置一人①。值得注意的是,刘邦虽然以废除秦代的苛法号召民众,并以诽谤罪为例说明秦法的苛酷,可是汉朝建立后,对制造"妖言"即讹言和流言的刑法却没有废除,直到东汉时期,这种刑法还存在着。当然,构成极刑的讹言和流言,大多是政治性传言,和普通的民间讹言和流言性质上存在着一定差别。

如《汉书·高后纪》载:"元年春正月,诏曰:'前日孝惠皇帝言欲除三族罪、妖言令,议未决而崩。今除之。'"对于这项决议,颜师古注曰:"罪之重者戮及三族,过误之语以为妖言,今谓重酷,皆除之。"②但是,吕后这项决定并没有得到彻底的执行,《汉书·文帝纪》记载文帝二年诏书:"古之治天下,朝有进善之旌,诽谤之木,所以通治道而来谏者也,今法有诽谤、妖言之罪,是使众臣不敢尽情,而上无由闻过失也。将何以来远方之贤良?其除之。民或祝诅上,以相约而后相谩,吏以为大逆,其有他言,吏又以为诽谤。此细民之愚,无知抵死,朕甚不取。自今以来,有犯此者勿听治。"而颜师古注曰:"高后元年诏除妖言之令,今此又有妖言之罪,是则中间曾重复设此条也。"③

在东汉时期,所谓的妖言惑众罪依然存在。《后汉书·章帝纪》载章帝二年诏:"《书》云:'父不慈,子不祗,兄不友,弟不恭,不相及也。'往者妖言大狱,所及广远,一人犯罪,禁至三属,莫得垂缨仕宦王朝。如有贤才而没齿无用,朕甚怜之,非所谓与之更始也。诸以前妖恶禁锢者,一皆蠲除之,以明弃咎之路,但不得在宿卫而已。"④关于东汉时期的妖言惑众罪的处罚案例,我们可以举出很多。《后汉书·清河孝王庆传》记载:"(安)帝所生母左姬,字小娥,小娥姊字大娥,犍为人也。初,伯父圣坐妖言伏诛,家属没官,二娥数岁入掖庭,及长,并有才色。小娥善《史书》,喜辞赋。和帝赐诸王宫人,因入清河第。"⑤左姬的伯父遭妖言之狱的连坐,左姬一家也遭受没官的处罚。谢承《后汉书·杨秉传》载:秉奏"参

---

① 《史记索引》对"偶语者弃市"解释说:"礼云'刑人于市,与众弃之',故今律谓绞刑为'弃市'是也。"(第363页)
② 《汉书·高后纪》,第96页。
③ 《汉书·文帝纪》,第118页。
④ 《后汉书·章帝纪》,第147—148页。
⑤ 《后汉书·章帝八王传·清河孝王庆传》,第1803页。

取受罪臧累亿。牂柯男子张攸,居为富室,参横加非罪,云造讹言,杀攸家八人,没入庐宅"①。张攸也是因讹言之罪导致家里八人被杀的。《三国志·魏书·刘表传》所载那位大呼"荆州将有大丧"的华容女子,也是因"言语过差"而被"县以为妖言,系狱月余"②的,显然也是东汉末年妖言罪的受害者。而据史籍记载,曹魏时期仍然存在着妖言诽谤之罪,相应刑罚依然十分苛酷。《三国志·魏书·高柔传》载:"文帝践阼,以柔为治书侍御史,赐爵关内侯,转加治书执法。民间数有诽谤妖言,帝疾之,有妖言辄杀,而赏告者。柔上疏曰:'今妖言者必戮,告之者辄赏。既使过误无反善之路,又将开凶狡之群相诬罔之渐,诚非所以息奸省讼,缉熙治道也……臣愚以为宜除妖谤赏告之法,以隆天父养物之仁。'帝不即从,而相诬告者滋甚。帝乃下诏:'敢以诽谤相告者,以所告者罪罪之。'于是遂绝。"③

事实上,从魏晋以后一直到南北朝时期,虽然有的朝代缺乏明确的历史记载,但所谓妖言诽谤之罪应该是一直都存在的。兹举两事为证。《南齐书·王奂传》记载,南齐武帝萧赜永明十一年(483),御史中丞孔稚珪弹奏雍州刺史王奂说:"王奂启录小府长史刘兴祖,虚称'兴祖扇动山蛮,规生逆谋,诳言诽谤,言辞不逊'。敕使送兴祖下都,奂虑所启欺妄,于狱打杀兴祖,诈启称自经死。"④虽然王奂以妖言诽谤的罪名把刘兴祖投入狱中并打杀致死属于诬陷和政治迫害,但这种迫害之所以能够实行,正是以妖言诽谤罪的存在为前提。《魏书·孝文帝纪》记载,孝文帝太和二十一年(498)二月"定州民王金钩讹言惑众,自称应王。丙寅,州郡捕斩之"⑤。

无论历代王朝妖言诽谤之罪的废立情况如何,有一点是可以肯定的,就是每当社会上的政治性谣言、讹言或流言造成一定的舆论影响,直接威胁到统治者的地位时,他们对谣言的制造者的处罚肯定是很严酷的。

① 周天游《八家后汉书辑注·谢承后汉书·杨秉传》,上海古籍出版社 1986 年版,第 91 页。
②《三国志·魏书·刘表传》,第 214 页。
③《三国志·魏书·高柔传》,第 684—685 页。
④《南齐书·王奂传》,第 849 页。
⑤《魏书·孝文帝纪》,第 181 页。

汉唐时期,在军队里面也有对谣言惑众的严厉处罚。《太平御览》记载唐代的《卫公兵法》说:"搴旗斩将,陷阵摧锋,上赏。破敌所得资物仆马等,并给战士。每收阵之后,裨将虞候辈收敛,付总帅均分。与敌斗,旗头被伤,救得者重赏。漏泄军事,斩之;背军逃走,斩之;后期,斩之;行列不齐、旌旗不正、金革不鸣,斩之;与敌私交通,斩之;或说道释、祈祷鬼神、阴阳卜筮、灾祥讹言以动众心,与其人往还言议,斩之;无故惊军,叫呼奔走,谬言烟尘,斩之。"①《卫公兵法》虽然是唐代的作品,但在其叙述军法时,却是远溯汉朝的,所以书中所载灾祥讹言以动众心斩之的论述,应该能够反映出汉唐时期的情况。

不过,历史上大多数的民间讹言和流言都不是政治性的,而是社会性的。即使是政治性的谣言和流言,其表述方式也是很模糊的,而且往往会通过独特的"假象寄兴"②的方式来委婉地表达其政治内涵和批评指向,因而不易为统治者很快察觉和认识清楚,所以此类讹言和流言的制造和传播者往往能够逃脱统治者的惩罚。但是,如前所述,不论是政治性谣言还是社会性谣言,都会对当时的民众生活和社会秩序产生较大的影响,对于这一点,汉唐时期的统治者的认识是很清楚的。所以,在严厉打击政治性谣言的同时,汉唐时期的各级政府和官吏也很注意对一些社会性讹言和流言进行引导或反制。

控制各种政治性和社会性谣言,除了打击、处罚以外,毫无疑问,最有效的办法就是加强对民众的引导和沟通,减弱社会讹言和流言的影响,从而增强民众拒斥谣言的观念、心理准备和信心。如采用官方辟谣的形式,就是一种促使政治谣言消失的重要方式。同时,相应改革和改

---

① 《通典·兵二》,第 3823 页。
② 我国古代的歌谣大多是以"假象寄兴"形式来表达其所指代意象的具体寓意的。"象"是《周易》中的一个概念,它含有拟象和象征的含义,如《易传·系辞》说:"是故《易》者,象也。象也者,像也……圣人有以见天下之赜,而拟诸其形容,象其物宜,是故谓之象。"后人以其作为一种研究文学特别是诗歌等文体中假象(文学语言所塑造的形象)和寄兴(所抒发的情感和愿望)关系的理论。这种关系,正如挚虞在《文章流别论》中所说:"假象尽辞,敷陈其志。"(《太平御览·文部·叙文》,第 2635 页)又如王弼所说:"夫象者,出意者也。言者,明象者也。"还如韩康伯所云:"立象所以表出其意,作其言者,显明其象……象以表意,言以尽象。"(王弼著、楼宇烈校释《王弼集校释·周易略例》,中华书局 1980 年版,第 609 页)本书认为,这种通过表象来探讨诗歌或歌谣所表达的内容的方法也很适合用来分析和解释中国古代讹谣、流言特别是那些以隐晦的语言来指斥时政的歌谣的含义。

第八章　歌谣风议与汉唐时期的官僚政治

从汉唐时期歌谣的产生、传播和以歌谣为中介的官民互动的情况，可以看出，作为一种特殊的公众舆论的歌谣风议在汉唐社会和政治生活中都有着十分重要的影响。更值得注意的是，汉唐时期的史籍中，既记载了大量的反映民众疾苦的歌谣，也反复出现过吏道乖错和官事浸耗的主题。比如《汉书·路温舒传》记载汉宣帝时期路温舒上书说："臣闻秦有十失，其一尚存，治狱之吏是也……治狱吏则不然，上下相驱，以刻为明；深者获公名，平者多后患。故治狱之吏皆欲人死，非憎人也，自安之道在人之死。是以死人之血流离于市，被刑之徒比肩而立，大辟之计岁以万数……狱吏专为深刻，残贼而亡极，谕为一切，不顾国患，此世之大贼也。故俗语曰：'画地为狱，议不入；刻木为吏，期不对。' 此皆疾吏之风，悲痛之辞也。"① 这首歌谣反映了民众对汉代狱吏专为深刻、残酷无情的痛恨。汉成帝时，御史中丞薛宣上疏说："殆吏多苛政，政教烦碎，大率咎在部刺史，或不循守条职，举错各以其意，多与郡县事，至开私门，听谗佞，以求吏民过失，谴呵及细微，责义不量力。郡县相迫促，亦内相刻，流至众庶……夫人道不通，则阴阳否鬲，和气不兴，未必不由此也。《诗》云：'民之失德，乾糇以愆。' 鄙语曰：'苛政不亲，烦苦伤恩。'"② 这首歌谣反映了汉代上至刺史、下至郡县官吏对民众的压迫与苛刻，反映了中国古代官僚制度下缺乏有效监督的各级官员 "不循守条职" 而各自为政、侵害民众利益的现象。应劭《风俗通义》记载："顷者，廷尉多墙面而苟充兹位，持书侍御史不复平议谳当纠纷，岂一事哉！里语曰：'县官漫漫，冤死者半。'"③ 这首歌谣说明昏庸的官吏对民众的巨大危害。《后汉书·五行志》载："桓帝之初，京都童谣曰：'城上乌，尾毕逋。公为吏，

---

① 《汉书·路温舒传》，第 2369—2370 页。
② 《汉书·薛宣传》，第 3386 页。
③ 《太平御览·职官部·持书侍御史》引《风俗通》，第 1074 页。

子为徒。一徒死,百乘车。车班班,入河间。河间姹女工数钱,以钱为室金为堂。石上慊慊春黄粱。梁下有悬鼓,我欲击之丞卿怒。'"范晔认为:"此皆谓为政贪也。城上乌,尾毕逋者,处高利独食,不与下共,谓人主多聚敛也……梁下有悬鼓,我欲击之丞卿怒者,言永乐主教灵帝,使卖官受钱,所禄非其人,天下忠笃之士怨望,欲击悬鼓以求见,丞卿主鼓者,亦复诣顺,怒而止我也。"① 这首歌谣反映了在贪官污吏横行,暴政、酷政肆虐的情况下,广大民众深受其害却遭受压制,哭诉无门的现象。《南史·萧恪传》载:"(萧)恪字敬则,弘雅有风则,姿容端丽。位雍州刺史。年少未闲庶务,委之群下,百姓每通一辞,数处输钱,方得闻彻。宾客有江仲举、蔡薳、王台卿、庾仲容四人,俱被接遇,并有蓄积。故人间歌曰:'江千万,蔡五百,王新车,庾大宅。'遂达武帝。帝接之曰:'主人愦愦不如客。'"② 这首歌谣反映了梁代地方官员和属吏不顾民众死活和疾苦而一味贪财纳贿的事实。总之,这类反映吏治腐败的歌谣在汉唐时期十分常见,它们所包含的产生这种现象的深层政治和社会原因,是十分值得探讨的。

反映吏治腐败和民生疾苦的歌谣特别是民谣,和汉唐的"吏道"和"官事"即当时的选举体制和官僚政治③ 存在什么样的关系? 以长时段

---

① 《后汉书·五行志》,第 3281—3282 页。
② 《南史·萧恪传》,第 1292 页。
③ 吏道在史籍中通常有两义,一为选官途径,如《史记·平准书》载,汉武帝时期置武功爵:"诸买武功爵官首者试补吏,先除;千夫如五大夫;其有罪又减二等;爵得至乐卿;以显军功。"由此"军功多用越等,大者封侯卿大夫,小者郎吏。吏道杂而多端,则官职耗废"(第 1423页)。目前学者们的研究多从此义入手,如赵光怀《论汉代"吏道"》(《河南师范大学学报》,2002 年第 4 期)一文就是探讨汉代官员仕进途径的。吏道另外一义为为官或为吏之道,如《汉书·薛宣传》载,薛宣的儿子薛惠"为彭城令,(薛)宣从临淮迁至陈留,过其县,桥梁邮亭不修。宣心知惠不能,留彭城数日,案行舍中,处置什器,观视园菜,终不问惠以吏事。惠自知治县不称宣意,遣门下掾送宣至陈留,令掾进见,自从其所问宣不教戒惠吏职之意。宣笑曰:'吏道以法令为师,可问而知。及能与不能,自有资材,何可学也?'众人传称,以宣言为然"(第 3397 页)。本书所讲吏道在此两义基础上既有所保留,又有所引申,其含义既指汉唐时期的官吏选举途径和制度,也指官吏在位期间的作为和表现。官事在史籍中通常指公事,如《史记·殷本纪》说:"曹圉卒,子冥立。"《史记集解》引宋忠的话解释说:"冥为司空,勤其官事,死于水中,殷人郊之。"(第 92 页)《汉书·游侠传·陈遵传》载,杜陵人陈遵为河南太守,"既至官……召善书吏十人于前,治私书谢京师故人。遵冯几,口占书吏,且省官事"(第 3711 页)。上述两例中的"官事"一词,就是指行政事务。另外,官事还有一个很重要的含义为官僚政治和政府统治。如《史记·酷吏传》载太史公曰:"自郅都、杜周十人者,此皆以酷烈为声。然郅都伉直,引是非,争天下大体。张汤以知阴阳,人主与俱上下,时(转下页)

的观点来看,汉唐时期歌谣之所以产生和发生影响的最重要的制度性和社会性根源是什么?

　　就史籍中所提供的大量史料而言,汉唐时期歌谣产生和发生影响的最根本的原因乃是在于当时的各级政府和官吏的施政对民众生活造成的影响,而这一切显然与汉唐时期的官僚政治存在着密切的关系。具体而言,汉唐时期的选官猥滥及贪官酷吏对民众利益的侵害,是历史上很多时政歌谣产生的主要原因。与此相对应的,则是民众对一部分尚德爱民的官吏的赞美,这也是汉唐时期歌谣产生的一个重要原因。

　　《后汉书·刘瑜传》载,延熹八年,太尉杨秉举贤良方正,至京师上书陈事曰:"臣在下土,听闻歌谣,骄臣虐政之事,远近呼嗟之音,窃为辛楚,泣血涟如。幸得引录,备答圣问,泄写至情,不敢庸回。诚愿陛下且以须臾之虑,览今往之事,人何为咨嗟,天曷为动变。"[1] 南朝著名文学家谢灵运的《撰征赋》里说:"降俊明以镜鉴,回风猷以昭宣。道既底于国难,惠有覃于黎元。士颂歌于政教,民谣咏于渥恩。兼《采芑》之致美,协《汉广》之发言。"[2] 这两则史料告诉我们,中国古代的歌谣所反映的内容,主要有两类:其一是对生活困苦和社会灾难的呼号和批判;其二是对生活富足和社会安定的感恩与赞美。这两类歌谣都和官府的"政教"分不开,所谓"骄臣虐政之事,远近呼嗟之音"和"士颂歌于政教,民谣咏于渥恩"就很典型地概括出了民间歌谣与汉唐时期官僚政治之间的密切关系。当然,上面所讲歌谣与官僚政治的关系只是从制度层面来看的。但是,相对于中国古代的政治现实而言,一切政治制度只不过是权力结构和社会秩序的稳定化形式,在具体的层面上,还要由各级官吏及其行政措施表现出来。具体到歌谣与官僚政治的关系来说,历史上许多对循吏的赞美和对酷吏的批评歌谣都是对这种关系的典型的表达形式。

（接上页）数辩当否,国家赖其便。赵禹时据法守正。杜周从谀,以少言为重。自张汤死后,网密,多诋严,官事浸以耗废。"(第 3154 页)《晋书·卫瓘传》引崔瑗作《草书势》曰:"书契之兴,始自颉皇。写彼鸟迹,以定文章。爰暨末叶,典籍弥繁。时之多僻,政之多权。官事荒芜,剿其墨翰。"(第 1066 页)本文中官事用此义。

[1]《后汉书·刘瑜传》,第 1855 页。

[2]《宋书·谢灵运传》,第 1751 页。

第一节　吏道与民谣：循吏和酷吏的典型意义

我国汉唐时期的历史典籍中，记载了很多民众对当时官吏赞美或批评的歌谣，这足以证明汉唐歌谣风议与当时官僚制度之间的密切关系。

先看两汉时期。《汉书·沟洫志》载：史起为邺令，引漳水溉邺，以富魏之河内。民歌之曰："邺有贤令兮为史公，决漳水兮灌邺旁，终古舄卤兮生稻粱。"① 《汉书·冯立传》载："立居职公廉，治行略与野王相似，而多知有恩贷，好为条教。吏民嘉美野王、立相代为太守，歌之曰：'大冯君，小冯君，兄弟继踵相因循，聪明贤知惠吏民，政如鲁、卫德化钧，周公、康叔犹二君。'后……更历五郡，所居有迹。年老卒官。"② 《后汉书·岑彭传》载："（岑熙）少为侍中、虎贲中郎将，朝廷多称其能。迁魏郡太守，招聘隐逸，与参政事，无为而化。视事二年，舆人歌之曰：'我有枳棘，岑君伐之。我有蟊贼，岑君遏之。狗吠不惊，足下生牦。含哺鼓腹，焉知凶灾？我喜我生，独丁斯时。美矣岑君，於戏休兹！'"③ 《后汉书·贾琮传》载：交阯官员多以聚敛为务，民不聊生，聚为盗贼。贾琮担任刺史后，"即移书告示，各使安其资业，招抚荒散，蠲复徭役，诛斩渠帅为大害者，简选良吏试守诸县，岁间荡定，百姓以安。巷路为之歌曰：'贾父来晚，使我先反；今见清平，吏不敢饭。'在事三年，为十三州最，征拜议郎"④。《后汉书·延笃传》载："（延笃）迁左冯翊，又徙京兆尹，其政用宽仁，忧恤民黎，擢用长者，与参政事，郡中欢爱，三辅咨嗟焉。先是陈留边凤为京兆尹，亦有能名，郡人为之语曰：'前有赵张三王，后有边延二君。'"⑤

魏晋南北朝时期，这类的歌谣更为多见。如《晋书·良吏传》载："（邓攸）在郡刑政清明，百姓欢悦，为中兴良守。后称疾去职。郡常有送迎钱数百万，攸去郡，不受一钱。百姓数千人留牵攸船，不得进，攸乃小停，夜中发去。吴人歌之曰：'纺如打五鼓，鸡鸣天欲曙。邓侯拖不留，谢

---

① 《汉书·沟洫志》，第 1677 页。
② 《汉书·冯立传》，第 3305 页。
③ 《后汉书·岑彭传》，第 663 页。
④ 《后汉书·贾琮传》，第 1112 页。
⑤ 《后汉书·延笃传》，第 2103—2104 页。

令推不去。'"①《梁书·丘仲孚传》记载,丘仲孚为曲阿令,值王敬则谋反来攻,"敬则军至,值渎涸,果顿兵不得进,遂败散。仲孚以距守有功,迁山阴令,居职甚有声称,百姓为之谣曰:'二傅沈刘,不如一丘。'前世傅琰父子、沈宪、刘玄明,相继宰山阴,并有政绩,言仲孚皆过之也"②。《南史·陆襄传》载,中大通六年(534)陆襄为鄱阳内史,大同元年(535),郡人鲜于琮聚众谋反,攻略郡县,"襄先已率人吏修城隍为备,及贼至破之,生获琮。时邻郡豫章、安成等守宰案其党与,因求货贿,皆不得其实。或有善人尽室罹祸,唯襄郡枉直无滥。人作歌曰:'鲜于抄后善恶分,人无横死赖陆君。'又有彭、李二家,先因忿争,遂相诬告。襄引入内室,不加责诮,但和言解喻之。二人感恩,深自悔咎。乃为设酒食令其尽欢,酒罢同载而还,因相亲厚。人又歌曰:'陆君政,无怨家。斗既罢,仇共车。'在政六年,郡中大宁"③。《魏书·裴延俊传》载:裴延俊担任幽州刺史的时候,因地制宜,兴修水利,"溉田百万余亩,为利十倍,百姓至今赖之。又命主簿郦恽修起学校,礼教大行,民歌谣之。在州五年,考绩为天下最"④。《北史·元淑传》载:"赞弟淑,字买仁……孝文时,为河东太守。河东俗多商贾,罕事农桑,人至有年三十不识耒耜。淑下车劝课,躬往教示,二年间,家给人足,为之谣曰:'泰州河东,杼柚代春。元公至止,田畴始理。'"⑤《北史·崔伯谦传》载天保初崔伯谦任济北太守时:"恩信大行,富者禁其奢侈,贫者劝课周给。县公田多沃壤,伯谦咸易之以给人。又改鞭,用熟皮为之,不忍见血,示耻而已。朝贵行过郡境,问人太守政何似?对曰:'府君恩化,古者所无。'诵人为歌曰:'崔府君,能临政。退田易鞭布威德,人无争。'客曰:'既称恩化,何因复威?'对曰:'长吏惮其威严,人庶蒙其恩惠,故兼言之。'"⑥《北史·裴侠传》载,裴侠出任河北郡守的时候,躬履俭素,爱民如子,时"有丁三十人,供郡守役,侠亦不以入私,并收庸直,为市官马。岁月既积,马遂成群。去职之日,一无所

---

① 《晋书·良吏传·邓攸传》,第 2340 页。
② 《梁书·良吏传·丘仲孚传》,第 771 页。
③ 《南史·陆襄传》,第 1198—1199 页。
④ 《魏书·裴延俊传》,第 1529 页。
⑤ 《北史·元淑传》,第 573 页。
⑥ 《北史·崔伯谦传》,第 1162 页。

取。人歌曰：'肥鲜不食，丁庸不取；裴公贞惠，为世规矩。'侠尝与诸牧守俱谒周文，周文命侠别立，谓诸牧守曰：'裴侠清慎奉公，为天下之最。'令众中有如侠者，可与之俱立。众皆默然，无敢应者。周文乃厚赐侠，朝野服焉，号为'独立使君'"①。

汉唐时期关于酷吏和贪官的歌谣也很多见。《后汉书·樊晔传》载："隗嚣灭后，陇右不安，乃拜晔为天水太守。政严猛，好申韩法，善恶立断。人有犯其禁者，率不生出狱，吏人及羌胡畏之。道不拾遗……凉州为之歌曰：'游子常苦贫，力子天所富。宁见乳虎穴，不入冀府寺。大笑期必死，忿怒或见置。嗟我樊府君，安可再遭值！'"②《资治通鉴》载，西晋永嘉中王浚把持朝政，酷虐无道，"于是士民骇怨，而浚矜豪日甚，不亲政事，所任皆苛刻小人，枣嵩、朱硕，贪横尤甚。北州谣曰：'府中赫赫，朱丘伯；十囊、五囊，入枣郎。'调发殷烦，下不堪命，多叛入鲜卑"③。《南史·王莹传》载梁武帝时期王莹为左光禄大夫、开府仪同三司、丹阳尹："既为公，须开黄阁。宅前促，欲买南邻朱侃半宅。侃惧见侵，货得钱百万，莹乃回阁向东。时人为之语曰：'欲向南，钱可贪；遂向东，为黄铜。'"④《魏书·皇后传》记载："（北魏宣武帝灵皇后胡氏）幸左藏，王公、嫔、主已下从者百余人，皆令任力负布绢，即以赐之，多者过二百匹，少者百余匹。唯长乐公主手持绢二十匹而出，示不异众而无劳也。世称其廉。仪同、陈留公李崇，章武王融并以所负过多，颠仆于地，崇乃伤腰，融至损脚。时人为之语曰：'陈留、章武，伤腰折股。贪人败类，秽我明主。'"⑤这首歌谣反映了北魏大臣爱财如命的丑恶嘴脸。《北齐书·厍狄士文传》载，厍狄士文是北朝知名的酷吏，在隋初任贝州刺史时："至州，发摘奸吏，尺布斗粟之赃，无所宽贷，得千人奏之，悉配防岭南。亲戚相送，哭声遍于州境。至岭南，遇瘴疠死者十八九，于是父母妻子唯哭士文。士文闻之，令人捕搦，捶楚盈前，而哭者弥甚。司马京兆韦焜、清河令河东赵达二人并苛刻，唯长史有惠政，时人语曰：'刺史罗刹政，司马

---

① 《北史·裴侠传》，第 1401 页。
② 《后汉书·酷吏传·樊晔传》，第 2491 页。
③ 《资治通鉴·晋纪》愍帝建兴元年，第 2804 页。
④ 《南史·王莹传》，第 622 页。
⑤ 《魏书·宣武灵皇后胡氏传》，第 338—339 页。

蝮蛇瞋,长史含笑判,清河生吃人。'上闻,叹曰:'士文暴过猛兽。'竟坐免。"① 总之,汉唐时期贪虐苛酷的官吏是十分常见的。

不过,上述歌谣所涉及的官吏,除一部分中央高级官员外,主要可以归结为两种类型,一种是在任时注意发展经济或兴办教育,造福一方民众;另一种则是对百姓严刑峻法或严重剥削,对民众生活造成极大的侵害。这两种官吏,在我国古代的史书中有专门的术语称之,即循吏和酷吏。

循吏和酷吏,是自《史记》和《汉书》为这两类官吏立传以来我国古代正史中所确定的两种官员类型。司马迁在《史记》中第一次为所谓的"循吏"作传。《史记索隐》开宗明义地解释所谓循吏:"本法循理之吏也",而司马迁对循吏的定义是:"奉法循理之吏,不伐功矜能,百姓无称,亦无过行"②,"不教而民从其化,近者视而效之,远者四面望而法之"。因此司马迁认为:"法令所以导民也,刑罚所以禁奸也。文武不备,良民惧然身修者,官未曾乱也。奉职循理,亦可以为治,何必威严哉?"③ 可见,司马迁认为循吏的标准在于谨守成法,无为而化,最根本的一点是不要侵扰百姓,这颇具有黄老之道的色彩。班固在《汉书》中所认定的循吏在内涵上和司马迁所讲虽然有所不同,但大体上还是一脉相承的。他说:"汉兴之初,反秦之敝,与民休息,凡事简易,禁罔疏阔,而相国萧、曹以宽厚清静为天下帅,民作画一之歌。孝惠垂拱,高后女主,不出房闼,而天下晏然,民务稼穑,衣食滋殖。至于文景,遂移风易俗。是时循吏如河南守吴公、蜀守文翁之属,皆谨身帅先,居以廉平,不至于严,而民从化。"④ 这是班固讲汉初的情况,这点他与司马迁对循吏的认识并无二致。可是,班固又在《汉书·循吏传》里记载:"(龚遂)至渤海界,郡闻新太守至,发兵以迎,遂皆遣还,移书敕属县悉罢逐捕盗贼吏。诸持锄钩田器者皆为良民,吏无得问,持兵者乃为盗贼。遂单车独行至府,郡中翕然,盗贼亦皆罢。渤海又多劫略相随,闻遂教令,即时解散,弃其兵弩而持钩锄。盗贼于是悉平,民安土乐业。遂乃开仓廪假贫民,选用良吏,尉安牧

① 《北齐书·厍狄士文传》,第 199 页。
② 《史记·太史公自序》,第 3317 页。
③ 《史记·循吏列传》,第 3099—3100 页。
④ 《汉书·循吏传序》,第 3623 页。

养焉。……乃躬率以俭约,劝民务农桑,令口种一树榆、百本薤、五十本葱、一畦韭,家二母彘、五鸡。民有带持刀剑者,使卖剑买牛,卖刀买犊,曰:'何为带牛佩犊!'春夏不得不趋田亩,秋冬课收敛,益蓄果实菱芡。劳来循行,郡中皆有畜积,吏民皆富实。狱讼止息。"① 在这里,班固刻画的龚遂这一官员形象已经由"无为"转为"有为",通过不懈的努力造福一方百姓。这其实可以说是班固对汉代循吏的典型看法。从龚遂的事迹中我们也可以看出,班固意中的循吏,应该是既关心百姓的疾苦,爱惜民力,注意发展地方经济,改善民众生活,又重视教化,崇尚德治。这就是典型的儒家思想里的为官之道了。

　　前、后《汉书》中表彰循吏的例证有很多。重视民生和发展农业经济方面,如颍川太守黄霸"使邮亭乡官皆畜鸡豚,以赡鳏寡贫穷者。然后为条教,置父老师帅伍长,班行之于民间,劝以为善防奸之意,及务耕桑,节用殖财,种树畜养,去食谷马"②;南阳太守召信臣"为人勤力有方略,好为民兴利,务在富之。躬劝耕农,出入阡陌,止舍离乡亭,稀有安居时。行视郡中水泉,开通沟渎,起水门提阏凡数十处,以广溉灌,岁岁增加,多至三万顷。民得其利,畜积有余。信臣为民作均水约束,刻石立于田畔,以防分争。禁止嫁娶送终奢靡,务出于俭约"③;山阳太守秦彭"兴起稻田数千顷,每于农月,亲度顷亩,分别肥塉,差为三品,各立文簿,藏之乡县。于是奸吏跼蹐,无所容诈"④。重视社会教化方面,如黄霸"力行教化而后诛罚,务在成就全安长吏"⑤;卫飒为桂阳太守,"郡与交州接境,颇染其俗,不知礼则。飒下车,修庠序之教,设婚姻之礼。期年间,邦俗从化"⑥;山阳太守秦彭"以礼训人,不任刑罚。崇好儒雅,敦明庠序。每春秋飨射,辄修升降揖让之仪。乃为人设四诫,以定六亲长幼之礼。有遵奉教化者,擢为乡三老,常以八月致酒肉以劝勉之"⑦。兹不一一列举。

　　《论语·子路》中有一个故事,很好地表达了儒家的治国和为官之

①《汉书·循吏传·龚遂传》,第3639—3640页。
②《汉书·循吏传·黄霸传》,第3629页。
③《汉书·循吏传·召信臣传》,第3642页。
④《后汉书·循吏传·秦彭传》,第2467页。
⑤《汉书·循吏传·黄霸传》,第3631页。
⑥《后汉书·循吏传·卫飒传》,第2459页。
⑦《后汉书·循吏传·秦彭传》,第2467页。

道："子适卫，冉有仆。子曰：'庶矣哉！'冉有曰：'既庶矣，又何加焉？'曰：'富之。'曰：'既富矣，又何加焉？'曰：'教之。'"①联系这样的儒家学说，再来概括司马迁和班固所认为的循吏之道②的典型特点，基本上可以用庶、富、教、安四个字来概括。在这里，庶是一个隐含的但十分重要的前提③，富是经济和民生方面的要求，教是礼仪教化和文化建设的要求，安则是对社会秩序方面的要求。一位地方官只有在这四个方面做好了，所辖境内达到民多而富，既教且安，才可以称为循吏。

与循吏相对应的是酷吏。酷吏的标准在《史记》和《汉书》中似乎并没有什么根本的差异。司马迁在历数了汉代的酷吏后说："自郅都、杜周十人者，此皆以酷烈为声。然郅都伉直，引是非，争天下大体。张汤以知阴阳，人主与俱上下，时数辩当否，国家赖其便。赵禹时据法守正。杜周从谀，以少言为重。自张汤死后，网密，多诋严，官事浸以耗废。九卿碌碌奉其官，救过不赡，何暇论绳墨之外乎！然此十人中，其廉者足以为仪表，其污者足以为戒，方略教导，禁奸止邪，一切亦皆彬彬质有其文武焉。虽惨酷，斯称其位矣。至若蜀守冯当暴挫，广汉李贞擅磔人，东郡弥仆锯项，天水骆璧推咸，河东褚广妄杀，京兆无忌、冯翊殷周蝮鸷，水衡阎奉朴击卖请，何足数哉！何足数哉！"④班固在《汉书·酷吏传》文后

①　何晏注、邢昺疏《论语注疏·子路》，《十三经注疏》，第2507页。
②　循吏之道的说法，见严可均辑《全后汉文·汉故司隶校尉忠惠父鲁君碑》："君讳峻，字仲严，山阳昌邑人……君……体纯和之德，秉仁义之操，治《鲁诗》，兼通《颜氏春秋》，博览群书，无物不刊，学为儒宗，行为士表，汉口始住，佐职牧守，敬恪恭俭，州里归称。举孝廉，除郎中、谒者、河内大守丞。丧父如礼，辟司徒府，举高第侍御史东郡顿丘令，视事四年，比纵豹、产，化行如流。迁九江大守，口残酷之刑，行循吏之道，统政口载，穆若清风，有黄霸、召信臣在颍南之歌。"（第1025页）
③　庶，即保持和增殖人口，这虽然只是汉代循吏标准的一个隐含的前提，但却是十分重要的方面。因为促进人口的增长，也是中国古代地方官吏的重要任务。如《后汉书·百官志》注引胡广曰："秋冬岁尽，各计县户口垦田，钱谷入出，盗贼多少，上其集簿。"（第3623页）汉代地方官员上计包含人口的指标，就是一个最为简明的例证。出土的汉成帝时期东海郡郡府的文书档案《尹湾汉简》的《集簿》部分就记载说，当时东海郡"户廿六万六千二百九十，多前二千六百廿九。其户万一千六百六十二，获流口百卅九万七千三百五十三……男子七十万六千六十四人，女子六十八万八千一百卅二人。女子多前七千九百廿六。"这显示了东海郡一年来户口增加的具体数目，文中将男女总数分别统计，并特别注明了女子"多前"和"获流"的情况，其意即在显示东海郡政府在鼓励人口增殖和安置流民方面的工作成绩（连云港市博物馆等编《尹湾汉墓简牍》，中华书局1997年版，第77—78页）。这说明，汉代的地方官吏的确是把人口指标当作自己政绩的一个重要方面来上报朝廷，以求封赏的。
④　《史记·酷吏列传》，第3154页。

的议论几乎与司马迁的观点全同,可见二人对酷吏的看法是一致的。就《史》《汉》诸书来看,虽然司马迁和班固都对郅都、杜周等酷吏严格执法、打击不法之徒的行为加以肯定,但他们对汉代酷吏的整体评价基本是负面的。如《史记》称宁成"好气,为人小吏,必陵其长吏;为人上,操下如束湿薪,滑贼任威"①;周阳由"最为酷暴骄恣。所爱者,挠法活之;所憎者,曲法诛灭之。所居郡,必夷其豪;为守,视都尉如令;为都尉,必陵太守,夺之治"②。《汉书》说王温舒"善事有势者,即无势者,视之如奴。有势家,虽有奸如山,弗犯;无势者,贵戚必侵辱"③;咸宣"治主父偃及治淮南反狱,所以微文深诋,杀者甚众,称为敢决疑"④;严延年"众人所谓当死者,一朝出之;所谓当生者,诡杀之。吏民莫能测其意深浅,战栗不敢犯禁。桉其狱,皆文致不可得反"⑤。所以,《汉书》说:"上替下陵,奸轨不胜,猛政横作,刑罚用兴。曾是强圉,掊克为雄,报虐以威,殃亦凶终。"⑥《后汉书》说:"故临民之职,专事威断,族灭奸轨,先行后闻。肆情刚烈,成其不桡之威;违众用己,表其难测之智。至于重文横入,为穷怒之所迁及者,亦何可胜言!"⑦更为严重的是,官吏以酷虐临民,所造成的民间恐怖氛围和激起的民怨,都足以造成"官事浸以耗废",从根本上动摇国家的统治基础。

但是,循吏在历史上之所以被赞美和崇敬,正说明这类官吏在古代是如何之少,所以历代史书对其事迹无不毕载,对这些赞美性的歌谣更是多方采择,近乎每事必书。而历史上施政极端酷虐的酷吏确属少见,更多的则是历代可见的数目庞大的贪官污吏,他们虽无酷吏之名,但却行酷吏之实,他们对民众的疯狂掠夺和横征暴敛对百姓所造成的侵害丝毫不逊色于酷吏。因此,就中国古代官吏的情况而论,除了占大多数的普通官吏以外,余下的官吏基本上可以纳入循吏和酷吏两种类型。而

---

① 《史记·酷吏列传》,第 3134 页。
② 《史记·酷吏列传》,第 3135 页。
③ 《汉书·酷吏传·王温舒传》,第 3657 页。
④ 《汉书·酷吏传·咸宣传》,第 3661 页。
⑤ 《汉书·酷吏传·严延年传》,第 3669 页。
⑥ 《汉书·叙传下》,第 4266。
⑦ 《后汉书·酷吏传·序》,第 2487 页。

且,就中国古代官吏对民众和社会的影响及其在人们心目中留下的历史印象来说,这两种官吏相对于历史上大多数默默无闻的普通官吏来说,更具有代表性和典型性。而历史上循吏和酷吏的施政行为及其影响,基本上可以代表我国古代官僚政治对民生和社会所造成的积极和消极影响两个方面。因此,从这个角度来研究和分析汉唐歌谣风议与官僚政治的关系,就具有特别典型的意义。

第二节　亲民之吏与百姓之本:德政传统与歌谣风议

汉唐时期严整系统的地方行政建制和官僚体系的组织结构和人员构成,严耕望先生在《中国地方行政制度史》的《两汉地方行政制度》和《魏晋南北朝地方行政制度》①中已经有极为深刻和清楚的论述,无须再重复这些内容。本书拟通过一些具体的例证来探讨一下汉唐时期各级官吏的重要性和统治者对他们的道德冀望与行政期待,以及这种冀望和期待的现实成效。

需要说明的是,虽然在本书中常常以"官吏"一词作为汉唐时期各级官员的通称,可是正如治史者所习知的那样,官和吏在中国古代的史籍和官僚制度中实际上是既有联系又有区别的两个概念。官的概念,如果按照《礼记正义》孔颖达疏的说法,则"其诸侯以下,及三公至士,总而言之,皆谓之官。官者,管也,以管领为名,若指其所主,则谓之职,故《周礼》云'设官分职'"②。而本书所谈的官僚体系中的吏的概念,即如《说文》中所云:"吏,治人者也",属于官僚统治阶层中的一部分成员。如果以《汉书·百官公卿表》的划分为依据,那么吏只是对职位低微的官员的称呼,其量化的标准,大体上则是"秩四百石至二百石,是为长吏。百石以下有斗食、佐史之秩,是为少吏"③。可见,官和吏作为政府的官员,虽然存在权位和职责的差异,但是在临民视事和作为官僚集团的一分子

---

① 参见严耕望《中国地方行政制度史》甲部、乙部,台湾"中央研究院"历史语言研究所1990年版。
② 郑玄注、孔颖达疏《礼记正义·王制第五》,第1322页。
③ 《汉书·百官公卿表》上,第742页。

的性质上则是相同的①。因此，除非在特别的论述汉唐时期官吏的不同入仕途径的部分，本书在论述汉唐官僚政治的大部分内容里，都把官吏和官僚作为同一概念。

历史文献和学者们的研究都告诉我们，以州刺史、郡太守（汉代则还有郡国守相）、县令、乡长（亭长）和里长为主体的、辅以各级行政组织内功曹掾属等官吏群体，大体上构成了汉唐时期官僚组织的基本结构。在这个结构体系中，不同等级的官僚虽然权责不同，但却各有其独特的不可替代的重要性。关于这一点，汉唐时期的统治者们的认识是很清楚的。

郡县治，天下安，基层行政组织的官吏及其施政，是关涉天下安定、民众安居的关键。《汉书·循吏传序》称："及至孝宣，由仄陋而登至尊，兴于闾阎，知民事之艰难。自霍光薨后始躬万机，厉精为治，五日一听事，自丞相已下各奉职而进。及拜刺史守相，辄亲见问，观其所由，退而考察所行以质其言，有名实不相应，必知其所以然。常称曰：'庶民所以安其田里而亡叹息愁恨之心者，政平讼理也。与我共此者，其唯良二千石乎！'以为太守，吏民之本也。数变易则下不安，民知其将久，不可欺罔，乃服从其教化。故二千石有治理效，辄以玺书勉厉，增秩赐金，或爵至关内侯，公卿缺则选诸所表以次用之。是故汉世良吏，于是为盛，称中兴焉。"②曹魏时期，何曾上魏明帝疏请隐核郡守疏说："臣闻为国者以清静为基，而百姓以良吏为本……郡守之权虽轻，犹专任千里，比之于古，则列国之君也。上当奉宣朝恩，以致惠和，下当兴利而除其害。得其人则可安，非其人则为患。故汉宣称曰：'百姓所以安其田里，而无叹息愁恨之心者，政平讼理也。与我共此者，其惟良二千石乎！'此诚可谓知政

---

① 当然，在东晋南朝时期，还有一类为国家直接控制的称为"吏"的民户，属于国家的依附民。另外，在魏晋南北朝时期，在官府服役之人有时也冠以"吏"名，属于役吏的性质。这两类吏在原则上均不属于本文研究所包括的范畴。关于这两类吏的性质和情况，可参看曹文柱《略论东晋南朝时期的"吏"民》（《北京师院学报》1982 年第 2 期）和汪征鲁《魏晋南北朝选官体制研究》上编第二章《"吏"之研究》（福建人民出版社 1995 年版，第 91—113 页），及黎虎《"吏户"献疑——从长沙走马楼吴简谈起》（《历史研究》2005 年第 3 期）、《南北朝皇朝递嬗与社会主要矛盾》（《河北学刊》2022 年第 5 期）等有关"吏户""吏民"研究的系列文章。

② 《汉书·循吏传》，第 3624 页。

之本也。"① 在这两段史料里,都指出了"百姓以良吏为本"这一中国古代统治者的根本认识,并进一步阐明了二千石长吏即州郡守牧等② 在国家行政系统中的极端重要性。

《后汉书·明帝纪》载:"甲子,西巡狩,幸长安,祠高庙,遂有事于十一陵。历览馆邑,会郡县吏,劳赐作乐。十一月甲申……进幸河东,所过赐二千石、令长已下至于掾史,各有差。"又载:"(永平五年)冬十月,行幸邺。与赵王栩会邺……诏曰:'丰、沛、济阳,受命所由,加恩报德,适其宜也。今永平之政,百姓怨结,而吏人求复,令人愧笑。重逆此县之拳拳,其复元氏县田租更赋六岁,劳赐县掾史,及门阑走卒。'"③ 这两条资料都显示出汉明帝不仅对二千石赏赐和优抚有加,他对县令长已下至于掾史及门阑走卒也是十分重视的。为什么会这样呢?

在汉代,县令被统治者看作郡之大吏④,地位相当重要。晋武帝《掾属作令诏》说:"百里长吏,亲民之要也。"⑤ 而所谓百里长吏,其实就是县令、长一级的官吏。因为《汉书》说过:"县令、长……掌治其县。万户以上为令,秩千石至六百石。减万户为长,秩五百石至三百石。皆有丞、尉,秩四百石至二百石,是为长吏。"⑥ 东汉末曹操在其《选举令》中曾经说过:"今邺县甚大,一乡万数千户,兼人之吏,未易得也。"⑦ 可见,所谓百里长吏的县令和县长及其属吏,在中国古代的统治者看来,正是古代官僚体系中对民众实行直接统治的官员,他们与普通民众的联系也较为紧密。因为是亲民之官,所以地位特别重要。而且,县令的属吏主簿、县

---

① 《晋书·何曾传》,第 994 页。
② 《文献通考·职官考·郡尉》说:"自秦置三十六郡,而郡官有守,有尉,有丞。然考之西汉《百官表》称,郡守掌治郡,秩二千石,有丞,秩六百石;郡尉掌佐守典武职,秩比二千石,有丞,秩亦六百石。是守、尉皆二千石,而俱有丞以佐之。尉之尊盖与守等,非丞掾以下可拟也。"(第 569 页)
③ 《后汉书·明帝纪》,第 104、108 页。
④ 《后汉书·岑彭传》载:"岑彭字君然,南阳棘阳人也。王莽时,守本县长。汉兵起,攻拔棘阳,彭将家属奔前队大夫甄阜。阜怒彭不能固守,拘彭母妻,令效功自补。彭将宾客战斗甚力。及甄阜死,彭被创,亡归宛,与前队贰严说共城守。汉兵攻之数月,城中粮尽,人相食,彭乃与说举城降。诸将欲诛之,大司徒伯升曰:'彭,郡之大吏,执心坚守,是其节也。今举大事,当表义士,不如封之,以劝其后。'"(第 653 页)
⑤ 严可均编《全上古三代秦汉三国六朝文》卷二,中华书局 1958 年版,第 1475 页。
⑥ 《汉书·百官公卿表》上,第 742 页。
⑦ 《北堂书钞·设官部·吏》,第 339 页。

丞和县尉等,因为直接掌管刑狱等事,是处理民众诉讼事务的最基层官吏,其对民众的影响尤其重要。

在汉唐的行政体系中,还有比县级官吏与民众更直接的长吏,即三老、乡长和亭长等,他们当中的很多人在当时的行政系统中也许算不得是官,只能算作吏,但却是和民众联系十分密切的人物。《文献通考·职役考》说:"汉高祖二年,举民年五十以上,有修行,能帅众为善,置以为三老,乡一人;择乡三老一人为县三老,与县令、丞、尉以事相教,复勿繇戍,以十月赐酒肉。十里一亭,亭有长。十亭一乡,乡有三老、有秩、啬夫、游徼。三老掌教化,啬夫职听讼、收赋税,游徼徼循禁贼盗。县大率方百里,其民稠则减,稀则旷,乡、亭亦如之。皆秦制也。(《汉官仪》曰:'……十里一亭,亭长,亭候。五里一邮,邮间相去二里半,司奸盗。亭长持二尺版以劾贼,执绳以收执贼。')水心叶氏曰:'……古者百里之狭,自为朝廷,由后世观之,疑若烦民。然三老、啬夫、游徼,犹各有职掌,近民而分其责任。'"①

县令及其属吏和乡老、亭长等的具体施政情况及其对民众的影响既直接,又深切。《汉书·酷吏传》载,西汉永始、元延间,长安贵戚骄恣,地方豪徒多行不法,社会治安严重混乱,朝廷对此束手无策,尹赏担任长安令后,"修治长安狱,穿地方深各数丈,致令辟为郭,以大石覆其口,名为'虎穴'。乃部户曹掾史,与乡吏、亭长、里正、父老、伍人,杂举长安中轻薄少年恶子,无市籍商贩作务,而鲜衣凶服被铠扞持刀兵者,悉籍记之,得数百人"②。对这些不法之徒给予严酷打击后,社会治安状况才有所好转。这条史料说明,地方县令施政所依靠的主要力量就是掾史属吏和乡、亭、里的基层官吏。再如《后汉书·循吏传》载:"仇览字季智,一名香,陈留考城人也。少为书生淳默,乡里无知者。年四十,县召补史,选为蒲亭长。劝人生业,为制科令,至于果菜为限,鸡豕有数,农事既毕,乃令子弟群居,还就黉学。其剽轻游恣者,皆役以田桑,严设科罚。躬助丧事,赈恤穷寡。期年称大化……乡邑为之谚曰:'父母何在在我庭,化我

---

① 《文献通考·职役考·历代乡党版籍职役》,第124页。
② 《汉书·酷吏传·尹赏传》,第3673页。

鸱枭哺所生。'"① 这则史料基本可以说明亭长这一级官吏在汉唐时期的施政状况及其对民众生活的直接影响。

当然，在中国古代基层官吏中，与民众联系最紧密的还是闾长或里长，他们在我国古代典籍中通常被称为闾胥。比如《周礼·地官司徒·闾胥》说："闾胥，各掌其闾之征令。以岁时各数其闾之众寡，辨其施舍。凡春秋之祭祀、役政、丧纪之数，聚众庶；既比，则读法，书其敬敏任恤者。"贾公彦疏云："闾胥官卑而于民为近……云'书其敬敏任恤者'者……闾胥亲民更近，故除任恤六行之外，兼记敬敏者也。"② 关于汉唐时期闾里与民众社会生活的关系，前文已有论述，这里不再重复。

总之，从以上分析可以看出，从州郡长官到基层闾胥的官吏组织，大体上构成了汉唐时期统治者赖以临民和治民的层级官僚系统。对于这些官吏的重要性，历代统治者的认识都是十分清楚的，正因如此，对于这些官吏的人选及其在才能和品质方面的要求，汉唐时期的统治者也有特殊的标准和特别的期望。

《左传·桓公二年》载臧哀伯谏宋庄公说："君人者将昭德塞违，以临照百官，犹惧或失之。故昭令德以示子孙……国家之败，由官邪也。官之失德，宠赂章也。"③《左传》里所提出的这种官德系乎国运的思想对其后的中国历代统治者都产生了重要的影响④。如北魏天兴三年十二月《官号诏》里就说："上古之治，尚德下名，有任而无爵，易治而事序，故邪谋息而不起，奸慝绝而不作。周姬之末，下凌上替，以号自定，以位制禄，卿世其官，大夫遂事，阳德不畅，议发家陪，故衅由此起，兵由此作。秦汉之弊，舍德崇侈，能否混杂，贤愚相乱，庶官失序，任非其人。于是忠义之道寝，廉耻之节废，退让之风绝，毁誉之议兴，莫不由乎贵尚名位，而祸败及之矣……来者诚思成败之理，察治乱之由，鉴殷周之失，革秦汉之弊，则几于治矣。"⑤ 可见，在中国古代统治者看来，政治的清明，行政的好坏

---

① 《后汉书·循吏传·仇览传》，第 2479—2480 页。
② 《周礼注疏·地官司徒·闾胥》，第 719 页。
③ 《春秋左传正义·桓公二年》，第 1741 页。
④ 如唐代大臣张九龄就曾经说过："宰相代天治物，有其人然后授，不可以赏功。国家之败，由官邪也。"（《新唐书·张九龄传》，第 4428 页）几乎就是援引了《左传》的原话。
⑤ 《魏书·道武帝纪》，第 37—38 页。

乃至国家的治乱兴衰,端赖君主和宰辅及各级地方官吏道德与操守的优劣。官德如此重要,那么,汉唐时期,评判官吏道德和操守的基本准则又是怎样的呢? 这值得略微探讨一下。

早在我国先秦时期的经典里,官员的道德都是被频频强调的主题。如《尚书·皋陶谟》里就记载皋陶要求百僚、百工说:"日严祗敬六德,亮采有邦。翕受敷施,九德咸事,俊乂在官。百僚师师,百工惟时,抚于五辰,庶绩其凝。"孔安国注曰:"僚、工皆官也。师师,相师法。百官皆是,言政无非。"①据此,则《尚书》里强调的"六德"不止是对邦国诸侯而且是对全体官僚提出的要求。而"六德"如果据《周礼·地官司徒》所云则是"知、仁、圣、义、忠、和",这显然是儒家的官吏道德标准。当然,对官吏为政之德一再强调的最著名的莫过于《论语》了。《论语·为政》里说:"为政以德,譬如北辰居其所而众星共之。"②认为道德是官员施政的最主要标准,只要以德施政,则其一切行为都自然会受到民众的拥护。这种思想基本上可以代表两汉以降以儒家学说为主导意识形态的中国历代王朝对官员道德方面的要求。甚至,在中国历史上以法家思想为主导的秦代,对官吏的道德操守也是十分重视的。如云梦秦简《为吏之道》就说:"为吏之道,必精洁正直,慎谨坚固,审悉无私,微密纤察,安静毋苛,审当赏罚……临材(财)见利,不敢苟取;临难见死,不取苟免。"③认为官员为政必须具备廉洁正直、有义有节的官德和吏道。总而言之,上述例证都说明,在中国古代的政治思想中,为吏有道,为官有德是普遍一致的基本标准。

汉唐时期,对官员之德又有了更为具体的要求。《后汉书·百官志》注引应劭《汉官仪》曰:"世祖诏:方今选举,贤佞朱紫错用。丞相故事,四科取士。一曰德行高妙,志节清白;二曰学通行修,经中博士;三曰明达法令,足以决疑,能案章覆问,文中御史;四曰刚毅多略,遭事不惑,明足以决,才任三辅令;皆有孝悌廉公之行。自今以后,审四科辟召,及刺史、二千石察茂才尤异孝廉之吏,务尽实核,选择英俊、贤行、廉洁、平端

---

① 《尚书正义·皋陶谟》,《十三经注疏》,第 139 页。
② 杨伯峻《论语译注》,中华书局 1980 年版,第 11 页。
③ 睡虎地秦墓竹简整理小组编《睡虎地秦墓竹简·为吏之道》,文物出版社 1978 年版,第 281—
　　282 页。

于县邑,务授试以职。有非其人,临计过署,不便习官事,书疏不端正,不如诏书,有司奏罪名,并正举者。"① 这条史料里所提到的汉代四科取士,首重道德,其次才是才能方面的要求,而孝、悌、廉、公是对官吏道德方面的具体要求和标准。史籍中有很多资料可以作为这种标准的具体佐证。如《后汉书·皇甫嵩传》载:"黄巾既平……嵩奏请冀州一年田租,以赡饥民,帝从之。百姓歌曰:'天下大乱兮市为墟,母不保子兮妻失夫,赖得皇甫兮复安居。'嵩温恤士卒,甚得众情,每军行顿止,须营帐修立,然后就舍帐。军士皆食,己乃尝饭。吏有因事受赂者,嵩更以钱物赐之,吏怀惭,或至自杀。"② 这里强调的是廉,即不贪污受贿。而《益都耆旧传》载会稽民为张霸语曰:"城上乌,哺父母,府中诸吏皆孝友。"这里强调的则是孝。《文献通考·职官考》引刘公非《送焦千之序》说:"东西汉之时,贤士长者未尝不仕郡县也。自曹掾、书史、驭吏、亭长、门幹、街卒、游徼、啬夫,尽儒生学士为之。才试于事,情见于物,则贤不肖较然。故遭事不惑,则知其智;犯难不避,则知其节;临财不私,则知其廉;应对不疑,则知其辩。如此,则察举易,而贤公卿大夫自此出矣。"③ 还有一些史料证明朝廷重视和褒奖官德的事实,如南朝宋初遣大使巡行四方,兼散骑常侍孔默之、王歆之等上言:"宣威将军、陈南顿二郡太守李元德,清勤均平,奸盗止息。彭城内史魏恭子,廉恪修慎,在公忘私,安约守俭,久而弥固。前宋县令成浦,治政宽济,遗咏在民。前铜阳令李熙国,在事有方,民思其政。山桑令何道,自少清廉,白首弥厉。应加褒赏,以劝于后。"④ 这里所强调的和两汉时期几乎一样,都是清廉、公正等道德要求。

在中国古代历代王朝把官员的道德放在对官员素质要求的首要地位固然有其值得肯定之处,但也必须指出,这种尚德的做法其实是中国古代专制政体下的官僚政治的必然产物,其实质和最深层的历史背景则是中国古代的人治传统。而且,就汉唐时期的历史事实来看,崇尚官德的政治传统,往往必然导致一个认识误区,那就是中国古代政治的清明,政府施政的好坏,乃至整个官僚体系的行政效率的保证,都要依赖从皇

---

① 《后汉书·百官志》太尉条,第 3559 页。
② 《后汉书·皇甫嵩传》,第 2302 页。
③ 《文献通考·选举考·吏道》,第 330 页。
④ 《宋书·良吏传·江秉之传》,第 2270 页。

帝、宰辅及地方各级官吏的道德与操守,而缺乏科学的、可行的、有效的制度性保障。其实,在中国古代官员尚德的政治传统背后,其所隐含的背景就是在中国古代的官僚和行政体制下,对官员如何施政和施政效果缺乏制度性的引导和监督,因此只能依靠官员个人的道德素质来保证。这就造成了君主个人的勤政有为和地方官吏的清正,只能在有限的时段和地域内发生影响。中国古代帝王、官僚和全体民众一致追求的社会安定和政治清明,仅仅取决于个别帝王和官吏的道德是远远不够的。而这样的历史教训在汉唐时期却并不罕见。

西汉高祖在位时“与民休息,凡事简易,禁罔疏阔……民作画一之歌”①。及至汉武帝之世,“外攘四夷,内改法度,民用凋敝,奸轨不禁”,结果造成“海内虚耗”,“及至孝宣,由仄陋而登至尊,兴于闾阎,知民事之艰难。自霍光薨后始躬万机,厉精为治,五日一听事,自丞相已下各奉职而进。及拜刺史守相,辄亲见问,观其所由,退而考察所行以质其言,有名实不相应,必知其所以然……故二千石有治理效,辄以玺书勉厉,增秩赐金,或爵至关内侯,公卿缺则选诸所表以次用之。是故汉世良吏,于是为盛,称中兴焉”②。政治的清明和社会的兴衰几乎完全系于个别帝王的励精图治与否。南齐时期,也几乎发生过相同的情况。《南史·循吏列传》记载:“齐高帝承斯奢纵,辅立幼主,思振人瘼,风移百城。为政末期,擢山阴令傅琰为益州刺史,乃损华反朴,恭己南面,导人以躬,意存勿扰……永明继运,垂心政术,杖威善断,犹多漏网,长吏犯法,封刃行诛。郡县居职,以三周为小满。水旱之灾,辄加振恤。十许年中,百姓无犬吠之惊,都邑之盛,士女昌逸,歌声舞节,袨服华妆。桃花渌水之间,秋月春风之下,无往非适。明帝自在布衣,达于吏事,及居宸扆,专务刀笔。未尝枉法申恩,守宰由斯而震。属以魏军入伐,疆场大扰,兵车连岁,不遑启居,军国糜耗,从此衰矣。继以昏乱,政由群孽,赋调云起,徭役无度。守宰多倚附权门,互长贪虐,哀刻聚敛,侵扰黎甿。天下摇动,无所措其手足。”③

---

① 《汉书·循吏传》,第 3623 页。
② 《汉书·循吏传·序》,第 3624 页。
③ 《南史·循吏传·序》,第 1696—1697 页。

如果说官德的不可依恃还只是道德和精神层面的事情,那么汉唐时期的选举猥滥则无疑又在体制的层面加剧了这种趋势,造成了官吏贪酷、民怨四起的局面。这种情况,在当时的一些歌谣中就能够形象地反映出来。如《汉书·石显传》载:"显与中书仆射牢梁、少府五鹿充宗结为党友,诸附倚者皆得宠位。民歌之曰:'牢邪石邪,五鹿客邪!印何累累,绶若若邪!'言其兼官据势也。"① 又《三国志·夏侯玄传》注引《魏略》说:"故蒋济为护军时,有谣言:'欲求牙门,当得千匹;百人督,五百匹。'"②《魏略》载:"邓飏字玄茂,邓禹后也……正始初,乃出为颍川太守,转大将军长史,迁侍中尚书。飏为人好货,前在内职,许臧艾授以显官,艾以父妾与飏,故京师为之语曰:'以官易妇邓玄茂。'每所荐达,多如此比。"③ 这两首歌谣说明曹魏时期的文臣武将也是官以贿成,既无才识,且无廉耻。如《晋书·慕容超载记》载:"尚书都令史王俨谄事五楼,迁尚书郎,出为济南太守,入为尚书左丞,时人为之语曰:'欲得侯,事五楼。'"④《南史·恩幸传》载:"茹法珍,会稽人,梅虫儿,吴兴人,齐东昏时并为制局监,俱见爱幸。自江祏、始安王遥光等诛后,及左右应敕捉刀之徒并专国命,人间谓之刀敕,权夺人主。都下为之语曰:'欲求贵职依刀敕,须得富豪事御刀。'"⑤ 这都是以依附权势而得官的例证。这类事情,在魏晋南北朝时期是很常见的。

西汉以下至汉魏晋南北朝时期,因选举不实而造成的官员猥滥的情况也很多见。如《后汉书·和帝纪》载永元五年(93)三月诏曰:"选举良才,为政之本。科别行能,必由乡曲。而郡国举吏,不加简择……二千石曾不承奉,恣心从好,司隶、刺史讫无纠察。今新蒙赦令,且复申敕,后有犯者,显明其罚。在位不以选举为忧,督察不以发觉为负,非独州郡也。是以庶官多非其人。"⑥ 顺帝阳嘉元年(132)诏曰:"间者以来,吏政不勤,故灾眚屡臻,盗贼多有。退省所由,皆以选举不实,官非其人,是以

<hr>

① 《汉书·佞幸传·石显传》,第 3727 页。
② 《三国志·魏书·夏侯玄传》注引《魏略》,第 299—230 页。
③ 《三国志·魏书·曹爽传》注引《魏略》,第 288 页。
④ 《晋书·慕容超载记》,第 3181 页。
⑤ 《南史·恩幸传·茹法珍传附梅虫儿传》,第 1933 页。
⑥ 《后汉书·和帝纪》,第 176 页。

天心未得,人情多怨。《书》歌股肱,《诗》刺三事。"① 次年,郎颛上疏说:"今选举牧守,委任三府。长吏不良,既咎州郡,州郡有失,岂复不归责举者?" 书奏,帝复使对尚书,颛对曰:"今选举皆归三司,非有周召之才,而当则哲之重,每有选用,辄参之掾属,公府门巷,宾客填集,送去迎来,财货无已。其当迁者,竞相荐谒,各遣子弟,充塞道路,开长奸门,兴致浮伪,非所谓率由旧章也。尚书职在机衡,宫禁严密,私曲之意,羌不得通,偏党之恩,或无所用。选举之任,不如还在机密。"② 这三则史料说明了制度性原因在官吏选举中造成的弊端。

南北朝时期选举乖实的情况也有很多例证。如《南史·明帝纪》载:刘宋时期,"阮佃夫、杨运长、王道隆皆擅威权,言为诏敕,郡守令长一缺十除,内外混然,官以贿命,王、阮家富于公室"③。陈代吏部尚书徐陵曾经指出:"梁元帝承侯景之凶荒,王太尉接荆州之祸败,尔时丧乱,无复典章,故使官方,穷此纷杂。永定之时,圣朝草创,干戈未息,亦无条序。府库空虚,赏赐悬乏,白银难得,黄札易营,权以官阶,代于钱绢,义存抚接,无计多少,致令员外、常侍,路上比肩,咨议、参军,市中无数,岂是朝章,应其如此? 今衣冠礼乐,日富年华,何可犹作旧意,非理望也。"④ 反映了南朝时期卖官鬻爵和选举猥滥的严重情况。《魏书·献文帝纪》载和平六年(465)九月献文帝诏曰:"先朝以州牧亲民,宜置良佐,故敕有司,班九条之制,使前政选吏,以待俊义,必谓铨衡允衷,朝纲应叙。然牧司宽惰,不祗宪旨,举非其人,愆于典度。"⑤《通典》卷十六所载北魏孝明帝时清河王怿所上《官人失序表》里说:"孝文帝制,出身之人,本以门品高下有恒,若准资荫,自公卿令仆之子,甲乙丙丁之族,上则散骑秘著,下逮御史长兼,皆条例昭然,文无亏没。自此,或身非三事之子,解褐公府正佐;地非甲乙之类,而得上宰行僚。自兹以降,亦多乖舛……此虽官人之失,相循已久,然推其弥漫,抑亦有由……今之所置,多非其人。乞明为敕制,使官人选才,备依先旨,无令能否乖方,违才易务;并革选中

---

① 《后汉书·顺帝纪》,第 261 页。
② 《后汉书·郎颛传》,第 1067 页。
③ 《南史·宋明帝纪》,第 84 页。
④ 《陈书·徐陵传》,第 332—333 页。
⑤ 《魏书·献文帝纪》,第 126。

正,一依前轨。庶清源有归,流序允穆。"① 这两则史料反映了北魏时期中正选举只问出身门第、不论才能高低的制度性弊端。

汉魏时期,还有很多歌谣形象地反映了官员选举中的弊病和问题。比如王莽当政时期,安众侯刘崇与相张绍相谋反对王莽,绍率兵进攻宛,不得入而败。张绍从弟张竦与刘崇族父刘嘉诣阙自首,王莽赦而弗罪。张竦且作奏劝说王莽建立藩国。莽大悦,封竦为淑德侯。长安为之语曰:"欲求封,过张柏松。力战斗,不如巧为奏。"② 东汉建立之前,更始帝刘玄在长安:"其所授官爵者,皆群小贾竖,或有膳夫庖人,多着绣面衣、锦袴、襜褕、诸于,骂詈道中。长安为之语曰:'灶下养,中郎将。烂羊胃,骑都尉。烂羊头,关内侯。'"③

东汉时期的选举猥滥从歌谣风议中可以看出很多事实。史载东汉顺帝之末,京都童谣曰:"直如弦,死道边。曲如钩,反封侯。"当时"大将军梁冀贪树疏幼,以为己功,专国号令,以赡其私。太尉李固以为清河王雅性聪明,敦诗悦礼,加又属亲,立长则顺,置善则固。而冀建白太后,策免固,征蠡吾侯,遂即至尊。固是日幽毙于狱,暴尸道路"④。"(东汉)灵、献之世⑤,阉官用事,群奸秉权,危害忠良。台阁失选用于上,州郡轻贡举于下。夫选用失于上,则牧守非其人矣;贡举轻于下,则秀、孝不得贤矣。故时人语曰:'举秀才,不知书;察孝廉,父别居。寒素清白浊如泥,高第良将怯如鸡。'又云:'古人欲达勤诵经,今世图官免治生。'盖疾之甚也。"⑥ "时陈蕃为光禄勋,深相敬待,数与议事。旧制,光禄举三署郎,以高功久次才德尤异者为茂才四行。时权富子弟多以人事得举,而贫约守志者以穷退见遗,京师为之谣曰:'欲得不能,光禄茂才。'"⑦

曹魏时期曹植曾经上疏陈审举之义曰:"五帝之世非皆智,三季之末非皆愚,用与不用,知与不知也。既时有举贤之名,而无得贤之实,必

---

① 《通典·选举典·杂议论》,第390—391页。
② 《汉书·王莽传上》,第4086页。
③ 《后汉书·刘玄传》,第471页。
④ 《后汉书·五行志》,第3281页。
⑤ 《乐府诗集·杂歌谣辞》特别说明这首歌谣是民众针对桓灵之世"更相滥举"的情况而作的。
⑥ 杨明照《抱朴子外篇校笺》上,中华书局1991年版,第393页。按"高第良将怯如鸡"一句,《太平御览·人事部·谚》下引《抱朴子》作"高第良将怯如蝇"(第2268页)。
⑦ 《后汉书·孙瑓传》,第2040页。

各援其类而进矣。谚曰：'相门有相，将门有将。'"①西晋八王之乱时期，赵王伦把持朝政，永宁元年（301），大封群下："以梁王肜为宰衡，何劭为太宰，孙秀为侍中、中书监、骠骑将军、仪同三司，义阳王威为中书令，张林为卫将军，其余党与皆为卿、将，超阶越次，不可胜纪；下至奴卒，亦加爵位。""是岁，天下所举贤良、秀才、孝廉皆不试，郡国计吏及太学生年十六以上者皆署吏；守令赦日在职者皆封侯；郡纲纪并为孝廉，县纲纪并为廉吏。府库之储，不足以供赐与。应侯者多，铸印不给，或以白板封之。""每朝会，貂蝉盈坐，时人为之谚曰：'貂不足，狗尾续。'"②

《隋书·经籍志》载："史官废绝久矣，汉氏颇循其旧，班马因之。魏晋已来，其道逾替。南董之位，以禄贵游，政骏之司，罕因才授。故梁世谚曰：'上车不落则著作，体中何如则秘书。'于是尸素之俦，盱衡延阁之上，立言之士，挥翰蓬茨之下。"③

当然，仅仅从歌谣风议的角度来观察汉唐时期官员选举猥滥的情况，是远远不够全面和系统的。比如汉唐时期的官吏选拔途径还有察举、征辟、科举等多种途径，另外，州郡等地方长官的自辟曹掾属吏也是一种重要的官吏选拔方式，而且，其选拔的官吏多为直接治民的事务性官吏④，他们对民众的影响更为直接一些。然而，尝一脔而可知一镬之味，从本书所引用的相关歌谣和史料中可以看出，汉唐时期官员选举猥滥的情况的确很严重。

汉唐时期由各种途径和各种原因造成的选举猥滥，是这一时期不少官员得以冒身进阶，跻身政府官员之列的主要原因。而一旦这类官员得以莅职，施展其权力，就是百姓遭受严重盘剥和压迫的开始。

---

① 《三国志·魏书·陈思王植传》，第 572 页。
② 《资治通鉴·晋纪》，第 2651—2652 页。
③ 《隋书·经籍志》，第 992 页。
④ 也许可以用两则汉代的谣谚来说明这个问题，韩婴《韩诗外传》卷五引鄙语二则论述"古者，所以知今也"的道理时说："不知为吏，视已成事""前车覆，后车不诫，是以后车覆也。"（《汉魏丛书》，第 48 页）由此可见，地方政府的属吏主要是从事事务性工作，重经验、能力，但对道德和操守方面要求不高。

第三节　吏治失序与歌谣风议的产生

汉唐各种制度和人为因素造成的选举问题,其后果集中地表现在两个方面,一是官吏人数的急剧增多,二是官吏素质的普遍下降。官吏数量的增多,其直接的后果就是社会食禄阶层的增加,这当然会造成民众经济负担的加重。但这还不是汉唐时期官吏猥滥最严重的后果,事实上,官吏素质的下降和由此造成的吏道迫促和各级官吏对民众诛求无度才是民众疾苦的直接成因。这两个后果都对汉唐时期的社会和民众产生了极大的影响。

汉唐时期官吏冗多的情况,虽然缺乏具体的统计数字来佐证,但是却能够由自汉以来不断的省官之议里略知一二。《后汉书·光武帝纪》载光武帝建武六年(30)“六月辛卯,诏曰:‘夫张官置吏,所以为人也。今百姓遭难,户口耗少,而县官吏职所置尚繁,其令司隶、州牧各实所部,省减吏员。县国不足置长吏可并合者,上大司徒、大司空二府。’于是条奏并省四百余县,吏职减损,十置其一”①。《隋书·刘炫传》载:“(牛)弘尝从容问炫曰:‘案《周礼》士多而府史少,今令史百倍于前,判官减则不济,其故何也?’……弘又问:‘魏齐之时,令史从容而已,今则不遑宁舍,其事何由?’炫对曰:‘齐氏立州不过数十,三府行台,递相统领,文书行下,不过十条。今州三百,其繁一也。往者州唯置纲纪,郡置守丞,县唯令而已。其所具僚,则长官自辟,受诏赴任,每州不过数十。今则不然,大小之官,悉由吏部,纤介之迹,皆属考功,其繁二也。省官不如省事,省事不如清心。官事不省而望从容,其可得乎?’”②《隋书·杨尚希传》载杨尚希见天下州郡过多,上表说:“自秦并天下,罢侯置守,汉魏及晋,邦邑屡改。窃见当今郡县,倍多于古,或地无百里,数县并置,或户不满千,二郡分领。具僚以众,资费日多,吏卒人倍,租调岁减。清干良才,百分无一,动须数万,如何可觅?所谓民少官多,十羊九牧。”③

考古资料和史籍中对汉唐时期政府官吏的数量有一些记载。比如

---

① 《后汉书·光武帝纪》,第 49 页。
② 《隋书·儒林传·刘炫传》,第 1721 页。
③ 《隋书·杨尚希传》,第 1253 页。

尹湾汉简的集簿中记载，西汉成帝时期东海郡共有"县三老卅八人，乡三老百七十人，孝悌、力田各百廿人，凡五百六十八人。吏员二千二百三人"，还有"令七人，长十五人，相十八人，丞卅四人，尉卅三人，有秩卅人，斗食五百一人，佐使亭长千一百八十二人，凡千八百卅人"①。由此可见，西汉末年一个郡中的吏员和食禄之人的数额是非常惊人的。《三国志·傅嘏传》则说傅嘏为河南尹时"郡有七百吏"②，《三国志·杜恕传》中说孟康代杜恕为弘农郡守时"郡领吏二百余人，涉春遣休，常四分遣一"③。虽然上述资料中所记载的数目庞大的郡县吏不全部是治民之吏，但其中具有临民治事资格的官吏的数目肯定也不在少数。《魏志》记载："贾洪，字叔业。家贫好学，应州辟。其时州中自参事以下百余人，惟洪与严苞字文通才学最高，故众为之语曰：'州中晔晔贾叔业，辨论汹汹严文通。'"④按这条史料中记载的所谓"自参事以下百余人"，都怀有一定的才学或经术特长，应该是当时州中属吏中地位较高的群体，其身份和普通的州郡应役之吏决然不同。而这类州郡属吏的数量有百余人之多，便能够印证汉唐时期政府官吏的冗余状况。

　　随着官吏选举的猥滥和官吏数量的增加，自然会带来官吏道德和素质难以保障的问题。而因官吏苛酷所造成的吏道迫促又是民众利益受到侵害的主要原因。在汉唐时期，吏道迫促几乎是一个普遍的现象，这在当时的一些政治人物和文化人物中存在一定共识。《文选》载张华《答何劭二首》其一说："吏道何其迫？窘然坐自拘。"李善注引班彪《与金昭卿书》曰："远在东垂，吏道迫促。"⑤袁宏《后汉纪》中说："法者，民之仪表也，法正则民悫。吏民凋弊，所从久矣。不求其本，浸以益甚。吏政多欲速。又州官秩卑而任重，竞为小功，以求进取，生凋弊之俗。"⑥这里所揭示的吏政急速、民生凋敝的现象，无疑是张华和班彪所云"吏道迫

---

① 《尹湾汉墓简牍》，第 77 页。
② 《三国志·魏书·傅嘏传》，第 624 页。
③ 《三国志·魏书·杜畿传附子恕传》，第 506。
④ 《太平御览·职官部·州从事》，第 1241 页。
⑤ 《文选》卷二四载张华《答何劭二首》之一并李善注，第 343 页。
⑥ 袁宏撰、周天游校注《后汉纪》卷一六，天津古籍出版社 1987 年版，第 444 页。

促"的最佳注脚①。吏道迫促,反映的其实是汉唐时期统治者施政的一个
重要特点,也道出了这一时期民众与政府紧张关系的社会根源。

事实上,因官吏贪虐和吏治不良所造成的汉唐时期官吏对民众利
益侵害的例证比比皆是。《汉书·于定国传》载汉元帝曾经下诏说:"恶
吏负贼,妄意良民,至亡辜死;或盗贼发,吏不呕追而反系亡家,后不敢
复告,以故浸广;民多冤结,州郡不理,连上书者交于阙廷;二千石选举
不实,是以在位多不任职。民田有灾害,吏不肯除,收趣其租,以故重
困。"②《后汉书·章帝纪》载章帝建初五年(80)三月诏曰:"孔子曰:'刑
罚不中,则人无所措手足。'今吏多不良,擅行喜怒,或案不以罪,迫胁无
辜,致令自杀者,一岁且多于断狱,甚非为人父母之意也。有司其议纠举
之。"③《后汉书·明帝纪》载中元二年(58)十二月甲寅汉明帝诏说:"今
选举不实,邪佞未去,权门请托,残吏放手,百姓愁怨,情无告诉……又郡
县每因征发,轻为奸利,诡责赢弱,先急下贫。"④把百姓愁怨与官吏贪残、
诛求无度的关系揭示无疑。东汉和帝永元五年(94)三月诏里说:"选
举良才,为政之本。科别行能,必由乡曲。而郡国举吏,不加简择……
二千石曾不承奉,恣心从好,司隶、刺史讫无纠察。今新蒙赦令,且复申
敕,后有犯者,显明其罚。在位不以选举为忧,督察不以发觉为负,非独
州郡也。是以庶官多非其人。下民被奸邪之伤,由法不行故也。"⑤《后汉
书·殇帝纪》记载延平元年(106)七月庚寅殇帝诏曰:"夫天降灾戾,应
政而至。间者郡国或有水灾,妨害秋稼。朝廷惟咎,忧惶悼惧。而郡国
欲获丰穰虚饰之誉,遂覆蔽灾害,多张垦田,不揣流亡,竞增户口,掩匿盗
贼,令奸恶无惩,署用非次,选举乖宜,贪苛惨毒,延及平民。"⑥由此可见
两汉时期自州郡长官至郡县官吏因选举非人、吏不胜职而造成的民生凋
敝的状况。

这样的状况在南北朝时期不仅毫无二致,而且还有变本加厉的趋

① 有关中国古代的急政和缓政的产生和影响及其与官吏和民众的关系,可参看王子今先生的
《漫说急吏缓民》一文,见《中国党政干部论坛》1995 年第 1 期。
② 《汉书·于定国传》,第 3043 页。
③ 《后汉书·章帝纪》,第 140 页。
④ 《后汉书·明帝纪》,第 98 页。
⑤ 《后汉书·和帝纪》,第 176。
⑥ 《后汉书·殇帝纪》,第 198 页。

势。如《梁书·武帝纪》所载大同七年"禁守宰诛求求诏"就说："古人云，一物失所，如纳诸隍，未是切言也。朕寒心消志，为日久矣，每当食投箸，方眠彻枕，独坐怀忧，愤慨申旦，非为一人，万姓故耳。州牧多非良才，守宰虎而傅翼，杨阜是故忧愤，贾谊所以流涕。至于民间诛求万端，或供厨帐，或供厩库，或遣使命，或待宾客，皆无自费，取给于民。又复多遣游军，称为遏防，奸盗不止，暴掠繁多，或求供设，或责脚步。又行劫纵，更相枉逼，良人命尽，富室财殚。此为怨酷，非止一事。"①而梁代大臣贺琛的"条奏时务封事"里也说："天下户口减落，诚当今之急务。虽是处雕流，而关外弥甚，郡不堪州之控总，县不堪郡之裒削，更相呼扰，莫得治其政术，惟以应赴征敛为事。百姓不能堪命，各事流移，或依于大姓，或聚于屯封，盖不获已而窜亡，非乐之也。国家于关外赋税盖微，乃至年常租课，动致逋积，而民失安居，宁非牧守之过。东境户口空虚，皆由使命繁数。夫犬不夜吠，故民得安居。今大邦大县，舟舸衔命者，非惟十数，复穷幽之乡，极远之邑，亦皆必至。每有一使，属所搔扰；况复烦扰积理，深为民害。驽困邑宰，则拱手听其渔猎；桀黠长吏，又因之而为贪残。纵有廉平，郡犹掣肘。故邑宰怀印，类无考绩，细民弃业，流冗者多，虽年降复业之诏，屡下蠲赋之恩，而终不得反其居也。"②贺琛的这个封事，把南朝时期地方政府一级诛求一级，地方长吏以诛求聚敛为务，严酷剥削、侵扰百姓的事实揭露无遗。虽然这则封事主要说明的是关外的情况，可是贺琛也明确说当时梁朝境内是"是处雕流"，内地严酷的情况和关外相比只有量的差别，而无质的不同。

南朝如此，北朝时期的情况也大致相同。《魏书·孝文帝纪》载延兴二年（472）十二月诏书曰："顷者已来，官以劳升，未久而代，牧守无恤民之心，竞为聚敛，送故迎新，相属于路，非所以固民志、隆治道也。自今牧守温仁清俭、克己奉公者，可久于其任。岁积有成，迁位一级。其有贪残非道、侵削黎庶者，虽在官甫尔，必加黜罚。著之于令，永为彝准。"③孝文帝禁令的严格正说明北魏州郡牧守剥削人民的严重。北齐官吏侵害民

---

① 《梁书·武帝纪》，第 86 页。
② 《梁书·贺琛传》，第 543—544 页。
③ 《魏书·孝文帝纪》上，第 138 页。

众的程度比北魏还要严重。《资治通鉴》记载说齐主"宠任陆令萱、穆提婆、高阿那肱、韩长鸾等宰制朝政,宦官邓长颙、陈德信、胡儿何洪珍等并参预机权,各引亲党,超居显位。官由财进,狱以贿成,竞为奸诌,蠹政害民。旧苍头刘桃枝等皆开府封王,其余宦官、胡儿、歌舞人、见鬼人、官奴婢等滥得富贵者,殆将万数,庶姓封王者以百数,开府千余人,仪同无数,领军一时至二十人,侍中、中常侍数十人,乃至狗、马及鹰亦有仪同、郡君之号,有斗鸡,号开府,皆食其干禄。诸嬖幸朝夕娱侍左右,一戏之费,动逾巨万。既而府藏空竭,乃赐二三郡或六七县,使之卖官取直。由是为守令者,率皆富商大贾,竞为贪纵,赋繁役重,民不聊生"①。

　　除了高层官吏侵害民众外,地方官吏有时更为贪残。《续汉书》载:"侯参为益州刺史,有丰富者辄诬以大逆,皆诛灭之,没入财物。太尉衷奏参,槛车征于道自杀。京兆尹袁逢于旅舍阅参辎重三万余斤两,皆金银珍玩,不可胜数。"《华阳国志》记载说:"李盛为太守,贪财重赋,国人罾之曰:'卢鹊何喧喧,有吏来在门。披衣出门应,府县欲得钱。语穷乞请期,吏怒反见尤。'"《吴书》记载说:"交州刺史米符多以乡人虞褱、刘彦之徒分作长史,侵虐百姓,强赋于民,黄鱼一头,收稻一秤,百姓怨叛,山贼并起。"《后魏书》记载说:"元诞为齐州刺史。在州贪暴,大为民患,马牛无不逼夺。有沙门为诞采药还,诞曰:'师从外来,有何得?'对曰:'惟闻王贪,愿王早代。'诞曰:'齐州七万家,吾每家未得三升钱,何得言贪?'"②《魏书》记载说,元修义为吏部尚书时:"唯专货贿,授官大小,皆有定价。时中散大夫高居者,有旨先叙,时上党郡缺,居遂求之。修义私已许人,抑居不与……居对大众呼天唱贼。人问居曰:'白日公庭,安得有贼?'居指修义曰:'此座上者,违天子明诏,物多者得官,京师白劫,此非大贼乎?'修义失色。居行骂而出。"③

　　汉魏时期官吏多以聚敛为务,其主要原因固然是选举乖错,官非其人而致,但是,值得注意的是,俸禄的问题也是导致汉唐时期官吏贪财聚敛的一个原因。西汉宣帝就曾经坦率地说:"吏不廉平则治道衰。今小

①《资治通鉴》卷一七二《陈纪》宣帝太建七年,第5339—5340页。
②以上诸例证,都见于《太平御览·人事部·贪》,第2249—2250页。
③《魏书·元修义传》,第451页。

吏皆勤事,而奉禄薄,欲其毋侵渔百姓,难矣。"①事实上,魏晋南北朝时
期,很多有识之士也认识到了这一点。比如,曹魏时期大臣高堂隆上书
说:"将吏奉禄,稍见折减,方之于昔,五分居一;诸受休者又绝廪赐,不
应输者今皆出半:此为官入兼多于旧,其所出与参少于昔。而度支经用,
更每不足,牛肉小赋,前后相继。反而推之,凡此诸费,必有所在。且夫
禄赐谷帛,人主所以惠养吏民而为之司命者也,若今有废,是夺其命矣。
既得之而又失之,此生怨之府也。"②东晋简文帝在咸安二年(372)下诏
说:"往事故之后,百度未充,群僚常俸,并皆寡约,盖随时之义也。然退
食在朝,而禄不代耕,非经通之制。今资储渐丰,可筹量增俸。"③承认官
员的俸禄偏低,难以自给。晋代大臣温峤也承认俸禄是保证官吏清廉的
一个重要条件,他说:"今江南六州之土,尚又荒残,方之平日,数十分之
一耳。三省军校无兵者,九府寺署可有并相领者,可有省半者,粗计闲
剧,随事减之。荒残之县,或同在一城,可并合之。如此选既可精,禄俸
可优,令足代耕,然后可责以清公耳。"④如果官吏没有俸禄,其情况就更
是不可想象的了,但这在南朝刘宋时期却的确发生过,史载:"及泰始、
泰豫之际……军旅不息,府藏空虚,内外百官并断禄奉。在朝造官者皆
市井佣贩之子。而又令小黄门于殿内埋钱以为私藏。以蜜渍鳢鮧,一食
数升,噉腊肉常至二百脔。奢费过度,每所造制,必为正御三十,副御、
次副又各三十。须一物,辄造九十枚。天下骚然,民不堪命。宋氏之业,
自此衰矣。"⑤宋人刘攽等所作的《旧本魏书目录叙》指出:"拓跋氏乘后
燕之衰,蚕食并、冀,暴师喋血三十余年,而中国略定。其始也,公卿方镇
皆故部落酋大,虽参用赵魏旧族,往往以猜忌夷灭。爵而无禄,故吏多贪
墨。"⑥指出了北魏初年官吏无爵禄导致贪污聚敛的情况。这种情况直至
孝文帝太和八年(484),颁俸禄之制后才有所改变。

---

① 宣帝神爵三年八月诏,见《汉书·宣帝纪》,第 263 页。
② 《三国志·魏书·高堂隆传》,第 715 页。
③ 《晋书·简文帝纪》,第 223 页。
④ 《晋书·温峤传》,第 1789 页。
⑤ 《南史·宋明帝纪》,第 84—85 页。
⑥ 刘攽、范祖禹等撰《旧本魏书目录叙》,第 3065 页。

第四节 从歌谣看唐代酷吏与循吏的制衡

《旧唐书·五行志》载:"则天时,新丰县东南露台乡,因大风雨雹震,有山踊出,高二百尺,有池周三顷,池中有龙凤之形、禾麦之异。则天以为休征,名为庆山。荆州人俞文俊诣阙上书曰:'臣闻天气不和而寒暑隔,人气不和而疣赘生,地气不和而堆阜出。今陛下以女主居阳位,反易刚柔,故地气隔塞,山变为灾。陛下以为庆山,臣以为非庆也。诚宜侧身修德,以答天谴。不然,恐灾祸至。'则天怒,流于岭南。"①

武则天以女主临朝,在中国中古社会是翻天覆地的大事,揆诸历史,即使是北朝胡风大盛的时期有过皇后临朝当政的情况,也没有女主称帝的先例,何况在融合南北、儒学重新复归正统的唐朝呢。荆州人俞文俊指出的"女主居阳位,反易刚柔",正是武周革命的政治写照。儒家文化最重礼仪和名分。《周易集解·序卦》曰:"有天地然后有万物,有万物然后有男女,有男女然后有夫妇,有夫妇然后有父子,有父子然后有君臣,有君臣然后有上下,有上下然后礼义有所错。"②《周易·否卦》的卦象是坤在乾上,也就是阴阳异位,其象辞曰:"则是天地不交而万物不通也。上下不交而天下无邦也。内阴而外阳,内柔而外刚,内小人而外君子。小人道长,君子道消。"③男女之别,犹如乾坤之位,上下有序,尊卑有别,这是传统儒家社会和政治思想的基本规则和伦理。武则天打破这种格局,自然会引起大臣和百姓们的惊骇与不满。武则天要想继承和发展唐初贞观之治以来的政教传统,推动自己政治理想和蓝图的实施,必须要采取有效的政治和社会管理措施。

武则天的施政大开大阖,她于唐高宗死后的 683 年迁都洛阳,一直到 701 年,摆脱了长安地区的经济困难和不利于自己的政治环境。她当政期间广开科举,从庶族知识分子中拔擢贤才,改变唐初以来关陇和山东贵族对官位的垄断,"更为太平文治事"④,吸引知识分子的兴趣,大力

---

① 《旧唐书·五行志》,第 1350 页。
② 《周易正义·序卦》,《十三经注疏》,第 96 页。
③ 《周易正义·否卦》,《十三经注疏》,第 29 页。
④ 《新唐书·后妃传》,第 3476 页。

扶持佛教,让佛教团体支持自己,奖励农桑,兴修水利,发展经济,上承贞观之治,下启开元盛世,为唐代政治、社会、经济和文化的发展做出了重要的贡献。相较于唐朝的历代皇帝,当属最有作为的英主之一。

不过,为了保证在"反易刚柔"的情势下还能够保证"上下交通"的政令贯彻,扫除施政的障碍,武则天除了大力翦除李唐宗室势力外,还采取酷吏"罗织衣冠"的手段,达到"威制天下"的目的。

《旧唐书·桓彦范传》云:"往属革命之时,人多逆节,鞫讯决断,刑狱至严,刻薄之吏,恣行酷法。"[①]《旧唐书·酷吏传》载:"索元礼,胡人也。光宅初,徐敬业起兵扬州,以匡复为名。则天震怒,又恐人心动摇,欲以威制天下。元礼探其旨告事。召见,擢为游击将军,令于洛州牧院推案制狱。元礼性残忍,推一人,广令引数十百人,衣冠震惧,甚于狼虎。则天数召见赏赐,张其权势,凡为杀戮者数千人。于是周兴、来俊臣之徒,效之而起矣。"[②]又云:"逮则天以女主临朝,大臣未附;委政狱吏,剪除宗枝。于是来俊臣、索元礼、万国俊、周兴、丘神勣、侯思止、郭霸、王弘义之属,纷纷而出。然后起告密之刑,制罗织之狱,生人屏息,莫能自固。至于怀忠蹈义,连颈就戮者,不可胜言。"[③]《旧唐书·酷吏传》载:"郭霸,庐江人也。天授二年,自宋州宁陵丞应革命举,拜左台监察御史。如意元年,除左台殿中侍御史。长寿二年,右台侍御史。初举集,召见,于则天前自陈忠鲠云:'往年征徐敬业,臣愿抽其筋,食其肉,饮其血,绝其髓。'则天悦,故拜焉,时人号为'四其御史'。"[④]从上述史料中,一方面可以看出武则天任用的酷吏之多,另外也可以看出任用酷吏是针对"革命之时,人多逆节"、"人心动摇"、"大臣未附"的情况采取的特殊措施。

唐朝一些歌谣风议显示出武则天时期酷吏的苛酷程度。"推劾之吏,皆以深刻为功,凿空争能,相矜以虐。泥耳笼头,枷研楔毂,折胁签爪,悬发薰耳,卧邻秽溺,曾不聊生,号为'狱持'。或累日节食,连宵缓问,昼夜摇撼,使不得眠,号曰'宿囚'。"[⑤]"衡水人王弘义,素无行,尝从

① 《旧唐书·桓彦范传》,第2928页。
② 《旧唐书·酷吏传上·索元礼传》,第4843页。
③ 《旧唐书·酷吏传上》,第4836页。
④ 《旧唐书·酷吏传上·郭霸传》,第4848页。
⑤ 《旧唐书·酷吏传上·索元礼传》,第4843—4844页。

邻舍乞瓜,不与,乃告县官:瓜田中有白兔。县官使人搜捕,蹂践瓜田立尽。又游赵、贝,见闾里耆老作邑斋,遂告以谋反,杀二百余人,擢授游击将军,俄迁殿中侍御史。或告胜州都督王安仁谋反,敕弘义按之。安仁不服,弘义即于枷上刭其首;又捕其子,适至,亦刭其首,函之以归。道过汾州,司马毛公与之对食,须臾,叱毛公下阶,斩之,枪揭其首入洛,见者无不震栗。时置制狱于丽景门内,入是狱者,非死不出,弘义戏呼为'例竟门'。朝士人人自危,相见莫敢交言,道路以目。或因入朝密遭掩捕,每朝,辄与家人诀曰:'未知复相见否?'"①武承嗣使周兴罗告隋州刺史泽王上金、舒州刺史许王素节谋反,召系御史狱。素节道闻遭丧哭者,谓左右曰:"病死何可得,而须哭哉!"至龙门驿被缢,年四十三②。上金闻素节被杀,即自经,七子并流死显州。

武则天时期的肱骨大臣狄仁杰也曾经遭受酷吏的荼毒。《旧唐书》载:"如意元年,地官尚书狄仁杰、益州长史任令晖、冬官尚书李游道、秋官尚书袁智宏、司宾卿崔神基、文昌左丞卢献等六人,并为其罗告。俊臣既以族人家为功,苟引之承反,乃奏请降敕,一问即承,同首例得减死。及胁仁杰等反,仁杰叹曰:'大周革命,万物惟新,唐朝旧臣,甘从诛戮。反是实。'……仁杰既承反,有司但待报行刑,不复严备。仁杰得凭守者求笔砚,拆被头帛书之,叙冤苦,置于绵衣,遣谓德寿曰:'时方热,请付家人去其绵。'德寿不复疑矣,家人得衣中书,仁杰子光远持之称变,得召见……则天意少解,乃召见仁杰曰:'卿承反何也?'仁杰等曰:'不承反,臣已死于枷棒矣。'"③狄仁杰所说的"大周革命,万物惟新,唐朝旧臣,甘从诛戮"道出了武则天任用酷吏的实质。

武则天任用酷吏,在朝廷制造出"回天转日"的高压政治生态,的确起到了反易刚柔、威制天下的作用。《云笈七签》记载:"当则天之朝,世乱谗胜,诛锄李氏诸王,屠害宗室。朝廷德望,必设法以陷之,残刑以毒之,诛剿考掠,不胜其毒者,陷于犴牢,死于系械,故不可胜纪。如武懿宗、来俊臣、周利贞、李义府之徒,恩渥隆异,回天转日,天下畏之。以矜恕慈

---

① 《资治通鉴》卷二〇四《则天顺圣皇后上之下》天授元年(庚寅,690 年),第 6464—6465 页。
② 《新唐书·高宗诸子·许王素节传》,第 3587 页。
③ 《旧唐书·酷吏传上·来俊臣传》,第 4838—4839 页。

惠者为懦夫,以强愎忍酷者为能吏,仁悯道息,贞正事隳,势使然也。"①

应该指出的是,武则天任用酷吏只以其为"爪吻",从不委以朝政。武则天时代的二十七名酷吏中,除傅游艺一人外,即使丘神勣、周兴、来俊臣、索元礼也从未授以相职。同时,武则天还特意保护了狄仁杰、徐有功、杜景俭、李日知等一批执法平恕的良吏,作为酷吏的对立面。史载:"时法官竞为深酷,唯司刑丞徐有功、杜景俭独存平恕,被告者皆曰:'遇来、侯必死,遇徐、杜必生。'"②

《资治通鉴》记载:"有功,文远之孙也,名弘敏,以字行。初为蒲州司法,以宽为治,不施敲朴,吏相约有犯徐司法杖者,众共斥之。迨官满,不杖一人,职事亦修。累迁司刑丞,酷吏所诬构者,有功皆为直之,前后所活数十百家。尝廷争狱事,太后厉色诘之,左右为战栗,有功神色不挠,争之弥切。太后虽好杀,知有功正直,甚敬惮之……司刑丞荥阳李日知亦尚平恕。少卿胡元礼欲杀一囚,日知以为不可,往复数四,元礼怒曰:'元礼不离刑曹,此囚终无生理!'日知曰:'日知不离刑曹,此囚终无死法!'竟以两状列上,日知果直。"③

徐有功是唐代著名的良吏,在武则天当政的时期,他敢于和酷吏斗争,至少与酷吏交手过三次。

天授元年(690),因为唐朝宗室、道州刺史李行褒兄弟被诬告谋反事件,徐有功与酷吏有了第一次斗争。史载:"道州刺史李行褒兄弟为酷吏所陷,当族,秋官郎中徐有功固争不能得。秋官侍郎周兴奏有功故出反囚,当斩,太后虽不许,亦免有功官;然太后雅重有功,久之,复起为侍御史。有功伏地流涕固辞曰:'臣闻鹿走山林而命悬庖厨,势使之然也。陛下以臣为法官,臣不敢枉陛下法,必死是官矣。'太后固授之,远近闻者相贺。"④

在本案中,李行褒兄弟被陷害,秋官侍郎周兴奏徐有功有意为李行褒兄弟脱罪,由于徐有功时任秋官郎中,按照法律应负"故出人罪"的刑

---

① 张君房编《云笈七签·道教灵验记·徐矞为父修黄箓斋验》,张继禹主编《中华道藏》第 29 册,华夏出版社 2004 年版,第 948—949 页。
② 《资治通鉴》卷二〇四《唐纪·则天顺圣皇后上之下》天授元年,第 6465 页。
③ 《资治通鉴》卷二〇四《唐纪·则天顺圣皇后上之下》天授元年,第 6465—6466 页。
④ 《资治通鉴》卷二〇四《唐纪·则天顺圣皇后上之下》天授元年,第 6469—6470 页。

责,所以周兴奏徐有功应该处斩。武则天虽然不忍杀害徐有功,但仍然将他免官。过了一段时间,任命他为侍御史(从六品下),品级低于原任秋官郎中(从五品上),这是唐律规定的免官官员在三年后起用时要降二等品阶。在与酷吏的第一次交手中,徐有功显然被反噬了一口。

天授三年(692)一月,在来俊臣诬告任知古、狄仁杰等七人谋反事件后,徐有功曾力保宰相裴行本。《资治通鉴》记载:"左台中丞来俊臣罗告同平章事任知古、狄仁杰、裴行本,司农卿裴宣礼,前文昌左丞卢献,御史中丞魏元忠,潞州刺史李嗣真谋反……庚午,贬知古江夏令,仁杰彭泽令,宣礼夷陵令,元忠涪陵令,献西乡令;流行本、嗣真于岭南。俊臣与武承嗣等固请诛之,太后不许。俊臣乃独称行本罪尤重,请诛之;秋官郎中徐有功驳之,以为:'明主有更生之恩,俊臣不能将顺,亏损恩信。'"①

此案本系冤狱,纯属酷吏来俊臣罗织而成,而在武后醒悟,并仅将任知古等五人贬官,并流放裴行本、李嗣真后,来俊臣仍建议武后诛杀裴行本,由于徐有功的坚持,才使得裴行本免除一死。故此次与酷吏来俊臣的交手,徐有功赢得一局。

徐有功与酷吏集团第三次的对立,主要是因为长寿二年(693)窦德妃庞氏涉入夜祠祷解案。史载:"是时,告密者皆诱人奴婢告其主,以求功赏。德妃父孝谌为润州刺史,有奴妄为妖异以恐德妃母庞氏,庞氏惧,奴请夜祠祷解,因发其事。下监察御史龙门薛季昶按之,季昶诬奏,以为与德妃同祝诅,先涕泣不自胜,乃言曰:'庞氏所为,臣子所不忍道。'太后擢季昶为给事中。庞氏当斩,其子希瑊诣侍御史徐有功讼冤,有功牒所司停刑,上奏论之,以为无罪;季昶奏有功阿党恶逆,请付法,法司处有功罪当绞。令史以白有功,有功叹曰:'岂我独死,诸人永不死邪!'既食,掩扇而寝。人以为有功苟自强,必内忧惧,密伺之,方熟寝。太后召有功,迎谓曰:'卿比按狱,失出何多?'对曰:'失出,人臣之小过;好生,圣人之大德。'太后默然。由是庞氏得减死,与其三子皆流岭南,孝谌贬罗州司马,有功亦除名。"②

本案中,德妃是皇嗣李旦(日后的唐睿宗)嫔妃,李隆基(后来的唐

---

①《资治通鉴》卷二○五《唐纪·则天顺圣皇后中之上》长寿元年,第6479、6480—6481页。
②《资治通鉴》卷二○五《唐纪·则天顺圣皇后中之上》长寿元年,第6488—6489页。

玄宗)生母,故德妃之母(庞氏)卷入厌魅祝诅,事关重大。惟本案原系窦家有奴妾为妖异来恐吓庞氏,以致庞氏因心生恐惧而夜祠祷告,却被酷吏薛季昶罗织成狱。依据唐律规定,庞氏的确应该处斩。其子窦希瑊乃诣时任侍御史的徐有功讼冤。徐有功旋即上奏,主张庞氏无罪。薛季昶乃奏有功阿附逆党,法曹裁断有功应当问绞。武后召见徐有功,质问他为何近来量刑总是"失出"?有功回答说,失出只是人臣的小过失,好生却能彰显君主的恩典。武后闻之默然。最后,武则天裁定,庞氏及其三子俱流放岭南,其夫窦孝谌贬罗州司马,徐有功遭受除名的处分。不过,能以自己刚正不阿的坚持,赢得庞氏的生存,徐有功的付出当然是值得的。到了开元中叶,窦希瑊自动让官于徐有功之子徐愉,一时传为佳话。

综上所述,在徐有功与酷吏集团交手的过程中,有功胜少负多并两度使自己濒临死罪边缘,虽然武后不忍杀他,但有功仍然被免官、除名各一次。即使如此,由于武后深知徐有功刚正不阿,有为有守,故甚惜其才,一再重新启用徐有功。于此可知武后统治的双面手法:一则重用酷吏,以行其恐怖统治之政策,让大臣们在诚惶诚恐的政治生态下为其尽忠治国;一则重用徐有功这样执法公正、梗直敢言的大臣,以制衡酷吏集团。当酷吏的所作所为让朝野都忍无可忍时,武后便将酷吏们绳之以法,以谢天下,以杜悠悠之口,故丘神勣、周兴与来俊臣等人,无一善终。

总之,汉唐时期所常见的对循吏的赞美或对酷吏的批评性的歌谣,其产生固然与当时的政治、社会和文化背景有关,但是与汉唐时期官僚政治的诸多方面如官吏选举的猥滥、官吏道德的不可凭信乃至官吏俸禄的增减升降等具体的问题也存在着密切的关系。可以说,由选官体制的缺点和选举途径猥滥所导致的汉唐官吏选举中的先天不足和过分注重官德而缺乏对官吏施政的有效监督以及保障机制(如俸禄)的后天失调,才是汉唐时期酷吏、贪官大量涌现的深层的制度性原因。

监察或者监控是保障官僚行政体制运行的必不可少的环节,在任何性质的政府中都占有特殊重要的地位。从理论上来讲,如果对官吏缺乏必要而有效的监察,各级政府中的主官或权力决策者就有可能发生决策失误、滥用职权和不负责任的现象,而政府属吏和政务人员也有可能发生违反政治和政务规则、引发官民矛盾的现象发生①。对照我国汉唐时期的行政体制和官僚政治状况而言,这种监察和监控体系无疑是颇为薄弱的。崔寔《政论》说:"每诏书所欲禁绝,虽重恳恻,骂詈极笔,由复废舍,终无悛意。故里语曰:'州郡记,如霹雳;得诏书,但挂壁。'"②这种上有政策、下有对策,地方政府任意怠慢中央政令现象的出现,说明汉代官僚政治体制不仅缺乏对官员的有效监督,而且还由于行政管辖权力的"中央→州→郡→县"层级体制的划分,导致了中央政府权威的依次递减,并最终对地方失去了有效的控驭。而且,就汉唐时期的政治体制的基本一致性来看,这种情况不仅是对汉代情况的概括,事实上也能够概括魏晋南北朝乃至整个中国中古社会行政体制的缺陷。如果这种分析符合汉唐时期的历史事实的话,则这一时期反映吏治腐败的歌谣产生的原因就不仅是中央政府对地方官员施政是否具有有效监督的问题,而是整个官僚政治体系在施政上上下脱节、各自为政所造成的实力官员滥用权力、侵害民众利益的问题。明白了此点,我们对汉唐时期民间歌谣所反映的"骄臣虐政之事,远近呼嗟之音"才能够有更深切的理解。

---

① 参见杨伯揆等著《西方文官系统·文官系统的监控》,第316—331页。
②《太平御览·人事部·谚》,第2268页。

第九章　汉唐时期的歌谣风议与社会治理

第一节　歌以咏志:汉唐歌谣对社会善治的向往

《文心雕龙·颂赞篇》:"四始之至,颂居其极。颂者,容也,所以美盛德而述形容也。昔帝喾之世,咸墨为颂,以歌九韶。自商已下,文理允备。夫化偃一国谓之风,风正四方谓之雅,容告神明谓之颂。"①这一段是说《诗经》里名为"颂"的这一类篇章的诗歌,都是对上古三代圣王之治的赞美,赞美君王的盛德,赞美贤臣的辅佐之功,赞美一国一邦的教化之美、风俗之淳,以诗歌的形式表现出来,被看作是"风、小雅、大雅、颂"四类篇章的最高表现形态。如鲁国因颂扬周公之政而编成《鲁颂》,宋国因祭祀祖先而辑录《商颂》,这都是用于宗庙的雅乐。后世如扬雄表彰赵充国的《赵充国颂》,班固歌颂窦融的《安丰戴侯颂》,傅毅赞美汉明帝的《显宗颂》,史岑称述邓后的《和熹邓后颂》,都是类似仿作。虽然,文学史上将《诗经》看作是雅文学的典范,但是里面的国风和部分的赞颂,也不能不说包含着民众对安享盛世的愉悦和赞美之情。在这一点上,它和赞颂盛世能臣、教化大行的社会善治的民间歌谣是情理相契、一脉相承的。事实上,从先秦到汉唐时期有不少这样的歌谣,如《尚书·益稷》里的帝庸作歌曰:"敕天之命,惟时惟几。乃歌曰:股肱喜哉,元首起哉,百工熙哉。"皋陶赓载歌曰:"元首明哉,股肱良哉,庶事康哉。""元首丛脞哉,股肱惰哉,万事堕哉。"②体现了民众期盼国家行善政,实现良性社会治理以安定民众的理想和期盼。

社会治理是指社会组织体系运用社会规范以及与之相应的手段和方式,对社会成员的行为、价值观念及各类社会关系进行调节和制约的过程。社会治理包含着对于社会成员感情、意志和判断力的管理,注重

---

① 刘勰著、杨明照校注《增订文心雕龙校注·颂赞篇》,中华书局 2012 年版,第 111 页。
② 《尚书正义·益稷》,《十三经注疏》,第 144 页。

社会成员之间的心理互动,因而是可以从社会心理学角度来加以研究的。汉唐时期的歌谣风议,正是特定历史情境下民众心理感受的表征,因此,也是汉唐时期社会治理的有机组成部分。

　　我国历史上的汉唐时期,既经历了文景之治、元嘉之治和贞观之治等盛世局面,也经历了政治动荡、国家分裂和民族混战的乱世局面,其间,社会的生产方式、基本的经济形态和生产关系,上层的政治生态和结构,制度的演进和创新,民众生活的内容和方式,文化、信仰的更新和发展,都发生了巨大的变革。汉唐间朝代的兴衰,固然有多种因素,但面对重大历史变局和复杂社会问题时社会治理能力的强弱,是最为重要的因素之一。

　　《孟子·滕文公下》讲:“天下之生久矣,一治一乱。”[①]虽然治乱相生是历史上常见的现象,但中国古代的思想家一直有追求社会善治的理想,也有总结治乱兴衰历史规律的自觉。《礼记·礼运》载:“大道之行也,天下为公。选贤与能,讲信修睦。故人不独亲其亲,不独子其子……货恶其弃于地也,不必藏于已;力恶其不出于身也,不必为己。是故谋闭而不兴,盗窃乱贼而不作,故外户而不闭,是谓大同。”[②]实现小康和大同社会,就是中国古人最大的社会治理理想。从政治思想的建构上,贾谊的《过秦论》《治安策》、晁错的《论贵粟疏》、董仲舒的“天人三策”、汉武帝的《轮台诏》、曹操的“求才三令”、诸葛亮的《隆中对》《出师表》、江统的《徙戎论》、魏征的《谏太宗十思疏》等等,都是汉唐时期对治国安邦之策的经典建言,体现了社会治理的政治智慧。从西汉的黄老之治,到独尊儒术的儒家治国理政理念的全面实践,从察举征辟到科举取士,从巡行风俗、风闻奏事,到各项监察制度的建立和完善,由“约法三章”的粗放治国,到唐律中各种律令格式法律体系的建构,汉唐治世得以实现所依赖的社会治理体系的建构和能力的提升,其历史经纬是清晰可见的。

　　北宋思想家程颐指出:“看史必观治乱之由,及圣贤修己处事之美。”[③]认为社会治乱的关键在于人,关键在于上到帝王将相下至普通百

---

①《孟子注疏·滕文公下》,《十三经注疏》,第 2714 页。
②《礼记正义·礼运》,《十三经注疏》,第 1414 页。
③ 程颢、程颐著《二程集·遗书》卷二四,中华书局 2004 年版,第 313 页。

姓在社会治乱嬗替中发挥的作用。《墨子》说:"古者王公大人为政国家者,皆欲国家之富,人民之众,刑政之治。然而不得富而得贫,不得众而得寡,不得治而得乱,则是本失其所欲,得其所恶,是其故何也? ……古者桀之所乱,汤受而治之;纣之所乱,武王受而治之。此世未易,民未渝,在于桀、纣,则天下乱;在于汤、武,则天下治。岂可谓有命哉?"①所以程颐、程颢说:"自古治乱相承,亦常事。君子多而小人少,则治;小人多而君子少,则乱。"②《后汉书》在讲东汉末年党锢之祸时歌谣风议蜂起的原因时,也联系到汉代的治乱和用人问题:"汉祖杖剑,武夫勃兴,宪令宽赊,文礼简阔,绪余四豪之烈,人怀陵上之心,轻死重气,怨惠必仇,令行私庭,权移匹庶,任侠之方,成其俗矣。自武帝以后,崇尚儒学,怀经协术,所在雾会,至有石渠分争之论,党同伐异之说,守文之徒,盛于时矣。至王莽专伪,终于篡国,忠义之流,耻见缨绂,遂乃荣华丘壑,甘足枯槁。虽中兴在运,汉德重开,而保身怀方,弥相慕袭,去就之节,重于时矣。逮桓、灵之间,主荒政缪,国命委于阉寺,士子羞与为伍,故匹夫抗愤,处士横议,遂乃激扬名声,互相题拂,品核公卿,裁量执政,婞直之风,于斯行矣。"③这也就是本书所论述的"吏道、官事与民谣"相关性的最佳阐释。

汉唐时期,总体是中华民族历史发展的上升期、繁荣期,绝大部分时间保持着治世状态,但是其间各种形式的战争、内乱和外忧也没有间断,即使在盛世华章之下,也不时会发生惊扰民众的个别事件。盛世和乱世,关乎民众的社会生活和历史命运,民众不仅有直观的感受,也有深切的表达,如在"文景之治"出现的西汉初期,帝王英明,贤臣会聚,发展生产,轻徭薄赋,制礼作乐,注意百姓教化,人民生活富裕安定。对此,司马迁采用几句俗语来赞美当时君臣相得的景象:"太史公曰:语曰'千金之裘,非一狐之腋也;台榭之榱,非一木之枝也;三代之际,非一士之智也'。信哉! 夫高祖起微细,定海内,谋计用兵,可谓尽之矣。然而刘敬脱辕辂一说,建万世之安,智岂可专邪! 叔孙通希世度务制礼,进退与时变化,卒为汉家儒宗。"④若生于乱世,民众生命危如累卵,衣牛马之衣,

---

① 孙诒让《墨子间诂·非命上》,中华书局 2001 年版,第 265、267 页。
② 《二程集·遗书》卷二,中华书局 2004 年版,第 51 页。
③ 《后汉书·党锢传》,第 2184—2185 页。
④ 《史记·刘敬叔孙通传》,第 2726 页。

而转死于沟壑之中,岂能不发出"时日曷丧,吾与汝偕亡"的悲愤呼号,秦朝一统天下,建立强大政权之后,秦始皇开始严刑峻法,巡游无度,社会治理失效,导致出现"是以三主失道,忠臣不敢谏,智士不敢谋,天下已乱,奸不上闻,岂不哀哉"①的历史局面,民众不堪暴政,早早发出"始皇帝死而地分""亡秦者,胡也"的谶谣,秦朝速亡。又如,唐咸通十四年(873)关东一带大旱,西起灵宝、东至海的广大地区,无数老百姓死于饥荒。就在这严重的灾害面前,唐政府的搜刮仍然有增无减,人民逼得实在无路可走,于是王仙芝率众在曹州起义,黄巢率领数千人响应王仙芝。民间流行谣言:"金色虾蟆争努眼,翻却曹州天下反。"②谣言首句"金色蛤蟆",隐喻黄巢,"争努眼"同"睁怒眼";第二句说以曹州为起点,掀起了天下百姓不堪忍受暴政的起义浪潮。

在我国历史上,由于统治阶层和民众在政治权力舆论表达方面的不对称,民众的政治权力有限,所以在涉及民众关切的重大历史事件和一些官员的任免方面,民众就采取一些特殊的形式来表达他们的意见和观点,通常是以民歌、民谣、儿歌、童谣、谚语和俗语的方式来表达。这是一种具有重要影响的特殊公众舆论,也就是民众通过这些舆论来表达对政治事件和历史人物的一些评价。如《汉书·沟洫志》记载的对兴修水利的官员史起的歌颂:"邺有贤令兮为史公,决漳水兮灌邺旁,终古舄卤兮生稻粱。"③再如唐朝百姓对爱惜百姓、自曝祈雨良吏田仁会的歌颂曰:"父母育我田使君,精诚为人上天闻。田中致雨山出云,仓廪既实礼义申,但愿常在不患贫。"④宋代著名清官包拯,为人刚正不阿,以铁面无私的形象为百姓传颂,民谣赞美他:"关节不到,有阎罗包老。"⑤相反的,明代著名奸臣严嵩因善于谄媚,得到皇帝宠信,他垄断朝政,侵吞军饷,排除异己,诬陷忠良。朝廷大臣敢怒不敢言,但是咒骂他的民谣则传遍京城:"可笑严介溪,金银如山积,刀锯信手施。尝将冷眼观螃蟹,看你横行

① 《史记·秦始皇本纪》,第278页。
② 《旧唐书·黄巢传》,第5391页。
③ 《汉书·沟洫志》,第1677页。
④ 《旧唐书·良吏上·田仁会传》,第4793页。
⑤ 《宋史·包拯传》,第10317页。

得几时。"① 这里的赞扬或讽刺,都反映了民众的情感和态度。

在儒家的德政学说和天人感应学说的影响下,官员是民之父母,他们的善政会感动天地。这与汉代以来盛行的五行观念高度一致,认为官员施政的善恶所引起的歌谣风议,也是所谓的休征和咎征,是上天对人间政治的肯定或否定。中国古代的统治者由此特别重视歌谣风议的社会作用,从先秦的采诗观风,到汉代的风俗巡使和谣言奏事,到唐代御史的风闻奏事,都体现了对民间歌谣的重视。他们经常会依据歌谣风议所反映的民意来调整政策和处置官员,歌谣风议由此发挥了它在汉唐社会治理中的舆论监督和社会监督作用。

第二节　乱世危音:歌谣风议是社会危机的风向标

《文心雕龙·谐隐》篇云:"芮良夫之诗云:'自有肺肠,俾民卒狂。'夫心险如山,口壅若川,怨怒之情不一,欢谑之言无方。昔华元弃甲,城者发睅目之讴;臧纥丧师,国人造侏儒之歌。并嗤戏形貌,内怨为俳也。又蚕蟹鄙谚,狸首淫哇,苟可箴戒,载于礼典。故知谐辞隐言,亦无弃矣。"②

《新唐书·五行志》言:"《五行传》曰:'治宫室,饰台榭,内淫乱,犯亲戚,侮父兄,则稼穑不成。'谓土失其性,则有水旱之灾,草木百谷不熟也。又曰:'思心不睿,是谓不圣。厥咎霿,厥罚常风,厥极凶短折。时则有脂夜之妖,时则有华孽、蠃虫之孽,时则有牛祸,时则有心腹之痾,时则有黄眚黄祥,时则有木、火、金、水沴土。'……'好攻战轻百姓,饰城郭侵边境,则金不从革。'谓金失其性而为变怪也。又曰:'言之不从,是谓不义。厥咎僭,厥罚常旸,厥极忧。时则有诗妖、讹言,时则有毛虫之孽,时则有犬祸,时则有口舌之痾,时则有白眚白祥,惟木沴金。'"③ 虽然依然没有摆脱汉魏五行灾异说的观念,但是毕竟把"治宫室,饰台榭,内淫乱,

---

① 杜文澜辑、周绍良校点《古谣谚·京师人为夏言严嵩语》,第 748 页。
② 刘勰著、黄叔琳注、李详补注、杨明照校注拾遗《增订文心雕龙校注·谐隐》,第 197 页。
③ 《新唐书·五行志》,第 897、912 页。

犯亲戚,侮父兄"作为唐代五行灾异出现的原因,这当然也包括隐喻唐朝时期一系列重大政治乱局和变局的歌谣,也就是奢侈、淫乱、诛杀宗族、杀害父兄这些唐代经常出现的统治者的措施,正是唐代社会危机象征的歌谣风议出现的根本原因。至于"木、火、金、水渗土"等五行观念的解释,这既是秦汉以来五德终始说的一个体现,也是汉唐史家对重大历史变故惯常使用的政治阐释术。

《隋书·五行志上》记载,北周大定元年(581)二月,静帝宇文衍迫于外戚杨坚的威势而禅位,既逊位而崩,诸舅强盛,民间出现歌谣:"白杨树头金鸡鸣,只有阿舅无外甥。"这首童谣所述"白杨树头",隐含杨树之尖,谐音"杨坚"二字。至于"金鸡鸣",古代颁赦诏之日,设金鸡于竿,以示吉辰,颁赦只有帝王可行,而且往往在帝王登基后实行大赦。《周书·静帝纪》云:"开皇元年五月壬申,崩,时年九岁,隋志也。"可见,杨坚为了巩固既得的权势,便迫不及待地害死其外孙宇文衍。

《新唐书·五行志二》记载:"景龙中,民谣曰:'黄牸犊子挽纼断,两足踏地輠牖断,城南黄牸犊子韦。'"[1]又有《阿纬娘歌》。时又谣曰:"可怜圣善寺,身着绿毛衣,牵来河里饮,踏杀鲤鱼儿。"[2]景龙四年(710)六月二日,唐中宗李显的皇后韦氏伙同安乐公主、散骑常侍马秦客等反,韦氏杀中宗而自立为皇太后,立李重茂为帝,是为唐殇帝,韦氏垂帘听政,大权在手。六月二十日,临淄郡王李隆基率万骑入京师讨乱,杀韦氏及其叛党多人。二十四日拥其父安国相王李旦即皇帝位,是为睿宗,韦氏之乱很快得到平定。第一首民谣的背景即此。首句"黄牸犊子"指韦氏。"挽纼断"言将作乱。纼是牛鼻绳,用以控制牛,纼断则失控,喻作乱。第二句说事情刚刚办成就失败了。第三句点明作乱者是"黄牸犊子"。按《太平广记·童仆》载:"隋开皇中,京兆韦衮,有奴曰桃符,每征讨将行,有胆力。衮至左卫中郎,以桃符久从驱使,乃放从良。符家有黄牸牛,宰而献之,因问衮乞姓。衮曰:'止从我姓为韦氏。'符叩头曰:'不敢与郎君同姓。'衮曰:'汝但从之,此有深意。'故至今为'黄牸子韦',即韦庶

①《新唐书·五行志》,第919—920页。
②《新唐书·五行志》,第920页。

人其后也。"① 也就是说,中宗时作乱的是韦皇后及其党羽。第二首民谣的背景是:睿宗即位后不久,谯王李重福自均州入都作乱,败走,投洛川而死。首句指死处。"圣善寺",按《唐会典》所载即"圣普寺",在东都洛阳,位洛水之北。第二句指死者谯王,根据唐朝的规定王者子孙封郡王者冠以翠羽,服则青绶,故云"绿毛衣"。第三、四句是说投洛水而死,极言溺水挣扎,把河里的鲤鱼也踏死了。

《南部新书》记载:"长安中秋望夜,有人闻鬼吟曰:'六街鼓歇行人绝,九衢茫茫空有月。'又闻有和者曰:'九衢日生何劳劳,长安土尽槐根高。'俗云务本西门是鬼市,或风雨晦冥,皆闻其喧聚之声。怪哉!"② 这段话虽然没有注明是唐代哪个时期的歌谣,但六街鬼哭、九衢茫茫的凄惨景象,绝非盛唐时期的气象,根据前一条"崆峒山,在松州属龙州,西北接蕃界。蜀破后路不通,即非空桐也"的记载和后一条"太和中,程修己以书进见"的记载,或许时在安史之乱以后或唐文宗继位以前。

《新唐书·五行志》记载,唐朝后期到僖宗李儇时,已经显示出摇摇欲坠的迹象,乾符二年(875)六月,山东濮州王仙芝起义;次年三月冤句人黄巢聚众响应,至乾符六年(879)黄巢的起义军已发展到几十万人。这种形势对唐帝国来说就如同八月的青草还未经严霜便已显出寒意了,所以出现了"八月无霜寒草青,将军骑马出空城,汉家天子西巡狩,犹向江东更索兵"③ 的民间歌谣,后一年七月黄巢从采石(今安徽当涂)渡江,下洛阳,破潼关,十二月,直入京师长安。这就是童谣所揭示的内容:天子和他的扈从们已经西出长安了,但是仍在不断向江东征调镇压起义军的兵马。这里的"汉家天子"实指唐天子。

第三节　盛世和鸣:歌谣管理的法治化与社会善治的实现

《隋书·经籍志》里讲:"小说者,街说巷语之说也。传载舆人之诵,

---

① 《太平广记·童仆·韦桃符》,第1180页。
② 钱易撰、黄寿成点校《南部新书》卷甲,第9页。
③ 《新唐书·五行志》,第920—921页。

诗美询于刍荛。古者圣人在上,史为书,瞽为诗,工诵箴谏,大夫规诲,士传言而庶人谤。孟春徇木铎以求歌谣,巡省观人诗,以知风俗。过则正之,失则改之。道听途说,靡不毕纪。"①

本书第七章讲了汉唐统治者重视歌谣风议的社会舆论作用,继承先秦采诗观风的传统,以风俗巡使和风闻奏事的形式,主动搜集和听闻民间的歌谣风议,作为调整人事和施政的重要依据,取得了良好的社会治理效果。但是,对于社会和政治危害性极强的政治谣言,不仅汉唐时期,从先秦以来就有严刑峻法禁止的做法。

对于歌谣风议管控最严厉的是死罪,《周语》云:"厉王虐,国人谤王。邵公告王曰:'民不堪命也!'王怒,得卫巫,使监谤者,以告,则杀之。国莫敢言,道路以目。……三年乃流王于彘。"②他的儿子周宣王也不遑多让,《史记·周本纪》载:"宣王之时童女谣曰:'檿弧箕服,实亡周国。'于是宣王闻之,有夫妇卖是器者,宣王使执而戮之。逃于道,而见乡者后宫童妾所弃妖子出于路者,闻其夜啼,哀而收之,夫妇遂亡,奔于褒。"③《礼记·王制》中的"执左道以乱政,杀"和"假于鬼神、时日、卜筮以疑众,杀"④,这也许是监谤者和杀"檿弧箕服"者的制度根源。最极端的是《汉书·食货志》所载的"腹非之议":御史大夫张汤与大农令颜异有隙,"及人有告异以它议,事下汤治。异与客语,客语初令下有不便者,异不应,微反唇。汤奏当异九卿见令不便,不入言而腹非,论死。自是后有腹非之法比"⑤。

秦汉时期,涉及歌谣风议管理的最主要的罪名有三种:非所宜言、诽谤和妖言。"非所宜言"的说法出现在秦代,指言辞失实。当时秦初并六国,天下动荡。秦王嬴政是否赢得上天的支持,承受天命而成为一统天下的皇帝,众说纷纭。秦始皇为了统一思想,以"为妖言而乱黔首"之名坑杀儒生,创立了"妖言"罪。秦始皇三十四年(前213)下令设立诽谤妖言罪。之后二年,有颗陨星坠落在东郡,落地后变为石块,有人在那

①《隋书·经籍志》,第1012页。
②《春秋左传正义·昭公二十六年》,中华书局1980年版,第2114页。
③《史记·周本纪》,第147页
④《礼记正义·王制》,《十三经注疏》,第1344页。
⑤《汉书·食货志》,第1168页。

块石头上刻了"始皇帝死而地分"几个字,始皇非常警惕,就派御史前去挨家追查,但是没有一个人认罪,于是把居住在此周围的人全部抓来杀了,并焚毁了那块载有谶谣的陨石。《史记·刘敬叔孙通列传》中记载,陈胜、吴广起义后,诸生凡有论议者都被秦二世以"非所宜言"罪下狱处死。西汉文帝时法律也有"诽谤妖言之罪",至"六朝时犹用此律"①。但因这个罪名定罪必须深文周纳,不好操作,判决者可任意轻重,又有钳制言论之嫌,渐成废条,至"隋初删之"②。但是诽谤和妖言现象,汉唐时期几乎都存在,特别是魏晋南北朝时期更为流行,而且其内容主要是对天子和当时朝廷主要官员的批评和攻击,乱政的负面效果是很明显的,不利于政局的稳定,所以势必要在法律中有所体现。

　　《唐律》中虽然没有直接针对制作和传播谣言的法条律令,但是在《贼盗》一篇中,却有"造妖书妖言"这一罪名:"造妖书及妖言者,绞。"原注:"造,谓自造休咎及鬼神之言,妄说吉凶,涉于不顺者。"在疏议中则进一步申说:"议曰:'造妖书及妖言者',谓构成怪力之书,诈为鬼神之语。'休',谓妄说他人及己身有休征。'咎',谓妄言国家有咎恶。观天画地,诡说灾祥,妄陈吉凶,并涉于不顺者,绞。""传用以惑众者,亦如之(传,谓传言。用,谓用书)。其不满众者,流三千里。言理无害者,杖一百。即私有妖书,虽不行用,徒二年;言理无害者,杖六十。"又"议曰:'传用以惑众者',谓非自造,传用妖言妖书,以惑三人以上,亦得绞罪。注云:'传,谓传言。用,谓用书。''其不满众者',谓被传惑者不满三人。若是同居,不入众人之限;此外一人以上,虽不满众,合流三千里。其'言理无害者',谓妖书、妖言,虽说变异,无损于时,谓若豫言水旱之类,合杖一百。'即私有妖书',谓前人旧作,衷私相传,非己所制,虽不行用,仍徒二年。其妖书言理无害于时者,杖六十。"③《宋刑统》中还保存有唐朝一条敕令,即唐开元二十年敕:"自今以后,辄有托称佛法,因肆妖言,妄谈休咎,专行诳惑,诸如此类,法实难容。"④妖书妖言罪因为常常妄谈休咎,事涉王朝代换、天命转移等政治敏感话题,所以处罚起来是很重

---

① 程树德《九朝律考》,中华书局 1983 年版,第 106 页。

② 程树德《九朝律考》,第 405 页。

③ 长孙无忌著、岳纯之点校《唐律疏议·贼盗》,上海古籍出版社 2013 年版,第 292—293 页。

④ 窦仪《宋刑统》,中华书局 1984 年版,第 289 页。

的。唐朝曾经发生多起妖言案,如贞观五年(631)李好德狂病妖言案,此案中唐太宗怒杀大理寺丞张蕴古,并由此定立了死刑案两日中五复奏的制度。开元八年(720)唐玄宗患病,薛王妃弟私议休咎案;开元二十四年(736)监察御史周子谅引谶语案,处罚多是绞、籍没其家①。

　　当然,以上所举皆是秦代和唐朝对妖言惑众的重罪化处理,一般而言,在政治清明、社会稳定的时期,汉唐统治者也有对所谓妖言毁谤无罪化或轻罪化处理的案例。汉王朝建立后,社会逐渐稳定,《史记·孝文帝纪》载:"上曰:'古之治天下,朝有进善之旌,诽谤之木,所以通治道而来谏者。今法有诽谤妖言之罪,是使众臣不敢尽情,而上无由闻过失也。将何以来远方之贤良?其除之。民或祝诅上以相约结而后相谩,吏以为大逆,其有他言,而吏又以为诽谤。此细民之愚无知抵死,朕甚不取。自今以来,有犯此者勿听治。'"② 这体现了汉文帝爱惜民众,鼓励群臣直言规劝过失,为政宽惠的特点,这也是"文景之治"得以实现的一个重要历史原因。北魏熙平年间,发生了一件月光童子刘景晖妖言惑众的事件:"延陵法权等所谓月光童子刘景晖者,妖言惑众……亦合死坐。"但大臣崔纂以为:"景晖云能变为蛇雉,此乃傍人之言。虽杀晖为无理,恐赦晖复惑众。是以依违,不敢专执。当今不讳之朝,不应行无罪之戮。景晖九岁小儿,口尚乳臭,举动云为,并不关己,月光之称,不出其口……《书》曰:'与杀无辜,宁失有罪。'又案《法例律》:'八十已上,七岁已下,杀伤论坐者上请。'……景晖愚小,自依凡律。"灵太后令曰:"景晖既经恩宥,何得议加横罪,可谪略阳民。余如奏。"③ 按照北魏法律,月光童子刘景晖妖言惑众,应当是死罪。但是他只有九岁,难以有自主的行为,不应当对这个别人加给他的"月光"佛转世的称谓负责,因此本着不杀无辜的原则,不加治罪。北魏孝明帝时期,虽然不是所谓盛世,但这次对刘景晖妖言惑众事件的处理无疑是符合历史潮流的。

　　唐宪宗李纯,805—820年在位,在其统治期间,整顿江淮财赋,以增加财政收入,并利用藩镇间矛盾,先后平定刘辟、李铸、吴元济等藩镇叛

---

① 贾文龙《宋代"妖言"罪源流考》,《河北学刊》2002年第2期。
② 《史记·孝文帝本纪》,第423—424页。
③ 《魏书·刑罚志》,第2884—2885页。

乱,重振中央政府的威望,史称"元和中兴"。他注意搜集历代对歌谣风议等处理的经验,让人在唐次所撰《辩谤略》基础上,总结历史经验,把从周到隋有关诽谤的谣言收集成书,号《元和辩谤略》,随时阅览。认为"辩谤之书,实君人者时宜观览",受命编撰该书的大臣沈传师在序言中说:"乾坤定而上下分矣。至于播四时之候,遂万物之宜,在验乎妖、祥之二气;祥气降则为丰为茂,妖气降则为沴为灾。君臣立而卑高隔矣。至于处神明之奥,询献纳之辞,在审乎邪、正之二说;正言胜则为忠为说,邪言胜则为谗为谀。故《诗》云:'萋兮斐兮,成是贝锦。'……语曰:'邪径败良田,谗口乱善人。'……况立国家,自中徂外,道偏则刑罚不中,谗胜则忠孝靡彰。逊览前闻,缅想近古,招贤容鲠,远佞嫉邪,虑之则深,防之未至。"所以他与大臣令狐楚等,"上自周、汉,下洎隋朝,求史籍之忠贤,罹谗谤之事迹,叙瑕衅之本末,纪谣诼之浅深,编次指明,勒成十卷……修辩谤之书,千古一心,同垂至理……则圣虑先辨,谤何由兴! 上天不言,而民自信矣"①。可见唐文宗君臣对歌谣风议及其政治和社会影响是非常重视的。

　　由此可见,诽谤和妖言的禁令在秦朝颁布,但秦朝却因阻碍言路很快就灭亡了。西汉初汉文帝下令解除诽谤妖言之罪,成为一代贤君。唐代诸帝一方面立法严格控制妖言惑众的违法行动,一方面注意总结先秦以来的历代王朝理性对待歌谣风议的历史经验,从而能够汲取历史上正反两方面的经验,通过对歌谣风议的合理管控,实现社会的善治。可见汉唐盛世局面的出现,歌谣风议与有关焉。

---

① 《旧唐书·文苑传》,第 5061—5062 页。

结语：历史古歌的千年回响

唐代诗人白居易有一首《采诗官》（监前王乱亡之由也）的诗说：

> 采诗官，采诗听歌导人言。
> 言者无罪闻者诚，下流上通上下泰。
> 周灭秦兴至隋氏，十代采诗官不置。
> 郊庙登歌赞君美，乐府艳词悦君意。
> 若求兴谕规刺言，万句千章无一字。
> 不是章句无规刺，渐及朝廷绝讽议。
> 诤臣杜口为冗员，谏鼓高悬作虚器。
> 一人负扆常端默，百辟入门两自媚。
> 夕郎所贺皆德音，春官每奏唯祥瑞。
> 君之堂兮千里远，君之门兮九重閟。
> 君耳唯闻堂上言，君眼不见门前事。
> 贪吏害民无所忌，奸臣蔽君无所畏。
> 君不见，厉王胡亥之末年，群臣有利君无利。
> 君兮君兮愿听此，欲开壅蔽达人情，先向歌诗求讽刺。①

这首诗是元和四年诗人担任左拾遗这一谏官职位时所作的五十首新乐府诗中的最后一首。作者在谈到这组诗歌的宗旨时说："其辞质而径，欲见之者易喻也。其言直而切，欲闻之者深诫也。其事核而实，使采之者传信也。其体顺而肆，可以播于乐章歌曲也。"这五十首诗歌都是"首章标其目，卒章显其志"②，从题目到内容都寄托着诗人的深意。而这首《采诗官》，作为全部组诗中的最后一首，更担负着卒章显志的特殊功能，所以更值得深思和玩味。尽管这首诗中所言的内容，有的地方是不

---

① 白居易撰、谢思炜校注《白居易诗集校注·讽谕·采诗官》，中华书局 2006 年版，第 443 页。
② 《全唐诗》卷四二六，第 4701 页。

准确的,如"周灭秦兴至隋氏,十代采诗官不置",这点在本书前面的章节中已论之甚详。但这只是这首诗的白璧微瑕之处,丝毫不会影响这首诗在中国古代诗歌中的耀眼光彩。诗人在这首诗中对统治者设置采诗官的意义以及对歌谣风议的"规刺"和"开壅蔽达人情"的社会作用的清醒认识,无疑是能够发人深思的。此组诗歌"新乐府"的标识和《采诗官》一诗"监前王乱亡之由也"的主旨,包含着希望当政者能够像汉武帝一样设置乐府机构,采察民间歌谣风议、了解民众疾苦和心声的深切寓意。作者的愿望固然没有实现,但这首诗歌却足以激发起人们的思古之幽情,让我们穿越历史的时空,在千年历史古歌的回响中对中国古代歌谣风议的社会和政治功能有更为清醒和明晰的认识。

的确,我国古代文献中所记载的丰富歌谣风议,既包含着对统治者乱政的愤恨,对社会动乱的指斥和生活疾苦的哀号,也有对廉吏、良吏和学人君子的赞美和颂扬,更有对贪官污吏的怨恨和诅咒、对昏庸颟顸的庸吏的讽刺和揶揄,真是刺贪刺虐之音,哀告无助之语,满目盈耳,无所不有。这些歌谣,倾注了当事者的爱与恨、乐与怨,可以说既真切表达了中国古代社会各个阶层的政治和社会感受,也隐约包含着他们各自的政治期望和生活愿望,仿佛能够把人牵引到千百年前的前朝往古,在历史发生的现场感受这些歌谣的律动与魅力。当然,岁月流转,时空移置,随着朝代的更迭,时光的流逝,中国古代的大部分歌谣风议已如过眼云烟,湮没于历史的深处了。然而,在汉唐时期众多的歌谣风议中,却有两首歌谣能够穿越历史的时空,留给人们难以磨灭的印象,常常在耳边回响、飘荡。

一首是《后汉书·五行志》所载:"小麦青青大麦枯,谁当获者妇与姑。丈人何在西击胡,吏买马,君具车,请为诸君鼓咙胡。"一首是《三国志·陆凯传》所载:"宁饮建业水,不食武昌鱼。宁还建业死,不止武昌居。"前者将汉末民族纷争和军阀混战给人民造成的苦难——家人的遭遇清晰地表达出来:丈夫出去应兵役,家里只有婆婆和儿媳,长势良好的小麦和成熟的大麦,似乎预示了庄稼将有丰收之相,但相对于战乱频仍的社会和妻离子散的家庭命运,用了一个"枯"字来对待本应感到喜悦的粮食丰收。而歌谣中没有交代的老人和孩子的命运,更给人留下丰富的想象空间,读来真是令人唏嘘不已。后一首歌谣,则以民众在建业和武昌生活的生死抉择相对比，来说明在孙皓暴政的统治之下的民众，还有比死亡更可怕的事情。本来，"民不畏死，奈何以死惧之"①，是人们都熟悉的中国古代百姓对统治者暴政最为底线的态度，但这首歌谣所描述的孙吴民众在孙皓暴政下宁可去死，也不愿在武昌忍受繁重劳役的残酷事实，却别开生面地表现出孙皓统治的无以复加的残暴和苛酷。有这样两首歌谣时时萦绕耳边脑际，那些汉唐时期文人墨客的颂圣歌时之作和流连山水、吟诵性情的诗歌作品，无论其文笔多么优美，辞藻如何华丽，都相形见绌了。

本书对歌谣的定位是"公众舆论"，前面的探讨表明，汉唐时期的统治者通常对歌谣这种公众舆论是重视的。除了前面所举的种种例证外，《汉书·王嘉传》记载说，汉哀帝因为爱幸侍中董贤，遂下诏封贤二千户，及赐孔乡侯、汝昌侯、阳新侯国。丞相王嘉封还诏书并上封事谏哀帝及太后说："臣闻爵禄土地，天之有也……高安侯贤，佞幸之臣，陛下倾爵位以贵之，单货财以富之，损至尊以宠之，主威已黜，府藏已竭，唯恐不足。财皆民力所为，孝文皇帝欲起露台，重百金之费，克己不作。今贤散公赋以施私惠，一家至受千金，往古以来贵臣未尝有此，流闻四方，皆同怨之。里谚曰：'千人所指，无病而死。'臣常为之寒心。"②王嘉用"千人所指，无病而死"的里谚说明社会舆论的影响和威力。

以歌谣风议为代表的公众舆论，固然在某些情况下会受到统治者的重视，并以之作为黜置官吏和调整施政措施的依据，但在大多数情况下却常常是自生自灭，不为统治者所重视和采纳。事实上，在中国古代君主专制的条件下，幻想统治者能更多地倾听民间舆论发挥更大的政治和社会作用，是不切实际的。相反，历史上却不乏统治者封锁和压制民间舆论的记载。除本书前面所举诸例证外，最著名的则是邵公谏厉王止谤的故事。《国语·周语》记载："厉王虐，国人谤王。邵公告王曰：'民不堪命矣！'王怒，得卫巫，使监谤者，以告，则杀之。国人莫敢言，道路以目。王喜，告邵公曰：'吾能弭谤矣，乃不敢言。'邵公曰：'是障之也。防民之口，甚于防川。川壅而溃，伤人必多，民亦如之。是故为川者决之

---

① 陈鼓应著《老子注译及评介》，中华书局 2009 年版，第 325 页。
② 《汉书·王嘉传》，第 3498 页。

使导,为民者宣之使言……夫民虑之于心而宣之于口,成而行之,胡可壅也? 若壅其口,其与能几何?'王不听,于是国莫敢出言,三年乃流王于彘。"① 压制社会舆论的危害性,后果十分清晰。但是历史上"防民之口甚于防川"的帝王史不绝书。因此,歌谣风议作为公众舆论的社会政治调节功能,在中国古代尤其是汉唐时期所发挥的积极作用是有限度的。

当然,汉唐时期的歌谣风议,尤其是作为社会下层的广大民众所创作和传播的歌谣,还具有一种特别的社会功能,就是沟通民间文化与精英文化的一种媒介。如前所述,学术界对歌谣的文化定位存在不同的观点。余英时把歌谣风议看作是与精英文化相对的通俗文化,谢贵安先生认为歌谣谚语是潜流文化:"是风行于群众之中的一种潜流文化。""主流文化通过官方的传播途径,通过法令、教育、学术探研等各种方式加以扩散,并通过压制潜流文化的方式使自己一花独放。主流文化传播的是适应统治阶级需要的伦理道德、价值观念、行为方式及相关知识,所以这种文化在很大程度上不能满足下层社会人的需要。于是,不可避免地,适合下层社会的潜流文化就应运而生并在广大人民群众中流传开来。"② 认为歌谣这种潜流文化是"中下层群众的专用语言"③。这当然是很精辟的简介,可以说中国古代的歌谣风议虽然大部分都是民众心声的反映。但有一部分也反映了统治阶层的政治感受和意愿,因此不以上层文化和下层文化或潜流文化来区分歌谣风议的性质,而借鉴赵世瑜先生的看法将之视为一种"公众舆论"。

在探讨精英文化、主流文化和下层文化的概念或社会文化影响时,法兰克福学派对大众文化的意识形态功能的批判则颇具有理论启发意义。法兰克福学派的大众文化概念不是指从民众之中产生的文化,而是特指当代资本主义社会通常由政府和资产阶级控制的电台、报纸、影视及音乐塑造和倡导的流行文化。在法兰克福学派看来,当代资本主义的大众文化寄生于大众传播技术,把艺术、政治、宗教和哲学与商业融合起来,是意识形态与社会物质基础的融合,是资本主义商品制度的组成

---

① 《国语·周语上》,第10—13页。
② 谢贵安《中国谣谚文化——谣谚与古代社会》前言,华中理工大学出版社1994年版,第Ⅰ—Ⅱ页。
③ 谢贵安《中国谣谚文化——谣谚与古代社会》,第Ⅰ页。

部分。它在闲暇时间操纵广大人民群众的思想和心理，培植支持统治和维护现状的意识，起到强化主流文化和意识形态的功能，所以法兰克福学派所说的大众文化与中国学者所讲的主流文化很相似。而如果把这种大众文化和主流文化的概念引入到中国古代历史和歌谣文化的研究中，则相对于歌谣风议而言，统治者的诏令、文告、祀文、诗歌和经籍文章应该属于大众文化的范畴，它们寄寓着统治阶层的道德观、价值观和政治观。

这里举一个例证。曹魏时期，宫中宴饮所奏魏武帝所作《对酒》云："对酒歌，太平时，吏不呼门，王者贤且明。宰相股肱皆忠良，咸礼让，民无所争讼，三年耕有九年储，仓谷满盈。班白不负戴，雨泽如此，百谷用成。却走马以粪其上田。爵公侯伯子男，咸爱其民，以黜陟幽明，子养有若父与兄。犯礼法，轻重随其刑。路无拾遗之私，囹圄空虚，冬节不断人，耄耋皆得以寿终。恩德广及草木昆虫。"[1] 在这首歌里，王者贤明，宰相忠良，官吏守法，百姓知礼，政治清明，民众安居乐业，简直是一副理想的治世景象。而如果从史籍的记载和曹操其他的诗歌来看，东汉末年的景象却并非如此。众所周知，自汉末失政，随着黄巾起义、军阀割据、灾荒不断、疾疫流行，民众生活在水深火热之中，农田荒芜，人民流离，饿殍载道，尸横遍野，人口锐减。曹操的"白骨露于野，千里无鸡鸣"或许更为写实。晋人山简所说的"万姓流散，死亡略尽，斯乱之极也"[2]，也更符合从东汉初平元年到建安末年的三十年间的社会实况。汉唐时期的歌谣风议，尤其是反映官吏盘剥和民众疾苦的歌谣，所描绘和揭示的现象大多都与官方的郊庙歌辞、相和歌辞等诗文大相径庭。曹操《对酒歌》这种诗歌雅乐反映的统治阶层政治理想、个人情怀，代表的是中国古代统治者的主流意识形态。所以从这个意义上讲，汉唐时期民众因政治丧乱和生活疾苦而发出的批评性歌谣风议，在客观上起到揭露统治阶层所表述的主流意识形态虚伪性的作用。这是汉唐歌谣风议作为公众舆论的一种隐性社会功能。

综上，在系统探讨汉唐社会和历史变革的基础上，在深入研究中国

---

① 《乐府诗集·相和歌辞·相和曲》中，第 403 页。
② 《晋书·山简传》，第 1229 页。

古代歌谣风议作为一种公众舆论的生成、传播及其所发挥的社会政治影响的基础上,本书可以得出以下几点认识:

一、歌谣风议是一种特殊的公众舆论。历史上几乎所有的歌谣风议都是一定时代、一定社会文化和政治背景之下的产物,它们反映了民众的生存状况和情感意愿,反映了民众的生活知识和文化认知,是古代民众生活与思想实践的直接反映,可以看作是普通民众参与社会政治和社会治理的一种特殊手段。

二、汉唐时期的歌谣风议主要分为三种:社会性歌谣,主要反映社会生产、生活知识;政治性歌谣,主要反映对官吏的评价、政治事件的预言、社会危机的讽喻;文化性歌谣,主要反映汉唐时期的多元文化风貌,如对儒家知识分子学行的评价和对科举制度与士人关系的感知等。

三、汉唐时期歌谣风议生成的主要空间是以闾里乡村为代表的民众生存空间和以台寺府署为代表的中央政府机构,分别反映了汉唐歌谣风议的民间性和政治性特征。民众和官僚也是创作歌谣最多的两大社会阶层。

四、汉唐时期歌谣的传播是一种集群行为,其具体的形式则有口耳相传、题壁(题石)、歌诵、儿童传唱等多种。汉唐时期民间盛行的歌舞之风和特定政治事件下的心理氛围也促进了歌谣的传播。

五、汉唐时期建立了采察歌谣风议的政治制度,经常派遣重要官员巡行天下,考察和搜集社会谣言,形成了采诗观风、风俗巡使和御史风闻奏事制度。

六、汉唐统治者常根据歌谣风议对涉事官吏进行监督、黜置。秦汉和唐朝还有专门法令应对谣言,通过对社会谣言的因应、疏导、利用、限制或打击,有效维护统治权威和社会秩序。这使得汉唐时期的普通民众和统治阶层之间形成了一种政治互动关系,体现了中国古代政治制度的张力和弹性,这种互动对于汉唐盛世的形成具有积极意义。

鉴古知今,彰往知来。在吸收借鉴歌谣风议与汉唐社会治理经验的基础上,对当代社会的谣言与社会治理可以提出以下几点建议:

一、充分借鉴历史经验,正确认识歌谣风议的性质,特别是将当代社会流言和传言当作多元社会利益格局下不同民众群体的舆论表达方式,既要认识到虚假谣言传播的危害性,也要关注部分社会谣言中的合理成分。

二、熟悉歌谣风议生成的社会机理和传播方式，采取有效的方式及时发布信息，及时解释、引导、纾解热点舆论，以一定程度的确定性回应社会的热点，使谣言止于智者，止于开放的信息。

三、采取法治和信息化方式有效应对各类谣言，依法采取措施打击恶意谣言，采取有效技术手段分析、预测谣言易发点，有力控制谣言传播的途径和范围，依法维护社会稳定，维护大多数民众利益。

四、立足新时代和建立新社会风尚的要求，应深入社会生产实践和民众生活，组织编写脍炙人口的新儿歌、新童谣、新民歌，以群众喜闻乐见的方式传唱，传播新风尚，建设新文明，形成新的社会互动机制，促进社会善治。

当然，中国古代歌谣包含的政治、文化和社会信息是十分丰富的，因此对它们的探讨和研究也是十分必要的。本课题只是对汉唐时期歌谣风议的初步梳理和探讨，高水平的研究还有待时贤和后来者的开拓。探索历史的奥秘是一件既让人兴趣盎然又无比艰辛的过程，史才卓越如司马迁者，以"究天人之际，通古今之变"自许，但"虽探古人之情，亦未必能得其实"[①]，探骊得珠是历史学者的幸事。不过，无论如何，汉唐时期的千年古歌都不应该仅仅在历史岁月中空荡地回响，它们应该引起人们足够的重视和反思，从而让人们对歌谣风议这种特殊的公众舆论的文化定位和社会作用有新的体认和理解。

---

① 《史记·绛侯周勃世家》注引《史记索隐》，第 2078 页。

参考文献

一、典籍类

1. （汉）司马迁撰：《史记》，中华书局 1982 年版

2. （汉）班固撰：《汉书》，中华书局 1965 年版

3. （东汉）崔寔撰，石声汉校注：《四民月令校注》，中华书局 2013 年版

4. （晋）陈寿撰，（刘宋）裴松之注：《三国志》，中华书局 1982 年版

5. （晋）袁宏撰，周天游校注：《后汉纪校注》，天津古籍出版社 1987 年版

6. （晋）葛洪著，王明校释：《抱朴子内篇校释》，中华书局 1985 年版

7. （晋）葛洪著，杨明照校笺：《抱朴子外篇校笺》，中华书局 1997 年版

8. （南朝宋）范晔撰：《后汉书》，中华书局 1965 年版

9. （南朝宋）刘义庆著，余嘉锡笺疏：《世说新语笺疏》，上海古籍出版社 1993 年版

10. （南朝梁）沈约撰：《宋书》，中华书局 1974 年版

11. （南朝梁）萧子显撰：《南齐书》，中华书局 1972 年版

12. （南朝梁）萧统编，（唐）李善注：《文选》，中华书局 1977 年版

13. （南朝梁）刘勰著，范文澜注：《文心雕龙注》，人民文学出版社 1958 年版

14. （南朝梁）宗懔著，（隋）杜公瞻注：《荆楚岁时记》，中华书局 2018 年版

15. （北魏）杨衒之著，范祥雍校注：《洛阳伽蓝记校注》，上海古籍出版社 2011 年版

16. （北魏）贾思勰著，缪启愉校释：《齐民要术校释》，中国农业出版社 1998 年版

17. （北魏）郦道元著，（民国）杨守敬、熊会贞疏，段熙仲点校，陈桥驿复校：《水经注疏》，江苏古籍出版社 1989 年

18. （北齐）颜之推撰，王利器集解：《颜氏家训集解》，中华书局 1993

年版

19.（北齐）魏收撰：《魏书》，中华书局 1974 年版

20.（唐）房玄龄等撰：《晋书》，中华书局 1974 年版

21.（唐）姚思廉撰：《梁书》，中华书局 1973 年版

22.（唐）姚思廉撰：《陈书》，中华书局 1972 年版

23.（唐）李延寿撰：《北史》，中华书局 1974 年版

24.（唐）李延寿撰：《南史》，中华书局 1975 年版

25.（唐）李百药撰：《北齐书》，中华书局 1972 年版

26.（唐）令狐德棻等撰：《周书》，中华书局 1971 年版

27.（唐）魏征等撰：《隋书》，中华书局 1973 年版

28.（唐）李周翰等注：《六臣注文选》，上海古籍出版社 1993 年版

29.（唐）吴兢著：《乐府古题要解》，上海博古斋据明汲古阁本影印学津
    讨原本

30.（唐）欧阳询等撰：《艺文类聚》，中华书局上海编辑所 1965 年版

31.（唐）徐坚等著：《初学记》，中华书局 2004 年出版

32.（唐）杜佑撰：《通典》，中华书局 1988 年版

33.（宋）欧阳修、宋祁撰：《新唐书》，中华书局 1975 年版

34.（宋）司马光编著：《资治通鉴》，中华书局 1956 年版

35.（宋）郭茂倩编，乔象钟、陈友琴等点校：《乐府诗集》，中华书局 1979
    年版

36.（宋）李昉等编：《太平御览》，中华书局 1960 年版

37.（宋）李昉等编：《太平广记》，中华书局 1961 年版

38.（五代）刘昫等撰：《旧唐书》，中华书局 1975 年版

39.（元）马端临撰：《文献通考》，中华书局 1986 年版

40.（明）程荣纂辑：《汉魏丛书》，吉林大学出版社 1992 年版

41.（明）张溥辑：《汉魏六朝百三名家集》，江苏古籍出版社 2002 年影
    印版

42.（清）钱大昕著：《廿二史考异》，凤凰出版社 2008 年版

43.（清）赵翼著：《廿二史札记》，凤凰出版社 2008 年版

44.（清）王鸣盛著：《十七史商榷》，凤凰出版社 2008 年版

45.（清）永瑢等撰：《四库全书总目提要》，中华书局 1965 年版

46.（清）阮元校刻：《十三经注疏》，中华书局 1980 年版

47.（清）严可均辑：《全上古三代秦汉魏晋南北朝文》，中华书局 1958 年版

48.（清）杜文澜辑，周绍良校点：《古谣谚》，中华书局 1958 年版

二、专著类

49. 王重民辑：《敦煌曲子词集》，商务印书馆 1950 年版

50. 钱锺书著：《管锥编》，中华书局 1979 年版

51. 钟敬文主编：《民间文学概论》，上海文艺出版社 1980 年版

52. 王亚南著：《中国官僚政治研究》，中国社会科学出版社 1981 年版

53. 陈寅恪著：《隋唐制度渊源略论稿》，上海古籍出版社 1982 年版

54. 何兹全著：《读史集》，上海人民出版社 1982 年版

55. 逯钦立辑：《先秦汉魏晋南北朝诗》，中华书局 1983 年版

56. 周一良著：《魏晋南北朝史札记》，中华书局 1985 年版

57. 杨伯揆等著：《西方文官系统》，四川人民出版社 1985 年版

58. 周天游辑注：《八家后汉书辑注》，上海古籍出版社 1986 年版

59. 天鹰著：《论吴歌及其它》，上海文艺出版社 1987 年版

60. 雷群明著：《中国古代童谣赏析》，湖南文艺出版社 1988 年版

61. 温端政主编：《古今俗语集成》，山西人民出版社 1989 年版

62. 钟敬文编：《歌谣论集》，上海文艺出版社 1989 年影印版

63. 高殿石辑注：《中国历代童谣辑注》，山东大学出版社 1990 年版

64. 徐向红著：《现代舆论学》，中国国际广播出版社 1991 年版

65. 林修坡著：《外国政治制度与监察制度概要》，北京大学出版社 1991 年版

66. 何兹全著：《中国古代社会》，河南人民出版社 1991 年版

67. 赵晓兰著：《歌谣学概要》，电子科技大学出版社 1993 年版

68. 叶桂刚、王贵元主编：《中国古代歌谣精品赏析》，北京广播学院出版社 1993 年版

69. 宋祇著：《社会反三和弦——民族、民俗与中国政治》，吉林教育出版社 1993 年版

70. 谢贵安著：《中国谣谚文化：谣谚与古代社会》，华中理工大学出版社 1994 年版

71. 冯尔康著：《中国社会结构的演变》，河南人民出版社 1994 年版

72. 龚显宗著：《魏晋南北朝童谣研析》，（台湾）国语日报出版社 1995 年版

73. 罗根泽著：《乐府文学史》，东方出版社 1996 年版

74. 王小盾著：《隋唐五代燕乐杂言歌辞研究》，中华书局 1996 年

75. 章权才著：《两汉经学史》，台北万卷楼图书有限公司 1996 年版

76. 章权才著：《魏晋南北朝隋唐经学史》，广东人民出版社 1996 年版

77. 曹文柱主编：《中国社会通史·魏晋南北朝卷》，山西教育出版社 1996 年版

78. 白刚主编：《中国政治制度通史·秦汉魏晋南北朝卷》人民出版社 1996 年版

79. 周予同著，朱维铮编：《周予同经学史论著选集》，上海人民出版社 1996 年版

80. 葛兆光著：《七世纪前中国的知识、思想与信仰世界》，复旦大学出版社 1998 年版

81. 张守常辑：《中国近世谣谚》，北京出版社 1998 年版

82. 高敏主编：《中国经济通史·魏晋南北朝卷》，经济日报出版社 1998 年版

83. 谢贵安著：《中国谶谣文化研究》，海南出版社 1998 年版

84. 黎虎著：《魏晋南北朝史论》，学苑出版社 1999 年

85. 阎步克著：《察举制度变迁史稿》，辽宁大学出版社 1999 年版

86. 《唐五代笔记小说大观》，上海古籍出版社 2000 年版

87. 于振波著：《秦汉法律与社会》，湖南人民出版社 2000 年版

88. 萧放著：《荆楚岁时记研究》，北京师范大学出版社 2000 年版

89. 曹文柱主编：《中国文化通史·魏晋南北朝卷》，中央党校出版社 2000 年版

90. 苏萍著：《谣言与近代教案》，上海远东出版社 2001 年版

91. 苑利主编：《二十世纪中国民俗学经典·史诗歌谣卷》，社会科学文献出版社 2002 年版

92. 雷群明、王龙娣著：《中国古代童谣》，上海文艺出版社 2003 年版

93. 林剑鸣著：《秦汉史》，上海人民出版社 2003 年版

94. 杨鸿年著：《汉魏制度丛考》，武汉大学出版社 2005 年版

95. 胡百精著：《危机传播管理》，北京广播学院出版社 2005 年版

96. 周玉波著：《明代民歌研究》，凤凰出版社 2005 年版

97. 吕肖奂著：《中国古代民谣研究》，巴蜀书社 2006 年版

98. 栾保群著：《历史上的谣与谶：权力斗争中的异类武器》，中国档案出版社 2006 年版

99. 邱永明著：《中国古代监察制度史》，上海人民出版社 2006 年版

100. 杨民康著：《中国民歌与乡土社会》，上海音乐学院出版社 2008 年版

101. 钟敬文主编：《民俗学概论》，上海文艺出版社 2009 年版

102. 唐长孺著：《魏晋南北朝史论丛》，商务印书馆 2010 年版

103. 唐长孺著：《魏晋南北朝史论丛续编》，中华书局 2011 年版

104. 唐长孺著：《魏晋南北朝隋唐史三论》，中华书局 2011 年版

105. 田涛著：《百年记忆：民谣里的中国》，山西人民出版社、人民出版社 2011 年版

106. 吕宗力著：《汉代的谣言》，河北人民出版社 2013 年版

107. 顾颉刚著：《顾颉刚民俗论文集》，中华书局 2014 年版

108. 阎步克著：《士大夫政治演生史稿》，北京大学出版社 2015 年版

109. 王仲荦著：《魏晋南北朝史》，上海人民出版社 2016 年版

110. 张国良主编：《传播学原理》，复旦大学出版社 2021 年版

111. （英）戴维·比瑟姆著，徐鸿宾等译：《马克斯·韦伯与现代政治理论》，浙江人民出版社 1989 年版

112. （英）丹尼斯·麦奎尔著，祝建华译：《大众传播模式论》，上海译文出版社 1989 年版

113. （英）阿尔布罗著，阎步克译：《官僚制》，知识出版社 1990 年版

114. （美）L·布鲁姆、P·塞尔茨内克、D·B·达拉赫著，张杰等译：《社会学》，四川人民出版社 1991 年版

115. （美）S·N·艾森斯塔德著，阎步克译：《帝国的政治体系》，贵州人民出版社 1992 年版

116. （英）泰勒著，连树声译：《人类学——人及其文化研究》，上海文艺

出版社 1993 年版

117. 史宗主编:《二十世纪西方宗教人类学文选》,上海三联书店 1995
年版

118.（德）马克斯·韦伯著,林荣远译:《经济与社会》,商务印书馆 1998
年版

119.（德）马克思·韦伯著,王容芬译:《儒教和道教》,商务印书馆 1999
年版

120.（美）史太文著,侯旭东译:《幽灵的节日——中国中世纪的信仰与
生活》,浙江人民出版社 1999 年版

121.（法）弗朗索瓦丝·勒莫著,唐家龙译:《黑寡妇:谣言的示意及传
播》,商务印书馆 1999 年版

122.（美）丹尼斯·K·姆贝著,陈德民等译:《组织中的传播和权力:话
语、意识形态和统治》,中国社会科学出版社 2000 年版

123.（美）奥尔波特著,刘水平等译:《谣言心理学》,辽宁教育出版社
2003 年版

124.（法）诺埃尔·卡普费雷著,郑若麟译:《谣言:世界最古老的媒介》,
上海人民出社 2008 年版

三、论文类

125. 高国藩:《敦煌〈歌谣〉的评价和译注》,《敦煌研究》1985 年第 2 期

126. 张兆凯:《两汉俸禄制度研究》,《中国社会经济史研究》1996 年第
1 期

127. 林甘泉:《秦汉的自然经济与商品经济》,《中国经济史研究》1997 年
第 1 期

128. 文言:《论民谣的舆论特征》,《民间文化》1997 年第 2 期

129. 孙家洲:《汉代应验"谶言"例释》,《中国哲学史》1997 年第 2 期

130. 房洪铸:《现代民谣:一种特殊的政治文化》,《社会科学》1997 年第
11 期

131. 陈林:《六朝民歌之"隐语"及其遗韵》,《中国音乐》1998 年第 1 期

132. 史念海:《汉代长安城的营建规模》,《中国历史地理论丛》1998 年第

2 期

133. 洛保生：《上古采诗与汉乐府民歌》,《河北学刊》1998 年第 3 期

134. 陈桥生：《论王公贵人对南朝乐府民歌的接受》,《北京大学学报》1998 年第 3 期

135. 马新：《两汉社会各阶层新论》,《山东大学学报》1999 年第 1 期

136. 焦文峰：《政治参与的限制因素》,《南京社会科学》1999 年第 3 期

137. 张毅平：《南北朝民歌风格不同论》,《贵州民族学院学报》2000 年第 1 期

138. 沈远新：《政治谣言——界定、生存机制及其控制》,《探索》2000 年第 1 期

139. 马华祥：《南朝民歌的地域特色》,《河南师范大学学报》2000 年第 2 期

140. 胡传胜：《符号与象征》,《南京化工大学学报》2000 年第 2 期

141. 祝菊贤：《论魏晋南朝诗歌中的象征意象》,《咸阳师范专科学校学报》2000 年第 4 期

142. 蒋福亚：《魏晋南北朝时期的商品经济和传统市场》,《中国经济史研究》2001 年第 3 期

143. 李正春：《论六朝诗歌的传播与接受》,《苏州铁道师范学院学报》2001 年第 4 期

144. 丁毅华：《汉代的类宗教迷信和民间信仰》,《南都学坛》2001 年第 4 期

145. 侯旭东：《北朝乡里制与村民的生活世界》,《历史研究》2001 年第 6 期

146. 贺昌盛：《象征：符号与隐喻——象征本体论诗学探源》,《华中科技大学学报》2002 年第 1 期

147. 陈开勇、龙延：《汉晋佛教译经与晋宋民歌的语言》,《敦煌学辑刊》2002 年第 1 期

148. 马华祥：《论北朝民歌的民族风格》,《新乡师范高等专科学校学报》2002 年第 1 期

149. 陈开勇：《南朝民歌〈四月歌〉所反映的民俗佛教内容研究》,《吉首大学学报》2002 年第 2 期

150. 赵世瑜：《谣谚与新史学——张守常〈中国近世谣谚〉读后》，《历史研究》2002 年第 5 期

151. 吕宗力：《汉代的流言与讹言》，《历史研究》2003 年第 2 期

152. 李传军：《魏晋南北朝时期的歌谣风议与官民互动》，《北京师范大学学报》2004 年第 2 期

153. 吕宗力：《略论民间歌谣在汉代的政治作用及相关迷思》，《社会科学战线》2008 年第 9 期

154. 张华：《唐代歌谣探析》，《西安文理学院学报（社科版）》2009 年第 3 期

155. 刘玉梅：《论传言、流言与谣言心理》，《内蒙古农业大学学报（社科版）》2009 年第 4 期

156. 常健、金瑞：《论公共冲突过程中谣言的作用、传播与防控》，《天津社会科学》2010 年第 6 期

157. 赵军锋、金太军：《论公共危机中谣言的生存逻辑——一个关于谣言的分析框架》，《江苏社会科学》2013 年第 1 期

158. 王春南：《古代谣言如何俘获信众》，《人民论坛》2013.05 下

159. 姜胜洪：《古代群体性事件与政治谣言——中国古代政府防控谣言的经验教训》，《人民论坛》2013.05 下

160. 施爱东：《"太平家乐福谣言"的历史根源与文本分析》，《民族艺术》2014 年第 1 期

161. 吕宗力：《谣言与汉代的社会政治危机》，《人文杂志》2015 年第 7 期

162. 杨晓东：《古代政治谣言的生成与传播》，《东南传播》2015 年第 9 期

163. 施爱东：《谣言的社会协调功能》，《民俗研究》2016 年第 3 期

164. 张志安、束开荣：《谣言传播、谣言意涵与谣言应对——欧美学术界近年来谣言研究的三个视角》，《新闻与写作》2016 年 9 期

165. 李传军、罗含：《表彰隐藏的光辉——歌谣运动与中国现代民俗学的建立》，《民俗研究》2019 年第 4 期

166. 李传军：《试说"槐花黄，举子忙"》，《光明日报》2023 年 7 月 17 日第 14 版

167. 钟宏彬：《影响网路谣言传播的因素及其扩散模式》，台湾政治大学 2003 年硕士学位论文

168. 辛颖:《先秦歌谣研究》,湖南师范大学中国古代文学专业 2011 年硕士学位论文

169. 景建建:《唐代民间歌谣研究》,南京师范大学中国古代文学 2011 年硕士学位论文

170. 孙奥:《宋代信息传播禁令研究》,四川大学中国古代史 2014 年硕士学位论文

后 记

　　《歌谣俗语与两汉魏晋南北朝社会》系课题主持人于在2002—2005年完成的博士论文,十八年来,笔者一直坚持对这一题目的研究,围绕本题已发表了十余篇学术论文。随着研究的深入,深感有拓展研究时段和范围的必要,经反复斟酌,决定将拙作改题为《歌谣风议与汉唐社会》,对汉唐时期歌谣与社会的互动关系,进行深入的贯通式研究。2018年本选题入选国家社科基金后期资助项目,更给了笔者继续研究的动力。

　　我国历史上的汉唐时期,既经历了文景之治、元嘉之治和贞观之治等盛世局面,也经历了政治动荡、国家分裂和民族混战的乱世局面,其间,社会的经济基础、政治的生态和结构、制度的演进和创新、民众生活的内容和方式、文化信仰的更新和发展等,都发生了巨大的变革。汉唐间朝代兴衰的原因,固然有多种因素,但面对重大历史变局和复杂社会问题时社会调控机制和能力的强弱,也是重要的因素之一。通过纵贯汉唐的研究,历史的比较研究会被赋予更深层次的学术意义。

　　本书在深入爬梳、考证汉唐历史文献的基础上,以历史社会学的视野,以汉唐(BC202—907)时期一千余年的历史兴衰与社会治乱为中心,观照歌谣风议对汉唐政治和社会治理产生的自下而上与自上而下的影响及因应关系,从公众舆论的角度探索中国古代政治和社会治理机制中官民互动的张力和弹性,突破前人认为歌谣只是民间文化而与社会主流传统无涉的观点,阐明歌谣风议的重要文化属性和社会影响。

　　改为现题后,研究视域扩展至隋唐,不仅是时代的延伸,而且牵涉到更为广阔的社会生活和历史变革。对歌谣风议的分类研究,原来的课题还仅限于分类举证的程度,本书则要结合汉唐时期的历史特点、社会生活、政治制度等,深入爬梳典型案例,揭示时代的特征,如隋唐科举制度对士风的影响方面的歌谣,唐代大量增加的女性歌谣与社会生活等,都需要进一步探讨。

笔者充分吸收借鉴近年来海内外学术界关于歌谣研究的最新成果和理论方法,在充分发扬前期研究所采用的历史考证与文献分析的方法和交叉学科如民俗学、社会心理学的理论基础之上,将重点采取制度分析法,用制度生成和演进的方法,深入分析中国古代采诗观风、遣使巡行和御史风闻奏事制度产生的历史成因、社会机理,辨析民众、官吏和皇帝等不同社会阶层在政治监察、社会管理与司法实践中的思想、措施和政治意图,力求有所创见。全书三十余万字,基本实现了作者的研究思路。惟前三章虽然做了大量删减,但读来仍觉冗长,这是为了展现歌谣风议所反映的多元的汉唐社会生活,盼方家谅解。

在学术上笔者是幸运的,二十余年来转益多师,得到诸多恩师和名家的教诲和帮助,才使得自己初识为学的门径,也陆续产出了一些敝帚自珍的成果。我深知以汉唐为研究的时空域限,所面对的难度是很大的。汉唐社会的变革,牵涉政治、经济和文化制度更新等系统性问题,若想真正贯通何其难哉。所以本书的疏失、缺点和错误在所难免,真诚期盼方家的批评指正。

岁月如斯,但愿此书不负我,我不负此书。

2023 年 10 月 17 日